Die Lehre vom Strafrecht

als Theil der Judicialie

nebst einer

Kritik

der

bisherigen Strafrechtsdoktrinen

von

Carl Christian Collmann.

Non fingendum aut excogitandum,
Sed quid natura faciat observandum.
Baco.

Leipzig,
in Commission bei Friedrich Fleischer.
1824.

Vorrede.

Es liegt freilich dem Schriftsteller ob, dem Buche, was er in die Welt schikt, einen, soviel wie möglich, durch sich selbst verständlichen Titel zu geben, aber in der Aufgabe selbst ist auch schön die Entschuldigung für das Gegentheil enthalten, wenn die Eigenthümlichkeit der aufgestellten Ansicht sogar mit den Bezeichnungen dessen, was man bis dahin für die Wissenschaft hielt, im Gegensatze stehet. Ob dies nun hier der Fall sey, muß sich aus der Darstellung ergeben; soll dieser Darstellung nicht vorgegriffen werden, so kann der Verfasser hier nur das wiederhöhlen, was er bereits in den seinen Grundlinien einer Theorie des Beweises im Civilprozeß u. s. w. Braunschweig bei Vieweg 1822 als Einleitung vorausgeschikten Skizze: über das Prinzip und den Organismus der Rechtswissenschaft bemerkt hat, nämlich, daß eine Doktrin, deren Zwek dahin gehet, die Kenntnis des bestehenden Rechts wissenschaftlich möglich zu machen, von dem, was man Naturrecht, philosophische Rechtslehre, Philosophie des positiven Rechts u. s. w. nennt, zu sehr verschieden ist, als daß sie nicht eines eigenen Nahmens bedürfe. Und so überläßt der Verfasser, während er nur noch hinzufügt, daß, wenn die Bedeutung der für die synthetische Hälfte der Rechtswissenschaft gewählten Bezeichnung Legislatur aus dem bisherigen Sprachgebrauche hervorgehet, auch die für die analytische Hälfte der Rechtswissenschaft gewählte Bezeichnung Judicialie wohl darauf rechnen darf, vor dem Etymologen Gnade zu finden, die völlige Rechtfertigung des gewählten Titels dem Buche, überzeugt, daß er auch in diesem Theil der Judicialie dem Publikum ein durch sich selbst verständliches Werk übergiebt. Aber eben, weil es zu dieser völligen Verständlichkeit Untersuchungen bedurfte, die über der Lehre vom Strafrecht liegen, indem Leztere den Schlußstein des Systems der Judicialie bildet, könnte wohl der Leser fragen, warum hier mit der Lehre vom Strafrecht der Anfang gemacht wird, und da das Buch keine desfallsige Auskunft giebt, so ist hier der Ort, sich darüber zu erklären.

Der Grund liegt in dem Miskredit, in welchem die sogenannten philosophischen Bearbeitungen der Rechtswissenschaft bei dem juristischen Publikum stehen. Man hat zu lange ein arges Spiel mit selbstgemachten Begriffen getrieben, als daß es dem praktischen Juristen zu verargen wäre, wenn er jede, den Schein einer solchen philosophischen Bearbeitung an sich tragende, Schrift geradezu von der Hand weist. Er weiß ja nur zu gut, daß sich mit dem Bisherigen im wirklichen Leben nichts anfangen läßt, und für ein blos theoretisches Spiel ist es ihm nicht mehr an der Zeit. Bedächte man nun, daß die von einem großen Juristen unserer Zeit treffend benannte Kunst, mit Begriffen zu rechnen, wie alles, was in diesem allgemeinen Sinne Kunst heißt, sich am Ende auch wohl zur Wissenschaft gestalten muß, so würde sich — und zwar unbedingt, indem von denen die in ihrer neuplatonischen Gemüthlichkeit mit geistlichem Stolze auf alles weltliche Wissen herabsehen, so wenig, wie von denen, die die Jurisprudenz als Handwerk treiben, die Rede ist — auch wohl hier der Spruch geltend machen: prüfet alles, und das gute behaltet. Wo hat aber der praktische Jurist die Zeit zu einer so mühsamen Prüfung? Es ist ihm daher wieder nicht zu verargen, wenn er sein wissenschaftliches Streben durch den Glauben an die historische Schule zu beschwichtigen sucht, und die Ausfüllung der Kluft, die sich dermalen noch zwischen dieser Schule und dem Leben befindet, von der Zukunft erwartet. Auf welche Weise soll sich nun, wenn es wirklich eine Wissenschaft im wahren Sinne des Worts, d. h. eine auf allgemeingültigen Sätzen beruhende und eben deshalb im Leben anzuwendende Doktrin giebt, ein desfallsiger Versuch bei dem praktischen Juristen Eingang verschaffen? Trägt das, was sich als Wissenschaft ankündigt, diesen Nahmen mit Recht, so wird es freilich auf keinem Punkte seine praktische Natur gänzlich verleugnen; was nicht gleich anfangs praktisch ist, wird es auch in seiner weitern Entwikkelung nicht werden. Dadurch ist aber hinsichtlich des so eben gedachten Zweks noch nichts gewonnen; die praktische Natur der Wissenschaft tritt, solange sich leztere nur in allgemeinen Sätzen bewegt, noch nicht als solche hervor: man kann sie nur an ihren Früchten erkennen.

Wiewohl nun der Verfasser, ohngeachtet das in seinen Grundzügen von ihm angegebene System geeignet seyn möchte, ein ganzes Leben in Anspruch zu nehmen, die Hoffnung wohl hegen darf, in dem Grade von Ausführlichkeit, mit der er das Strafrecht behandelt, auch die übrigen Theile des Systems allmählig liefern zu können, so konnte er aber keinen Augenblik daran zweifeln, daß, hätte er mit dem allgemeinen Theile der Judicialie, der Lehre von der Verfassung den Anfang gemacht, ein solches Werk die Meinung würde gegen sich gehabt haben, und selbst das Regierungsrecht hätte vielleicht hievon noch keine Ausnahme gemacht, sondern erst dem Civilrecht wäre es gelungen, einer Aufnahme, wie der Verfasser sie wünscht, sich erfreuen zu dürfen. War aber diese Besorgnis des Verfassers gegründet, so mußte er nothwendig mit dem Strafrecht den Anfang machen, indem es ihm nur auf diese Weise möglich war, die praktische Bedeutung der hier in Betracht kommenden allgemeinen Sätze in ihrem vollen Umfange dem Leser vor Augen zu legen.

Ob nun dies Leztere dem Verfasser gelungen, dies muß er dem Urtheil der Leser überlassen; er erklärt aber hiemit ausdrüklich, daß er jeden gebildeten praktischen Juristen als competenten Beurtheiler anerkennt, indem ihm das Wesen der Wissenschaft gerade darin bestehet, daß sie sich für das Leben geltend mache. Und eben deshalb wird auch der gebildete praktische Jurist, dem an der Förderung der Wissenschaft gelegen ist, das Werk einer genauen Prüfung unterwerfen.

Wiewohl dasselbe aus einer bestimmten philosophischen Ansicht hervorgegangen ist, und gleichsam auf derselben ruhet, so stehet es dennoch, an und für sich betrachtet, unabhängig von Philosophie da. Verhielte es sich anders, so wäre es auch diesmal nur ein wissenschaftlicher Versuch, nicht die Wissenschaft selbst. Der Erfinder bedurfte nämlich einer bestimmten philosophischen Ansicht, weil er ohne dieselbe schwerlich darauf gekommen seyn würde, auf so nahe liegende Dinge, auf die Trennung zwischen Gemüth und Verstand, und den Begriff von Handlung, einen so großen Werth zu legen, und aus ihnen das ganze große Gebäude der Rechtswissenschaft zu errichten. Wie hätte ihm dieses einfallen können, wenn es für ihn nicht einen Punkt gäbe, der über jener Trennung liegt, und somit derselben ihre Absolutheit benimmt, einen Punkt, wo ebenfalls mit der Form der Handlung auch ihr Inhalt entstehet, aber nicht, wie in den nicht unpassend mit Geßner'schen Idyllen verglichenen Naturrechten, sondern auf eine der nothwendigen Grundanschauung des Lebens nicht widersprechende, vielmehr diese Grundanschauung selbst erklärende Weise? Der Verfasser hätte dann den Versuch nicht gewagt. Keinesweges bedarf es aber zur Beurtheilung der Ausführung dieses Versuchs jener bestimmten Ansicht von Philosophie. Hier kommt es lediglich darauf an, ob das, was bis jezt nur im Leben gegolten, auch seine wissenschaftliche Erklärung gefunden, ob das einer unbedingten praktischen Gültigkeit sich erfreuende Resultat wirklich eine Folge aus dem aufgestellten Begriff ist, mit einem Worte, ob das, was sich hier für die Wissenschaft ausgiebt, dem gesunden praktischen Sinne, statt ihn zu beleidigen, zu seiner eigenen Erkenntnis verhilft, ihn gleichsam zu dem Bewußtseyn seiner selbst bringt. Und hier wähle sich der Beurtheiler als Anfangspunkt seiner Prüfung das, was ihm am meisten zusagt. Interessirt er sich in vorzüglicher Mase für die Lehre von der Imputabilität, so mache er mit dieser den Anfang, ziehet ihn dagegen die Lehre vom Unterschied zwischen Züchtigung und Strafe mehr an, so beginne er mit dieser, und eben so ist vielleicht für den Einen die Lehre von der Nothwehr, für den Andern dagegen die Lehre vom Beweise des dolus der Punkt, von welchem aus sich am leichtesten prüfen läßt, ob der Verfasser richtig gedacht hat. Die etwa erforderliche Anstrengung der eigenen Denkkraft wird sich der Beurtheiler nicht verdrießen lassen; dafür wird ja mit Begriffen gerechnet.

Der Verfasser glaubt daher, die Hoffnung auf eine baldige Prüfung seines Werks nicht aufgeben zu dürfen, und selbst bei dem nicht, der die sonst für den Schriftsteller nicht erfreuliche Gewohnheit hat, das Werk von hinten zu lesen. Hat sich ein solcher Leser überzeugt, daß die aus einem „pragmatischen Theil" zu einem praktischen Theil gewordene zweite Hälfte des Strafrechts dadurch nichts von ihrer pragmatischen Natur eingebüßt, so wird er auch den theoretischen Theil eines genauern Bliks würdigen. Und ist er, wie der Verfasser nicht zweifelt, mit ihm darüber einig, daß es für den Juristen ohne Gesezgebung kein Recht giebt, und der Richter, indem er legislatorische Gründe zur Anwendung bringt, aufhört, Richter zu seyn, so wird er, nachdem das Kapitel vom richterlichen Ermessen einen hier etwa aufstoßenden Zweifel im Voraus beseitigt, und das Kapitel von der Juristischen Hermeneutik ihm die Ueberzeugung gegeben, daß er sich wirklich in der Jurisprudenz befinde, auch den übrigen theoretischen

Theil einer unbefangenen und vorurtheilsfreien Prüfung unterwerfen, aus welcher Prüfung sich dann ergeben muß, ob die hier aufgestellte Totalansicht sich anders gestalten konnte, und insoweit etwa das hier gefundene Resultat von den Resultaten bisheriger fragmentarischer Bearbeitungen abweicht, der Grund der Verschiedenheit in jener Totalansicht selbst, oder aber nur in einer unrichtigen Folgerung des Verfassers zu suchen ist.

Wird nun auf diese Weise verfahren, so möchte auch wohl der allgemeinen Einleitung kein Vorwurf gemacht werden, als enthalte sie dunkele und unverständliche Sätze. Es wird sich dann alles aufhellen, und wo eine wirkliche Dunkelheit zu bleiben scheint, da mag der Beurtheiler seinem innern Sinne vertrauen. Dieser wird das schon fassen, was sich dem leiblichen Auge nicht darstellen ließ, weil es kein menschliches Zeichen dafür giebt. Wer mit der Natur des analytischen Verfahrens nicht gänzlich unbekannt ist, wird hier keine, etwa sich ganz plan darstellende, sonder Mühe begreifliche Definition verlangen. Jede, über leere Form hinausgehende, Definition sezt ja ein synthetisches Verfahren voraus, und selbst die Mathematik macht hievon keine Ausnahme. Der Verfasser könnte hier sogar eine Autorität für sich anführen, nämlich jene bekannten Worte Lichtenberg's: „ich würde sehr verlegen seyn, wenn ich Ihnen auf der Stelle eine strenge und schulgerechte Definition von der Wissenschaft geben sollte, die ich so eben zu lehren komme; ich glaube sie aber noch ganz erträglich lehren zu können."

Zufolge dieser seiner Erklärung darf wohl der Verfasser darauf rechnen, daß sein Werk einen Beurtheiler findet, und es demselben nicht ergehet, wie seiner frühern Schrift, die einem Recensenten in die Hände gerathen, der vom Inhalte derselben auch nicht eine Sylbe verstanden. Diese verunglükte Recension befindet sich in N°. 20 der vorjährigen Hallischen Lit. Zeitung. Nach der Meinung des gelehrten Herrn ist dem Verfasser die Judicialie die aus gegebenen Verhältnissen zu abstrahirende Theorie des Rechts, die Kirche die unsichtbare Macht des Staats und die Grundlinien einer Theorie des Beweises im Civilprozeß nach gemeinem in Deutschland geltenden Rechte bilden schon einen Theil der versprochenen Judicialie, und nicht zufrieden, eine vom Verfasser gelegentlich angeführte Stelle aus Woltmann für die Basis des angekündigten Systems der Rechtswissenschaft auszugeben, legt er in die gedachte Stelle selbst offenbaren Unsinn: in der von ihm seiner Recension einverleibten Stelle wird nicht „der Zwang" sondern „der Zwang der Cultur" verabschiedet. Diese lächerlichen Misverständnisse ziehen sich nun durch die ganze vermeintliche Recension hindurch, der ganze Inhalt der gedachten Grundlinien einer Beweis-Theorie, so wie der angehängten Bruchstükke aus der Einleitung in die Lehre von den Aktionen ist dem Recensenten verborgen geblieben, und bei den beiden lezten Hauptstükken, wo vom Preußischen und Französischen Rechte die Rede ist, und Recensent nunmehr in seinem Elemente zu seyn glaubt, weil er unter den sämmtlichen hier vorkommenden Gesezgebungen mehrere Jahre hindurch als Richter fungirt, meint er, es sey von Verbesserungsvorschlägen die Rede, und macht dadurch jene Grundlinien, die er anfangs für einen Theil der Judicialie hielt, jezt sogar zu einem Theil der Legislatur. Dies ist freilich arg; der Recensent hat aber nichts arges dabei gedacht: er legt vielmehr die Bitte des Verfassers um genaue Prüfung allen denkenden Rechtsgelehrten an's Herz. Was bleibt dem Verfasser nun übrig? Wo die Gesinnung so rein geblieben, da kann man, wenn ein solcher Unverstand zum erstenmale entgegentritt, unmöglich in Zorn gerathen. Der Verfasser kann daher für diesmal nichts weiter thun, als den Erzeuger jener verunglükten Recension an die Worte Salomo's erinnern: ein armer, der in seiner frömmigkeit wandelt, ist besser, denn ein verkehrter mit seinen lippen, der doch ein narr ist. — Vielleicht gefällt es nun dem Beurtheiler des gegenwärtigen Werks, bei Gelegenheit der Prüfung der Lehre von den Denunciationen sich über jene frühere Schrift zu verbreiten, und der Verfasser wünscht dies um so mehr, da es ihn in den Stand setzen würde, das Resultat dieser Prüfung bei dem civilrechtlichen Theil der Judicialie zu benutzen.

Wegen des Aeußern der Darstellung möchte wohl den Verfasser mancher Vorwurf treffen, da es ihm, wie er sich bei einer nochmaligen Durchsicht seines Werks überzeugt hat, nicht gelungen ist, gewisse wiederkehrende Formen des Ausdruks zu vermeiden. Der billige Beurtheiler wird aber Rüksicht darauf nehmen, daß da, wo der Darstellung eigener Ansichten nicht ein mündlicher Vortrag vorhergehet, die gänzliche Abhelfung solcher Mängel oft mehr Zeit hinweg nimmt, wie der Inhalt selbst. Der Verfasser glaubt deshalb hier auf Nachsicht rechnen zu dürfen.

Die der gegenwärtigen Darstellung vorausgeschikte Kritik der bisherigen Strafrechtsdoktrinen wird vielleicht Manchem zu gedrängt scheinen, und sie wäre es auch wohl, wenn sie allein stände. Zufolge ihrer jetzigen Stellung glaubte aber der Verfasser, sich innerhalb dieser Grenzen halten zu können, und er bittet deshalb seine Leser, sie nöthigenfalls nach geschehener Durchlesung des Systems noch einmal zu lesen. Ob er übrigens durch seinen Grundsaz, die Person von der Sache zu trennen, und hier nun auch, wie man zu sagen pflegt, rein von der Leber zu sprechen, nicht angestoßen — dies muß der Erfolg lehren. Mag aber dieser Erfolg seyn, welcher er wolle, dem Verfasser stehet das Bewußtseyn zur Seite, daß nur das Streben nach Wahrheit ihn bei seinen Untersuchungen geleitet.

Cleve, im März 1823.

Der Verfasser.

Inhalts-Verzeichnis.

Seite

Praktischer Theil des Strafrechts.

Einleitung.

Erstes Hauptstük.

Lehre von den Denunciationen.

Erstes Kapitel.

Zweites Kapitel.

Zweites Hauptstük.

Lehre vom Prozeß.

Erstes Kapitel.

Von der innern Natur des gerichtlichen Verfahrens.

Erster Abschnitt.

Von der innern Natur des gerichtlichen Verfahrens an sich.

Erste Abtheilung.

Zweite Abtheilung.

Dritte Abtheilung.

Kritik

der

bisherigen Strafrechtsdoktrinen.

Wiewohl man noch oft genug die Aeußerung hört, diese oder jene Ansicht möge leicht für die Theorie von Nutzen seyn, nicht aber für die Praxis, so hat dennoch wohl im Grunde noch kein vernünftiger Mensch daran gezweifelt, daß die Wissenschaft nur dann ihren Zwek wirklich und wahrhaftig erfülle, wenn das Resultat ihrer Untersuchung seine Anwendung im Leben findet. Eine Kritik bisheriger Doktrinen, der es darum zu thun ist, der aufgestellten neuen Ansicht den Weg zu bahnen, möchte daher schon dann ihres Erfolgs gewis seyn, wenn es ihr gelingt, diese bisherigen Ansichten als dem Leben widersprechend darzustellen.

Eine Ansicht widerspricht dem Leben, kann aber nichts anders heißen, als, bei durchgeführter Consequenz zernichtet sie die nothwendigen Grundanschauungen, auf denen das Leben beruhet, sezt das Leben mit sich selbst in absoluten Widerspruch. Daß es ihr vielleicht gelungen, ihre Resultate hier und da, und oft wohl lange Zeit hindurch geltend zu machen, kann ihr nicht als Rechtfertigung dienen; wer dies als Rechtfertigungsgrund gelten zu lassen geneigt wäre, müßte nothwendig auch annehmen, das Leben sey stets mit sich selbst im Klaren, lasse sich nie einen Widerspruch zu Schulden kommen. Für diesen gäbe es aber überall keine Wissenschaft.

Hiedurch sind die Grenzen der gegenwärtigen Kritik und das hier zu beobachtende Verfahren im Voraus bezeichnet. So wenig sich freilich das Ende einer solchen Kritik absehen ließe, wenn man nicht jede bereits wieder untergegangene, oder von Anfang an unfruchtbar gebliebene Ansicht geradezu ausschließen wollte, so kann sie aber doch nur dann auf Vollständigkeit Anspruch machen, wenn sie sich auf jede bisherige Ansicht erstreckt. Das Veralten einer Doktrin ist noch keineswegs ein Beweis für ihre Unrichtigkeit, und daß eine Ansicht unfruchtbar geblieben, kann in zufälligen Umständen seinen Grund haben. Um nun die hier möglichen Abwege zu vermeiden, ist es nothwendige Aufgabe der Kritik, bis zu dem Punkte zu dringen, über welchen, dem Standpunkte der Betrachtung zufolge, keine der bisherigen Ansichten hinausgehen konnte.

So wie aber die Geschichte der Wissenschaft, wenn sie ihrem Zwekke völlig genügen will, keineswegs chronologisch zu Werke gehet, vielmehr ihren Gegenstand als das aus den verschiedenen Richtungen des Geistes und deren endlichen Vermittelung hervorgegangene Produkt darzustellen hat, so wird auch die Kritik da beginnen müssen, wo die einseitige Richtung den höchsten Punkt erreichte. Kritik ist in dieser Beziehung die rükwärts gekehrte Geschichte der Wissenschaft. Den höchsten Punkt der einseitigen Richtung glauben wir aber in der von Feuerbach aufgestellten Strafrechtsdoktrin zu finden, indem die aus der subjektiven Construktion des Staats hervorgegangene Ansicht, nach welcher der Staat nichts anders ist, als ein Werk von Menschenhänden gebauet, hier sich bis zur völligen Trostlosigkeit eines vollendeten Determinismus gesteigert hat. Nachdem jene allgemeine Lehre die Kirche vom Staat geschieden, hat diese besondere Lehre auch für das Strafrecht diese Trennung geltend gemacht, und, indem sie den Menschen nur von der Naturseite betrachtet, der Technik zu einem ihrer würdigen Fundamente verholfen.

Wir machen also mit der Feuerbach'schen Lehre von den subjektiven Gründen der Strafbarkeit den Anfang, und wenden uns nach ebenfallsiger Prüfung der entgegenstehenden Ansichten der Rechtslehrer zu der Lehre von den objektiven Gründen der Strafbarkeit, und dann erst zu dem Prinzip des einzelnen Systems selbst. Ist aber davon die Rede, ob und wieweit die gedachten Doktrinen selbst darzustellen sind, so leidet es keinen Zweifel, daß, wiewohl wir die Kenntnis derselben bei unsern Lesern voraussetzen müssen, dennoch eine solche Darstellung nicht gänzlich entbehrt werden kann. Abgesehen davon, daß die Kritik einer solchen Darstellung bedarf, um gegen Abschweifungen gesichert zu seyn, liegt es geradezu in ihrem Begriff, daß sie das betreffende System von allem Zufälligen entkleide und in seinen Grundzügen vor sich hinstelle. Nür mittelst eines solchen Verfahrens läßt sich der innere Zusammenhang einsehen, und zugleich von Seiten des Lesers beurtheilen, ob nicht der Kritiker falsche Voraussetzungen gemacht.

Wenden wir uns nun zu der Feuerbach'schen Doktrin, wie sie sich in der Revision der Grundsätze und Grundbegriffe des positiven peinlichen Rechts aufgestellt findet. Was die besondere Art der Darstellung betrifft, so schien uns manche Eigenthümlichkeit derselben erst auf diese Weise gehörig in's Licht zu treten, und zugleich der hier gewählte Weg der richtige zu seyn, um in Betreff der übrigen Doktrinen das uns vorgestekte Ziel mit Sicherheit zu erreichen.

* * * * * * * * *

Es giebt kein Strafübel, als nur durch ein Gesez. Ein Uebel, das nicht aus dieser Quelle fließt, das zugefügt wird, ohne daß es durch ein Gesez vorher angedroht worden, ist keine Strafe, so wie keine Handlung, sofern sie nicht unter einem Strafgesez stehet, ein Verbrechen, sondern nur, wenn sie an und für sich eine Rechtsverletzung enthält, eine Beleidigung ist. 1) Zwar läßt sich, da das Strafgesez nur psychologisch wirken kann, weder ein culposes, noch doloses, und somit überhaupt kein

1) Revision 1. Ausg. Th. I. S. 332.

Verbrechen ohne ein äußerlich erkennbares Faktum und ohne Kenntnis des Strafgesetzes und Möglichkeit der Subsumtion der begangenen That unter dasselbe denken, dies sind aber nur die Bedingungen der bürgerlichen Strafe; Grund derselben ist immer nur die durch ein Gesetz ausgesprochene Drohung. 2)

Bei bestimmten Strafgesetzen muß nun die Größe des Verbrechens lediglich aus der Größe der gesezlichen Strafe beurtheilt werden; je größer die Strafe ist, welche das Gesez bestimmt, desto größer ist auch das Verbrechen. Das Geschäft des Richters bestehet hier nur darin, die gesezlichen Bedingungen in dem gegebenen Falle aufzusuchen, und, wenn sie vollständig existiren, die gesezliche Strafe als die rechtlich nothwendige Folge des Verbrechens ohne Beschränkung oder Erweiterung auszusprechen; in dem Falle hingegen, wenn jene Bedingungen nicht vollständig vorhanden sind, die Strafe nach dem gesezlichen Maasstab zu mildern 3). Die Philosophie darf hier, wie in allen andern Gebieten der positiven Jurisprudenz, nur bei der Aufsuchung allgemeiner, aber aus positiven Quellen abzuleitender Grundsätze als Führerin dienen. Anders ist es dagegen bei unbestimmten Strafgesetzen, wo die Strafe zwar im Allgemeinen angedroh't, hinsichtlich ihres Inhalts aber unbestimmt gelassen und der Willkühr des Richters anheim gegeben ist. Vermöge dieser unbestimmten Strafgesetze hat die Philosophie in der Criminalrechtswissenschaft nicht blos einen formellen, sondern

---

2) Revis. II. S. 15 u. 43.

3) Das. II. S. 3.

auch einen materiellen Gebrauch. 4) Wenn der Gesezgeber nach gewissen Principien die Größe der Strafe bestimmt, (und dies geschieht immer, wenn er bestimmte Strafgesetze giebt,) so ist hierin nach dem Satze des Widerspruch's die Erklärung enthalten, daß jene Principien die Gründe seyen, nach welchen er gestraft haben wolle, nach welchen die Größe der Strafe bestimmt werden solle. Er erkennt durch die Gebung des Strafgesetzes jene Principien als gültige Gründe der äußern bürgerlichen Strafbarkeit an. Was erklärt nun der Gesezgeber durch ein unbestimmtes Strafgesez anders, als daß nach jenen allgemeinen von ihm anerkannten Principien der Strafbarkeit die Strafe bestimmt werden solle? Was kann dieses Gesez für einen anderen Sinn haben, als den: nach den von mir anerkannten Gründen der Strafbarkeit, nach denselben Principien, nach welchen ich die Strafbarkeit in abstracto bei bestimmten Strafgesetzen bestimmt habe, soll sie bei unbestimmten Strafgesetzen in concreto beurtheilt werden? — Ein entgegengesezter Sinn würde den Gesezgeber mit sich selbst in Widerspruch verwikkeln. Jene Gründe müssen daher aufgesucht und wissenschaftlich dargethan werden, und das Aufsuchen derselben ist das Geschäft des philosophischen Rechtsgelehrten, ihre wissenschaftliche Begründung und Darstellung ein Objekt des peinlichen Rechts. 5)

Zufolge der Natur der bürgerlichen Strafe kann hier blos von äußerer Strafbarkeit die Rede seyn. Innere

4) Einleitung zur Revis. S. XX.

5) Revis. I. S. 196. folgd.

Strafbarkeit bestehet in der Qualität der Glüksunwürdigkeit, welche durch das Verhältnis der Maxime des Willens zu dem Moralgesez bestimmt wird. Ueber das Gewissen hat der Staat nicht zu urtheilen. Nur der Widerspruch des Subjekts gegen ein äußeres Gesez gehört vor sein Forum. Der rechtliche Grund des Daseyns aller bürgerlichen Strafen ist daher die durch die Androhung des Uebels abzuwendende Gefahr für den rechtlichen Zustand, und es bildet sich daraus der sowohl für den Gesezgeber, wie für den Richter geltende Grundsaz: Je größer die Gefahr für den rechtlichen Zustand ist, welche die Handlung begründet, desto größer ist die äußere Strafbarkeit, desto größer daher die Strafe. Die Größe der Gefahr wird aber bestimmt 1) durch den Werth und die Wichtigkeit des Objekts, gegen welches die Gefahr gerichtet ist, 2) durch die Mannigfaltigkeit der Rechte, welche gefährdet sind, 3) durch die intensive Stärke der Gefahr und 4) durch die Dauer und Festigkeit der Gefahr. Die beiden erstern Momente bilden die objektiven, die beiden leztern die subjektiven Gründe der relativen Strafbarkeit. 6)

A. Objektive Gründe der relativen Strafbarkeit.

Das Subjekt der bürgerlichen Strafe ist der Staat, und der alleinige Grund ihres Daseyns, ihrer Nothwendigkeit und ihrer rechtlichen Möglichkeit ist der Zweck des Staats, zu dessen Erreichung sie die nothwendige Bedingung ist. Weder Glückseligkeit noch Tugend ist aber Zwek

6) Revis. II. S. 204 folgd.

des Staats; der Staat ist nur die Conditio sine qua non zur vollständigen Erreichung des höchsten Guts (nämlich durch den Schutz der Rechte). Der oberste Grundsaz für die objectiven Gründe der Strafbarkeit lautet also: **Die Strafbarkeit ist um so größer, je weniger die Verletzung eines gewissen Rechts als allgemeine Handlungsweise der Bürger gedacht mit dem Zwekke des Staats zusammen bestehen kann.**

Um nun diesen Grundsaz gehörig anzuwenden, bedarf es einer richtigen Eintheilung der Rechte. Alle Rechte im Staate sind entweder Rechte des Staats selbst als solchen, oder Rechte der Einzelnen (der Privatpersonen), und so zerfallen alle mögliche Verbrechen in Staatsverbrechen, bei welchen die Beleidigung der Rechte des Staats, und in Privatverbrechen, bei welchen die Beleidigung der Rechte des Einzelnen das unmittelbare Object der Handlung ist.

I. Die Rechte des Staats als solchen sind diejenigen Rechte des Staats, welche durch den Begriff des Staats nothwendig bestimmt sind, sich mithin aus der Analysis des Staatsvertrags (welcher den Vereinigungs- den Unterwerfungs- und den Verfassungsvertrag unter sich begreift) ergeben. Sie sind aber von zweierlei Art: 1) Absolut-nothwendige Rechte, d. h. solche, welche unmittelbar durch den Staatvertrag erworben werden und 2) bedingt-nothwendige Rechte, d. h. solche, welche zwar ebenfalls durch den Staatsvertrag begründet sind, jedoch zu ihrer wirklichen Existenz einen Act der Staatsgewalt als solchen, voraussetzen. — Der Staat hat ohne Voraussetzung eines Acts der höchsten Gewalt nicht das vollkommene Recht, von mir die Unterlassung einer bestimmten Handlung zu fordern, die nicht unmittelbar dem Staatszwek widerspricht, sondern nur die bessere Erreichung desselben hindert, also einem Hülfszwek des Staats entgegen ist. Unmittelbar durch den Staatsvertrag bin ich nur zur Unterlassung der Handlungen der erstern Art verpflichtet, also zur Unterlassung der Verletzung der vollkommenen Rechte der Bürger und der absolut- nothwendigen Rechte des Staats. Ich darf nicht morden, keinen Hochverrath begehen u. s. w. Soll ich aber die vollkommene Verbindlichkeit haben, keinen Wucher zu treiben, so muß mir dies erst vom Staate verboten seyn. Will daher der Staat solche Rechte haben, so muß er durch ein Gesez diese Handlungen verbieten. Nun erst hat er ein vollkommenes Recht auf die Unterlassung dieser Handlungen von meiner Seite, weil er durch den Staatsvertrag das Recht auf den Gehorsam seiner Bürger erhalten hat. Da nun die Polizeigewalt die Erreichung der Hülfszwekke des Staats zu ihrem Gegenstande hat, so begründet jene Unterscheidung den Unterschied zwischen Staatsverbrechen im engeren Sinne und zwischen Polizeivergehen. Durch erstere werden die absolut-nothwendigen Rechte, durch leztere die bedingt-nothwendigen Rechte des Staats verlezt.

II. Die Rechte der Privatpersonen sind solche, die nicht Rechte des Staats sind, und einer Privatperson als Subjekt zukommen. Da aber der Staat und sein Repräsentant auch Privatrechte haben können, Rechte, welche nicht aus dem Staatsvertrage entspringen, in keiner Ausübung der höchsten Gewalt bestehen, oder diese voraussetzen, sondern ihnen, als Subjekt überhaupt betrachtet, zukommen, so zerfallen die Rechte der Privatpersonen in Rechte des Staats als einer Privatperson und Rechte der Privatpersonen im strengsten Verstande, und da die bedingt-nothwendigen Rechte des Staats allen Privatrechten nachstehen, indem eben in dem Schutze der Privatrechte der Zwek des bürgerlichen Vereins bestehet, und blos um des Schutzes dieser Rechte willen auch jene der bequemern Erreichung des Staatszweks entgegenstehenden an sich rechtlich indifferente Handlungen verboten werden, die Privatrechte des Staats oder seines Repräsentanten aber den Rechten der Privatpersonen im strengen Verstande nothwendig vorgehen, so wird die objektive Strafbarkeit der Handlungen in Hinsicht auf das Objekt der Rechtsverletzungen durch folgende Classen bestimmt:

I. Handlungen gegen absolut-nothwendige Rechte des Staats,

II. Handlungen gegen Privatrechte des Staats oder seines Oberhaupts,

III. Handlungen gegen Privatrechte der Privatpersonen im strengen Verstande,

IV. Handlungen gegen Polizei-Anstalten oder die bedingt- nothwendigen Rechte des Staats.

Was nun diese einzelnen Classen betrifft, so enthalten die absolut- nothwendigen Rechte des Staats drei Unterarten, welche in folgender Ordnung aufeinander folgen:

1) Hochverrätherische Handlungen, durch welche der Staat unmittelbar zerstört wird,

2) Rebellische Handlungen, durch welche die Wirksamkeit des Staats zur Erreichung des Staatszwecks beschränkt wird,

3) Majestätsverletzende Handlungen, durch welche die regierende Person als solche beleidigt wird,

in Ansehung der Privatrechte bedarf es aber, da die Privatrechte des Staats mit den Privatrechten der Unterthanen ihrer Natur nach völlig eins sind, hier nur folgender Eintheilung:

I. Ursprüngliche Rechte des Menschen, d. h. solche, die unmittelbar durch die Vernunft, sowohl der Möglichkeit, als dem Daseyn nach bestimmt sind. Dahin gehört:

1) Das Recht auf den freien Gebrauch des Körpers. Dies enthält

a) das Recht auf den Besiz des Körpers überhaupt — Recht auf das Leben.

b) Das Recht auf den ungestörten Besiz der Kräfte des Körpers — Recht auf Gesundheit.

c) Das Recht auf den ungestörten Gebrauch dieser Kräfte zu selbstgewählten Zwekken — Recht auf die körperlich physische Freiheit.

2) Das Recht auf den freien Gebrauch der Gemüthskräfte.

3) Das Recht auf die vollkommene äußere Ehre.

II. Erworbene Rechte des Menschen, d. h. solche, zu welchen die Vernunft blos die Möglichkeit begründet, deren wirkliches Daseyn aber von Faktis abhängt. Diese sind:

1) Rechte auf Sachen im engsten Verstande (Eigenthumsrechte.)

2) Rechte auf Leistungen Anderer (Vertragsrechte.)

Hier tritt nun folgende Gradation ein:

1) Das Recht auf das Leben gehet allen anderen Rechten vor, indem der Staat ohne Glieder des Staats nicht gedacht werden kann.

2) Darauf folgt das Recht auf Gesundheit, auf freien Gebrauch der Gemüthskräfte und auf körperlich physische Freiheit.

3) Auf der dritten Stufe der Wichtigkeit stehen die erworbenen Rechte und besonders das Recht auf Sachen im strengsten Verstande, denn durch die Verletzung dieser Rechte werden den Bürgern die Hülfsmittel zu dem Gebrauche ihrer Kräfte für die Zwekke des Staats entzogen.

4) Auf der niedrigsten Stufe der Gefährlichkeit stehet in dieser Classe die Gefahr der Verletzung des Rechts auf äußere Ehre. Denn durch diese Verletzung werden weder den Bürgern, noch durch diese dem Staate Kräfte zur Erreichung des Staatszweks entzogen. Diese Rechte haben nur insofern Werth für den Staat, als durch ihre Verletzung (wie bei allen Privatrechten) der Zwek des Staats theilweise (in Beziehung auf dieses Recht, welches er ebenfalls in seinem Schutze hat) verlezt wird, und die in äußere Handlungen ausbrechende Verachtung des Bürgers (nach psychologischen Gesetzen) auf die Verletzung der übrigen Rechte führt.

Das Verhältnis des Werths der bedingten Rechte des Staats kann in allgemeinen Formeln nicht zusammengestellt, sondern muß aus den besonderen Bestimmungen der vom Staate aus Polizeirükfsichten verbotenen Handlungen beurtheilt werden. 7)

B. Subjektive Gründe der relativen Strafbarkeit.

Der gemeine Verstand kann freilich, wenn er über einen Verbrecher urtheilt, nur die Freiheit (das Princip der moralischen Beurtheilung) als den höchsten Grund der Strafbarkeit betrachten. Dies liegt aber in der Natur der rechtlichen Gründe der Strafbarkeit selbst. Dieselben können nur durch Untersuchung gefunden und aus der Natur der Strafe und des Strafgesetzes entwikkelt werden. Das Bewußtseyn dieser Gründe ist nicht in dem menschlichen Gemüthe unmittelbar enthalten; es sezt Wissenschaft und Gebrauch der philosophirenden Vernunft voraus, das sittliche Gefühl des Menschen hat darüber gar keine Stimme. Es ist der gemeine Verstand, welcher hier in uns spricht, und dieser gemeine Verstand urtheilt nach moralischen Principien, nach welchen Freiheit und Strafbarkeit, Strafbarkeit und Freiheit unzertrennlich mit einander verbunden sind. Jener Ausspruch des gemeinen Verstandes darf uns daher nicht irre machen; die Philosophie nöthigt uns, auf dem Gebiete der Rechtslehre Deterministen zu seyn. 8)

---

7) Revis. II. S. 213 folgd.

8) Revis. I. S. 164 folgd. u. II. S. 133 in der Note.

Von dem Obern Begehrungsvermögen als dem reinen Willen, der reinen praktischen Vernunft selbst, der (sittlich) freien Willkühr, jener Selbstthätigkeit, die durchaus kein Glied der Natur ist, und daher dem Menschen nicht, insofern er Naturwesen, sondern übersinnliches Wesen ist, zustehen kann, läßt sich im Criminalrecht, wo es blos auf die Handlungen selbst, ohne alle Beziehung auf die rein sittliche Gesinnung, blos auf die Materie des Willens ankommt, überall kein Gebrauch machen. Insofern das Subjekt freie Ursache ist, ist es aller Einwirkung entzogen; eine Freiheit, welche determinirt werden kann, ist ein logischer Widerspruch. Jede Uebereinstimmung mit dem Willen der Gesetze und dem Zwekke, welchen diese durch Strafen erreichen wollen, wäre blos zufällig, indem sie nicht in der Strafe, sondern in dem Innern der Freiheit selbst ihren Grund haben könnte. Wenn auch gar keine strafende Gewalt existirte, wenn das Subjekt auch nicht die geringste Vorstellung von einer Strafe gehabt hätte, so würde dennoch für die Gesezmäßigkeit die Bestimmung erfolgt seyn. Vermöge dieser Zweklosigkeit wäre aber auch die Strafe ungerecht. Da keine Beschränkung der Freiheit eines vernünftigen Wesens gesezlich bestimmt oder exequirt werden kann, als nur zur Sicherheit, zum Schutze der Rechte des Strafenden, unter der Voraussetzung aber, daß sich die Strafe auf Freiheit beziehe, durch das Strafübel der Zwek der Sicherung sich durchaus nicht erreichen ließe, so könnte der Strafende keine andere Absicht haben — als zu strafen, mithin einer Person entweder um ihrer moralischen Unwürdigkeit willen Uebel zuzufügen, wozu nur die Gottheit ein Recht hat, oder ohne allen Grund ihre Sinnlichkeit zu kränken, wozu niemand ein Recht hat, und wodurch der Strafende selbst sich zum strafbarsten Verbrecher erniedrigen würde. Die strafende Gewalt muß daher die Menschen als Naturwesen betrachten, die sich nicht selbst bestimmen, sondern durch den Mechanismus der Natur bestimmt werden; nicht der freie, sondern der bestimmbare, der Natur unterworfene Mensch ist es, auf den sich die Strafgewalt bezieht, den sie bestrafen **will**, auf den sie wirken, den sie bürgerlich bestrafen **kann**. 9) Es bleibt daher dem Staate kein anderes Mittel übrig, als das **niedere Begehrungsvermögen** in Anspruch zu nehmen, **durch die Sinnlichkeit selbst auf die Sinnlichkeit zu wirken**, und **die Neigung durch entgegengesezte Neigung, die sinnliche Triebfeder zur That durch eine andere sinnliche Triebfeder aufzuheben**. 10)

Hieraus ergeben sich aber auch die Regeln der Imputativität. Die Wirksamkeit der beiden Arten des niederen Begehrens, des **thierischen** und **verständigen** Begehrens, die Art, wie sich diese Kräfte unseres Geistes in Thätigkeit setzen und das Begehren hervorbringen, die Umstände, unter welchen die übrigen Gemüthskräfte nach deren Wirksamkeit sich determiniren, dies ist in beiden wesentlich verschieden. Bei dem thierischen Begehren werden wir durch **einzelne** sinnliche Vorstellungen und unmittelbare Eindrükke, und zwar ohne Dazwischenkunft des

9) Revis. II. S. 90 folgd.

10) Das. I. S. 44 folgd.

vergleichenden und wählenden Verstandes bestimmt. Die einzelnen Vorstellungen bestimmen mittelst der Vorstellung der Lust oder der Unlust das Gelüsten, dieses Gelüsten wekt das Bedürfnis, dieses Bedürfnis erregt Schmerz, und dieser Schmerz bestimmt das Begehren. Bei dem verständigen Begehren hingegen werden wir bestimmt durch Begriffe des Verstandes, der nach allgemeinen Regeln und Grundsätzen das Mannigfaltige der möglichen sinnlichen Zwekke ordnet, und mit diesen Regeln und Grundsätzen die wirklichen Zwekke vergleicht. Hier tritt daher ein Act der Willkühr ein, und eine Handlung, die in der Willkühr ihren Grund hat, geschieht immer mit Ueberlegung und Wahl. Mittelst der Willkühr greifen wir in den Mechanismus des thierischen Begehrens ein, erheben uns über den Eindruck des Gelüstens; erwägen den Gegenstand unseres Gelüstens nach seinen Eigenschaften und seinen Folgen, vergleichen ihn mit den Contradiktorisch oder Conträr entgegenstehenden Zwekken und Handlungen, vergleichen ihn mit den Regeln unseres Verstandes und reflectiren, ob und wieweit jene Gegenstände des Begehrens mit unsern Zwekken wirklich übereinstimmen, welches die Mittel zur Erreichung jenes Gegenstandes, und ob sie wieder Mittel zu den Zwekken unseres Lebens sind. 11) Je stärker und fester nun im Menschen die sinnliche Triebfeder ist, desto mehr benimmt sie ihm die Fähigkeit, über die Handlung, zu welcher die Triebfeder antreibt, zu reflektiren, desto weniger läßt sie ihm

11) Revis. II. S. 146 folgd.

Raum, über die That und ihre Folgen nachzudenken, desto gewisser wird sie selbst das Begehren unmittelbar bestimmen, und den Menschen ohne Ueberlegung zur Uebertretung des Gesetzes fortreißen. Verbrechen, die ohne Ueberlegung, aus blosem Antriebe der sinnlichen Triebfedern geschehen, beweisen also einen höheren Grad der sinnlichen Triebfeder, begründen mithin einen höheren Grad der Gefahr und der Strafbarkeit. 12) Wie stark aber die sinnlichen Triebfedern in dem Menschen seyen, kann nur aus der Erfahrung, nur aus der schon wirklich bewiesenen Wirksamkeit dieser Triebfedern erkannt werden. Aus der Art, wie bereits diese Triebfedern die Hervorbringung eines Verbrechens bewirkt, und die Stärke und Heftigkeit, die sie schon in einem gegebenen Falle gezeigt haben, muß auf die Stärke und Heftigkeit derselben überhaupt geschlossen werden. Es ergibt sich daher der allgemeine Saz:

> Je stärker, herrschender und fester die Triebfeder war, durch welche ein gegebenes Verbrechen hervorgebracht wurde, desto stärker, herrschender und fester ist die Triebfeder in dem Menschen; desto gefährlicher ist er also für die Zukunft, desto größer ist seine Strafbarkeit. 13)

Die sinnlichen Triebfedern zu Verbrechen unterscheiden sich aber nach einem dreifachen Eintheilungsgrunde: 1) nach ihrer Intensität und Stärke, 2) nach ihrer Festigkeit und Incorrigibilität, 3) nach ihrem Umfange.

12) Revis. II. S. 337 folgd.

13) Das. II. S. 335.

Es müssen daher die Grade ihrer Gefährlichkeit nach diesen drei Rücksichten bestimmt werden, und so ergeben sich folgende Grundsätze:

I. Je intensiv-stärker die sinnliche Triebfeder ist, die zur That bestimmt, desto größer ist die Strafbarkeit. Denn es ist um so wahrscheinlicher, daß die sinnliche Triebfeder die entgegenstehenden Antriebe überwinden und zu dem Verbrechen wirklich das Begehrungsvermögen determiniren werde.

II. Je fester und eingewurzelter und je incorrigibeler die sinnliche Triebfeder ist, desto größer ist die Strafbarkeit. Die Festigkeit der rechtswidrigen Triebfeder sezt die Verhärtung des Gemüths gegen die Gründe der Vernunft und des Verstandes, insofern sie die Wirksamkeit jener Triebfedern einschränken sollen, nothwendig schon voraus.

III. Je umfassender die illegale Triebfeder ist, jemehr Rechtsverletzungen sie umfaßt, auf jemehr Verbrechen sie ihrer Natur nach gerichtet ist, desto größer ist die Strafbarkeit. Jemehr Rechte in Gefahr, jemehr Verbrechen verschiedener Art zu besorgen sind, desto größer ist die Gefahr, mithin auch die Strafbarkeit. 14)

Folgerung aus dem ersten Grundsatze. 15)

Die Intensität der Triebfeder kann nicht unmittelbar erkannt, es kann nur auf sie geschlossen werden. Nur die

14) Revis. II. S. 372 folgd.

15) Das. II. S. 380 folgd.

Wirkungen der sinnlichen Triebfeder können die Erkenntnisgründe für den Grad der Stärke seyn, mit welcher sie bei Hervorbringung eines Verbrechens wirksam gewesen ist. So wie aber eine Kraft um so größer seyn muß, je mehrere und je größere entgegenstehende Kräfte sie überwunden hat, so kann auch eine psychologische Kraft eine andere nur dadurch überwinden, d. h. ihre Thätigkeit beschränken oder aufheben, daß sie verhältnismäßig stärker ist, als die von ihr beschränkte oder aufgehobene Kraft. Eine Vorstellung kann nur durch eine entgegengesezte lebhaftere und stärkere Vorstellung aufgehoben werden. Es läßt sich also die allgemeine Regel aufstellen: Je mehrere und größere, den sinnlichen Antrieben entgegenwirkende Kräfte durch dieselben beschränkt oder aufgehoben worden sind, desto stärker mußten jene sinnlichen Antriebe seyn, desto größer ist also die Strafbarkeit.

Unter den psychologischen Kräften, deren Ueberwindung durch sinnliche Triebfedern Grund der erhöhten oder verminderten Strafbarkeit ist, können nur zwei Hauptarten begriffen seyn, nämlich: 1) Gemüthskräfte im eigentlichen Verstande, 2) die Wirkungen von Gemüthskräften, Vorstellungen und Gefühlen, welche auf das Begehrungsvermögen bezogen und als Gründe der Bestimmung desselben gedacht, Bewegungsgründe heißen. Die Kraft dieser Bewegungsgründe wird dadurch von den sinnlichen Antrieben überwunden, a) daß diese die Lebhaftigkeit der Vorstellungen und Gefühle verdunkeln, b) daß sie wegen ihrer Heftigkeit und der damit verbundenen Größe des

Reizes dem Subjekte als stärkere Bewegungsgründe erscheinen müssen, als jene entgegenwirkenden, und es daher diesen unmöglich machen, das Begehren wirklich zu determiniren. Die Beschränkung der Gemüthskräfte selbst und die Aufhebung ihrer Wirksamkeit für einen gewissen Zwek, durch gewisse sinnliche Antriebe zu einer Handlung geschieht ebenfalls auf zweierlei Art: a) weil das starke Interesse, welches die Heftigkeit des Antriebes zu einer gewissen Handlung an dieser Handlung erregt, das Bedürfnis und den Willen aufhebt, sich dieser Gemüthsvermögen, deren Gebrauch die Befriedigung jenes Interesse aufhalten würde, zu bedienen, b) weil die Stärke und Lebhaftigkeit des sinnlichen Antriebes die Phantasie (deren Lebhaftigkeit mit der erregten Sinnlichkeit immer im Verhältnisse stehet) in erhöhte Thätigkeit versezt und dadurch die Wirksamkeit der höheren Gemüthskräfte aufgehoben oder beschränkt wird.

Es ist offenbar, daß die Kraft des sinnlichen Antriebes stärker seyn müsse, wenn er die Thätigkeit der höheren Gemüthskräfte selbst unterdrükt, als wenn er blos die Bewegungsgründe zur Unterlassung der That überwiegt. Jede Handlung aber, welche durch das blos thierische Begehren hervorgebracht wird, sezt schlechterdings einen Antrieb zum Handeln voraus, durch dessen Heftigkeit die Thätigkeit des Verstandes zur Ueberlegung entweder überhaupt, oder für diese bestimmte Handlung unterdrükt wird. Der Mensch ist in Beziehung auf diese Handlungen ein vollkommenes Thier; er bedient sich nicht einmal der dem Menschen eigenthümlichen und zur Bestimmung seiner

Zwekke eingerichteten Vermögen. Da nun die Stärke der sinnlichen Triebfeder eine erhöhte Strafbarkeit bestimmt, Handlungen aus thierischem Begehren aber den höchsten Grad der Stärke des sinnlichen Antriebes voraussetzen, die Imputabilität dieser Handlungen überhaupt aber nach juridischen Grundsätzen außer Zweifel ist, so folgt, daß Verbrechen, welche durch das blos thierische Begehren veranlaßt worden, der Intensität der Triebfeder nach in einem höheren Grade strafbar sind, als Verbrechen, die in der Willkühr und Ueberlegung ihren Grund haben.

Hieraus gehet nun hervor, daß Handlungen aus Gewohnheit und Handlungen aus Leidenschaft im höchsten Grade des ersten Moments gefährlich sind. Denn beide sind Handlungen des thierischen Begehrens. Hiebei ist aber zu bemerken, daß freilich auch Verbrechen aus Willkühr geschehen können, wenn gleich eine Leidenschaft des Subjekts zur Begehung derselben antrieb, indem nämlich in diesem Falle die unmittelbare Einwirkung der Leidenschaft auf das Begehren durch die Reflexion unterbrochen wird; indessen muß, wenn ein Verbrechen begangen worden, welchem eine, diesem Verbrechen entsprechende, Leidenschaft zum Grunde liegt, für die Bestimmung des Verbrechers durch das thierische Begehren so lange präsumirt werden, bis das Gegentheil erwiesen ist. Eben so wenig kann von der Länge der Zeit, welche zwischen der Veranlassung zu einer gesezwidrigen Willensbestimmung und der wirklichen Willensbestimmung selbst verflossen ist, mit Gewisheit auf eine Bestimmung durch die Willkühr geschlossen werden, indem es nicht wenige Menschen giebt, bei welchen die Veranlassung zu einer Leidenschaft die Leidenschaft selbst nur nach einem beträchtlichen Zeitraum hervorbringt.

Die Ueberwindung bloßer Bewegungsgründe, welche der Bestimmung des Begehrens entgegenstanden, sezt eine geringere Kraft der sinnlichen Triebfeder voraus, und begründet daher einen verminderten Grad der Strafbarkeit. Aber hiedurch sind die besonderen Grade der Stärke der Triebfeder und der hievon abhängenden Grade der Strafbarkeit noch nicht gegeben. Die Antwort auf die desfallsige Frage ergiebt sich aber durch die Beantwortung der Frage: Welches sind die Grade der Intensität der Triebfeder, insofern diese Intensität aus der Ueberwindung der Bewegungsgründe gegen die That erkannt wird?

Die illegalen Triebfedern können nur dadurch das Begehren wirklich bestimmen, daß sie die Antriebe zur Unterlassung der That überwinden, d. h. das Subjekt stärker antreiben, als die ihnen entgegenwirkenden Bestimmungsgründe. Denn da niemand sich ohne Grund bestimmen kann, so würde, wenn die Antriebe zur Begehung und die Antriebe zur Unterlassung der That einander gleich, oder diese stärker, als jene wären, nothwendig die Unterlassung des Verbrechens erfolgen. Je stärker also die Antriebe zur Unterlassung der That sind, desto stärker müssen die Antriebe zur Begehung der That seyn, wenn demungeachtet die That geschehen konnte, und es ergiebt sich folgendes Princip: Je größere und zahlreichere

Hindernisse der Begehung der That entgegenstanden, desto stärker mußte die illegale Triebfeder seyn, welche demungeachtet das Begehrungsvermögen zu dem Verbrechen bestimmte, desto größer ist also die Strafbarkeit.

Die Hindernisse, welche einem Verbrechen im Wege stehen können, sind entweder innere, die in bloßen Vorstellungen und Gefühlen, oder äußere, die in Gegenständen der äußeren Natur bestehen. Bei den inneren Hindernissen — Abrathungsgründe im engern Verstande — ist die Strafbarkeit um so größer, je zahlreicher und je wichtiger und dringender diese abrathenden Bewegungsgründe waren, und je vollständiger und klarer der Verbrecher sich dieselben vorstellte. Der Ehrsüchtige ist daher strafbarer, als der für die Ehre gleichgültige Verbrecher, wenn das Verbrechen zugleich Entehrung des Verbrechers zur Folge hat; der Furchtsame und Schüchterne strafbarer, als der Beherzte, wenn die Begehung des Verbrechens mit Gefahr verbunden ist; der mitleidige, für die Regungen der Menschlichkeit offene Verbrecher strafbarer, als der Unempfindliche, wenn das Verbrechen diesen Gefühlen widerstreitet, und daher auch das weibliche Geschlecht bei gewissen Verbrechen strafbarer, als das männliche, indem Furchtsamkeit und starke, leicht zu erwekkende sympathetische Gefühle zu den Eigenthümlichkeiten desselben gehören. — Eben so steigt aber auch in Betreff der äußeren Hindernisse — Naturhindernisse im engeren Verstande — die Strafbarkeit in dem Grade, als sich dem Verbrecher bei der Begehung des Verbrechens äußere Schwierigkeiten entgegenstellten, indem der Antrieb zu dem Verbrechen um so stärker seyn mußte, je mehr äußere Schwierigkeiten zu überwinden waren.

Hieraus ergeben sich nun folgende im Allgemeinen bestimmbare Grade der Intensität der Triebfeder:

I. Den geringsten Grad der Strafbarkeit haben Verbrechen aus Willkühr, bei welchem geringe innere oder äußere Hindernisse überwunden worden sind.

II. Strafbarer sind Verbrechen aus Willkühr, bei welchen große innere oder äußere Hindernisse überwunden worden sind.

III. Einen höheren Grad der Strafbarkeit haben Verbrechen aus thierischem Begehren, bei welchen geringe innere oder äußere Hindernisse überwunden worden sind.

IV. Am strafbarsten sind Verbrechen aus thierischem Begehren, bei welchen große innere oder äußere Hindernisse überwunden worden sind.

Folgerung aus dem zweiten Grundsatze. 16)

Hinsichtlich der Festigkeit und Dauer der sinnlichen Triebfeder muß man in den Fällen, wenn ein Verbrechen bei geringen äußeren Veranlassungen unter wenig äußern Reizen, also aus innerem Antriebe begangen worden, annehmen, daß die sinnliche Begierde, welche zu der Handlung bestimmte, in dem Gemüthe des Verbrechers festgegründet, der Verbrecher besonders zu dieser Uebertretung disponirt sey, und es stehet daher die Regel fest: Je geringer die äußeren Veranlassungen, je weniger dringend die äußeren Reize waren, welche

16) Revis. II. S. 406 folgd.

die sinnliche Begierde in dem Verbrecher erwekten und mittelst dieser zu der Uebertretung bestimmten, desto mehr mußte der Verbrecher von Natur zu dieser Uebertretung disponirt, desto fester gegründet mußte in ihm die sinnliche Triebfeder seyn, desto größer ist also seine Strafbarkeit. Die Strafbarkeit wird also verringert 1) durch große unverhofte Gelegenheit, 2) durch die dringende Nothwendigkeit der Befriedigung erlaubter und nothwendiger Bedürfnisse des Lebens, 3) durch Furcht vor großen zukünftigen Uebeln, 4) durch Leidenschaft, wenn diese durch heftige Anreizungen entstanden oder erhöht worden ist.

In Ansehung der besonderen untergeordneten Grade der Strafbarkeit nach diesem Momente gelten nun folgende Sätze: 1) Die Triebfeder muß um so fester und herrschender seyn, je mehr psychologische, ihr entgegenwirkende Hindernisse sie fortdaurend unterdrükt hat. Denn aus dieser fortdaurenden Wirkung läßt sich auch die Fortdauer der Ursache erkennen; die fortdaurende Wirksamkeit der sinnlichen Triebfeder ist aber nicht möglich, ohne daß sie in dem Gemüthe selbst fest eingewurzelt ist. 2) Die durch die Begehung eines Verbrechens erwiesene sinnliche Triebfeder muß um so fester und herrschender seyn, je mehr Natururfachen die Entstehung derselben bewirkt haben oder ihre fortdaurende Wirksamkeit beweisen. — Der Mensch stehet unter der Herrschaft von Natururfachen. Alles, was er ist, die Individualität seines Geistes, alle seine Neigungen und Begierden werden, insofern er als Naturwesen zu betrachten ist, durch unabänderliche Naturursachen bestimmt. Die Organisation seines Körpers, seine Erziehung und der Zusammenfluß anderer, im Einzelnen oft unmerklichen Ursachen machen ihn zu dem, was er ist, und geben seinem Geiste die ihm eigenthümliche Gestalt. Je mehr also solche Naturursachen, welche nach Regeln der Erfahrung gewisse illegale Triebfedern erzeugen, auf den Menschen einwirken, desto mehr muß das Gemüth durch dieselben bestimmt werden, desto fester und herrschender müssen die durch dieselben erzeugten Bestimmungsgründe zur Begehung rechtswidriger Handlungen seyn. Je fortdaurender aber der Grund zu rechtswidrigen Handlungen wirkt, desto fester ist er auch in dem Gemüthe eingewurzelt, denn Festigkeit der sinnlichen Triebfeder und fortdaurende Wirksamkeit derselben sind Wechselbegriffe. So wie also Verbrechen, die aus Gewohnheit geschehen, in einem weit höheren Grade strafbar sind, als andere, indem ein solcher Verbrecher gleichsam aus Instinkt handelt, so wird auch die Strafbarkeit des Verbrechers durch schlechte Erziehung erhöht, durch gute Erziehung vermindert. Man weiß, was die Erziehung wirkt, was sie aus dem Menschen bilden, was sie an ihm verderben kann; man weiß auch, wie daurend und unauslöschlich ihre Folgen in dem menschlichen Gemüthe sind. Wer durch Erziehung verdorben ist, der ist von Grund aus verdorben; das Böse, das aus dieser Quelle in uns gekommen ist, hat sich mit unserem ganzen Wesen so innig verwebt, daß es wohl durch Vernunft beschränkt, aber nie ganz vertilgt werden kann.

Die Naturursachen, welche die fortdaurende Wirksamkeit des subjektiven Princips von Verbrechen bestimmen, sind theils positive, theils negative. Zu den ersteren gehört die Organisation des Körpers, und da mit der Festigkeit der sinnlichen Triebfeder die Gefährlichkeit des Verbrechers steigt, so wird auch die Strafbarkeit um so mehr erhöht, je mehr der sinnliche Antrieb zu Verbrechen in nothwendigen Bestimmungen des Körpers gegründet ist. Zu den negativen Ursachen gehört dagegen natürliche Schwäche und Stumpfheit der höheren Geisteskräfte, die in eben dem Grade die äußere Strafbarkeit erhöht, als Stärke der höheren Geisteskräfte dieselbe vermindert. Bei Menschen, in welchen diese Gemüthskräfte gehörig wirksam sind, und mit dem Uebrigen im richtigen Verhältnisse stehen, bedarf es nur einer verhältnismäßigen geringen Strafe, um die illegalen Triebfedern zu überwinden. Ganz anders bei denen, in welchen jene Kräfte — nicht mangeln (denn sie mangeln bei keinem) doch zu schwach sind, um in die Kette der Naturwirkungen eingreifen zu können. Soll die Strafe hier als zureichende Ursache zur Unterlassung des Verbrechens gedacht werden, so muß sie zugleich von der Größe seyn, daß sie die Nichtexistenz jener Kräfte ersetzen kann.

Diesemnach giebt es auch bei diesem zweiten Momente vier Grade der Strafbarkeit:

I. Den geringsten Grad von Strafbarkeit haben Verbrechen, welche durch heftige äußere Reize bewirkt worden.

II. Strafbarer sind Verbrechen, bei welchen die Festigkeit der Triebfeder nur aus dem einen oder andern der angegebenen Gründe ihrer Existenz und Fortdauer erkannt wird.

III. Einen höheren Grad der Strafbarkeit haben Verbrechen, bei welchen die Festigkeit der Triebfeder aus allen angegebenen Gründen zugleich erkannt wird.

IV. Den höchsten Grad der Strafbarkeit haben Verbrechen aus Gewohnheit.

Folgerung aus dem dritten Grundsatze. 17)

Das Moment der Strafbarkeit nach dem Umfange der Triebfeder hat einige Eigenthümlichkeiten, durch die es sich von dem vorhergehenden auszeichnet. Einmal hängt bei diesem Momente die Beurtheilung von der genauen Kenntnis der bestimmten Art von Triebfeder ab, welche in concreto wirksam gewesen, und dann braucht der Richter hier nicht, wie bei dem Momente der Intensität und Festigkeit gewisse Fakta aufzusuchen, aus denen sich auf jenen bestimmten Grad der Festigkeit oder der Stärke der Triebfeder schließen läßt, sondern, daß diese oder jene Triebfeder ein gegebenes Verbrechen erzeugt habe, muß, wie jedes Faktum, dem Richter bewiesen werden. Die Bestimmung des Umfangs derselben hängt aber von den ihr eigenthümlichen Merkmalen und der psychologisch richtigen Entwikkelung ihres Charakters ab. Hier ist daher die Theorie bei weitem leichter, als bei jenen Momenten, da der Rechtslehrer das meiste aus der Psychologie voraussetzen kann, und das übrige dem praktischen Urtheile des Richters überlassen muß.

17) Revis. II. S. 426. folgd.

Der Grad der Strafbarkeit hängt hier von der Menge der Rechtsverletzungen ab, die durch die Triebfeder begründet werden. Die Triebfeder ist in diesem Betracht um so illegaler, 1) je mehr Subjekte durch dieselbe bedroht werden, 2) auf je mehr Rechtsverletzungen der Art nach sie gerichtet ist. Da nun diesemnach Triebfedern, die ihrer Natur nach auf Hervorbringung gesezmäßiger Handlungen gerichtet sind, den geringsten Grad der Strafbarkeit begründen, so ergiebt sich hier folgende Stufenreihe:

I. Den geringsten Grad von Strafbarkeit haben Verbrechen, die aus moralischen Antrieben, vermeintlichen Pflichten, oder aus solchen Gefühlen und Neigungen entstanden sind, welche zu gesezmäßigen Handlungen antreiben, z. B. Verbrechen aus Mitleid.

II. Darauf folgen Verbrechen aus Zorn. Zorn bezieht sich nur auf den Fall einer bestimmten, gewöhnlich noch gegenwärtigen Beleidigung, und zwar blos auf die einzelne Person, die durch ihre Handlungen den Verbrecher in den Zustand des thierischen Begehrens versezt hat.

III. Strafbarer sind Verbrechen aus Rachsucht. Diese Affektion kann schon Verbrechen aller Art begründen. Indessen sezt sie doch nur diejenigen Subjekte in Gefahr, die durch wirkliche oder eingebildete Beleidigungen die Begierde jenes Menschen auf sich ziehen.

IV. Einen noch höheren Grad von Strafbarkeit haben Verbrechen aus Neid. Der Neid bedroht alle diejenigen, die durch ihre äußeren Vorzüge besonders durch den Schein des Glücks die neidischen Blikke des Andern auf sich ziehen.

V. Den höchsten Grad von Strafbarkeit haben Verbrechen aus positivem Menschenhaß. Durch diesen werden alle Menschen als solche gefährdet.

In Betreff der ganzen Lehre von den subjektiven Gründen der Strafbarkeit ist aber nicht zu übersehen, daß die verschiedenen Momente der Gefährlichkeit bei einem Verbrechen concurriren können, jedes Verbrechen aber in diesen verschiedenen Rüksichten der Intensität, der Festigkeit und dem Umfange der sinnlichen Triebfeder noch verschiedene Grade der Gefährlichkeit haben kann. Der Grad der Strafbarkeit eines bestimmten Verbrechers wird also durch die Summe bestimmt, welche aus den Graden der Gefährlichkeit, nach jenen drei verschiedenen Momenten einzeln genommen, resultirt. Da nämlich der höchste Grad der Strafbarkeit aus dem höchsten Grade der Gefährlichkeit in allen drei Momenten besteht, so folgt, daß wenn die Grade der Gefährlichkeit eines Verbrechens, nach den verschiedenen Momenten betrachtet, einander ungleich sind, die Strafbarkeit in Beziehung auf den absoluthöchsten Grad um so vielmal geringer seyn müsse, als in jedem einzelnen Momente Grade zur absoluthöchsten Strafbarkeit mangeln. Hat also die Handlung in Rüksicht der Intensität den höchsten Grad der Gefährlichkeit, in Rüksicht der Festigkeit und Incorrigibilität ihrer Triebfeder aber den zweiten, und in Rüksicht des Umfangs der Triebfeder den vierten Grad, so ist in diesem Falle die Strafbarkeit um vier Grade verringert. 18)

18) Revis. II. S. 390 folgd.

Eine Lehre von dem Maasstabe der Strafen muß, zwar nicht den Principien, aber doch allerdings dem Umfange nach, verschieden seyn, je nachdem sie entweder in politischer oder in rechtlicher Hinsicht aufgestellt wird, entweder dem Gesezgeber oder dem Richter zum Maasstabe dienen soll. Während der Gesezgeber, wenn er sich nicht selbst verkennen, und, wie Beccaria sagt, für jeden einzelnen Bürger ein einzelnes Gesezbuch machen will, blos bei allgemeinen Bestimmungen stehen bleiben muß, hat der Richter die allgemeinen Principien der Strafbarkeit auf einzelne Bestimmungen der Handlungen anzuwenden. Als Theil der Rechtslehre aufgestellt, muß die Lehre von dem Maasstabe der Strafen jene allgemeine Principien weiter in das Detail durchführen, und sie wird ihre Bestimmung um so besser erfüllen, je mehr sie dieselbe auf das Besondere, auf die niedrigsten Unterarten möglicher Handlungen anwendet. Als Theil der Criminalpolitik und als Vorschrift für den Gesezgeber selbst, würde sie durch ein solches Detail ihren Zwek ganz verfehlen, wenigstens etwas sehr Unnützes thun. Denn der Gesezgeber kann von diesen einzelnen Bestimmungen keinen Gebrauch machen, wenn er nicht seinen Strafcoder, der um so zwekmäßiger ist, je einfacher er ist, durch solche einzelne Bestimmungen verwikkeln und eben dadurch die Drohungen der einzelnen Gesetze schwächen, wo nicht gar zernichten will. Man müßte sonst erst den Haufen (und für den sind doch wohl zunächst die Strafgesetze gegeben) ein Collegium juris criminalis hören lassen, ehe man von ihm eine Kenntnis dieser Strafdrohungen und eine bestimmte Furcht vor denselben fodern und erwarten könnte. 19) — Sollte aber Jemand im Stande seyn, der hier vorgetragenen Imputationstheorie den Vorwurf zu machen, daß sie im Resultat mit der Präventionstheorie zusammenfalle, so würde derselbe dadurch nur den Beweis liefern, daß er weder die Gründe noch den Gesichtspunkt gehörig aufgefaßt habe. Die auf dem gegenwärtigen Wege gefundene Strafe ist nur das dem Verbrechen angemessene Uebel, und dieses richtet sich nicht darum nach der Gefährlichkeit des Verbrechens, damit es die Gefahr für die Zukunft abwenden könne, sondern weil die Drohung des Gesetzes, wenn sie rechtmäßig und zwekmäßig seyn soll, dieser Gefahr proportionirt seyn muß, und die zuerkannte willkührliche Strafe keine andere seyn darf, als eine solche, welche der Gesezgeber für den bestimmten Fall ausdrücklich androhen konnte. 20)

* * *

Ueber die dritte Abtheilung des hier mitgetheilten Auszugs mag der geneigte Leser selbst urtheilen; unsere Kritik beschränkt sich auf die beiden erstern, und dem oben angezeigten Gange gemäs wenden wir uns zuvörderst zu den hier aufgestellten subjektiven Gründen der Strafbarkeit.

Was von dem Glauben an Gott und Unsterblichkeit der Seele gilt, daß er nichts zufälliges, etwa nur dem Philosophen eigenes, auf der Einsicht tiefliegender Gründe beruhendes, sondern eine nothwendige, jedem Menschen, als solchem, eigene Thatsache des Bewußtseyns ist, das

19) Revis. II. S. 201 folgd.

20) Das. II. S. 440 folgd.

gilt auch von dem Glauben an die Freiheit des menschlichen Willens. Auch dieser Glaube hat zu allen Zeiten in des Menschen Brust gelebt; er ist weder an Kenntnisse noch an Spekulation gebunden; als vernünftiges Wesen betrachtet sich der Mensch nothwendig als Bürger der übersinnlichen und sinnlichen Welt zugleich. Jeder desfallsige Zweifel hieße nicht mehr und nicht weniger, als, der Mensch zweifle an sich selbst. Freilich entstehet in dem Menschen, sobald seine intellektuelle Kraft sich äußert, das Bedürfnis, die mannigfaltigen Thatsachen des Bewußtseyns zu einem Ganzen zu verbinden und den lezten Grund desselben zu erforschen, d. h. er fühlt sich zur Philosophie getrieben; mag aber das Resultat dieser Forschung ausfallen, wie es wolle, mag dasselbe die Erscheinungen des Lebens befriedigend erklären, oder aber mit denselben im Widerspruch stehen, auf das Leben selbst hat dies keinen Einfluß; auf den Standpunkt des Lebens zurückgekehrt folgt der Mensch seinem unmittelbaren Bewußtseyn.

Ist aber nicht der Standpunkt des Juristen, als solchen, der Standpunkt des Lebens? Sucht der Jurist, als solcher, etwa das Seyn selbst, nicht blos die Verhältnisse des Seyns zu erklären? Stehet er nicht, wenigstens so lange vom bestehenden Rechte die Rede ist, völlig dem Mathematiker gleich, der, unbekümmert um die Resultate der Philosophie, den Raum als ein Aeußeres betrachtet und nothwendig betrachten muß? — Es wäre unnöthig, mehr hierüber zu sagen; Jeder fühlt, daß es so ist und nicht anders seyn kann. Eben deshalb wäre es aber auch ein Abweg, wenn wir es uns wollten einfallen lassen, die Kantische Philosophie zum Gegenstande unserer Prüfung zu machen, weil Feuerbach sein System des Strafrechts auf sie gebau't. Daß eine Philosophie, welcher die reine gesetzgebende Vernunft mit der praktischen, durch Willensentschlüsse thätigen, Vernunft schlechthin Eins ist, bei jedem Willensentschluß, der dem Gesetze zuwider ist, nur ein Quiesciren der Freiheit annehmen und somit das Wesen der Willkühr nicht in eine Wahl zwischen dem Naturtrieb und dem durch den reinen Willen Gebotenen, sondern nur in eine Wahl zwischen mehrern möglichen

Befriedigungen des Naturtriebes setzen kann, dies leidet keinen Zweifel, aber geben wir auch zu, eine solche Philosophie habe die Grenzen des Möglichen erreicht, der menschliche Geist könne über sie nicht hinaus, 21) was

21) „Daß es eine Freiheit des Willens giebt, davon läßt sich „das gemeine Bewußtseyn nur durch die Willkühr überzeugen, „d. h. dadurch, daß wir in jedem Wollen uns einer Wahl zwischen „Entgegengesezten bewußt werden. Nun wird aber behauptet, die „Willkühr sey nicht der absolute Wille selbst, denn dieser ist, wie „im vorhergehenden bewiesen, nur auf das reine Selbstbestimmen „gerichtet, sondern die Erscheinung des absoluten Willens. Wenn „also Freiheit = Willkühr ist, so ist auch die Freiheit nicht der „absolute Wille selbst, sondern nur die Erscheinung desselben. Vom „Willen absolut gedacht kann man also nicht sagen, weder daß er „frei, noch daß er nicht frei sey, denn das Absolute kann nicht als „handelnd nach einem Gesetze gedacht werden, das ihm nicht durch „die innere Nothwendigkeit seiner Natur schon vorgeschrieben wäre. „Da das Ich im absoluten Willensakt nur das Selbstbestimmen als „solches zum Objekt hat, so ist für den Willen absolut gedacht keine „Abweichung von demselben möglich, er ist also, wenn er frei „genannt werden kann, absolut frei, denn was für den erscheinenden Willen Gebot ist, ist für jenen ein Gesez, das aus der „Nothwendigkeit seiner Natur hervorgehet. Soll aber das Absolute „sich selbst erscheinen, so muß es sich seinem Objektiven nach von „etwas anderem, als etwas fremdartigem abhängig erscheinen. „Aber diese Abhängigkeit gehört doch nicht zum Absoluten selbst, „sondern blos zu seiner Erscheinung. Dieses fremdartige, „wovon der absolute Wille zum Behuf der Erscheinung „abhängig ist, ist der Naturtrieb, im Gegensaz gegen „welchen allein sich das Gesez des reinen Willens in „einen Imperativ verwandelt. Der Wille absolut betrachtet „aber hat ursprünglich nichts anderes zum Objekt, als das reine „Selbstbestimmen, d. h. sich selbst. Es kann also auch kein Sollen, „kein Gesez für ihn geben, was forderte, daß er sich selbst Objekt „sey. Also ist das Sittengesez und die Freiheit, insofern sie in „Willkühr bestehet, selbst nur Bedingung der Erscheinung jenes „absoluten Willens, der alles Bewußtseyn constituirt, und „insofern auch Bedingung des sich selbst Objekt werdenden Bewußtseyns." System des trenscendentalen Idealismus von Schelling S. 394 folgd. — Mag nun Schelling die Aufgabe gelös't haben, oder nicht, so kann doch auch der blindeste Anhänger Kant's selbst in Gemäßheit der eigenen Worte des Meisters den Kriticismus noch nicht für ein System halten. Kant läßt sich ja in

folgt denn daraus? Nichts weiter, als daß das Streben der Philosophen eitel bleibt, daß es der Philosophie nie gelingen kann, die an sie gemachte Forderung zu erfüllen; für den gesunden Menschenverstand bleibt es unbedingte Wahrheit, daß es ohne Freiheit des Willens kein Bewußtseyn und ohne Bewußtseyn keine Freiheit des Willens giebt, und daher von dem, der diese Freiheit des Willens aus dem Recht verbannen will, in vollem Maße der Ausspruch der Schrift gilt: Der Thor sagt in seinem Herzen, es ist kein Gott.

Wie und auf welche Weise ist denn aber Feuerbach, dieser mit Recht allgemein anerkannte scharfsinnige Denker, dazu gekommen, von der Kantischen Philosophie eine solche Anwendung zu machen? Ist es doch weder einem der übrigen Anhänger Kants, noch Kant selbst eingefallen, einen solchen Determinismus in's Leben einführen zu wollen. Was Kant selbst betrift, so verweißt derselbe in seiner Rechtslehre das Juridische nicht aus dem Reich des Moralischen, das Juridische stehet dort nur dem Ethischen gegenüber, und wir finden ausdrüklich den der Feuerbach'schen Lehre widersprechenden Saz: Je kleiner das

---

mehreren Stellen darüber aus, unter anderen in der Vorrede zur Grundlegung der Metaphysik der Sitten, wo es heißt: „Ich erfordere zur Critik einer reinen praktischen Vernunft, daß, wenn sie vollendet seyn soll, ihre Einheit mit der speculativen in einem gemeinschaftlichen Princip zugleich müsse dargestellt werden können; weil es doch am Ende nur eine und dieselbe Vernunft seyn kann, die blos in der Anwendung verschieden seyn muß. Zu einer solchen Vollständigkeit konnte ich es aber hier noch nicht bringen, ohne Betrachtungen von ganz anderer Art herbeizuziehen, und den Leser zu verwirren. Um deswillen habe ich mich statt der Benennung einer Critik der reinen practischen Vernunft der von einer Grundlegung zur Metaphysik der Sitten bedient.“ Sagt denn Kant hier nicht deutlich, daß eine absolute Trennung zwischen übersinnlicher und sinnlicher Welt nicht denkbar sey? Konnte er jezt noch so gänzlich misverstanden werden? Aber sie sind nur discursive Denker, und es fehlt ihnen gänzlich an Intuition, möchte man mit Fichte ausrufen: man muß gegen sie nicht disputiren, sondern man sollte sie kultiviren, wenn man könnte. —

Naturhindernis (der Sinnlichkeit) je größer das Hindernis aus Gründen der Pflicht, desto mehr wird die Uebertretung (als Verschuldung) zugerechnet. Eben so wenig ist aber Kiesewetter in seiner Schrift: Gedrängter Auszug aus Kants Kritik der reinen Vernunft nebst der Erklärung der wichtigsten darin vorkommenden Ausdrükken der Schule S. 175 folg. ein Augenblick im Zweifel, ein Verbrechen als Erzeugnis menschlicher Freiheit zu betrachten. Nachdem er bei Gelegenheit der Erörterung der Frage, ob die Handlungen des Menschen von den Gesetzen der Naturnothwendigkeit ausgenommen seyen, das Verbrechen des Vatermordes als Beispiel gebraucht, und das Resultat gefunden hat, daß bei einer gegebenen Erscheinung A eine doppelte Relation statt finde, dieselbe einmal als Erscheinung, d. h. als ein Theil der Sinnenwelt und also den Gesetzen der Naturnothwendigkeit unterworfen, zweitens aber auch als Wirkung eines den Gesetzen der Naturnothwendigkeit nicht nothwendig unterworfenen Dinges an sich betrachtet werden könne, fährt er fort: „Wenn der Philosoph, um eine gegebene Handlung, z. B. den Vatermord des Cajus zu erklären, von der Erziehung des Cajus, von seinem Temperament, seiner körperlichen Beschaffenheit spricht, und uns eine Reihe von Handlungen anführt, von denen eine immer die andere erzeugte, und deren Ende das Verbrechen ist — der Richter hingegen diese Handlung des Cajus doch für ein Verbrechen erklärt, sie ihm zurechnet, und ihn deshalb bestraft, so haben beide Recht und widersprechen einander nicht. Der Philosoph spricht von einer Erscheinung der Sinnenwelt, die er nur nach den Gesetzen der Naturnothwendigkeit mit anderen Erscheinungen in eine unendliche Reihe von Ursachen und Wirkungen verbindet; der Richter hingegen betrachtet den Vatermord des Cajus als die Wirkung des Cajus als Ding an sich und da kann er ihn von den Naturgesetzen der Sinnenwelt ausnehmen, ihn für frei erklären, und seine Handlung ihm zurechnen." — Diesemnach kann also die Kantische Philosophie nicht der unmittelbare Entstehungsgrund der Feuerbach'schen Ansicht seyn.

Dieser unmittelbare Entstehungsgrund ist anderwärts zu suchen, und vielleicht gelingt es uns, mittelst einer ganz einfachen Operation denselben zu finden.

Richtet man an den gesunden Menschenverstand die Frage, welcher Mittel sich die Strafgesezgebung zu bedienen habe, um der Erreichung ihres Zweks gewis zu seyn, so wird er, ohne sich zu bedenken, antworten, der Gesezgeber könne hier nur die sinnliche Natur des Menschen in Anspruch nehmen. Es ist ja, wird er sagen, hier nicht etwa von einer auf die Würde der menschlichen Natur hinweisenden Ermahnung, sondern von Strafe die Rede, und wiewohl, insofern die zu verhängende Strafe in einem blosen Verweis bestehet, die Grenzlinie sehr fein seyn mag, so liegt doch im Allgemeinen im Begriff von Strafe ein zunächst die sinnliche Natur des Menschen afficirendes Uebel. Eine Strafgesezgebung kann also nur von dieser Seite ihren Zwek erreichen, und wie hoch oder niedrig sie die anzudrohenden Strafen bestimme, wird von der Bildungsstufe und dem Charakter des Volks abhängen. Unter einem rohen, an Begriffen armen Volke wird es keine gelinden Strafen geben, und eben so wird ein Verbrechen um so schwerer verpönt seyn, je mehr dasselbe im Charakter dieses Volk's liegt. 22)

Fragen wir aber den gesunden Menschenverstand weiter, ob dies auch auf das Urtheil des Richters Einfluß habe, so wird er uns diese Frage verneinend beantworten. Er wird uns sagen, daß es für den Richter gleichgültig sey, welchen Zwek der Gesezgeber bei der Androhung der Strafe gehabt, und ob die Strafe hart oder gelind zu nennen; der Richter dürfe ja doch dieserhalb nichts zu- und nichts abthun: er habe immer nur das Gesez anzuwenden und somit nur darauf zu sehen, ob die fragliche Handlung wirklich als Handlung, d. h. als eine aus freiem Willen hervorgegangene That betrachtet werden könne.

---

22) Nonnunquam evenit, ut aliquorum maleficiorum supplicia exacerbentur, quotiens nimium multis personis grassantibus, exemplo opus sit. L. 16 §. 10 D. de pœn. (48, 19.)

Wir sehen also hier den gesunden Menschenverstand zwei Principien unterscheiden, eins für den Gesezgeber, das andere für den Richter. So wie der gesunde Menschenverstand es für die Pflicht des Richters hält, sich nicht an das, was dem Gesetze etwa zum Grunde liegt, sondern nur an das Gesez selbst zu halten, so hält er es dagegen auch gar nicht für nothwendig, daß das Gesez ausdrüklich nur freie Handlungen für Verbrechen erkläre; seiner Meinung nach verstehet sich dies von selbst. Einen Vereinigungspunkt dieser beiden Principien vermag der blose gesunde Menschenverstand freilich nicht aufzufinden, dies kümmert ihn aber auch vor der Hand nicht, er fühlt sich durchaus in keinem Widerspruch.

Kehren wir jezt zu Feuerbach's Deduktion der subjektiven Gründe der Strafbarkeit zurük, so kann uns der Siz des Irrthums nicht länger verborgen bleiben. Nach Feuerbach gilt für den Richter und für den Gesezgeber das eine und das nämliche Princip, der Richter ist nur der fortgesezte Gesezgeber, die Gesezgebung nur der Stamm des Baums, dessen Aeste durch die Richtersprüche gebildet werden und in immer engern Verzweigungen sich über das Land verbreiten. Da nun das hier geltende gemeinschaftliche Princip das Princip der Gefährlichkeit ist, der Gesezgeber aber nur durch die Sinnlichkeit auf die Sinnlichkeit wirken kann, und nothwendig die Größe der von ihm anzudrohenden Strafen nach der Bildungsstufe und dem Charakter des Volks abmessen muß, so kann auch der Richter, indem er das, was für den Gesezgeber in abstracto gilt, in concreto anzuwenden hat, den Verbrecher nur als Naturwesen betrachten, und so wie man zwischen wilden und zahmen Thieren unterscheidet, und leztere weniger gefährlich findet, so muß nothwendig auch die Strafe geringer seyn, wenn es sich ergiebt, daß die That nicht im thierischen, sondern in dem der Menschheit näher stehenden verständigen Begehren seinen Grund hatte.

Indessen läßt sich nicht in Abrede stellen, daß die Möglichkeit, wie Feuerbach zu seiner Ansicht gekommen, hiedurch noch nicht völlig erklärt ist. Es treten immer noch zwei Fragen entgegen:

1) Wie war es möglich, von dem so ganz natürlichen Grundsaz, daß die Strafgesezgebung sich nur an die sinnliche Natur des Menschen wenden kann, auf den unnatürlichen Grundsaz zu kommen, auf dem Gebiete der Rechtslehre sey der Mensch überall nur als Naturwesen zu betrachten? Jener Grundsaz der Gesezgebung wird ja im Allgemeinen von jedem Menschen im Umgange mit Andern befolgt, und man hat sogar über die hier zu beobachtenden Regeln Bücher geschrieben. Ist es aber wohl einem Menschen, auch wenn er sich hier der höchsten Virtuosität rühmen zu dürfen glaubte, jemals eingefallen, an der Freiheit des Willens zu zweifeln? Liegt nicht im Glauben an seine Klugheit zugleich der Glaube an diese Freiheit? Könnte das Eine ohne das Andere bestehen? Gehen wir nicht selbst, indem wir den Ideengang eines Schriftstellers zu erklären suchen, von der Voraussetzung nothwendiger Denkgesetze aus? Zweifeln wir aber deshalb an seiner Freiheit im Handeln?

2) Wie war es möglich, an die Realität einer Ansicht zu glauben, welche dem Verbrecher eine Strafe zuerkannt wissen will, die, während das Auffinden derselben die noch nicht vorhandene Mathematik der intensiven Größen voraussezt, vom Verbrecher um so weniger gefunden werden konnte, je härter und schwerer sie ist? Wenn man es für eine überspannte Idee Platon's hält, daß er sich Menschen dachte, als wenn er sie vom Bildhauer wolle machen lassen, so könnte wohl hier noch vieles auf den Standpunkt des Beurtheilers ankommen, jenes Ansinnen bleibt aber ewig in sich widersprechend. Wir wollen Feuerbach zugeben, daß in einem Fichte'schen geschlossenen Handelsstaate auch wohl sein Strafsystem gelten könnte — die Gerechtigkeit würde dann mit dem frischen Leben der Nation im Einklange stehen — er wird uns aber zufolge seiner Consequenz auch zugeben müssen, daß, so wie dort aus dem an sich ganz richtigen Satze: In Geld läßt sich nichts realisiren, denn das Geld selbst ist nichts reelles, ein vollendeter materieller Despotismus hervorgehet, so auch aus seinem an und für sich wohl richtigen Grundsatze sich ein System gestaltet, was allent-

halben, nur nicht unter vernünftigen Wesen, Anwendung findet.

Die Antwort auf die erste dieser Fragen liegt nicht weit. Vor der Kantischen Philosophie konnte es keinem Rechtslehrer einfallen, ein solches System des Strafrechts aufzustellen, es hätte ihm selbst nur als Ausfluß eines totalen Materialismus erscheinen können, und wie wäre es dem Juristen möglich, einer materialistischen Ansicht zu fröhnen, nachdem er sich solcher bewußt geworden? Anders war es aber, nachdem Kant theoretische und praktische Vernunft getrennt hatte. Jezt konnte man mit der sinnlichen Natur des Menschen schon etwas wagen, seine intelligibele Seite blieb ja unversehrt; jezt konnte man sagen: „Wie würde der Naturforscher, wie würde der „Geschichtschreiber spotten, wenn wir, statt ihm die Er„scheinungen aus Naturursachen zu erklären, ihm die „Freiheit als Grund angeben und ihn damit befriedigen „wollten. Deine Freiheit ist hier von keinem Gebrauch, „könnte er uns mit Recht entgegensetzen. Und daß er „hiezu ein Recht hat, rührt aus der beschränkten Gültig„keit der Freiheit her, die nur auf der Moral ihren Boden „hat, und deren Realität nur in so fern, als sie als eine „absolute sittliche Ursache gedacht werden kann, begrün„det ist. Eben dies gilt von dem Gebiete des Rechts, „das zwar näher an die Moral grenzt, als andere; aber „doch eben so scharf von ihr geschieden ist. Denn Gerech„tigkeit und Sittlichkeit, von denen jene das Objekt der „Rechtslehre, diese der Gegenstand der Sittenlehre ist, „sind zwei von einander ganz verschiedene Begriffe.“ 23) Materialismus war es ja jezt nicht, was man lehrte, es war vielmehr Vollendung der Grenzlinie zwischen Moral und Naturrecht, eine Reinigung des Criminalrechts von metaphysischen Principien und Begriffen, 24) und dennoch zugleich ein auf philosophischen Principien beruhendes Criminalrecht. Daß, so lange jene praktische Vernunft zugleich die gesezgebende ist, sich auch das, was hier Mo-

23) Revis. II. S. 107.

24) Das. II. S. 73.

ralität genannt wird, nothwendig zernichtet, daß der Kriticismus, wiewohl ein ewiges Denkmal eines tiefforschenden Geistes, dennoch, sobald man ihn als System betrachtet, nur ein in zwei Hälften gespaltener Dogmatismus ist. — Dies hätte man freilich erkennen sollen; aber wer dies erkannt hätte, der hätte auch wohl noch manches andere erkannt, und von unserer Frage wäre überall keine Rede. — Was dagegen die zweite der hier aufgestellten Fragen betrifft, so gestehen wir, keine Antwort zu haben, und bleibt es dem Scharfsinn unserer Leser überlassen, in eigenen Forschungen sich zu versuchen.

Mittelst eines solchen Systems konnte es Feuerbach bei aller seiner Anstrengung nicht gelingen, die sogenannte Freiheitstheorie in ihrer Wurzel zu zerstören. Wenn man sich auch wohl von der Wahrheit seiner Behauptungen in Betreff der Beschränkung richterlicher Willkühr bei bestimmten Strafgesetzen überzeugte und diese Behauptungen nicht gerade als nothwendigen Ausfluß des Systems betrachtete, so mußte schon der Umstand, daß die von Feuerbach versuchte Widerlegung der bisherigen Grundansicht immer auf die Kantischen Begriffe von Freiheit und Willkühr zurükkommt, und die Meinung, als müsse Jeder, der diese Worte gebraucht, auch den gleichen Sinn damit verbinden, gleichsam als fixe Idee erscheint, 25)

25) Wer dies Urtheil zu hart findet, der vergleiche nur die in der Revision enthaltenen, gegen Kleinschrod's systematische Entwikkelung der Grundbegriffe und Grundwahrheiten des peinlichen Rechts gerichteten Widerlegungen mit dem, was Kleinschrod in dem gedachten Werke 2. Ausg. Th. I. §. 53 sagt. Es heißt dort: „Der einsichtsvolle Recensent von Grolman's Criminalrechte hat dies — daß es Grade der Freiheit gebe — geläugnet aus dem Grunde, weil Freiheit nur negativ als das Vermögen, durch Naturursachen nicht necessitirt zu werden, erscheine, und dieselbe ein Absolutum und Gegenstand der übersinnlichen Welt sey. Aber wir betrachten die Freiheit nicht als Gegenstand der übersinnlichen, sondern der sinnlichen Welt: und wenn ich auch den oben gedachten Begriff annehme, so kann man daraus herleiten, je mehr oder weniger ich durch Naturursachen necessitirt werde, desto geringer oder größer ist die Freiheit." Kann man wohl naiver über intelligibele Freiheit reden? —

nothwendig eine nachtheilige Wirkung hervorbringen, und diese Wirkung mußte um so größer seyn, je weniger die neue Lehre geeignet war, sich geltend zu machen, somit bei unbestimmten Strafgesetzen, und in Ansehung des höhern Erkenntnisgrundes auch bei bestimmten Strafgesetzen, Jeder nach wie vor an sich selbst verwiesen blieb.

Die Vertheidiger der Freiheitstheorie, als deren Choragen wir wohl Kleinschrod betrachten können, gehen von folgenden Sätzen aus:

So lange Verstand und Vernunft in der gehörigen Thätigkeit sind, findet volle Zurechnung statt. Aber wenn das Gleichgewicht aufhört, dann muß man auch einen andern Maasstab annehmen, indem im nämlichen Grade, in welchem Verstand und Vernunft gehindert werden, ihre Herrschaft zu behaupten, auch die Freiheit beschränkt wird. 26)

Je deutlicher die Begriffe sind, desto größer ist das Bewußtseyn, desto mehr kann die Seele des Menschen wirken, desto mehr handelt der Mensch nach eigenem Willen. Je mehr die herrschende Vorstellung andere Betrachtungen zuläßt, je mehr die Prüfung der Gegengründe möglich ist, um so größer ist die Freiheit. 27)

Die Zurechnung ist also in allen den Fällen geringer, wo die Seele gegen ihren Willen auf eine Seite gezogen wird, ohne daß ihr zur Ueberlegung der Gegengründe Zeit übrig bleibt. Eine solche Lage kann nun auch in dem Innern des Menschen ihren Grund haben. Je größer, je einseitiger die Vorstellung ist, desto geringer ist der Dolus, und so wie Stupidität und schlechte Er-

26) Systemat. Entw. 2. Ausg. Th. I. §. 103. — Auch wenn die Abhandlung Kleinschrod's im neuen Archiv des Criminalrechts 1. B. 1. St. Nro. 1 wirklich andere Ansichten enthielte, könnte dennoch, wie Jeder wohl einsiehet, hier keine Rücksicht darauf genommen werden.

27) Systemat. Entw. I. §. 48 u. 121.

ziehung die Freiheit vermindern, so sind auch herrschende Neigungen und Leidenschaften, durch Temperament oder Gewohnheit erzeugt oder befördert, Ursachen verminderter Zurechnung. 28)

Diese Ansicht stehet also mit der von Feuerbach aufgestellten im geraden Gegensatze. Es bedarf aber keiner großen Anstrengung, um sich zu überzeugen, daß sie auf das nämliche Resultat führt — auf die Vernichtung menschlicher Freiheit. So wie Feuerbach von dem Punkte ausgehet, wo der Mensch sich nur durch — ein freilich unbegreifliches — Bewußtseyn vom Thier unterscheidet, und nun die Strafe in einem geringern Maße eintritt, je mehr der Mensch aussiehet, wie ein Mensch, so nehmen jene Rechtslehrer nur da volle Zurechnung an, wo der Mensch nicht mehr Mensch ist, weil er sich mit seiner Sinnlichkeit abgefunden, sich derselben gänzlich entledigt hat. Diese Consequenz möchten nun freilich die Vertheidiger dieser Lehre nicht zugeben; welche andere wäre denn aber möglich? Kommen körperliche Organisation, Erziehung, Neigung und Temperament als Gründe in Betracht, um die Strafe zu verringern, so mögen wir nach Fahrenheit oder nach Reaumur rechnen, die volle Zurechnung tritt immer nur da ein, wo Entschluß und Ausführung als frei von aller Sinnlichkeit sich darstellt. Auf welche Weise ließe sich aber dann noch ein Verbrechen denken, wie ließe sich überhaupt die Möglichkeit einer Strafgesezgebung begreifen? Mit Recht bemerkt daher Feuerbach, daß nach dieser Lehre die volle Zurechnung nie statt finde, nie ein mit der gesezlichen Strafe zu belegender Fall vorkommen könne, 29) und unwiderleglich bleibt Gmelin, 30) wenn er sagt: „Man gebe mir den ruchlosesten Verbrecher; nach diesen Grundsätzen will ich ihn vertheidigen, daß ihn der Staat nicht nur nicht strafen, sondern ihm Abbitte thun muß, daß er ihn zu einem solchen Verbrecher

28) Systemat. Entw. I. §. 59 u. 116—132.

29) Revis. I. S. 319.

30) Grundsätze der Gesezgebung über Verbrechen, und Strafen. §. 9.

hat werden lassen. — Wollte man dem, der durch die Hitze des Temperaments sich hinreissen ließe, der eine schlechte Erziehung genoß, die Strafe vermindern oder nachlassen, wie vielen würde alsdenn die Freiheit, den Staat zu verderben, Leben, Ehre und Güter ihrer Mitbürger anzufallen, ungestraft hingehen; wo würde der Verbrecher seyn, welcher nicht solche Entschuldigungen für sich anzuführen wüßte! welche Folgen für den Staat! Eben diese Umstände sind es gerade, welchen durch die Strafe entgegen gearbeitet werden, gegen welche die Strafe in dem Willen des Menschen das Uebergewicht geben muß!" 31) —

Suchen wir nun tiefer in das Wesen dieser Ansicht einzudringen, so ist es auch hier die Vermischung des Standpunkts des Gesezgebers mit dem Standpunkte des Richters, der sie ihre Entstehung verdankt. So wie bei Feuerbach, so auch hier, ist der Richter der Gesezgeber in concreto, 32) nur wird das der Gesezgebung zum Grunde liegende Princip auf eine eigene Weise präparirt; Bemerkungen, deren Richtigkeit an und für sich Niemand in Abrede stellen kann, müssen dazu dienen, die Anwendung des Gesetzes im Voraus zu modificiren. „Die Beweggründe, die das Gesez enthält, sagt Kleinschrod, 33) sollen ein Damm gegen zügellose Freiheit seyn, und den Verbrecher nachdenklich machen, damit er von seinem bö-

31) Der nämlichen Meinung sind auch die Tübinger Juristen in der von Böhmer ad art. 131 C. C. C. angeführten Stelle: Licet enim ad proceresin adeoque ad dolum accurate loquendo praecedens aliqua consultatio sive deliberatio et deliberatum animi propositum requiratur: quia tamen magistratus animus hominum adeo accurate scrutari non potest, proinde sufficit ad id, ut dolo quid dicatur factum, ut a sciente et volente actus perpetratus sit, etiamsi praevia deliberatio vel propositum deliberatum non adfuerit. Si quis enim a dolo semper excusari posset, qnod volens quidem, sed sine praevia consultatione et deliberatione egerit, vero delicta ordinaria poena plecterentur, quum plerumque sine disquisitione et consultatione committantur.

32) Systemat. Entw. II. §. 133.

33) Das. I. §. 4.

sen Vorhaben abstehe. Von diesen Abhaltungsgründen wirkt keiner besser, als wenn dem Urheber einer bösen That ein Uebel gedroht wird, was ihn treffen soll, weil er sich an der Grundfeste des Staats, den Gesetzen, vergriffen hat." Bis dahin ist also Kleinschrod mit Feuerbach ganz einig; von jezt an gehet er aber einen andern Weg. „Aufklärung, Alter, Geschlecht, Erziehung u. s. w. heißt es ferner, 34) zeigen uns, wieviel wir von den Einsichten eines Menschen fordern können, wieviel er wirklich besizt. Mittelbar verdienen auch verschiedene andere Punkte genauere Rüksicht, z. B. das Clima. Je heiterer dieses ist, desto aufgeklärter ist ein Volk überhaupt, desto mehr Aufklärung kann man jedem Einzelnen zutrauen. — Das natürlich Unerlaubte läßt sich eher als strafbar erkennen, als das, was nach positiven Gesetzen Verbrechen ist; je mehr die (natürlichen und positiven) Gesetze in der Untersagung solcher Thaten übereinstimmen, desto bekannter muß diese Verfügung seyn, desto mehr kann man also die Kenntnis derselben vermuthen und fordern, und je größer die Pflicht ist, die Gesetze zu kennen, um so strafbarer ist der Mangel dieser Wissenschaft. — Verordnungen, die in einer todten, veralteten, oder dunkeln Schreibart verfaßt sind, können unmöglich bei dem gemeinen Haufen den Eingang finden, welchen sich Gesetze so leicht bahnen, deren Inhalt kurz, deutlich und faßlich ist, deren Bekanntmachung mit der möglichst größten Publicität vor sich ging. — Je mehr ein Gesez angewandt, je häufiger ein Verbrechen bestraft wird, desto mehr erlangt der gemeine Mann die gehörige Kenntnis, um so mehr steigt also Freiheit und Zurechnung; die Zurechnung muß fallen, wenn ein Verbrechen seltner vorkommt, und noch tiefer fällt sie, wenn ein Verbrechen bald bestraft wird, bald ungestraft bleibet." 35)

Auf diese Weise bildet sich nun in immer mehr divergirender Richtung der gerade Gegensaz vom Feuerbach'schen System. Nur wird sich jene Ansicht ihrer selbst nicht be-

---

34) Systemat. Entw. I. §. 48.

35) Das. I. §. 49.

wußt, und so wie der Mensch im Schlaf oft recht vernünftige Dinge sagt, so finden wir mitten in diesem Raisonnement den Saz: „Jeder gemeine Menschenverstand muß einsehen, daß man seine Leidenschaften zu regieren schuldig sey.“ 36) —

Lassen wir es nun einstweilen bei diesem Satze bewenden, und gehen dem Gange unserer Untersuchung zufolge auf die objektiven Gründe der Strafbarkeit über. Hier bedarf es aber nur weniger Worte. Solange von Deduktionen a priori die Rede, und der Staat blos da ist, um die vom Einzelnen theils mitgebrachten, theils erworbenen Rechte zu schützen, und der Gesezgeber erst, nachdem er hier seine Schuldigkeit gethan, auch auf Verhütung mittelbarer Rechtsverletzungen und Erhaltung der Ordnung und guten Sitten abzwekkende Verfügungen erlassen darf, kann auch der Unterschied zwischen Polizeivergehungen und wirklichen Verbrechen und die Rangordnung der leztern sich nicht anders gestalten, als wir beides in den Systemen der philosophischen Criminalisten aufgestellt finden, weshalb denn auch, einige unbedeutende Modifikationen abgerechnet, sämmtliche bisherigen Systeme zu dem nämlichen Resultate gelangen. 37) Wir lassen dies daher vorläufig an seinen Ort gestellt seyn, und wenden uns zu dem dritten hier zu erörternden Punkte, zu dem obersten Prinzip der Strafe.

Daß jede Strafe eine durch ein Gesez ausgesprochene Androhung voraussetze, daran hat wohl der Jurist im Ernste noch nie gezweifelt. Zufolge des Umstandes, daß das unbestimmte Strafgesez, indem es doch immer ein Strafgesetz ist, für die praktische Anwendung hier keinen Ausweg übrig läßt, mußte ein nur flüchtiger Blik auf die Erfahrung jedes Philosophem mit sich selbst in Widerspruch setzen. Die etwaige Unterscheidung zwischen vollkommenen und unvollkommenen Pflichten 38) zernichtet

36) Systemat. Entw. I. §. 120.

37) Das. I. §. 69 und III. §. 133.

38) Engelhard Versuch eines allgemeinen peinlichen Rechts. §. 3.

sich schon durch die einfache Bemerkung, daß das ganze Civilrecht auf dieser Unterscheidung beruhet, somit dieselbe da von keinem Gebrauche seyn kann, wo von der Grenze zwischen Civilrecht und Strafrecht die Rede ist; sezt man aber mit Wieland 39) den Charakter des Verbrechens in absichtlich begangene widerrechtliche Handlungen, so führt dies auf einen noch größern Widerspruch. Der Begriff ist dann zu eng und zu weit zugleich: zu weit, indem alsdann ebenfalls Civilrecht und Strafrecht zusammenfallen, zu eng, indem das culpose Verbrechen ausgeschlossen bleibt. Es bleibt daher dem Juristen nichts anders übrig, als mit Kleinschrod 40) zu sagen: wir müssen zu dem positiven Willen des Gesezgebers unsere Zuflucht nehmen, um daraus den Begriff eines Verbrechens zu bilden.

Jeder sieht aber wohl ein, daß insofern von einem philosophischen Criminalrechte im Sinne unserer Rechtslehrer die Rede seyn soll, das positive Gesez selbst wieder aus einem Prinzip sich müßte ableiten lassen. Dies Prinzip in seiner höchsten Allgemeinheit ist nun, mag es sich im einzelnen noch so verschieden gestalten, 41) bei allen bisherigen Criminalisten der Staatsvertrag, und es läßt sich bei subjektiver Betrachtungsart kein anderer Weg finden, indem da, wo das Wesen des Staats in gänzliche oder aber theilweise objektivirte Sittlichkeit gesezt wird, sich auch nicht einmal ein scheinbares Resultat ergiebt. Es bleibt uns daher jezt nur zu untersuchen, ob ein blos vom Gesezgeber ausgehendes und mit der Erfahrung auf irgend eine Weise in Uebereinstimmung stehendes Strafrecht aus jenem Staatsvertrage wirklich folgt.

---

39) Geist der peinlichen Gesetze. Th. 1. §. 209.

40) Systemat. Entwik. I. §. 3.

41) In einer ganz absonderlichen Form findet es sich bei Unterholzner (Juristische Abhandlungen. München 1810 Nro. IV.) nach welchem es gegen die in uns lebende Idee der Billigkeit anstößt, daß eine Wehethat unvergolten bleibe, und daher, um jenes ästhetische Mißfallen aufzuheben, Strafe seyn muß.

In der Feuerbach'schen Deduktion der objektiven Gründe der relativen Strafbarkeit stoßen wir hier freilich schon auf eine nicht unbedeutende Verwirrung. Wenn es dort heißt, der Staat habe ohne Voraussetzung eines Akts der höchsten Gewalt nur das vollkommene Recht, die Unterlassung einer Handlung zu fordern, die unmittelbar dem Staatszwek widerspricht, jede nur der bessern Erreichung des Staatszweks entgegenstehende Handlung erhalte aber nur durch ein vorhergegangenes ausdrükliches Verbot den Charakter eines Vergehens, so stehet dies im offenbaren Widerspruch mit dem Satze: Es giebt kein Strafübel, als nur durch ein Gesez. Soll dieser Saz wirklich etwas heissen, so folgt daraus unmittelbar, daß dem Hochverräther, dem Mörder, dem Dieb oder dem Verläumder eben so, wie dem Wucherer und Sodomiten eine Strafe angedroh't seyn müsse; zufolge jener Behauptung aber giebt es wider den Hochverräther, den Mörder, den Dieb oder den Verläumder ohne ausdrükliches Gesez, schon zufolge des Staatsvertrags, nicht blos Sicherung, sondern wirklich ein vom Richter als solchem zu erkennendes Uebel, also Strafe, und wollen wir ganz strenge seyn, so kommen wir auch auf den von Grolman 42) aufgestellten, durch das Obige bereits im Voraus widerlegten Begriff zurük, nach welchem jeder Eingriff in das unabhängige Rechtsgebiet Anderer Verbrechen ist. — Um nun zu erfahren, ob dieser Widerspruch durch falsche Anwendung des Princips entstanden, oder aber im Princip selbst seinen Grund habe, müssen wir jenen Staatsvertrag selbst genauer betrachten. Wenden wir uns daher zur Construktion des Staats, wie sie in Fichte's Grundlage des Naturrechts enthalten ist.

„Jeder Mensch, heißt es hier, hat das absolute Recht, in der Sinnenwelt nur Ursache zu seyn. Dies Recht des Einzelnen ist seiner Natur nach unendlich; da aber ein solches unendliches Freiseyn mit der Freiheit der übrigen Vernunftwesen im Widerspruche stehet, so ergiebt es sich als

42) Grundsätze der Criminalrechtswissenschaft. §. 4.

Grundsaz aller Rechtsbeurtheilung: **Jeder beschränke seine Freiheit durch die Möglichkeit der Freiheit des Andern.** Diese Selbstbeschränkung ist aber bedingt durch die Erkenntnis der Vernünftigkeit des Andern, und somit alles Rechtsverhältnis zwischen bestimmten Personen bedingt durch ihre wechselseitige Anerkennung."

„Da das Rechtsgesez das Recht, und sonach die Herbeiführung eines Zustandes will, in welchem Jeder eine bestimmte Sphäre für sein Handeln habe, so giebt es ein Recht, auf die Errichtung eines solchen Zustandes zu dringen, und wer dazu nicht mitwirken will, der giebt zu erkennen, daß er das Recht nicht wolle und dem Rechtsgesez sich nicht unterwerfe, wird sonach rechtlos und Gegenstand eines unendlichen Zwangsrechts.

„Die Errichtung eines solchen bestimmten Zustandes, wie ihn das Rechtsgesez fordert, ist nur durch **Vertrag** möglich. Ein solcher Vertrag gewährt aber, da er durch gegenseitige Treue und Glauben bedingt ist, noch keine Sicherheit und somit noch keinen vollkommenen Rechtszustand. Es muß daher eine Ordnung der Dinge eingeführt werden, mittelst welcher Jeden, der das Recht des Andern verlezt, die gleiche Verletzung seines eigenen Rechts unausbleiblich trifft. Dies ist nur dadurch möglich, daß eine öffentliche Macht errichtet wird, die Jedem, der seine vertragsmäßige Sphäre überschreitet, mit unwiderstehlicher Gewalt zurückdrängt. Ein solcher, das Recht schützender, Zustand ist der **Staat.**"

„Der Staat ist sonach auf folgende Verträge gebauet:

1) Auf den **Eigenthumsvertrag**, den Jeder mit Allen eingehet, und wodurch die Materie des Besitzes bestimmt wird. Alle schließen

mit Allen einen Vertrag des Inhalts: Wir alle behalten dies auf die Bedingung, daß wir Dir das Deinige lassen. — Jeder muß daher von seiner Arbeit leben können; widrigenfalls ist ihm das, was schlechthin das Seinige ist, nicht gelassen, der Vertrag ist in Hinsicht seiner völlig aufgehoben, und er ist von diesem Augenblikke an nicht mehr rechtlich verbunden, irgend eines Menschen Eigenthum anzuerkennen.

2) Auf den **Schuzvertrag**, welchen ebenfalls Jeder mit Allen schließt, und dessen Gegenstand in wechselseitiger Hülfe gegen fremde Gewalt bestehet.

3) Auf den **Vereinigungsvertrag**, den Jeder mit dem reellen Ganzen, was hiedurch zur Allheit, zur Gemeine wird, eingehet, dessen Gegenstand eine aus den Beiträgen Aller zusammenzubringende schützende Macht ist, und der eben hiedurch für den Fall, daß der Einzelne seine Verbindlichkeit nicht erfüllt, zum **Unterwerfungsvertrag** wird. — In sofern also nicht ein, bestimmte Strafen constituirender **Abbüßungsvertrag** existirt, ist Rechtlosigkeit die Folge jedes Verbrechens."

„Diese drei Verträge zusammen bilden den **Staatsbürgervertrag**, den Jeder Einzelne mit dem reellen Ganzen des sich durch die Verträge mit den Einzelnen bildenden, durch sie sich selbst erhaltenden Staats schließt, und wodurch er mit diesem Ganzen einem Theile seiner Rechte nach zusammenfließt, dafür aber die Rechte der Souverainität erhält."

Daß nach dieser Ansicht das Recht problematisch sey, hiedurch aber das aufgestellte System sich selbst zernichte, ist bereits anderwärts 43) gezeigt; giebt man aber einmal

43) Zeitschrift für eine künftig aufzustellende Rechtswissenschaft nach dem Princip eines transcendentalen

zu, daß der Staat auf einem Vertrage beruhe, und Moral und Recht getrennt seyen, so muß man nicht nur das Princip, sondern auch die Folgerungen, wie Fichte sie aufgestellt hat, als richtig anerkennen. Was zuerst das Princip betrifft, so kann begreiflicherweise nur dann von einer vollständigen Trennung zwischen Moral und Recht die Rede seyn, wenn durch das Rechtsgesez überall kein Sollen ausgesprochen ist. Wendet sich das Rechtsgesez als praktisches Gebot an den Menschen, fordert es von ihm ein Handeln als Pflicht, so fallen Sittengesez und Rechtsgesez nothwendig zusammen. Soll das Sittengesez über den formalen Saz: Handle nach deinem Gewissen, hinausgehen, damit die Moral gleich dem Naturrechte ebenfalls ihren angewandten Theil habe, so kann dasselbe nicht anders sagen, als was Fichte S. 317 seines Systems der Sittenlehre es sagen läßt, nämlich, daß es Pflicht sey, eine Uebereinkunft über die gemeinschaftlichen Rechte in der Sinnenwelt zu treffen, sich mit andern zu einem Staate zu vereinigen. Wird nun dieses Gebot erfüllt, so ist der Staat vorhanden; was bleibt denn aber Inhalt des Rechtsgesetzes?

Ist die ganze moralische Existenz nichts anderes, als eine ununterbrochene Gesezgebung des vernünftigen Wesens an sich selbst, beruhet die Sittlichkeit auf dem, was man Autonomie nennt, so hat nothwendig auch der Mensch das absolute Recht, in der Sinnenwelt nur Ursache zu seyn. Beide Sätze sind Wechselsätze. Bleibt man nun bei dem allgemeinen Gebote des Sittengesetzes: Handle nach deinem Gewissen, stehen, so erscheint jenes absolute Recht als der formale Abglanz der ethischen Natur des Menschen; so wie diese ethische Natur unendlich ist, so ist auch jenes absolute Recht unendlich, gehet auf Alles und deshalb auf nichts Bestimmtes, es enthält so wenig die Materie des Besitzes, wie jenes Gebot die Materie des Handelns. Das sogenannte Urrecht ist dann in seiner höchsten Reinheit gedacht.

Realismus, herausgegeben von Carl Christian Collmann und Joseph Franz Molitor. Frankfurt am Main 1802. Erstes Heft N°. III.

Jezt soll aber, der Annahme nach, der Staat weder mittelst Befolgung des Sittengesetzes, noch etwa auf theoretischem Wege, sondern durch Vertrag entstehen. Auf welche Weise ist denn dies möglich, wo liegt das nöthigende Princip zu diesem Vertrage?

Jeder siehet wohl ein, daß das sogenannte Rechtsgesez jezt nur einen technisch praktischen Charakter haben kann. Soll ein Beisammenseyn mehrerer Vernunftwesen möglich seyn, so muß jedes derselben seine Freiheit soweit einschränken, daß jedem Andern ebenfalls eine Sphäre für sein Handeln bleibt. Im entgegengesezten Falle würde alles Einwirken anf die Sinnenwelt und somit das Bestehen des Menschen dem Begriff nach unmöglich seyn, indem sich die Rechte Aller auf jedem Punkte durchkreuzen. Diese freiwillige, jedoch, wenn wir so sagen dürfen, technisch nothwendige Beschränkung ist der gesuchte Vertrag.

Erfolgt nun diese Selbstbeschränkung, d. h. kommt es zum Eigenthumsvertrag, so müssen nothwendig auch die übrigen zwei Verträge, der Schuz- und Vereinigungsvertrag, gedacht werden, indem nur in ihnen die erforderliche Garantie liegt. Welche Folge tritt aber ein, wenn diese Selbstbeschränkung verweigert wird?

Sehen wir blos auf die Worte, so findet sich schon bei Hufeland 44) die richtige Antwort, wenn er sagt: Das Zwangsrecht ist kein neues Recht, sondern immer die Folge eines andern, dessen zufällige Einschränkungen dadurch nur aufgehoben werden. So ist es hier wirklich. Wird jene Selbstbeschränkung verweigert, so kommt es nicht zu dem postulirten Resultat, das Recht eines Jeden bleibt unendlich, und da, so wie die Gesezgebung des vernünftigen Wesens an sich selbst noch nicht Sittlichkeit ist, vielmehr hiezu der Entschluß des Subjekts vorausgesezt wird, auch das Recht in diesem Sinne erst durch Selbstbeschränkung zum Recht wird, indem bei jenem unendlichen Rechte das Handeln Aller auf jedem Punkte sich durchkreuzt und

44) Lehrsätze des Naturrechts §. 107. Anmerk. 1 der zweiten Ausgabe.

eben dadurch zernichtet, so ist für die Erscheinung jezt von Recht nicht mehr die Rede: Jeder thut das, was er zur ungestörten Fortdauer seiner Existenz für nöthig hält.

Ob Fichte sich dies klar und deutlich gedacht habe, und es nur ein unbequemer Ausdruk ist, wenn er von mangelnder Vernünftigkeit und vorhandener Berechtigung zu einem unendlichen Zwange spricht, können wir dahin gestellt seyn lassen, 45) genug daß das Resultat das nämliche bleibt, somit die von uns gemachte Folgerung im Geiste des Systems liegt. Ein Recht zu einem unendlichen Zwange ist nicht vorhanden, wohl aber der unendliche Zwang selbst. 46)

Durch die bisherige Erörterung ist die Frage, ob die von Fichte aufgestellten Folgerungen nothwendiger Aus-

---

45) Auch bei Hufeland (a. a. O. §. 106. Anmerk. 1,) heißt es: Ob ein anderer ein vernünftiges Wesen sey, und also Rechte habe, erkenne ich erst daraus, daß er sittliche Gesetze beobachtet.

46) Es ist daher theils ein arges Misverständnis, theils noch immer Vermischung des Rechts mit der Moral, wenn Feuerbach (Revis I. S. 91 folgd.) unter der Berufung auf Stelzer Grundsätze des peinlichen Rechts Th. 1. Kap. 1. gegen Maaß und Stephani die Behauptung, daß das vernünftige Wesen durch widerrechtliches Handeln aufhöre, vernünftiges Wesen zu seyn, durch folgende Exclamationen zu widerlegen sucht: „Wo liegt denn der Grund zu dem Schluß: Ein vernünftiges Wesen handelt unvernünftig, darum ist es ein unvernünftiges Wesen; eine Person widerspricht den Vernunftgesetzen, darum hört sie auf, eine Person zu seyn? Ein rechtswidriger Mensch befolgt freilich das Gesez der thierischen Natur; Lust ist sein höchstes Gesez; Sinnlichkeit die lezte und nächste Triebfeder seines Handelns: wird er denn aber dadurch, wie durch den Zauberstab einer Circe, in ein Thier verwandelt, wird dadurch seine sittliche Natur verändert und zerstort, wird das Sittengesez und die nothwendige Bedingung desselben, die Persönlichkeit in ihm zernichtet? Wer in aller Welt kann dies behaupten? und wenn dies nicht behauptet werden kann, so hat der Beleidiger und der verworfenste Bösewicht noch Rechte, wenigstens das Recht, nur nach den Gesetzen der Gerechtigkeit gezwungen zu werden. Denn wo Persönlichkeit ist, da sind Rechte; und wo Rechte sind, da ist auch Persönlichkeit." — Eben deshalb beruhet aber die wider Fichte angestellte Vindication (Revis. II. S. 108 in der Note) lediglich auf einem Irrthum im Objekte.

fluß des Princips seyen, schon im Voraus beantwortet. Da der Staatsvertrag der einzige Weg ist, das ideelle Recht in ein reales zu verwandeln, nur das reale aber hier Bedeutung hat, so ist auch, so wie bürgerliche Strafe immer nur in totaler Rechtlosigkeit bestehet, jede wissentliche Verletzung des Staatsvertrags ein wirkliches Verbrechen.

Hieraus gehet nun hervor, daß der oben bemerkte in Feuerbach's Deduktion der objektiven Gründe der relativen Strafbarkeit befindliche Widerspruch keineswegs auf einer unrichtigen Anwendung des Princips beruhet, sondern in diesem Princip selbst seinen Grund hat. So lange man vom Staatsvertrag ausgehet, bedarf es bei dem, was Feuerbach wirkliches Verbrechen nennt, keines besondern Strafgesetzes, die nachtheilige Folge für den Verbrecher erfolgt von selbst. Eben so giebt es aber hier überall keine Verschiedenheit der Strafen, kein Strafrecht, wie der positive Criminalist es kennt, und dem auf diese Weise philosophirenden Juristen bleibt nichts übrig, als da, wo die Erfahrung der witzigen Deutung des Zerbrechens des Stabes nicht das Wort redet, zu dem Abbüßungsvertrag als Hülfs- und Rettungsmittel seine Zuflucht zu nehmen. —

Nachdem die Untersuchung auf diesem Punkte angelangt ist, kann die wahre Natur des von unsern philosophischen Criminalisten ihren Systemen zum Grunde gelegten Princips nicht zweifelhaft seyn. Jede Accomodation mußte da, wo von praktischer Realität die Rede ist, im Voraus sich als nichtig darstellen, und gegen ein lediglich historisches Verfahren schüzte der philosophische Sinn. 47)

47) Wahr und schön sagt der geistreiche Recensent der Schrift: Ueber den Streit der Strafrechtstheorien u. s. w. v. D. Eduard Henke (Heidelberger Jahrbücher dritter Jahrgang achtes Heft S. 369:) „Die gegenwärtige Zeit ist des Spielens müde, und hat an dem hohlen Accomodationssystem einen Ekel. Die Tendenz, das Gegebene einem vorher entworfenen Begriffe anzupassen, war eine nothwendige Mittelstufe zur fortschreitenden Cultur, denn es mußte zum Bewußtseyn kommen, wie sehr die Receptivität für das Geschichtliche der wissenschaftlichen

Sie stellten daher ein legislatorisches Princip an die Spitze, was aber eben deshalb erschlichen ist. Legislatorisch ist nämlich jedes Princip, was vom Standpunkte des Gesezgebers aus gefunden wird, erschlichen muß es aber genannt werden, solange diese seine wahre Natur nicht erkannt ist, und man es als judicielles Princip, als Princip für die richterliche Beurtheilung, geltend zu machen sucht.

Daß nun auch hier die Feuerbach'sche Doktrin als die vollendete einseitige Richtung zu betrachten sey, läßt sich schon zufolge des bisherigen nicht bezweifeln, aus einer näheren Betrachtung wird es aber bis zur Evidenz hervorgehen. Feuerbach wählte den Weg, zuvörderst durch Analysis des Sprachgebrauchs zum richtigen Begriff von bürgerlicher Strafe zu gelangen. Mittelst der Bemerkungen, 48) daß sowohl natürliche als göttliche Strafen immer nur auf begangene Handlungen bezogen, als Lohn betrachtet werden, der durch die Uebertretungen verdient worden, und wir auch von dem Mörder, an dem die Gerechtigkeit ihr Amt verwaltet hat, sagen: ihm ist sein Recht geschehen, nicht weniger auch die Strafe durchgängig der Belohnung contradictorisch entgegengesezt wird, gelangt er zu dem Satze, daß Strafe überhaupt ein Uebel bedeute, welches um begangener gesezwidriger Handlungen und zwar blos um dieser willen einem Subjekte zugefügt wird. 49) Nachdem er nun die Nominalerklärung gefunden: bürgerliche Strafe ist diejenige, welche von der bürgerlichen Gesellschaft den Bürgern zugefügt wird, wendet er sich, um auch den Inhalt des Begriffs zu finden, zur Beantwortung der Frage, wie es dem Staate möglich sey, um einer schon begangenen rechtswidrigen

Bildung bedürfe; aber auch das sollte durch die Ausschweifung dieses Bestrebens klar werden, daß das, was zeitlich ist, erforscht, aber nicht ersonnen, oder a priori construirt werden könne." —

48) Revis. I. S. 1 folgd.

49) Est autem pœna generali significatu *Malum passionis*, *quod infligitur ob malum actionis. Grotius* de J. B. ac P. L. II. C. XX. §. 1.

Handlung willen Uebel zuzufügen? und die Antwort hierauf ergiebt sich aus der Nothwendigkeit, daß im Staate keine Beleidigungen geschehen, jeder, der unbürgerliche Neigungen hat, mittelst eines ihm angedroh'ten Uebels psychologisch verhindert werde, sich nach diesen Neigungen wirklich zu bestimmen, dieserhalb aber die Verknüpfung des Uebels mit dem Verbrechen durch ein Gesez angedroht sey, und diese Drohung, wenn der bedingte Fall eintritt, auch wirklich vollzogen werde. Es bildet sich hieraus der vollständige Begriff: Bürgerliche Strafe ist ein vom Staate wegen einer begangenen Rechtsverletzung zugefügtes, durch ein Strafgesez vorher angedroh'tes sinnliches Uebel. Der Zwek des Gesetzes und der in demselben enthaltenen Drohung ist Abschrekkung von der mit dem Uebel bedroh'ten That, der Zwek der Zufügung der Strafe aber kein anderer, als des Gesetzes Erfüllung.

Gegen dieses Resultat läßt sich vernünftigerweise nichts einwenden, und diejenigen, die Feuerbach's System durch die Benennung: psychologische Zwangstheorie zu charakterisiren geglaubt haben, haben dadurch nur ihren eigenen Mangel an Einsicht bekundet. Freilich möchte der Sprachgebrauch zu der Unterscheidung zwischen Androhung und Zufügung der Strafe noch nicht ausreichen, indem derselbe keinesweges zwischen Strafe und Züchtigung so streng unterscheidet, und daher auch in einer poena correctoria keinen Widerspruch findet; etwas anderes tritt aber hier ein, woran zwar Feuerbach nicht gedacht hat, was aber mehr gilt, wie Sprachgebrauch — die ihrem ursprünglichsten Keime nach in jedem Menschen liegende nothwendige Trennung zwischen gesezgebender und richterlicher Gewalt. Der Erzieher, der dem Zögling das nach begangener Handlung diktirte Uebel zufügt, nennt dies bald Züchtigung, bald Strafe, und es fällt uns nicht ein, ihn deshalb zu meistern; liegt ihm aber daran, in den Augen des Zöglings gerecht zu erscheinen, so wird er Rüksicht darauf nehmen, ob das zuzufügende Uebel vor der Zufügung angedroh't war, oder nicht. Im leztern Falle ist der Erzieher noch frei, die Beschaffenheit und

Größe des zuzufügenden Uebels wird lediglich durch den jezt noch als solchen vorhandenen Zwekbegriff bestimmt, der Erzieher ist lediglich an seine pädagogischen Grundsäze verwiesen, ist Gesezgeber und Richter zugleich. Hat dagegen der Erzieher ein bestimmtes Maaß des zuzufügenden Uebels vorher angedroh't, so wird er auch bei der Zufügung dieses Maaß nicht überschreiten, sein Geschäft wird nur in Subsumtion der Handlung unter die vorhandene Drohung bestehen. Gesezgebende und richterliche Gewalt sind daher jezt schon, wenn auch nur ideell, getrennt. Insofern nicht von einer mitigatio ex capite gratiae die Rede ist, tritt der Zwek der Androhung als solcher nicht mehr hervor, nur die Androhung selbst macht sich jezt geltend, und es tritt wirklich und in allem Ernste schon hier ein, was Leibniz in der von Feuerbach angeführten Stelle sagt: Ubi sapiens legislator minatus est, ad constantiam ejus pertinet, actionem non relinquere impunitam, etiamsi poena nemini ultra corrigendo utilis foret; — quamvis sapiens, nihil nisi quod convenit, promittat. Bis hiehin giebt es aber noch kein Recht des Zöglings auf strenge und richtige Subsumtion. Denken wir uns aber den Fall, daß höhern Orts ertheilte, auf vorkommende Fälle anzuwendende, Strafverfügungen vorhanden sind, so ist auch jenes Recht des Zöglings vorhanden; der Erzieher ist juristisch an das Vorhandene gebunden, gesezgebende und richterliche Gewalt sind reell getrennt.

Das „einzige Rettungsmittel aus dem Labyrinth" lag daher nicht sehr weit; jene Trennung zwischen Androhung und Zufügung der Strafe dringt sich der Reflexion unmittelbar auf. 50) Wohl möchte man aber, so wie Feuerbach in der Lehre von den subjektiven Gründen der Strafbarkeit von Grolman sagt: 51) „Andere Criminalisten sind eben so arge Moralisten; aber sie erschleichen

50) „Die strafbare Bestimmung des Willens fordert die Diener der Gerechtigkeit auf, das Ansehen der Geseze durch Strafen zu behaupten und dadurch zu beweisen, daß die Strafverfügung keine leere Drohung sey." Kleinschrod Systemat. Entw. I. §. 15.

51) Revis. II. S. 359 in der Note.

mehr," hier von Feuerbach sagen: sein Princip ist nicht weniger legislatorisch, als das der Andern; aber er erschleicht es mehr. Allerdings hat Feuerbach ganz recht, wenn er sagt: 52) „In wie fern man sagen könne, der Zwek der Strafe sey Besserung, Abschrekkung und Prävention, ergiebt sich aus einer nur flüchtigen Betrachtung der vorgetragenen Theorie. Er ist Besserung nicht in so fern, als die Strafe exequirt wird, sondern in so fern sie angedroht wird. Denn durch diese Drohung soll der Wille zum Bessern, zur Gesezmäßigkeit, gewendet werden. Er ist Abschrekkung, aber nur in Beziehung auf das Strafgesez, welches eine gesezwidrige Handlung mit Strafen bedingt, und durch Furcht den Willen zu bestimmen sucht. Die Exekution soll nur mittelbar Abschrekkung wirken, in so fern sie die gesezliche Drohung als Drohung möglich macht. Der Zwek der Strafe ist endlich Prävention, aber ebenfalls nicht durch die Exekution, sondern durch die Androhung, in so fern diese dem Verbrechen zuvorkommt, und durch Abschrekkung aller möglichen Verbrecher (nicht eines bestimmten Beleidigers) Sicherheit der Rechte zu bewirken sucht. Unsere Theorie stimmt also mit den anderen Vorstellungsarten überein, und vereinigt das Wahre derselben in sich. Diese nehmen insgesammt nur einen falschen und einseitigen Gesichtspunkt, und gerathen auf gefährliche Abwege, indem sie die Exekution und Androhung der Strafe verwechseln, und was nur von dieser gelten kann, von jener behaupten." Aber vom crassen Empirismus Leysers 53) hierauf bis zu dem

---

52) Revis. I. S. 59 folgd.

53) Meditat. ad Pand. Sp, 649 M. 1, wo es heißt: Recta ratio plures fines, a magistratibus in puniendo respiciendos, proponit. Sunt illi 1) satisfactio læsi, 2) pensatio mali cum malo, 3) emendatio malefici, 4) detractio virium nocendi, 5) terror aliorum, 6) incrementum aerarii, aut alia reipublicæ utilitas. Et perfectissima profecto pœna est, per quam omnes isti sex fines simul obtinentur. Fit hoc in publicatione bonorum, quum hominis præpotentis, turbulenti ac in vicinos suos injurii bona vel omnia, vel magnam partem in fiscum rediguntur, ac fiscus detrimentum, quod vicini ab eo passi fuerunt, large sarcit. Mit dem incre-

von Feuerbach aufgestellten Princip giebt es dennoch keine spezifische Verschiedenheit; Lezteres ist nur der bis zur höchsten Abstraktion gesteigerte Begriff, der, wie jeder bis zu diesem Punkte gesteigerte Begriff, eben weil er bis zur völligen Leerheit gediehen, nothwendig geeignet ist, jeden empirischen Stoff in sich aufzunehmen, keineswegs aber als Princip einer Wissenschaft sich geltend zu machen. So wie die in der zahllosen Menge von Naturrechten bald höher bald niedriger gehaltene Abstraktion im Fichte'schen Naturrechte den höchsten Gipfel erreichte, indem erst Fichte mittelst der aus der richtigen Bestimmung des Begriffs von Urrecht hervorgegangenen vollständigen Trennung zwischen Moral und Recht zu dem formalen Satze gelangte: Nur durch die Beschränkung der Freiheit des Einzelnen ist ein bestimmtes Recht des Einzelnen möglich, so sehen wir Feuerbach, indem er die in den übrigen Strafrechtsdoktrinen aufgestellten einzelnen Zwekke der Strafe in ein Abstractum vereinigt, mittelst der vollständigen Trennung zwischen Androhung und Zufügung der Strafe zu dem formalen Satze gelangen: Jede Bestrafung eines Verbrechers sezt eine durch ein Gesez ausgesprochene Androhung eines sinnlichen Uebels voraus. Beide Säze beruhen auf dem Saz des Widerspruchs, der erstere unmittelbar, der leztere mittelbar, nämlich mittelst der nothwendigen Trennung zwischen gesezgebender und richterlicher Gewalt, beide sind aber, wie jeder blos logische Saz, ohne wirklichen Inhalt.

Daß nun jener Feuerbach'sche Saz eben so, wie jener Fichte'sche, in dieser Abgezogenheit noch ohne Wirkung für die Wissenschaft bleibe, wird Feuerbach selbst zugeben müssen; daß aber der gedachte Saz, sobald er über diesen Formalismus hinausgehen, der Begriff von Strafe etwas anderes, als völlige Rechtlosigkeit in sich begreifen soll,

---

mentum aerarii ist es also so böse nicht gemeint, und so wie der satisfactio læsi und dem terror aliorum schon L. 28. §. 15 D. de poen. (48, 19) der emendatio malefici aber Nov. 112 C. 1. zur Seite stehet, so ließe sich auch das übrige durch Gesezstellen belegen.

als erschlichen zu betrachten, kann zufolge des Bisherigen wohl nicht bezweifelt werden. Wir glauben gezeigt zu haben, daß, solange von der Idee des Staatsvertrags die Rede ist, 54) die Fichte'sche Construktion des Staats die einzig mögliche bleibt, und die Art und Weise, wie Feuerbach die Rechtmäßigkeit der Androhung der Strafe insbesondere deducirt, 55) verdient keine besondere Widerlegung. Verfolgen wir aber das hier Gesagte, so werden auch wenige Worte hinreichen, um den Charakter der Feuerbach'schen Doktrin in das hellste Licht zu stellen, und dadurch zugleich die Behauptung völlig zu erweisen, daß jene Doktrin auch dem Princip nach als die vollendete einseitige Richtung müsse angesehen werden. So wie nämlich Fichte von dem angeführten Satze aus keinen Schritt weiter gehen konnte, ohne entweder sich zu überzeugen,

---

54) „Der Gesezgeber kann keine Handlung mit Strafen bedrohen, welche er, so lange er noch als Organ des allgemeinen Willens soll betrachtet werden, gar nicht einmal verbieten kann, weil sie sich auf die Ausübung eines Rechts gründet, dessen unbeschränkte Ausübung den Bürgern in dem Unterwerfungsvertrag vorbehalten ist." Revis. II. S. 13. S. auch Feuerbach über die Strafe als Sicherungsmittel vor künftigen Beleidigungen des Verbrechers nebst einer näheren Prüfung der Kleinischen Strafrechtstheorie, S. 12 folgd.

55) „Jeder der das vollkommene Recht hat, zu fodern, daß der Andere Handlungen völlig unterlasse, hat das vollkommene Recht, die Begehung dieser Handlungen willkührlich zu bedingen, d. h. was immer eine Bestimmung festzusetzen, ohne welche diese Handlung nicht geschehen kann. Ich habe das vollkommene Recht von einem jeden zu verlangen, daß er nicht mein Zimmer betrete; ich kann daher auch gewisse Bedingungen festsetzen, ohne deren Erfüllung dieses von niemand geschehen kann. Der Staat hat daher auch das vollkommene Recht, rechtswidrige Handlungen durch sinnliche Uebel zu bedingen: und dieses thut er wirklich, wenn er eine Handlung mit gesezlichen Drohungen verfolgt." Revis. I. S. 53. und Ueber die Strafe als Sicherungsmittel u. s. w. S. 97 folgd. Vergl. noch Revis. I. 49, wo es heißt: „Daß der Staat zu der Androhung dieses Uebels berechtigt sey, bedarf keines Beweises. Niemandens Rechte werden dadurch gekränkt, weil das Uebel nur auf den Fall der Verletzung der Rechte gesezt ist. —

daß auf subjektivem Wege die Entstehung des Staats nicht zu suchen sey, oder die Idee des Staatsvertrags zu Hülfe zu nehmen, so befand sich auch Feuerbach, wiewohl in einer niedrigern Region, dennoch in gleicher Lage; er konnte als consequenter Denker von jenem Satze aus nicht vorwärts schreiten, ohne entweder auf die Trennung zwischen legislatorischem und judiciellem Princip zu kommen, und somit den von ihm aufgestellten Grundsaz als rein legislatorisch zu erkennen, oder das Judicielle aus dem Legislatorischen abzuleiten und auf diese Weise den Richter zum concreten Gesezgeber zu machen. — Welchen Weg nun Feuerbach betreten, haben wir gesehen, es liegt aber auch am Tage, welche Folgen hieraus hervorgegangen. So wie im Fichte'schen System sich die lebendige Idee des Staats zernichtet, so gehet in der Feuerbach'schen Doktrin der juristische Begriff von Strafe verloren. — Strafe fällt hier mit Sicherung zusammen.

Was nun geschehen seyn würde, wenn nicht der Buchstabe der Kantischen Philosophie hier die Hand geboten, wissen wir nicht zu sagen, eine um der Vollständigkeit der gegenwärtigen Darstellung willen nicht zu übergehende Bemerkung dringt sich aber auf, die Bemerkung nämlich, daß das, was Feuerbach im vierten und fünften Kapitel der Revision über die genaue Anwendung bestimmter Strafgesetze sagt, so dringend auch vermöge der, alle Criminaljustiz zerstörenden Freiheitstheorie, die Veranlassung dazu seyn mochte, dennoch ein nothwendiger Ausfluß seines Systems ist. Was den Vertheidigern der Freiheitstheorie möglich war, ihr Princip auf dem Wege der Interpretation auch bei bestimmten Strafgesetzen scheinbar geltend zu machen, 56) und sogar ihre Formeln in

56) „Sezt der Wille des Regenten eine Strafe fest, so denkt er sich die gewöhnlichen Fälle der That, gegen welche die Drohung ergeht, er denkt sich den Dolus, der bei dieser Art von Handlungen gewöhnlich eintritt, oder den möglichst höchsten Vorsaz, der dieser Gattung von Verbrechen eigen ist. Fehlt es am Daseyn des vollen Dolus, dann geht die Bedingung ab, unter welcher das Gesez die Vollziehung der ordentlichen Strafe gestattet. Kleinschrod systemat. Entw. II. §. 58.

Gesezbücher aufgenommen zu sehen, das konnte einer auf Determinismus gebauten Lehre nicht auf die entfernteste Weise gelingen. Von einer solchen Ansicht fand sich in der Erfahrung überall keine Spur, und wenn uns die scharfsinnige Entwikkelung der Begriffe von Dolus und Culpa 57) gar wohl einsehen läßt, was Feuerbach für die Wissenschaft geworden wäre, wenn er nicht in den Fesseln seines Systems befangen gewesen, so darf es uns auch nicht wundern, wenn er sich in den oben gedachten, an und für sich gewis gründlichen Erörterungen genöthigt gesehen, klare Gesetze zu deuteln 58) oder den Sinn derselben für dunkel zu erklären. 59) Ein aus dem allgemeinen Princip fließender Milderungsgrund ließ sich mit dem aus dem bestimmten Strafgesetze hervortretenden Geiste auf keine Weise vereinigen, das bestimmte Strafgesez bildet hier eine eigene Welt, und der mit der Anwendung beauftragte Jurist siehet sich lediglich an seine eigene Denkkraft verwiesen. Aber eben deshalb stehet Feuerbach's System auch da in einer noch nie gesehenen Centaurischen Gestalt, widerlich zusammengefügt aus blindem Empirismus und irre gewordener Philosophie, und, wie jedes Ungethüm in steigender Cultur seinen Untergang findet, so vegetirt dieses System nur bei mangelhaften Gesetzen. —

Hiemit können wir die gegenwärtige Kritik als beendigt ansehen. Wer unserer Untersuchung mit Aufmerksamkeit gefolgt ist, wird sich überzeugt haben, daß auf dem bisher betretenen Wege alle Versuche, zur Rechtswissenschaft zu gelangen, nothwendig fruchtlos bleiben müssen, und somit auch in Betreff eines einzelnen Theils derselben keine Hoffnung übrig bleibt, das, was man Theorie nennt, auf irgend einem Punkte mit der Praxis auf lebendige Weise verbunden zu sehen. Und so läßt sich denn der im Eingange dieser Kritik gedachte Ausspruch wohl begreifen, aber dem praktischen Juristen ist mit einer

57) Revis. II. S. 50 folgd.

58) Das. I. S. 328.

59) Das. I. S. 365.

solchen, unanwendbare Sätze in sich aufnehmenden, Theorie keineswegs gedient; dieser siehet sich genöthigt, mit der Xenie zu sagen:

Damit lock' ich, ihr Herrn, noch keinen Hund aus dem Ofen,
Einen erklecklichen Saz will ich, und der auch was sezt.

Hätte man nun das Bedürfniß des praktischen Juristen näher in's Auge gefaßt, und an Statt, daß man sich in vornehmen Redensarten versucht, sich auf den Standpunkt dieses praktischen Juristen gestellt, und sich in dessen nothwendiges Verfahren hineingedacht, so hätte es auch wohl nicht fehlen können, daß auf diesem Wege der nothwendige Charakter der hier in Betracht kommenden Wissenschaft hervortreten müssen. Machen wir daher diesen Versuch; die erste beste jener vornehmen Redensarten bietet uns gleichsam selbst hiezu die Hand.

Wenn Feuerbach in der Vorrede zu den civilistischen Versuchen die Meinung ausspricht, die Jurisprudenz könne zu gar nichts Gutem kommen, wenn sie nicht wenigstens zur Linken von der vernünftigen Philosophie, zur Rechten von der verständigen reinen Empirie geführt werde; daß sie ohnausbleiblich ohne die lezte in eine Art von Tollheit, und ohne die erste in eine Art von Dummheit gerathen müße, so will dies noch nicht vielmehr sagen, als etwa der bekannte Saz, daß nur Seele und Leib den vernünftigen Menschen ausmachen. Jene allgemeine Bemerkung dringt sich nicht nur dem mit gesundem Sinne begabten Praktiker unmittelbar auf, sondern er sieht sich auch genöthigt, sie selbst zur Anwendung zu bringen. Wohl kein Jurist in der Welt hat sich in diesem Sinne des Philosophirens jemals gänzlich entschlagen; auch die vollständigste Gesezgebung läßt ihm Fülle genug übrig, wo Interpretation nicht ausreicht, und deshalb auf die Natur der Sache zurückgegangen werden muß.

Was unter Natur der Sache zu verstehen sey, darüber ist wohl keiner mit sich im Zweifel. Es ist dies ein in allen Zweigen des Wissens und selbst im Handeln gebräuchlicher Ausdruk, und der mit der Anwendung der Geseze beauftragte Jurist verstehet darunter, wie wir bereits gesagt haben, die Quelle der über — grammatische und logische — Interpretation hinaus gehenden und dennoch dem bestehenden Rechte gemäßen Entscheidung, weshalb denn auch die höchste Forderung, die an ihn gemacht wird, nicht über diese Natur der Sache hinausgehet. Denken wir uns einen praktischen Juristen, der bei vollständiger Kenntnis der von ihm anzuwendenden Gesetze die Fähigkeit besizt, jede vorkommende Lükke aus der Natur der Sache zu ergänzen, der sich rühmen darf, überall hier das Rechte zu finden, so bleibt uns nichts zu wünschen übrig; er erfüllt alle Forderungen, die an ihn jemals gemacht werden können, er findet stets eine der Gesezgebung conforme Entscheidung, und mehr verlangen wir von ihm nicht.

Was ist denn aber nun, um den Ausdruck auch wissenschaftlich zu deuten, diese Natur der Sache, oder, wie wir sie bereits genennt haben, diese Quelle der über grammatische und logische Interpretation hinausgehenden und dennoch der Gesezgebung conformen Entscheidung?

Richteten wir diese Frage an einen Juristen, der unter einer, wie man zu sagen pflegt, volksthümlichen Gesezgebung lebt, die sich von Innen herausgebildet und mit dem Zeitalter gleichen Schritt gehalten, so könnte es leicht der Fall seyn, daß die ganze Frage ihm unverständlich wäre, vielleicht eben so unverständlich, als wenn man einen, der neuern Systeme der Sittenlehre unkundigen, Christen fragen wollte, nach welchen Grundsätzen er handle, im Fall die Vorschriften des Christenthums für einen speziellen Fall ihm nicht unmittelbar erkennbar seyen. Lezterer würde uns verwundert fragen, ob es denn außer dem Christenthum noch eine Moral gebe; er würde uns sagen: finde ich in der Bibel keine ausdrükliche Vorschrift, so handle ich nach meinem Gewissen, und dieses kann mir nichts anderes sagen, als was der Lehre des Heilandes gemäs ist. Auf eine ähnliche Weise würde uns jener Jurist antworten. Er würde uns sagen: kommt mir ein Fall vor, wo geschriebenes oder ungeschriebenes Recht mich verläßt, so urtheile ich nach meinem vernünftigen Ermessen, und wollten wir ihn nun weiter fragen, ob er auch überzeugt sey, daß seine Entscheidung vom bestehenden Rechte nicht abweiche, so möchte uns schon die Art, wie er diese Frage aufnimmt, wohl nicht im Zweifel lassen, daß ihm jenes vernünftige Ermessen gleichbedeutend sey mit vernünftigem Denken überhaupt. So wie also der Christ keinen Unterschied kennt zwischen natürlicher und positiver Religion, vielmehr für ihn jede Handlung unter die Gebote des Christenthums fällt, so weiß auch der unter einer volksthümlichen Gesezgebung lebende Jurist nichts von einem Unterschiede zwischen natürlichem und positivem Recht; beides ist für ihn unmittelbar Eins, die Gesezgebung ist für ihn wirklich ein in sich geschlossenes Ganzes, ruhend auf einem Princip. 60)

Insofern sich nun gegen das Gesagte mit Grund nichts einwenden läßt, kann auch die Antwort auf unsere obige Frage nicht zweifelhaft seyn. Allerdings sind solche volksthümliche Gesezgebungen seltene Erscheinungen, und wo sie sich finden, gehören sie der Vergangenheit an. Förmliche Gesezgebungen sind an ihre Stelle getreten, und

60) Daß übrigens in einer solchen volksthümlichen Gesezgebung das Legislatorische mit dem Judiciellen für die Erscheinung zusammenfällt — ein bei der Auslegung mancher Stelle eines recipirten Gesezbuchs nicht zu übersehender Umstand — darüber dürfen wir uns nicht wundern, indem ja die Gesezgebung in dem Augenblikke, wo das Legislatorische als solches eintreten müßte, aufgehört hätte, volksthümlich zu seyn. — Wird nun unter einem solchen Volke, weil es sich seines Rechts bewußt ist, — dieses nicht etwa untergegangen ist, wie die Zeichnung im vollendeten Gemählde — das Recht Gegenstand des wissenschaftlichen Strebens talentvoller Männer, so muß den spätern Juristen nothwendig eine solche Periode als Classisch erscheinen. Wenn nun aber auch ohne Zweifel ein großer Theil dieses Classischen darin zu setzen ist, daß der größte jener Juristen nicht halb so gelehrt aussiehet, als der geringste unserer Pandektisten, so kann aber dennoch die Jurisprudenz unserer Tage ihr Heil auf historischem Wege nicht finden. Genialität läßt sich nur durch Genialität begreifen, das wirklich Geniale ist sich aber selbst genug, und sobald der Mensch darauf ausgehet, sich Einsichten zu verschaffen, ist er nicht mehr genial, sondern verständig, d. h. er forscht von Punkt zu Punkt, bis er den lezten Grund der Dinge gefunden zu haben glaubt.

jemehr eine solche förmliche Gesezgebung sich aus einer dem Leben gegenüberstehenden Reflexion erzeugt hat, um so stärker wird sich für den zu entscheidenden speziellen Fall der Gegensaz bilden. Es kann daher leicht kommen, daß, wenn die Rede davon ist, eine dem dieser förmlichen Gesezgebung zum Grunde liegenden Prinzip gemäße Entscheidung zu finden, diese sehr weit von derjenigen entfernt ist, die der Jurist geben würde, dürfte er sich seinem Gefühl überlassen. Wird aber in einem solchen Falle der Jurist ein, jener Gesezgebung fremdartiges, Prinzip seiner Entscheidung unterlegen, etwa das, was man Natur der Sache nennt, für gleichbedeutend mit einem selbstgebildeten Naturrecht halten? Dem blosen praktischen Sinn wird dies nicht auf die entfernteste Weise einfallen, das unmittelbare Bewußtseyn, daß dies über die Grenzen der richterlichen Befugniß hinausgehe, in das Bereich des Gesezgebers falle, wird selbst den Gedanken in ihm nicht aufkommen lassen, und, der hier weiter gekommen, wird sich mit dem Unterschiede zwischen provisorischem und peremtorischem Rechte trösten. Dies bedarf keiner weiteren Worte. Selbst da, wo der Saz: der Codex des natürlichen Rechts ist der subsidiarische des positiven sich als Grundlage einer systematischen Darstellung geltend gemacht, wie wir dies im Civilrecht bei Weber und im Strafrecht bei Kleinschrod finden, bestehet die Verschiedenheit mehr in der Form, wie in der Materie der Ansicht, und späterhin stehet man den gedachten Saz ausdrücklich auf eine blos theoretische Gültigkeit beschränkt.61) Hat es nun aber hiemit seine Richtigkeit,

61) „Es ist schon oft und ganz richtig gesagt worden, daß der Codex des natürlichen Rechts der subsidiarische des positiven ist. Allein ganz etwas anderes ist es: ob man das Recht hat, die Grenzen des Naturrechts mit den Grenzen des positiven Rechts zu verwirren und die natürlichen Grundsätze, blos wegen ihrer Nutzbarkeit zu einheimischen Rechtssätzen der positiven Jurisprudenz zu machen. Und so lange man nicht zeigen kann, daß entweder die positive Rechtswissenschaft keine positive Rechtswissenschaft oder daß es nicht nothwendig sey, in einer Wissenschaft, wenn sie diesen Nahmen verdienen soll, das fremdartige und heterogene von ihr abzu-

so ist es auch nothwendige Folge, daß, solange von Anwendung der Gesetze die Rede ist, die förmlichste Gesezgebung dem Juristen nicht mehr und nicht weniger seyn kann, wie das volksthümlichste Recht. Man könnte eine solche förmliche Gesezgebung mit dem Charakter einer epischen oder dramatischen Person vergleichen. Mag dieser Charakter an sich unsere Bewunderung erregen, oder uns mit Schauder erfüllen, mögen wir selbst, der poetischen Wahrheit vergessend, wünschen, daß das Schreckliche nicht komme, die unerläßliche Forderung der Kunst gehet immer auf völlige Haltung. Das Nämliche gilt nun auch für unsern Fall. Mag die Gesezgebung hoch oder niedrig stehen, lobenswerth seyn, oder Tadel verdienen, dem mit ihrer Anwendung beauftragten Juristen liegt es nur ob, in ihrem Geiste zu sprechen.

Hiedurch hätten wir also die wissenschaftliche Bedeutung des Ausdruks: Natur der Sache gefunden. Könnte aber jezt der nothwendige Charakter der Wissenschaft des bestehenden Rechts noch zweifelhaft seyn? Soll der Jurist mit Sicherheit darauf rechnen können, dem Geiste der Gesezgebung gemäs zu sprechen, so muß er diese Gesezgebung nothwendig als ein Ganzes betrachten, als Ausfluß eines einzigen untheilbaren Prinzips. Dies heißt aber nichts anderes, als, wie wir es bereits anderwärts angegeben haben, der Charakter der Wissenschaft des bestehenden Rechts ist lediglich dialektisch, d. h. die von dieser Wissenschaft zu lösende Aufgabe bestehet darin: aus gegebenen Verhältnissen andere noch unbekannte Verhältnisse zu entwikkeln, und so wie jede subjektive Betrachtungsart, wiewohl sie ihrer Natur nach von Gegebenem ausgehet, nothwendig dieses Gegebene auf dem Punkte erfaßt, wo es mit den Gesetzen des Denkens zusammenfällt, indem sie sich hiedurch vom empirischen Wissen unterscheidet, so construirt auch der Jurist den Staat, aber nur in dem Sinne, wie in der Mathematik oder in der ihre Grenzen nicht überschreitenden Physik dieser Ausdruk gebraucht wird.

sondern: so lange wird man auch jene Frage mit einem categorischen nein! beantworten müssen —". Feuerbach Revis. I. S. 181.

Inwiefern sich nun durch die Anwendung die Richtigkeit dieser Bemerkungen bewähre, muß sich aus dem von uns aufgestellten System ergeben. Nur das, was etwa für jezt noch nicht unmittelbar in die Augen springen möchte, sey hier noch Gegenstand einer kurzen Betrachtung.

Wir haben ebenfalls schon anderwärts Wissenschaft von Theorie getrennt, und dabei bemerkt, daß dies zufolge der besonderen Natur des hier eintretenden Stoffs nothwendig sey. Auch diese Trennung ist nichts Erfundenes, sie bestehet schon längst, es ist hier nur die Rede davon, sich ihrer bewußt zu werden. Wenn in den dem transcendentalen Idealismus correspondirenden subjektiven Betrachtungsarten Logik und Mathematik der Stoff, eben weil er in absoluter Denk- und Anschauungsform bestehet, mit der Wissenschaft unmittelbar zusammenfällt, so sehen wir dagegen die der Naturphilosophie correspondirenden beiden Wissenschaften Physik — im engern Sinne — und Mechanik nur durch die speziellen Wissenschaften, Oekonomie, Astronomie, Arzneiwissenschaft, Kriegswissenschaft u. s. w. ins Leben eingehen. 62) Das Nämliche findet sich, nur in einer andern Gestalt, bei denen der spekulativen Historie correspondirenden subjektiven Betrachtungsarten, indem hier der Stoff historisch, und somit wandelbar ist. Dies Wandelbare kann nicht unmittelbar Gegenstand der Wissenschaft seyn, es gebricht ihm ja an allgemeiner Gültigkeit.

Die Theorie verhält sich daher zur Wissenschaft wie das Besondere zum Allgemeinen. Wenn z. B. der Saz: was zum öffentlichen Handeln gehört, kann nicht zum Recht des Einzelnen gehören, was aber Recht des Einzelnen ist, kann nicht Inhalt einer von diesem Einzelnen begangenen Uebertretung seyn, wegen seiner ihm inwohnenden Allgemeinheit nothwendig

62) Keine dieser speziellen Wissenschaften gründet sich auf eine jener beiden allgemeinen Wissenschaften ausschließlich, wohl aber ist bald die eine, bald die andere dieser leztern vorherrschend. Der Charakter jener speziellen Wissenschaften ist daher technisch. — Wir machen diese Bemerkung um der Folge willen.

der Wissenschaft angehört, so kan dagegen ein Saz, dessen Inhalt durchaus eine bestimmte Gesezgebung voraussezt, nur in der Theorie seine Stelle finden. So wie aber hiedurch zwischen Wissenschaft und Theorie eine feste Grenze gezogen ist, so kann innerhalb dessen, was wir Theorie nennen, ebenfalls jenes Verhältnis eintreten, indem eine ein Provinzial-Recht darstellende Theorie zu der die allgemeine Gesezgebung dieses Staats zum Gegenstande habenden Theorie sich wieder wie das Besondere zum Allgemeinen verhält. Es ist immer nur das Verhältnis der einzelnen Jurisprudenzen zur allgemeinen Jurisprudenz. 63)

Aus dem hier Gesagten ergiebt sich aber auch, um dies am Ende noch zu bemerken, die Stellung der Philosophie

---

63) Hieraus ergiebt sich aber auch das Verhältnis dessen, was man in Deutschland gemeines Recht nennt, zur Wissenschaft. Wiewohl es in mehreren Staaten Gültigkeit hat, ist es doch nur Gegenstand der Theorie, indem jene Allgemeinheit für den Juristen nur zufällig ist. — Wenn aber die hier gemachte Trennung zwischen Wissenschaft und Theorie, ohne daß man sich einen Wortstreit zu Schulden kommen ließe, nicht bestritten werden kann, so möchte sich auch in dem seit einigen Jahren geführten uud noch nicht beendigten Streite über die Nothwendigkeit und Erspriešlichkeit neuer Gesezbücher der status controversiæ anders gestalten. Ob Deutschland ein allgemeines Gesezbuch erhält, oder jedes Land sein eigenes, oder ob es überhaupt bei'm Alten bleibt — dies hat für die Rechtswissenschaft nicht mehr und nicht weniger Bedeutung, als es für die Logik haben würde, wenn ganze Nationen mit einemmale um einige Grade gescheidter oder dümmer würden, oder für die Physik, wenn sich der Zustand unserer Erde noch so plötzlich verbesserte oder verschlechterte. Eben deshalb kann man aber auch, soweit vom bestehenden Rechte die Rede ist, mit Recht sagen, daß 6mal 52 geistvolle Vorlesungen über die Rechtsverfassung der Perser und Chinesen in unsern Studierenden den wahren juristischen Sinn so wenig wekken würden, wie die genaueste Kenntnis der Geschichte des alle Germanischen Stämme umfassenden Rechts. Für den Gesezgeber mag ein solches Studium gute Früchte tragen, und als Vorarbeit zur spekulativen Historie läßt es sich nicht entbehren, den judiciellen Juristen, als solchen, gebet aber das Recht anderer Völker überall nichts an, und die Geschichte des Rechts kommt für ihn nur insofern in Betracht, als er als wirklicher Hermeneutiker bei der Anwendung der bestehenden Gesezgebung von ihr Gebrauch machen darf.

zu dieser allgemeinen Jurisprudenz und somit zur Wissenschaft überhaupt. Die Philosophie ist nicht die „Magd, welche den Weg beleuchtet", nicht eine „unterthänige Dienerin der Gesetze", sie macht aber auch keinen Anspruch darauf, „Herrin" zu seyn. Ihrer Natur nach über das empirische Bewußtseyn hinausgehend, indem sie das Unendliche durchdringt, ist sie eine der Wissenschaft entgegengesezte, objektive, Betrachtungsart, weder dienend noch herrschend im Leben, sondern dasselbe erklärend. Dies ist der hohe Sinn jener an die Naturforscher und Transcendalphilosophen gerichteten Worte des Dichters:

Feindschaft sey zwischen euch! Noch kommt das Bündnis zu frühe;
Wenn ihr im Suchen euch trennt, wird erst die Wahrheit erkannt,

und den Ausdruk streng genommen, ist daher „philosophische Jurisprudenz" nicht weniger eine contradictio in adjecto, wie „geschichtliche Rechtswissenschaft." —

Darstellung der Lehre

vom

Strafrecht.

Allgemeine Einleitung.

§. 1.

Jede Handlung, insofern sie wirklich Handlung, d. h. Aeußerung freier Thätigkeit des Menschen seyn soll, gehört der innern und äußern Welt zugleich an; der innern, weil sie in der Gesinnung ihren Grund hat, der äußern, indem diese Gesinnung nur durch ein äußeres Faktum in die Erscheinung tritt. Im freinothwendigen — ethischen und genialen — Handeln ist beides absolut vereinigt, indem hier das Erkennen mit dem Leben Eins ist; wo aber das Erkennen sich vom Leben trennt, da treten auch die, beiden Seiten der Handlung zum Grunde liegenden, Gesetze als solche hervor, und ihre Erklärung ist die Aufgabe der Wissenschaft. Mit den Gesetzen für das Innere, mit den Pflichtgeboten, beschäftigt sich die Religionswissenschaft, die Gesetze für das Aeußere, für das Wirken in der Außenwelt als solcher, sind Gegenstand der Naturwissenschaft.

§. 2.

Wiewohl nun die Gesinnung der übersinnlichen Welt, das äußere Faktum dagegen der sinnlichen Welt angehört, und jede dieser beiden Seiten Gegenstand einer von der andern unabhängigen Betrachtung ist, so sind beide Seiten nothwendig auch für die Wissenschaft unzertrennlich, sobald von ihnen, in ihrer Vereinigung gedacht, als Handlung, die Rede ist. Indem hier Pflichtgebot und Naturgesez in ihrem gemeinschaftlichen Dritten zum Recht sich gestalten, entstehet die Rechtswissenschaft als die dritte hier eintretende — subjektive — Betrachtungsart, und je nachdem das Recht als ein Bestehendes, oder aber selbst wieder als Gegenstand für das Handeln gedacht wird, ist die Rechtswissenschaft Judicialie oder aber Legislatur.

§. 3.

Die nothwendige Verfahrungsart dieser beiden speziellen Wissenschaften gehet hieraus von selbst hervor. Während die Legislatur zufolge des ihr zum Grunde liegenden Zwekbegriffs synthetisch zu Werke geht, verfährt die Judicialie analytisch, d. h. sie erklärt das bestehende Recht als eine auf ihren eigenen Gesetzen beruhende Natur. 1)

§. 4.

So wie nämlich die Gesinnung unmittelbar im göttlichen Willen ihre Gebote findet, das äußere Faktum dagegen sein Gesez in der physischen Natur, so findet die Handlung als solche ihre Norm in einem Dritten, was weder unmittelbar göttlicher Wille, noch bloses Gesez der physischen Natur ist. Dieses Dritte, diese gleichsam übersinnlich-sinnliche Natur ist der **Staat**.

§. 5.

Da der Staat im Handeln seiner Glieder besteht und nur dies Handeln selbst ist, so ist er auch als übersinnlich-sinnliche Natur selbst wieder nur die Evolution einer einzigen Handlung. Indem aber auf diese Weise das freie Handeln des Einzelnen seine Grenze im nothwendigen Gesamthandeln findet, ist dadurch die Stellung des Einzelnen zum Ganzen gegeben. Der Ausdruk dieses höhern Produzirens ist die aus **Privatrecht** und **öffentlichem Recht** hervorgehende **Civität**. 2)

---

1) Der in der Geschichte der Philosophie auf immer groß da stehende Geist des **Kriticismus** hat sich, wenn auch nur in leisen Anklängen, auch über die Rechtswissenschaft verbreitet. Die Duplicität des hier eintretenden Princips hat **Kant** in den metaphysischen Anfangsgründen der Rechtslehre (Th. II. Absch. 1.) wohl gefühlt.

2) Den Ausdruk nicht in Römischer Bedeutung, sondern in einem so allgemeinen Sinne gebraucht, daß er selbst über *status* — als Bezeichnung des bekannten Gattungsbegriffs — hinausgeht, indem die gänzliche Negation aller Civität nicht mit Sklaverei überhaupt, sondern nur mit absoluter Sklaverei zusammenfällt.

§. 6.

Staat und Civität sind daher Wechselbegriffe; wo kein Staat ist, da ist keine Civität, und umgekehrt ohne Civität giebt es keinen Staat. Die Civität verhält sich zum Staat, wie das einzelne Naturprodukt zur gesammten physischen Natur, wie das Mannigfaltige in der Einheit zur Einheit. So wie aber dort aus dem Vorherrschen der expansiven oder aber contraktiven Kraft die unendliche Verschiedenheit der Produkte hervorgeht, so finden sich auch hier durch das Ueberwiegen des Privatrechts oder aber öffentlichen Rechts unendlich verschiedene Grade der Civität.

§. 7.

Dieserhalb stellt sich denn auch das einzelne Gesez immer nur dar als Modification der Civität, die gleichbedeutend ist mit relativer oder aber absoluter Schranke der Civität, je nachdem die Grenze des Handelns in eine andere Civität, also selbst wieder in das Privathandeln fällt, oder aber außer aller Civität, im Gebiet des nothwendigen Handelns liegt. Wo dies leztere der Fall ist, da tritt das juristische, d. h. einer rechtlichen Folge unterworfene Handeln als Uebertretung hervor, und die daran geknüpfte rechtliche Folge als Strafe.

§. 8.

So wie aber der Staat überhaupt die übersinnlich-sinnliche Natur ist, so ist auch das, was hier Strafe heißt, das aus natürlicher und göttlicher Strafe hervorgehende gemeinschaftliche Dritte. Durch die natürliche Strafe als die durch Nichtbeachtung eines Naturgesetzes entstehende nachtheilige Folge wird das äußere Faktum als solches, durch die göttliche Strafe hingegen die Gesinnung als solche, mit sich in Widerspruch gesezt; beides findet sich in bürgerlicher Strafe vereinigt: durch sie wird die Handlung mit sich in Widerspruch gesezt. Soweit die Civität ihre absolute Grenze übertreten, wird sie nothwendig zernichtet, und soweit sie dieser Zernichtung entgehet, ist keine Uebertretung vorhanden. Das Eine ist durch das

Andere bedingt: durch die Größe der Strafe ist die Größe der Uebertretung, und umgekehrt durch die Größe der Uebertretung die Größe der Strafe gegeben 3).

§. 9.

Das aus Moralität der Gesinnung und congruirendem äußern Faktum hervorgehende gemeinschaftliche Dritte ist Legalität, der Inbegriff des legalen Handelns also = Civität. Dadurch fallen aber Uebertretung und Strafe selbst im Ausdruk zusammen. Da nämlich illegales Handeln = — Civität ist, so stellt sich der für das illegal handelnde Subjekt eintretende Widerspruch dar als Widerspruch der Civität mit sich selbst.

§. 10.

Der Staat ist die Evolution einer einzigen Handlung (§. 5.), heißt: Der Staat wird von dem Inhalte der Handlung seinem ganzen Umfange nach erfüllt, alles legale Handeln der Glieder des Staats fällt in dieser einzigen Handlung zusammen. Betrachten wir aber irgend eine menschliche Handlung, wie sie in die Erscheinung fällt, so finden wir in ihr drei Momente: den der Handlung zum Grunde liegenden Zwekbegriff, das Urtheil über die Uebereinstimmung des äußern Faktums mit diesem Zwekbegriff, und das Durchdringen beider in der Ausführung. Dies findet sich in jener potenzirten Handlung wieder: die gedachten drei Momente stellen sich dar als gesezgebende, richterliche und exekutive Gewalt.

§. 11.

Wo aber von Recht die Rede seyn soll, d. h. bei dem Handeln des Staats gegen seine Glieder gedacht, da können diese drei Gewalten nicht vereint, nicht als Macht, in die Erscheinung fallen. Die Macht tritt als solche im-

3) Hiedurch unterscheidet sich das hier aufgestellte Wiedervergeltungsrecht von dem in Kant's metaphysischen Anfangsgründen der Rechtslehre S. 197, bei welchem der Art der Ableitung gemäs legislatorische Nothwendigkeit mit judicieller Gültigkeit zusammenfällt.

mer nur gegen das, was außer dem Staate liegt, hervor. Die gesezgebende Gewalt ist daher für die Erscheinung nothwendig von den übrigen Gewalten getrennt, sie gehet in ihrem Produkte, der Gesezgebung, unter. Die Gesezgebung bildet ja die objektiv gewordene Regel für das Handeln, und die Aeußerungen der übrigen Gewalten sind nur die unendlichen Akte, durch welche die Handlung des Staats zur Ausführung kommt. Tritt aber die gesezgebende Gewalt, als solche, auf eine für die Judicialie in Betracht kommende Weise hervor — auf welcher Voraussetzung die Legislatur beruhet — so ruhen nothwendig während diesem Akte die übrigen Gewalten, indem da, wo sämtliche Gewalten vereint wirken, die Handlung des Staats immer nur als vollendet in die Erscheinung fällt. 4).

§. 12.

Daß der Inhalt der Gesezgebung kein möglicher Gegenstand einer Beurtheilung von Seiten der übrigen Gewalten sey, ergiebt sich von selbst; was aber die Form der Gesezgebung betrifft, so äußert sich dieselbe auf zwiefache Weise, als sogenanntes geschriebenes oder aber ungeschriebenes Recht. Geschriebenes Recht ist gleichbedeutend mit promulgirtem Gesez, indem die Beurtheilung der Gültigkeit des Gesetzes überall nicht über die Promulgation desselben hinausgehet. Wiewohl nämlich, wie alles Wirken, so auch das Wirken der gesezgebenden Gewalt, ehe es zur Promulgation des Gesetzes kommt, sich immer nur in einer bestimmten Form äußern kann, so ist aber diese Form nie möglicher Gegenstand einer, die Anwendung des Gesetzes bedingenden, Beurtheilung. Eine solche

4) Weshalb denn auch das sogenannte Völkerrecht außerhalb der Rechtswissenschaft liegt. Dasselbe kann zwar für die Theorie in Betracht kommen, insofern nämlich die bestehende Gesezgebung dadurch modificirt wird, zwischen den verschiedenen Staaten selbst treten aber nur die beiden Welten, übersinnliche und sinnliche Welt, als solche, hervor, und die Politik kann daher allerdings der Moral und der Klugheit widersprechen, eine widerrechtliche Politik ist aber eine contradictio in adjecto.

Beurtheilung wäre in sich widersprechend. Indem die gesezgebende Gewalt erst durch ihr Produkt, die Gesezgebung, sich von den übrigen Gewalten trennt, (§. 11), treten, solange nicht vom Produkte des Wirkens der gesezgebenden Gewalt, sondern vom Wirken selbst die Rede ist, die übrigen Gewalten, als solche, überall nicht hervor. Dies heißt aber nichts anders, als, die Bedingung der Gültigkeit des Gesetzes ist immer nur die auf gehörige Weise geschehene Promulgation. 5)

§. 13.

Betrachten wir dagegen das ungeschriebene Recht — Gewohnheitsrecht — so findet dasselbe im Individuum sein leibhaftiges Bild. So wie der Augenblik, wo der Mensch zum Bewußtseyn kommt, nicht der Anfang seines Lebens ist, es vielmehr hier nur eine auf Vergangenheit ruhende Gegenwart giebt, so ist auch das ungeschriebene Recht da, wo es als solches hervortritt, nicht ein urplözlich Gewordenes, sondern nur eine höhere Gestaltung eines, nicht vom Juristen, sondern vom Geschichtsforscher, als solchem, in seiner Entstehung zu erfassenden Lebens. Während das, was demnächst als ungeschriebenes Recht gilt, aus Ansicht und Meinung, Sitte und Gewohnheit sich entwikkelt, ist von Recht noch keine Rede; der Gedanke an gesezliche Kraft würde es in seinem Keime erstikken. Soll es als Recht ein Bestehen erhalten, so muß, wenn wir so sagen dürfen, der Anfang seiner geistigen Entwikkelung die Fortsetzung eines frühern animalischen Lebens seyn. Jezt brauchen wir aber, um zu dem hier erforderlichen Prinzip zu gelangen, das gewählte Bild nur weiter zu verfolgen. So wie mit dem Erwachen

5) Diese Frage kam wirklich im Großherzogthum Niederrhein hinsichtlich einer im Jahre 1814 vom damaligen General-Gouvernement erlassenen Verordnung zur Sprache, indem in einem Civil-Rechtsstreite die Gültigkeit dieser Verordnung bestritten wurde. Uebrigens bedurfte es zu der erfolgten, mit dem hier aufgestellten Resultate übereinstimmenden, Entscheidung zufolge mancher spätern königlichen Verordnung (z. B. vom 31. Januar 1817) der obigen Gründe nicht.

des Bewußtseyns das Uebersinnliche sich vom Sinnlichen trennt, und jezt, so gewis sich der Mensch als mögliches Subjekt des Handelns erscheint, das Sinnliche dem Uebersinnlichen unterthan ist, so kann auch das ungeschriebene Recht mit geschriebenem Rechte nicht zusammen bestehen, ohne demselben untergeordnet zu seyn. Das Gegentheil hieße: die gesezgebende Gewalt sey für die Erscheinung überall nicht vorhanden.

§. 14.

Daraus folgt, daß sich das ungeschriebene Recht nur neben dem geschriebenen Rechte, nicht wider dasselbe geltend zu machen im Stande ist, somit nur insoweit in Betracht kommt, als das geschriebene Recht in Betreff ganzer Institutionen, oder da, wo die Institution selbst dem geschriebenen Rechte bekannt ist, innerhalb einer ausdrücklich angegebenen Sphäre 6) ihm seine Gültigkeit gelassen, und jede derogirende oder abrogirende Kraft sezt einen von der förmlichen Gesezgebung ausgesprochenen Grundsaz voraus. Eben deshalb läßt sich aber auch der Saz, daß abgesehen von einer bestimmten Gesezgebung, zur Gültigkeit eines Gewohnheitsrechts ein Zeitraum über Menschengedenken hinaus erforderlich sey 7), als Folge aus dem Begriff leicht darthun, und zugleich erhält durch diesen Beweis der so eben aufgestellte Saz, daß das ungeschriebene Recht keine derogirende oder abrogirende Kraft hat, seine völlige Klarheit. Der gedachte Beweis wird nämlich auf folgende Weise geführt: da sich zufolge des Satzes, daß der Staat die Evolution einer einzigen Handlung ist, das bestehende Recht nothwendig über den ganzen Staat verbreitet, und kein Punkt sich denken läßt, wo sich nicht wenigstens negative Gesezgebung fände, indem das Nichtvorhandenseyn einer gesezlichen Vorschrift gleichbedeutend ist mit Freilassung des Handelns, so läßt

6) Code civil art. 1445. S. auch L. 3 C. de ædific. privat. (8, 10.)

7) Meurer juristische Abhandlungen und Beobachtungen. S. 157 folgd.

sich überall kein Zusaz zur Gesezgebung denken, der nicht derogirend oder abrogirend wäre; das ungeschriebene Recht darf aber, wie gezeigt worden, diesen Charakter nicht haben, und der hiedurch entstehende Widerspruch läßt sich nur vermitteln, wenn der gedachte Charakter nicht als solcher hervortritt. Er tritt aber nur dann nicht hervor, wenn sich Niemand erinnert, daß es jemals anders gewesen. 8)

§. 15.

Die dem Begriff nach vorhandene Totalität der Gesezgebung wird erkennbar mittelst der Operation, die den Gegenstand der juristischen Hermeneutik ausmacht. Soweit nun die Regeln der Hermeneutik Anwendung finden, hat die Gesezgebung auch ohne spezielle Vorschriften Objektivität, indem das ihr zum Grunde liegende Prinzip sichtbar ist. So wie es aber überall im Leben einen Punkt giebt, wo dasselbe mit dem Erkennen unmittelbar zusammenfällt, so auch hier: auch für das Wirken der von der gesezgebenden Gewalt getrennten Gewalten giebt es einen Punkt, wo die Operation, mittelst welcher die nicht ausdrüklich ausgesprochene Regel für den einzelnen Fall als Ausfluß des allgemeinen Prinzips gefunden wird, nicht mehr als solche hervortritt. Ein solches Wirken der gedachten Gewalten ist das, was man Ermessen — arbitrium — nennt.

---

8) Gegen einen etwaigen juristischen Bilderstürmer möchte den Verfasser wohl schon die L. 40 pr. D. de pecul. (15, 1) schützen; ob aber das hier Gesagte für den juristischen Bedarf ausreiche, muß sich aus der Anwendung ergeben. Die der hier versuchten Erklärung des Gewohnheitsrechts gestekte Grenze gehet aus dem Unterschiede zwischen Wissenschaft und Philosophie hervor, und wer sich von diesem Unterschiede nicht überzeugen kann, mag es versuchen, das seiner Meinung nach Mangelnde zu ergänzen. Vergl. die in der Vorrede gedachten Grundlinien einer Theorie des Beweises im Civilprozeß u. s. w. S. 105 in der Note und die daselbst angezogene Stelle aus Savigny's Geschichte des R. Rechts im Mittelalter.

§. 16.

Aber auch die beiden Gewalten, richterliche und exekutive Gewalt, können getrennt in die Erscheinung fallen. Es ist dies nothwendig der Fall, sobald ein Gegensaz im Handeln hervortritt. Da nämlich die Gesezgebung die Regel, das Wirken der exekutiven Gewalt aber die Ausführung ist, so kann ein solcher Gegensaz nur durch die richterliche Gewalt vermittelt werden. So wie das Individuum bei eintretenden Zweifeln genöthigt wird, sich seines Urtheils bewußt zu werden, so tritt auch bei einem im Staate sich bildenden Gegensatze nothwendig die richterliche Gewalt in ihrer Trennung von exekutiver Gewalt hervor. Mittelst dieser fernern Trennung der Gewalten stellt sich denn auch das, was bis dahin Ermessen schlechthin ist, als richterliches Ermessen dar.

§. 17.

Wo richterliche und exekutive Gewalt in ihrer Vereinigung wirken, da handelt die Regierung als solche und der dahin gehörige Theil der Gesezgebung bildet das Regierungsrecht. Wo hingegen die richterliche Gewalt als solche hervortritt, da ist die Gesezgebung, je nachdem sie auf die relative oder aber absolute Schranke der Civität (§. 7) Bezug hat, Civilrecht oder aber Strafrecht. Sämtliche drei Zweige sind eben so viele Betrachtungsarten der Civität. Das Regierungsrecht betrachtet die Civität von außen, das Civilrecht hingegen hat sie von innen zu betrachten, und beide Betrachtungsarten fallen im Strafrecht zusammen, indem dies die absolute Grenze der Civität zum Gegenstande hat.

§. 18.

Diese drei Zweige des Rechts setzen die Lehre von der Verfassung, d. h. die Darstellung, wie die gesammten Civitäten in ihrem Verhältnisse, und dem dadurch bedingten Verhältnisse der drei Gewalten zu einander den Staat bilden, als ihre gemeinschaftliche Quelle voraus. Die Lehre von der Verfassung bildet daher den allgemeinen Theil der Judicialie.

§. 19.

Zufolge dieses gemeinschaftlichen Ursprungs läßt sich keiner der gedachten, auf diese Weise den speziellen Theil der Judicialie bildenden drei Zweige des Rechts, ohne die andern vollständig begreifen; jeder findet in den übrigen seine nothwendige Ergänzung. In der Form der Darstellung weicht aber das — wieder in den drei Zweigen, Cameralrecht, Militairrecht und Polizeirecht bestehende — Regierungsrecht von den übrigen beiden Zweigen ab. Da richterliche und exekutive Gewalt hier vereinigt sind, so liegt der praktische Theil des Regierungsrechts außer dem Gebiete der Rechtswissenschaft; er fällt in andere Wissenschaften, und sezt eben dadurch die Rechtswissenschaft, als solche in organische Verbindung mit allen übrigen Zweigen des Wissens. Im Civilrecht und Strafrecht hingegen fällt auch der praktische Theil in das Gebiet der Rechtswissenschaft, und beide Zweige zerfallen daher für die Darstellung in einen theoretischen und praktischen Theil.

Darstellung der Lehre selbst.

Theoretischer Theil des Strafrechts.

Einleitung.

§. 20.

Was von der Wissenschaft überhaupt gilt, daß die Lösung der Aufgabe, den zu behandelnden Gegenstand, als eine in sich geschlossene Welt aus dem zum Grunde liegenden Begriffe zu entwikkeln, nur dann gelungen heißen kann, wenn diese Welt sich allmählig dem Auge entfaltet, und auf keinem Punkte der Darstellung die Erklärung außer ihr liegt, das tritt nothwendig auch bei der Judicialie, und jedem ihrer einzelnen Theile ein. Die Methode, Form und Stoff in der Mase zu trennen, daß ein Aggregat bis zur blosen Form gesteigerter Begriffe der wirklichen Darstellung vorausgeht, stellt sich daher von selbst als fehlerhaft dar. Jede Lehre kann nur da verständlich seyn, wo sie praktisch in das System eingreift.

§. 21.

Die Aufgabe der Lehre vom Strafrecht als Theil der Judicialie bestehet aber in der, immer bestimmter werdenden, Darstellung des Begriffs von Strafbarkeit, und dies heißt nichts anders, als, die Lehre vom Strafrecht hat den gedachten Begriff von seiner höchsten Allgemeinheit an bis zu dem Punkte zu entwikkeln, wo die Theorie, von ihm Gebrauch zu machen im Stande ist. Die Theorie holt aber ihren Inhalt unmittelbar aus dieser bestimmten Gesezgebung, und so kann jener Endpunkt der Wissenschaft hier kein anderer seyn, als die Aufstellung des Prinzips, für das von der Theorie zu beobachtende hermeneutische Verfahren. Nehmen wir nun den Ausdruk Form für gleichbedeutend mit bestimmter äußerer Gestaltung, und unterscheiden dann zwischen Inhalt und Form der Construktion des Begriffs von Strafbarkeit, so gehört alles das zum Inhalte dieser Construktion, was sich, abgesehen von der logischen Einheit einer bestimmten Gesezgebung, auf die Wesenheit des Begriffs beziehet.

§. 22.

Hiedurch ist das System für die Darstellung gegeben. Während das erste Hauptstück des theoretischen Theils des Strafrechts vom Inhalte der Construktion des Begriffs von Strafbarkeit handelt, und die im Begriff von Strafe (§. 7) liegenden zwei Momente, Uebertretung und Strafe hier abgesondert, und zwar auch wieder hinsichtlich der Form und des Inhalts Gegenstand der Betrachtung sind, tritt, indem die gedachten beiden Momente in der den Inhalt des zweiten Hauptstückes ausmachenden Lehre von der Form der Construktion des Begriffs von Strafbarkeit zusammen fallen, der Begriff von Strafbarkeit hier in seiner höchsten, für den theoretischen Theil des Strafrechts in Betracht kommenden, Realität hervor.

Erstes Hauptstück.

Vom Inhalte der Construktion des Begriffs von Strafbarkeit.

Erstes Kapitel.

Von der Natur der Uebertretung.

Erster Abschnitt.

Von der Form der Uebertretung.

§. 23.

Jede Handlung hat, dem Begriff nach, eine ideale und eine reale Seite (§. 1). Die ideale Seite ist das auf das äußere Faktum gerichtete Wollen im Menschen, die reale Seite hingegen ist dieses äußere Faktum selbst. Ohne beide läßt sich keine Handlung denken. Käme es nicht zum äußern Faktum, so wäre für die Erscheinung überall nichts vorhanden, wäre aber das äußere Faktum nicht aus dem Willen des Subjekts hervorgegangen, so wäre es hinsichtlich desselben lediglich Naturbegebenheit.

§. 24.

Jede Handlung hat daher eine doppelte Grundlage, je nachdem sie von ihrer idealen, oder aber von ihrer realen Seite betrachtet wird. Die Grundlage der idealen Seite ist die Möglichkeit des Wollens, Willensfreiheit, die Grundlage der realen Seite ist die Möglichkeit des freien Gebrauchs des eigenen Leibes, körperliche Freiheit. Ohne diese beiden Voraussetzungen kann keine Handlung gedacht werden. Was nun die Grundlage der realen Seite, die körperliche Freiheit, betrifft, so ist darüber weiter nichts zu sagen; wer handeln soll, muß des eigenen Leibes mächtig seyn. Eine nähere Betrachtung erfordert aber die Grundlage der idealen Seite, die Freiheit des Willens.

§. 25.

Freiheit des Willens, als die Möglichkeit des Wollens überhaupt, ist gleichbedeutend mit Selbstbewußtseyn. Dieses Selbstbewußtseyn, das Vermögen, nach Zwekbegriffen zu handeln, das, was man Vernünftigkeit nennt, ist die absolute Bedingung alles Handelns; ohne dasselbe läßt sich überall kein Handeln denken. In diesem Selbstbewußtseyn ist aber nicht blose Thätigkeit, sondern auch ein Wissen enthalten. Indem nämlich jedes Wollen nothwendig ein bestimmtes Wollen, als solches aber gleichbedeutend mit wirklichem Zwekbegriffe ist, giebt es ohne Wissen kein Wollen, so wie umgekehrt ohne Wollen kein Wissen.

§. 26.

Hiedurch ist die Grundlage der idealen Seite näher bestimmt. Sie bestehet in dem juristischen Selbstbewußtseyn, d. h. in der Vernünftigkeit des Subjekts, verbunden mit der Kenntnis dessen, was zufolge der bestehenden Gesezgebung nothwendig gewußt werden muß. Und so wie der Gegensaz jenes, wenn wir so sagen dürfen, innern Selbstbewußtseyns Mangel an Vernünftigkeit ist, so bestehet der Gegensaz des äußern Selbstbewußtseyns in Unwissenheit oder aber Irrthum. Unwissenheit ist blose Negation, Irrthum hingegen ist positiver Natur, er bestehet in unrichtigem Wissen, in falschen Voraussetzungen.

§. 27.

Daß Unwissenheit und Irrthum nur dann in Betracht kommen können, wenn sie für das Subjekt unvermeidlich waren, ist eine unmittelbare Folge aus dem Begriff. Das Gegentheil wäre ein Widerspruch, indem Unwissenheit und Irrthum alsdann im Wollen des Subjekts ihren Grund hätten, auf diese Weise aber die Grundlage der idealen Seite, über die ideale Seite hinausginge. Das Nämliche gilt aber auch vom Mangel an Vernünftigkeit. Mag ein solcher Mangel vom Subjekte absichtlich herbeigeführt, oder aber durch selbstverschuldete Unwissenheit oder dergleichen Irrthum entstanden seyn, er ist sowenig Negation der

Grundlage der idealen Seite, als es als Negation der Grundlage der realen Seite angesehen werden kann, wenn die Unmöglichkeit des freien Gebrauchs des eigenen Leibes auf die angegebene Weise im Willen des Subjekts ihren Grund hat. Mußte das Subjekt den hier obwaltenden Causalnexus kennen, so mag das fragliche äußere Faktum durch noch so viele Mittelglieder entstehen, es ist immer reale Seite einer Handlung, in den gedachten Fällen ist aber der Mangel dessen, was sonst Grundlage des Handelns ist, selbst nur ein solches Mittelglied.

§. 28.

Bis dahin giebt es also immer nur den Gegensaz zwischen Handlung und Nicht-Handlung. Es macht keinen Unterschied, ob das fragliche äußere Faktum nur mittelbar aus der Absicht des Subjekts hervorgegangen, oder aber die juristische Bedeutung des unmittelbar hervorgebrachten äußeren Faktums dem Subjekte unbekannt war, es kommt nur darauf an, ob die betreffende gesezliche Vorschrift oder der hier in Betracht kommende Causalnexus bei Anwendung des Grades von Aufmerksamkeit und Anstrengung, der vermöge dieses bestimmten Begriffs von Civität erfordert wird, dem Subjekte unbekannt bleiben, oder von ihm miskannt werden konnte. Reichte der in diesem bestimmten Begriff von Civität liegende Grad von Aufmerksamkeit und Anstrengung nicht hin, so liegt das äußere Faktum außer dem Bereich des juristischen Handelns, wird somit als Naturbegebenheit angesehen; war aber derselbe hinreichend, um sich die hier erforderliche Kenntniß zu verschaffen, so fällt das fragliche äußere Faktum mit dem Wollen des Subjekts zusammen, ist also reale Seite einer Handlung.

§. 29.

Daß auch die Verschiedenheit der Civitäten hierin keine Aenderung machen könne, ergiebt sich auf den ersten Blick. Durch diese Verschiedenheit wird nur der Umfang des juristischen Selbstbewußtseyns modificirt, für diese bestimmte Civität bleibt aber immer der allgemeine Gegensaz zwischen Handeln, und Nicht-Handeln, je nachdem das äußere

Faktum in das nothwendige juristische Selbstbewußtseyn fällt, oder aber außer dem Bereich desselben liegt.

§. 30.

So weit nun von der Grenze des Zufalls, d. h. des Gebiets, innerhalb dessen das äußere Faktum nicht als reale Seite einer Handlung angesehen wird, die Rede ist, stimmen alle Gesezgebungen hiemit überein. Allenthalben wird Zufall angenommen, wo das äußere Faktum außerhalb den Grenzen des, dieser bestimmten Civität nothwendig inwohnenden, juristischen Selbstbewußtseyns liegt. Wohl aber finden sich innerhalb des Begriffs von Handlung Bestimmungen, die aus diesem Begriffe, soweit wir ihn bis jezt kennen, keineswegs hervorgehen.

§. 31.

Alle Gesezgebungen nehmen Rüksicht darauf, ob das fragliche äußere Faktum in seiner jetzigen Gestalt unmittelbar, oder aber nur mittelbar aus dem Willen des Subjekts hervorgegangen, und selbst da, wo das äußere Faktum mit der Absicht zusammenfällt, kommt wohl der Gemüthszustand des Handelnden in Betracht. Es ist dies die bekannte Unterscheidung in Vorsaz — dolus — und Versehen — culpa — und der Inbegriff der Bestimmungen, die man innere Milderungsgründe, und innere Schärfungsgründe nennt. Vorsaz ist vorhanden, wenn das äußere Faktum in seiner jetzigen Gestalt vom Subjekt wirklich beabsichtigt worden, Versehen ist das, was zwischen Vorsaz und Zufall in der Mitte liegt, der innere Milderungsgrund bestehet darin, daß man einen, die ruhige Ueberlegung hindernden, Zustand des Handelnden, oder aber einen an sich löblichen Bewegungsgrund annimmt, und der innere Schärfungsgrund beruhet auf der Annahme einer dem Subjekt inwohnenden vorzüglichen Bösartigkeit der Gesinnung.

§. 32.

Daß diese Bestimmungen kein Produkt der Willkühr seyen, dafür spricht schon die Uebereinstimmung aller bekannten Gesezgebungen, und fragen wir unser eigenes Gefühl, so können wir die Nothwendigkeit derselben nicht verkennen, sehen uns vielmehr, sobald wir sie wegzudenken versuchen, mit uns selbst in Zwiespalt versezt. Jedem sagt sein unmittelbares Bewußtseyn, daß der Mensch keinesweges in der Art unabhängig von seiner Sinnlichkeit ist, daß er, nie von derselben fortgerissen werde; eine nur oberflächliche Reflexion zeigt uns, daß, so wie auf diesem Einfluße der Sinnlichkeit auf das Handeln manche schöne und herrliche Erscheinung im Leben beruhet, sie auch eben so die Quelle böser Thaten ist. Clima, körperliche Constitution, Erziehung, Gewohnheit, Temperament, Geschlecht, und selbst die Verschiedenheit der Beschäftigung und der Nahrungsmittel machen sich hier geltend, und so wie diese Umstände nicht nur überhaupt auf das Handeln des Menschen theils unmittelbar, theils mittelbar einwirken, indem sie auf seine Fassungskraft Einfluß haben, so treten auch unzählige einzelne Verhältnisse im Leben ein, wo wir, wiewohl wir nicht aufhören können, an die Freiheit des Willens zu glauben, weil sich sonst das Leben selbst zernichten würde, uns dennoch genöthigt sehen, einen Theil der Handlung auf Rechnung der Sinnlichkeit zu setzen, und so wie uns das Gefühl der Billigkeit nöthigt, mit Demjenigen Nachsicht zu haben, der, sey es wegen Mangel an Fassungskraft, oder wegen ungünstigen Verhältnissen ungewöhnliche Anstrengungen zu machen hat, um sich die erforderliche Kenntnis zu verschaffen, so beurtheilen wir auch eine Handlung gelinder, wenn sie in Uebereilung ihren Grund hat, oder gar aus dem, was wir für löblich und gut halten, hervorging. Eben so aber fühlen wir uns auch geneigt, da, wo nach unserer Meinung Ueberlegung vorhanden ist, abermals Stufen anzunehmen, eine Handlung um so strafbarer zu finden, jemehr sie sich von Menschlichem entfernt.

§. 33.

Auf diese Weise tritt uns aber hier ein dem Anschein nach unauflösbarer Widerspruch entgegen. Was sich als nothwendige Annahme im Leben geltend macht, folgt keinesweges aus dem Begriff von Handlung, vielmehr wird dieser Begriff durch jene Annahmen total zernichtet. Wir dürfen, um uns hievon zu überzeugen, es nur versuchen, die gedachten Annahmen mit dem Begriff von Handlung in logische Uebereinstimmung zu bringen.

§. 34.

Was zuerst die wegen eines geringern Grads von Erkenntnis angenommene geringere Imputabilität der Handlung betrifft, so findet sich, so lange vom Begriff von Handlung, als solchem, die Rede ist, hiezu überall kein zureichender Grund. Entweder konnte das Subjekt die durch den geringern Grad seines Erkenntnisvermögens an sich, oder aber durch äußere Umstände herbeigeführten Schwierigkeiten nicht überwinden, oder es war dazu vermögend. Im ersten Falle kann ihm die Handlung überall nicht zugerechnet werden, weil sie nicht Handlung ist, im leztern Falle hingegen kann der Mangel der hier erforderlichen Erkenntnis auf keine Weise als Negation der Handlung gelten, indem er nur im Wollen des Subjekts seinen Grund hat. Nachläßigkeit ist ja dem Begriff nach Unterlassung dessen, was geschehen sollte, somit stets ein Handeln 1); Nachläßigkeit ist aber überall vorhanden, wo ein besiegbares Hindernis nicht aus dem Wege geräumt worden. Wie und auf welche Weise ist man denn nun berechtigt, hier zufolge des blosen Begriffs von Handlung Grade der Imputabilität anzunehmen? 2) Daß die Billigkeit für eine solche Annahme spreche, fühlen wir wohl, aber Billigkeit als solche ist nicht logische Folgerung

1) „Unwissenheit und Irrthum, die auf die zuzurechnende Handlung Einfluß hatten, sind entweder durch einen Entschluß (vielleicht nur zu einer Unterlassung) gegen das Gesetz entstanden, oder nicht. Im ersten Falle heißen sie vermeidliche (ignorantia s. error vincibilis) im zweiten unvermeidliche (i. s. e. invincibilis)." Hufeland Lehrsätze des Naturrechts §. 618.

2) Wie auch Hufeland in der so eben angeführten Stelle thut, indem er hinzusetzt: „Jene, — vermeidliche Unwissenheit und Irrthum — sind imputabel, aber nach Graden."

aus einem Begriff, sie wird vielmehr selbst im Leben der strengen Folgerung gegenübergestellt 3).

§. 35.

Das Nämliche gilt auch von Uebereilung. Mag diese auf eine Art entstanden seyn, wie sie wolle, immer bleibt der Gegensaz zwischen Handlung und Nicht-Handlung, je nachdem das Subjekt dem Einfluß seiner Sinnlichkeit widerstehen konnte, oder aber derselben unterliegen mußte. Ein drittes ist auch hier durch den Begriff von Handlung noch keinesweges gegeben; jede desfallsige Annahme einer verringerten Imputabilität hat nur in einem Billigkeitsgefühl ihren Grund. Die Aufregung des Subjekts hebt nur dann die Möglichkeit des Handelns auf, wenn sie mit Bewußtlosigkeit zusammenfällt.

§. 36.

Bis dahin zernichtet sich die Annahme von Graden der Imputabilität nur in sich selbst; in Ansehung der innerhalb der ruhigen Ueberlegung des Subjekts angenommenen Grade von Imputabilität erstrekt sich aber der Widerspruch weiter: er zernichtet selbst den Begriff von Handlung. Soll nämlich der Ausdruck Milderung hier schon in technischer Bedeutung genommen werden, so daß nur das Milderungsgrund genannt wird, was den Gegensaz von Ueberlegung bildet, so ergibt sich von selbst, daß Ueberlegung mit voller Freiheit des Willens gleich-

3) Dies ist ja die Bedeutung des bekannten Sprüchleins: summum jus, summa injuria, was sich denn auch gegen jeden noch so scharfsinnigen Versuch einer Deduktion a priori geltend macht. Einen der neuesten Belege liefert die Schrift von Stelzer: über den Willen, eine psychologische Untersuchung für das Criminalrecht, Leipzig 1817, wo der von der dort herrschenden dogmatischen Ansicht von Vernunft vertriebene Dolus bald unter dem fremden Nahmen offenbare Schuld zurückkehrt. — Auf diese Weise ergiebt sich denn auch, wie der Verfolg dieser Darstellung oft genug zeigen wird, die Erklärung dessen, was man Subtilität nennt. Diese Subtilität ist nichts anders, als die im Leben keine Anwendung findende Folgerung aus dem Begriff.

bedeutend ist. Dann läßt sich aber nicht einsehen, wie es hier noch Grade geben kann. Volle Freiheit ist das höchste, was es für uns giebt, indem sie die erforderliche Grundlage der idealen Seite der Handlung erschöpft, und was überhaupt gilt, daß sich über das Volle hinaus keine Steigerung denken läßt, das tritt nothwendig auch hier ein.

§. 37.

Aber auch dann, wenn Milderung für gleichbedeutend genommen wird mit Minderung, also überhaupt nur ein weniger bezeichnen soll, ist dadurch noch nichts gewonnen. Auf welche Art wären alsdann da, wo keine Uebereilung angenommen wird, Grade möglich? Die Möglichkeit dieser Grade etwa in dem der Handlung zum Grunde liegenden Zwekbegriffe suchen zu wollen, stellt sich sofort als eine fruchtlose Bemühung dar. Allerdings liegt es im Begriff von Handlung, daß der Zwek des Handelnden über die Handlung hinausgehe, und auch bei der dolosen Handlung läßt sich dies nicht anders denken. Würde das Gegentheil angenommen, so ginge das Wollen in das Gewollte schlechthin über, verlöhre sich in dasselbe, wäre mit ihm Eins; dann hörte aber das Wollen auf, ein Wollen zu seyn, indem seine nothwendige Natur darin bestehet, daß es in sich zurückgehe. Es wäre unnöthig, sich hierüber weiter zu verbreiten; wer daran zu zweifeln im Stande ist, mache den Versuch an sich selbst, ob er sich zu irgend einer Handlung entschließen kann, ohne diese Handlung auf etwas zu beziehen, zu welchem sie sich wie Mittel zum Zwek verhält. Ein solcher Zustand wäre der absolute Gegensaz von Vernünftigkeit, der Mensch wäre sich dann seiner selbst nicht bewußt. Aber dadurch ist noch nicht der bestimmte Inhalt dieses Zwekbegriffs gegeben. Es liegt nur im Begriff von Handlung, daß der Zwekbegriff über sie hinausgehe; worin dieser Zwekbegriff bestehe, ist damit keineswegs gesagt.

§. 38.

Es blieben also, um Einheit in den Begriff zu bringen, nur noch zwei Wege übrig: entweder die volle Freiheit des Willens in ein rein geistiges Handeln zu setzen, und auf diese Weise nur da volle Imputabilität gelten zu lassen, wo der Mensch gänzlich unabhängig von seiner Sinnlichkeit ist, oder umgekehrt, die höchste Sinnlichkeit als Bedingung der vollen Imputabilität gelten zu lassen, und dem Subjekt seine That in dem Grade weniger anzurechnen, als es über seiner Sinnlichkeit stehet. In beiden Fällen wird aber der Begriff von Handlung zernichtet. Wäre volle Freiheit mit rein geistigem Handeln gleichbedeutend, so hieße dies nichts anders, als, nur dann wäre eine vollkommen imputabele Handlung vorhanden, wenn der über die Handlung hinausgehende Zwekbegriff nicht mehr erkennbar ist. Dann könnte es aber nie zur vollen Imputation kommen. Wenn auch der bestimmte Zwekbegriff selbst nicht durch den Begriff von Handlung gegeben ist, so muß er sich dennoch aus der Handlung entnehmen lassen, er muß wenigstens als irgend ein menschlicher Zwek erkennbar seyn. Er ist aber nur erkennbar, insofern er in die Erscheinung fällt, also nur mittelst eines auf sinnliche Wahrnehmung gebau'ten Schlusses. Eben dadurch würde aber der Widerspruch vollkommen. Da nämlich die Handlung dem Begriff nach einen über sich hinausgehenden erkennbaren Zwekbegriff voraussezt, bei einem rein geistigen Handeln aber der Zwekbegriff überall nicht erkennbar ist, so fiele für die Erscheinung die Grundlage der idealen Seite mit ihrer Negation zusammen, Handeln wäre = Nicht-Handeln, somit der Begriff von Handlung total zernichtet. a) Wird dagegen

---

a) Um einen etwaigen Zweifel in Voraus zu beseitigen, wird die Bemerkung genügen, daß der der Handlung zum Grunde liegende Zwek auch über die Erscheinung hinausgehet. Wäre dies nicht der Fall, so gäbe es weder übersinnliche noch sinnliche Welt und somit auch kein Handeln. Insofern aber dieser Zwek über die Erscheinung hinaus gehet, sey er nun darauf gerichtet, dem Pflichtgebot Genüge zu leisten, oder aber irgend eine sinnliche Neigung zu befriedigen, gehet er uns hier nichts an, wir haben es nur soweit mit ihm zu thun, als er in die Erscheinung wirklich hineinreicht. Ein Beispiel wird zur Erläuterung dienen. Jemand reicht einem Armen eine Gabe. Ob hier ein in jene beiden Welten, als solche, fallender Zwek zum Grunde liege, oder der Geber sich dessen in diesem Audie höchste Sinnlichkeit als Bedingung voller Imputabilität angenommen, so ist man, insofern man sich selbst verstehet, gleich anfangs genöthigt, auf den Begriff von Handlung zu verzichten. Das Wirkende ist dann selbst nur Bewirktes, und von Freiheit des Willens überall keine Rede.

§. 39.

Jeder Versuch, das, was wir als nothwendige Annahme im Leben finden, mit dem Begriff von Handlung in logische Uebereinstimmung zu bringen, kann daher ewig nur fruchtlos bleiben; nothwendig geräth man entweder in die Scylla der sogenannten Freiheits-Theorie oder in die Charybdis der Feuerbach'schen Brutalitäts-Lehre, in beiden gehet aber die Freiheit des Willens und somit der Begriff von Handlung unwiederbringlich verlohren. Daß wir nun diesen Begriff nicht aufgeben können, ohne zugleich die Wissenschaft in das Gebiet der Träume zu verweisen, siehet wohl Jeder ein; der Saz des Katechismus: der Mensch ist ein vernünftiges Wesen, was Verstand und Willen hat, macht sich im Leben überall geltend. Mit gleicher Nothwendigkeit machen sich aber auch jene, die verschiedene Grade der Imputabilität betreffenden Annahmen geltend; Niemand kann sie für blose Willkühr halten, ohne mit sich selbst in absolutem Widerspruche zu stehen. Es liegt daher der Wissenschaft ob, wie überall, so auch hier, das Leben mit sich selbst in's Klare zu bringen.

---

genblikke bewußt sey, müssen wir ihm überlassen, soll uns aber sein Handeln als vernünftig erscheinen, so muß die Gabe von der Art seyn, daß der Andere von ihr Gebrauch machen kann. Diese Möglichkeit des vom Andern zu machenden Gebrauchs ist der hier in Betracht kommende, über die Handlung hinausgehende, Zwekbegriff. Ohne denselben müßte es ja dem Spendenden gleichgültig seyn, ob seine Gabe einen solchen Gebrauch zulasse. Wäre aber ein solcher Gebrauch auf keine Weise denkbar, so würde man entweder in diesem Verfahren des Gebers eine Verhöhnung des Dürftigen, also wieder einen Zwekbegriff finden, oder den Geber für verrükt halten.

§. 40.

Um das Prinzip der Erklärung zu finden, brauchen wir nur unser bisheriges Verfahren selbst zum Gegenstande unserer Reflexion zu machen. Indem wir zeigten, daß jene im Leben sich findenden Annahmen mit dem Begriff von Handlung nicht in logische Uebereinstimmung zu bringen sind, nahmen wir den Begriff von Handlung selbst als gegeben an, wir zergliederten nur diesen Begriff, und betrachteten das Verhältnis seiner einzelnen Merkmale zu ihm selbst. Dieses blos zergliedernde und subsumirende Vermögen im Menschen ist das, was man im Gegensatze gegen das Gemüth mit dem Ausdrukke Verstand bezeichnet. Wiewohl keines dieser beiden ohne das andere gedacht werden kann, so sind es aber zwei verschiedene Funktionen des menschlichen Geistes: der Verstand giebt keine Begriffe, er besteht nur in einer rein logischen Funktion, die von ihm zu bearbeitenden Begriffe selbst entstehen durch das Gemüth. Eben so kümmert sich aber das Gemüth nicht um die Einheit des Begriffs; thäte es dies, so wäre es nicht Gemüth, sondern Verstand. Das Gemüth ist ledig synthesirend, der Verstand nur analisirend. 5) Wenden wir aber dies auf den Begriff von Handlung an, so sagt uns der Verstand als lediglich zergliederndes und subsumirendes Vermögen keinesweges, daß der Mensch Freiheit des Willens habe, wirklich Subjekt des Handelns sey; er sagt nur: wo Handlung seyn soll, da muß Freiheit des Willens seyn, indem sich keine Handlung ohne ihre ideale Seite, diese ideale Seite selbst aber sich nicht ohne ihre Grundlage denken läßt.

5) Vergl. Kant Critik der reinen Vernunft. S. 10 folgd. Daß aber der Gegensaz zwischen analytisch und synthetisch sich in der Rechtswissenschaft anders gestalte, wie in der Logik, ist begreiflich, indem, wenn es eine angewandte Logik als eigene Wissenschaft geben könnte, die Judicialie ein Theil derselben seyn würde, in der angewandten Logik aber das Gebiet des Analytischen sich nothwendig erweitert, da Erfahrungsurtheile als solche hier keinesweges ausgeschlossen sind. Der Beweis der Richtigkeit dieser vorläufigen Bemerkung muß der Darstellung selbst überlassen bleiben.

Daß der Mensch handle, ist eine Annahme des Gemüths, was sich aber zu dieser Annahme so gewis genöthiget siehet, als es sich selbst zu setzen genöthiget ist. Diese Annahme ist ja selbst nichts anders, als eine nothwendige Grundanschauung des Lebens, indem Handeln nichts anders ist, als das Wirken des Individuums mit dem Bewußtseyn dieser seiner Individualität. 6)

§. 41.

Solange nun dem Verstande nichts weiter gegeben ist, als der allgemeine Begriff von Handlung, findet er überall noch kein widersprechendes Merkmal. Allerdings giebt es für ihn nur Handlung und Nicht-Handlung, aber auch das Gemüth hat bis jezt noch keine Modification in seinen Begriff gelegt. Das Gemüth gehet daher bis jezt noch nicht über den Verstand hinaus. Aber nur für die Betrachtung giebt es hier einen Ruhepunkt, nicht für das Leben. Mit dem Begriff von Handlung überhaupt dringt sich dem Gemüth auch sofort die Nothwendigkeit jener Modificationen auf. Der Mensch kann sich nicht als handelnd denken, ohne zugleich auch Gräde der Imputabilität seines Handelns anzunehmen.

§. 42.

Wir stehen hier auf dem Punkte, wo die Wissenschaft das Leben in seinem Innersten erfaßt, auf dem Punkte, wo das Gemüth zum erstenmale über den Verstand hinausgehet, eben dadurch aber dem Verstande zum erstenmale seine eigene Grenze sichtbar wird. So wie es der Verstand sich beigehen läßt, aus jenen Modificationen, aus jenen Graden der Imputabilität, einen Gattungsbegriff construiren zu wollen, stößt er, wie wir gesehen haben, von allen Seiten auf unauflösbare Widersprüche. Diese

---

6) Demohngeachtet hat die Gall'sche Schädellehre manche unserer Criminalisten in nicht geringe Verlegenheit gesezt. Möchten doch die Herren bedenken, daß da, wo es Diebes-Organe giebt, sich gewis auch ein Henk-Organ findet. Jene Lehre dient ja ganz andern Zwekken.

Widersprüche sind als solche auf dem Standpunkte des Lebens schlechthin unauflösbar, indem das Gegentheil hieße, das Leben könne sich selber begreifen. Lezteres ist und bleibt unmöglich, der Mensch bleibt auf dem Standpunkte des Lebens sich ewig ein Räthsel. Das Leben müßte sonst aus sich selbst herausgehen, eine Voraussetzung, die selbst schon ein unmittelbar logischer Widerspruch ist. Begreifen läßt sich überall nur mittelst des Verstandes, für den Verstand giebt es aber überall nur das Verhältnis zwischen dem Begründeten und seinem Grunde, zwischen Ursache und Wirkung. Wollte daher der subsumirende Verstand die Freiheit des Willens begreifen, sollte sie auf dem Standpunkte des Lebens mehr als nothwendige Annahme des Gemüths seyn, so müßte dieser subsumirende Verstand die Ursache des Wollens auffinden. Das Wollen ist aber nur ein Wollen, insofern es als schlechthin autonomischer Akt, als lediglich auf sich selbst ruhend, somit nur als absolute Ursache gedacht wird. Der subsumirende Verstand findet sonach hier in sich selbst seine Grenze.

§. 43.

Wenn aber auch dieser Gegensaz für das Leben selbst vermittelt wird durch Religion, so ist dennoch das Streben des menschlichen Geistes darauf gerichtet, das Geheimnis des Daseyns zu enthüllen, sich selbst zu begreifen. Auch dies Streben ist nichts Willkührliches; sobald der Mensch überhaupt über sich reflektirt, siehet er sich auf immer größere Gegensätze getrieben, bis er endlich zu dem höchsten dieser Gegensätze gelangt, zu dem Gegensatze zwischen theoretischer und praktischer Vernunft. Hier endet aber das Gebiet der blosen Reflexion. Der Verstand hat sich zwar zu philosophirendem Verstande gesteigert, er ist aber auch als solcher immer nur noch Verstand, d. h. er kann nur Endliches mit Endlichem vergleichen, keineswegs aber das Unendliche durchdringen. Als philosophirendem Verstande wird ihm nur der anfänglich engere Gegensaz zu einem Gegensatze zweier Welten, der Welt der Nothwendigkeit und der Welt der Freiheit. Erstere ist das Gesez der Causalität, leztere die gesezgebende Form der Maxime in ihrer höchsten Allgemeinheit gedacht. 7) Beide Welten müssen aber dem philosophirenden Verstande ewig getrennt bleiben, indem er nur durch Induktion auf sie getrieben wird, sonach ihre Annahme nur auf logische Weise erfolgt, blose Annahme, d. h. nicht unmittelbare Gewisheit, sondern nur nothwendige Voraussetzung ist. Die gewöhnliche Analytik ist nur zu transcendentaler Analytik geworden, als solche gehet sie aber noch nicht über die Identität des Denkens hinaus. Eben deshalb ist aber der hier obwaltende Widerspruch noch keinesweges vermittelt; selbst die Annahme der Möglichkeit des Nebeneinanderbestehens beider Welten 8)

7) „Da die bloße Form des Gesetzes lediglich von der Vernunft vorgestellt werden kann, und mithin kein Gegenstand der Sinne ist, folglich auch nicht unter die Erscheinungen gehört, so ist die Vorstellung derselben als Bestimmungsgrund des Willens von allen Bestimmungsgründen der Begebenheiten in der Natur nach dem Gesetze der Causalität unterschieden, weil bei diesem die bestimmenden Gründe selbst Erscheinungen seyn müssen. Wenn aber auch kein anderer Bestimmungsgrund des Willens für diesen zum Gesetze dienen kann, als blos jene allgemeine gesetzgebende Form, so muß ein solcher Wille als gänzlich unabhängig von dem Naturgesetz der Erscheinungen, nehmlich dem Gesetze der Causalität, beziehungsweise auf einander gedacht werden. Eine solche Unabhängigkeit aber heißt Freyheit im strengsten, d. i. transcendentalen Verstande —". Critik der practischen Vernunft S. 63.

8) „Wir konnen also mit der Beurtheilung freyer Handlungen in Ansehung ihrer Causalität nur bis an die intelligibele Ursache, aber nicht über dieselbe hinauskommen, wir können erkennen, daß sie frey, d. i. von der Sinnlichkeit unabhängig bestimmt, und auf solche Art die sinnlich unbedingte Bedingung der Erscheinungen seyn könne. Warum aber der intelligibele Charakter gerade diese Erscheinungen und diesen empirischen Charakter unter vorliegenden Umständen gebe, das überschreitet so weit alles Vermögen unserer Vernunft es zu beantworten: ja alle Befugniß derselben nur zu fragen, als ob man früge: woher der transcendentale Gegenstand unserer äußeren sinnlichen Anschauung gerade nur Anschauung im Raume, und nicht irgend eine andere gebe. Allein die Aufgabe, die wir aufzulösen hatten, verbindet uns hiezu gar nicht, denn sie war nur diese: ob Freyheit der Naturnothwendigkeit in einer und derselben Handlung wiederstreite, und dieses haben wir hinreichend beantwortet, da wir zeigten, daß, da bey jener eine Beziehung auf eine

ist nur synthetischer Natur, somit selbst wieder der Anfangspunkt einer unendlichen Reihe. Soll der Widerspruch wirklich vermittelt heißen, so muß der menschliche Geist zu absoluter Wahrheit gerengen, absolute Wahrheit ist aber nur da zu finden, wo es zwischen identischem und synthetischem Wissen keine Trennung mehr giebt, also nur durch intellektuelle Anschauung, jenen Akt der Spekulation, in welchem Seyn und Wissen zusammenfallen, Subjekt und Objekt Eins und dasselbe sind.

§. 44.

Nur auf diese Weise, indem Religion und Philosophie sich wechselseitig durchdringen, wird der Glaube zu Wissen, die Voraussetzung zu Wahrheit — es wird dem Geiste klar, was sie heißen jene Worte der Schrift: in ihm leben, weben und sind wir. Aber nur die Religion begleitet den Menschen durch das Leben, damit er seiner hehren Abkunft nicht vergesse; nicht so die Philosophie. Indem der Mensch handeln soll, muß er nothwendig zum empirischen Bewußtseyn zurückkehren; er kann ja nur handeln, indem er sich als Individuum sezt. Es giebt daher auf dem Standpunkte des Lebens nur Wissenschaft, d. h. diejenige Betrachtungsart, die von Gegebenem ausgehet, und deshalb auch den Gegensaz zwischen synthesirendem und analysirendem Vermögen, Gemüth und Verstand, im Menschen schon vorfindet. Aber indem die Wissenschaft diesen Gegensaz nicht als einen ihr feindlich entgegentretenden Widerspruch, sondern nur als einen das Leben nothwendig bedingenden Gegensaz findet, und ihn daher auch nur als solchen behandelt, documentirt sie ihren Adel, und erfüllt die höchste ihrer Aufgaben, die darin bestehet, auch für das Gebiet des Wissens das Leben zu versöhnen mit der Philosophie. —

---

ganz andere Art von Bedingungen möglich ist, als bey dieser, das Gesetz der Letzteren die erstere nicht afficire, mithin beide von einander unabhängig und durch einander ungestört statt finden können." Critik der reinen Vernunft. S. 585 der fünften Auflage.

§. 45.

Kehren wir nach dieser nothwendigen Digression zu unserm Gegenstande zurük. Trennung zwischen Gemüth und Verstand kann jezt für den Juristen nichts anders heißen, als Trennung zwischen gesezgebender und richterlicher Gewalt. Die richterliche Gewalt, als solche, kennt nur den Gegensaz zwischen Handlung und Nicht-Handlung; jeder engere Gegensaz kann nur aus der Gesezgebung kommen. Diese Gesezgebung ist aber für den Juristen nicht mehr und nicht weniger etwas Zufälliges, wie das Gemüth für den Menschen überhaupt. Es findet sich keine Gesezgebung, der nicht culpose Uebertretungen, so wie innere Milderungs- und Schärfungs-Gründe bekannt wären; die Rede ist nur davon, daß der Richter, als solcher, sie nicht kennt. Wo gäbe es aber ohne Gesezgebung einen Richter? Die Gesezgebung ist ja nichts anders, als das zur Objektivität erhobene Gemüth, die richterliche Gewalt aber nichts anders, als der objektiv gewordene Verstand. Fragt man aber nach dem hier eintretenden Verfahren, so läßt sich im Voraus einsehen, daß durch jede innerhalb des Begriffs von Handlung liegende Modification ein engerer Begriff von Handlung entstehet, der aber nur dem Verstande, nicht dem Gemüthe, als solcher sich darstellt. So wie das Gemüth die Imputationsgrade nur als Modificationen des Begriffs von Handlung nimmt, weil es als Gemüth sich nicht auf einen Gattungsbegriff getrieben fühlt, so muß dagegen der Verstand, wenn er seine eigene Natur nicht verleugnen soll, jede dieser Modificationen als einen unabhängigen, schlechthin auf sich selbst ruhenden Begriff betrachten. Während er sich mit diesem, durch diese bestimmte Modification ihm gegebenen Begriff beschäftigt, sind alle übrigen für ihn nicht vorhanden. Fände das Gegentheil Statt, so würde der Verstand die mehrern Begriffe unter einen Gattungsbegriff zu bringen suchen, dadurch aber in die früher bemerkten, den Begriff von Handlung zerstörenden, Widersprüche gerathen. Dies heißt aber nichts anders, als, der Verstand nimmt, indem er den hier in Betracht kommenden Begriff construirt, nur das in denselben auf, was er mit der Einheit desselden verträglich findet; alles, was dieser Einheit zuwider ist, weiset er zurück. Ob das Zurückgewiesene an und für sich Gültigkeit habe, oder Moment eines andern Begriffs seyn könne, gehet ihn in diesem Augenblikke nichts an. Als Verstand kennt er immer nur einen mit sich selbst übereinstimmenden Begriff, d. h. das Mannigfaltige, was in dem Begriffe gedacht wird, darf sich nicht widersprechen. Mehr wird es aber als Angabe des Gesichtspunkts für die jezt folgende Untersuchung nicht bedürfen.

§. 46.

Zufolge des Satzes, daß der Staat in der Evolution einer einzigen Handlung bestehet (§. 5.), ist nothwendig mit dem Begriff vom Staat auch der Begriff von Handlung gegeben. Das Gegentheil hieße: potenzirtes Handeln sey kein Handeln, was sich widerspricht. Im Begriff von Handlung, in dieser Allgemeinheit gedacht, liegt aber nur ein Wollen schlechthin, d. h. es kommt nur darauf an, ob das äußere Faktum aus dem Willen des Subjekts hervorgegangen. Mehr ist dadurch nicht gegeben. Es enthält daher auch dieser allgemeine Begriff von Handlung für den Verstand nichts Widersprechendes. Indem der Verstand nur Endliches denken kann, siehet er sich zufolge seiner eigenen Natur genöthigt, mit dem Begriff des Wollens auch die Möglichkeit eines Nicht-Wollens zu denken, und somit in den Begriff von Handlung den Gegensaz von Handlung und Nicht-Handlung zu legen. Was dagegen die Construktion des Begriffs betrifft, so gehet dieselbe aus dem früher (§. 27.) Gesagten hervor. Wiewohl es in Betreff der Frage, was Handlung oder aber Nicht-Handlung sey, keiner besondern gesezlichen Bestimmung bedarf, vielmehr in allen Fällen, wo juristisches Selbstbewußtseyn mangelt, auch der Gegensaz von Handlung angenommen werden muß, indem das Gegentheil hieße, es gebe ein Wollen ohne die Möglichkeit des Wollens, so schließt dennoch eine durch vermeidliche Unwissenheit, oder aber dergleichen Irrthum herbeigeführte Bewußtlosigkeit so wenig, wie ein solcher verschuldeter Mangel an Erkenntnis selbst, die Zurechnung aus. Dies Resultat macht sich für das identische Denken unbedingt geltend — Jeder fühlt aber auch wohl, wohin seine Anwendung im Leben führen würde. Es ist daher eine nothwendige Forderung des Lebens, daß diese Schroffheit sich mildere.

§. 47.

Diese Milderung entstehet durch den vom Gemüth in den Begriff von Handlung gelegten Gegensaz zwischen indirektem und direktem Wollen, culpa und dolus. Auch hier bedarf es in Betreff des Gegensatzes selbst noch keiner besondern Operation des Verstandes, indem, wenn auch der Verstand, als solcher, nicht über Wollen schlechthin hinaus kann, dennoch ein indirektes Wollen nichts Widersprechendes für ihn hat. Die Natur des Wollens wird dadurch nicht afficirt; das indirekte Wollen bleibt immer ein Wollen — seine Eigenthümlichkeit bestehet, wie schon der Ausdruk zeigt, nur darin, daß das fragliche äußere Faktum seinen Grund in einem Mangel an Erkenntnis hat, den das Subjekt mittelst gehöriger Anstrengung hätte beseitigen können. Damit sind aber beide hier in Betracht kommenden Begriffe construirt. Fällt nämlich die aus verschuldetem Mangel an Erkenntnis nicht geschehenen Beachtung des hier obwaltenden Causalnexus in das Gebiet des indirekten Wollens, so kann direktes Wollen nur diejenigen Fälle in sich begreifen, wo das fragliche äußere Faktum in seiner jetzigen Gestalt aus der Absicht des Handelnden hervorging.

§. 48.

Daß nun der Verstand, als solcher, über den Gegensaz zwischen indirektem und direktem Wollen so wenig hinaus könne, wie früher über den Gegensaz zwischen Handlung und Nicht-Handlung, fällt in die Augen. Es wäre dies ein synthetischer Akt. Indem es aber auf diese Weise zwischen leichtem und grobem Versehen keinen Unterschied giebt, siehet sich das Gemüth in die Nothwendigkeit versezt, einen engern Gegensaz — Grade der culpa — anzunehmen, und es bilden sich dadurch für den Verstand wieder eigends zu construirende Begriffe. 9) Aber auch jezt mangelt es noch an einem für das Leben genügenden Resultate. Bis dahin würde jedes noch so entfernte fahrlässige oder leichtsinnige Handeln des Subjekts, wodurch es sich in einen nichtimputabeln Zustand versezt hat, in das Gebiet der culpa fallen, ein Saz, dessen Widerspruch mit dem Leben von selbst einleuchtet, der aber zum Theil schon an und für sich betrachtet nicht geeignet ist, sich geltend zu machen, weil die Aufgabe, in jedem vorkommenden Falle die Grenze zwischen culpa und casus zu finden, für den Verstand, als solchen, nicht mehr und nicht weniger hieße, als das ganze Gebiet des Möglichen durchschauen. Es bildet sich daher noch eine andere Annahme des Gemüths, das treffend so benannte, zwischen culpa und casus liegende, **nichtimputabele Versehen**. 10)

9) Weshalb denn der bekannte Streit über Trichotomie und Dichotomie bei den Graden der culpa auch im Strafrecht nur in das Bereich dieser bestimmten Gesezgebung fallen kann. Eben weil aber Civilrecht und Strafrecht sich hier völlig gleich stehen, ist auch der Saz: culpa lata acquiparatur dolo für das Civilrecht so wenig, wie für das Strafrecht, ein allgemeiner Saz.

10) Hasse die Culpa des Römischen Rechts S. 182. Diesem zufolge kann es denn auch nicht schwer fallen, auf die Frage, ob nach dem Art. 64 des Code pénal absolute Trunkenheit die Zurechnung ausschließt, die Antwort zu finden. Diente der auf diese Weise entstandene bewußtlose Zustand der Absicht des Subjekts, sich der Strafe zu entziehen, so kommt er überall nicht in Betracht, entstand er aber nur durch Versehen, so kann, wiewohl der gedachte Artikel nur von démence spricht, und wenigstens außer den im Art. 463 vorgesehenen Fällen Trunkenheit nicht als Milderungsgrund gilt, dennoch, soweit die Gesezgebung culposes Handeln kennt, von sogenanntem freiwilligem Handeln keine Rede seyn. Aber auch hier giebt es gar manche Fälle, wo alle Zurechnung ausgeschlossen ist, weil das Handeln des Subjekts, wodurch es in den bewußtlosen Zustand gerathen, in das Bereich des nicht imputabeln Versehens fällt. Es bleibt also nur die nicht juristische Frage, ob Trunkenheit das Bewußtseyn rauben kann, ohne daß zugleich die körperliche Freiheit verlohren gehe, und sobald diese Frage nicht verneint werden kann, siehet sich das Gemüth genöthigt, den Widerspruch zu vermitteln, den das identische Denken nicht zu lösen vermag. Auf die vom Verfasser hierauf gestüzte Vertheidigung eines Todschlägers

§. 49.

Soviel von dem auf das äußere juristische Selbstbewußtseyn (§. 26) Bezug habenden Gegensatze zwischen indirektem und direktem Wollen. Wir kommen nun zu einer Annahme des Gemüths, die, soviel sich bis jezt einsehen läßt, unmittelbar mit dem innern juristischen Selbstbewußtseyn in Verbindung stehet. Es ist dies der Gegensaz zwischen übereiltem und überlegtem Wollen. Hier bedarf es schon einer besondern Operation des Verstandes, um vorerst den sich bildenden Widerspruch zu vermitteln. Da nämlich der gedachte Gegensaz innerhalb des Wollens liegt so muß er, damit sich der Begriff des Wollens nicht zernichte, dem Verstand auf eine Art erscheinen, die die Natur des Wollens, als eines autonomischen Akts nicht aufhebt.

§. 50.

Wiewohl der Mensch auf dem Standpunkte des Lebens sich ewig unerklärbar bleibt, siehet er sich dennoch genöthigt, ein zwischen äußerm und innerm Selbstbewußtseyn waltendes Drittes zu denken — ein Vermögen, wodurch gleichsam das vom äußern Selbstbewußtseyn Aufgenommene vor den innern Geist geführt wird. Dies Vermögen findet sich auch im Leben längst mit einem bestimmten Ausdrukke bezeichnet: es ist das, was man Reflexion nennt. Mehr bedarf es aber nicht, um den gedachten Widerspruch zu vermitteln; das identische Denken siehet sich jezt im Stande, unbeschadet des Begriffs des Wollens überhaupt den durch die gedachte fernere Annahme des Gemüths ihm gegebenen Begriff zu construiren. Indem nämlich das Reflektiren nicht das Wollen selbst, sondern eine vermittelnde Thätigkeit ist, als solche aber so wenig gänzlich unabhängig vom Wollen, wie gänzlich unabhängig vom Wissen gedacht werden kann, hat der gedachte

---

hat das Geschwornen-Gericht das nicht-schuldig ausgesprochen, und wer sich, wie dies hier der Fall war, keinen Streit ahnend, betrinkt und nun bewußtlos seinen Gegner erschlägt, wird für das erstemal auch nach c. 7 C. 15 qu. 1 völlig straflos seyn.

Gegensaz für das identische Denken den nämlichen Charakter, wie der Gegensaz zwischen indirektem und direktem Wollen. Dieser Charakter bestehet nämlich darin, daß das Subjekt die Anstrengung unterlassen, mittelst welcher es ihm gelungen seyn würde, den in diesem Augenblicke seine Reflexion schwächenden Zustand zu überwinden. Auf diese Weise bleibt aber das Wollen auch hier immer ein Wollen und zwar unbedingt. So wie der Mangel an Wissen nicht das Wollen selbst, sondern nur die Richtung des Wollens afficirt, so afficirt auch der Mangel an der hier erforderlichen Reflexion nicht das Wollen an sich, sondern nur die Richtung des Wollens, und so wie sich nun auch dieser Mangel an Reflexion für den Augenblick nicht überwinden läßt, wohl aber im frühern Wollen des Subjekts seinen Grund hat, so entstehet hier ebenfalls ein zwischen voller Imputabilität und Nicht-Imputabilität mehr oder weniger die Mitte haltendes Drittes. 11)

§. 51.

Die Construktion des Begriffs ergiebt sich von selbst. Da es sich hier von einer unvorhergesehenen Aufregung des Subjekts handelt, mittelst welcher es die Folgen der That an sich, oder aber nur die Illegalität derselben nicht beachtet, so kann blos Affekt, keineswegs Leidenschaft hieher gehören. Leztere ist als eingewurzelte Neigung nicht geeignet, den Menschen zu überraschen. 12) Ist aber davon die Rede, wieweit sich innerhalb des Bereichs des Affekts das identische Denken erstrekke, so zeigt uns auch hier das Bisherige den Weg. Solange die Gesezge-

11) Für den, der sich von dem Unterschiede zwischen Wissenschaft und Philosophie nicht überzeugen kann, will freilich diese Erklärung nicht viel sagen. Wer sich aber von diesem Unterschiede und dem wirklichen und wahren Bedürfnisse der Rechtswissenschaft überzeugt hat, der wird auch damit einverstanden seyn, daß der Jurist, der hier mehr verlangt, demjenigen gleicht, der sich auf die Zehen stellt, um bei einem aufgestellten Panorama einen größern Horizont zu gewinnen.

12) Kant Anthropologie §. 64 folgd.

bung im Allgemeinen nur von Uebereilung spricht, gilt der im Leben herrschende Begriff von Affekt; ist dagegen ein bestimmter Affekt benannt, 13) so kann auch der Verstand nicht über denselben hinaus. Das, was im erstern Falle species eines Gattungsbegriffs ist, bildet in diesem leztern Falle einen für sich allein dastehenden Begriff. Das Gegentheil hieße, übereiltes Wollen sey nicht Annahme des Gemüths, sondern ein Resultat des identischen Denkens. Es tritt hier das Nämliche ein, wie bei culpa, weshalb denn auch die sich findende Annahme des Gemüths so wenig über die in der Gesezgebung benannte Art oder aber Gattung von Uebertretung ausgedehnt werden kann, als es ohne eine speziellere Annahme des Gemüths fernere Grade der Imputabilität giebt.

§. 52.

Dieser Affekt kommt aber nicht immer unmittelbar, sondern auch wohl mittelbar zur Sprache, und zwar tritt dies leztere ebenfalls auf verschiedene Weise ein, indem es bei der Frage, ob Uebereilung vorhanden, bald nur auf die Person als solche — Jugend, Geschlecht — bald auf die äußere Veranlassung zur That 14) ankommt, oder auch wohl innerhalb dieser bestimmten Gattung von Uebertretungen ein Handeln aus Uebereilung unbedingt als Regel gilt. 15) Und so giebt es denn auch wohl Fälle, wo die Gesezgebung einen sogenannten unbestimmten Dolus 16) kennt — eine, insofern der Ausdruk eine eigenthümliche Bedeutung haben soll, gleichsam äußere Uebereilung, die darin bestehet, daß, weil schnelles Handeln erfordert wurde, das Subjekt nicht Zeit hatte, mit der bestimmten Absicht in's Klare zu kommen, dieserhalb aber der geringere Erfolg als Absicht angenommen wird. Eine

---

13) P. G. O. Art. 137.

14) L. 38 §. 8. D. ad leg. Jul. de Adulter. (48, 5.)

15) Code pénal. Art. 295 folgd.

16) Feuerbach Betrachtungen über dolus und culpa in der Bibliothek für die peinliche Rechtswissenschaft und Gesezkunde II. B. 1 St. N°. V. S. 230, und Lehrbuch des peinlichen Rechts §. 58.

solche Annahme enthält für den Verstand nichts Widersprechendes. Gehet sie aber weiter, bestehet sie darin, daß es dem Subjekte wirklich gleichgültig gewesen, welchen Erfolg seine Aeußerung habe, so muß sie zwar als Annahme des Gemüths gelten, das identische Denken siehet sich aber außer Stande, sie mit dem Begriff von Handlung in Uebereinstimmung zu bringen. 17)

§. 53.

Wiewohl nun der Gegensaz zwischen übereiltem und überlegtem Wollen zunächst nur innerhalb des direkten Wollens liegt, 18) so gehet er auch wohl darüber hinaus. Da sich nämlich keine Handlung ohne Absicht denken läßt, so giebt es nothwendig auch bei indirektem Wollen eine Absicht, nur kommt dieselbe hier gesezlich nicht in Betracht, indem ja der Gegensaz zwischen indirektem und direktem Wollen gerade darin bestehet, daß nur die auf das verpönte äußere Faktum gerichtete Absicht als solche gilt. Dem zufolge findet aber das Gemüth kein Hindernis, auch eine Culpa aus Uebereilung anzunehmen, und so wie diese Annahme für das identische Denken nichts Widersprechendes enthält, so macht sich auch in Betreff der

17) Es macht sich hier völlig das geltend, was Feuerbach in den angeführten Betrachtungen S. 236 zu einem andern Behufe sagt: „Was Absicht seyn soll, muß Zwek des Willens seyn. Ein Etwas, das nicht Zwek des Begehrens und doch Absicht der Person seyn soll, das die Person will, und doch auch nicht will, ist schlechthin undenkbar." Feuerbach scheint aber unbestimmten Dolus für gleichbedeutend mit innerer Uebereilung zu nehmen. Nachdem er den Fall, daß Jemand nach dem Andern schießt, weder um ihn gerade zu tödten, noch auch, um ihn blos zu verwunden, als Beispiel angeführt hat, fährt er fort: „Dies ist gewöhnlich die Gemüthslage des Zornigen, wenn sich sein Affekt in äußern verlezenden Handlungen zeigt." —

18) L. 11 §. 2 D. de pœnis: delinquitur autem aut proposito, aut impetu, aut casu. Proposito delinquunt latrones qui factionem habent, impetu autem cum per ebrietatem ad manus aut ad ferrum venitur, casu vero cum in venando telum in feram missum hominem interfecit. Ueber den Grund, weshalb hier das, was den Inhalt einer culpa ausmacht, casus genennt wird, s. Roßhirt Lehrbuch des Criminalrechts S. 48 u. S. 267 in der ersten Note.

Construktion des Begriffs alles das geltend, was von indirektem und übereiltem Wollen überhaupt gilt. —

§. 54.

Bis jezt handelte es sich von Graden der Imputabilität bis zu dem Punkte, wo volle Handlung — Prämeditation — angenommen wird; das Gemüth gehet aber, wie früher schon bemerkt wurde, auch wohl über diesen Punkt noch hinaus. Wir haben somit auch hier die dem Verstande obliegende Operation zu betrachten.

§. 55.

Zuvörderst ist soviel klar, daß da, wo von Zurechnung über die volle Handlung hinaus die Rede ist, dies nicht im wörtlichen Sinne genommen werden kann. Eine solche Zurechnung wäre durchaus in sich widersprechend, indem es überall über das Volle hinaus keine Steigerung giebt. Es ist daher zuvörderst zu zeigen, wie das, was man im Leben Schärfung im Gegensatze gegen Milderung nennt, für den Verstand überall kein Gegensaz, sondern nur etwas Aeußerliches ist.

§. 56.

Gehen wir, um das Prinzip für die Erklärung zu finden, auf frühere Erörterungen zurük. Es wurde oben (§. 37) gezeigt, daß auch bei der dolosen Handlung der Zwek des Handelnden nothwendig über die Handlung hinausgehet, jedoch dieser Zwekbegriff für den Verstand, als solchen, keinen bestimmten Inhalt hat. Der Verstand fordert nur, daß der Zwek an sich vernünftig, d. h. wirklicher Zwek sey; welchen bestimmten Zwek das Subjekt habe, gehet ihn nicht an. Ließe sich nun zeigen, daß jede sogenannte Schärfung sich auf die Verschiedenheit jenes Zwekbegriffs beziehe, so wäre dadurch ein in sich bestehender Begriff von Schärfung gegeben; die hier eintretenden Imputationsgründe wären dann Ausfluß eines hier obwaltenden eigenthümlichen Prinzips, und sonach eine von dem, was Milderung heißt, unabhängige Gradation.

§. 57.

Daß der über die Handlung nothwendig hinausgehende Zwekbegriff nicht darin bestehen könne, Böses um des Bösen willen zu thun — teuflisch zu handeln — ist selbst für den Verstand ein unbedingt gültiger Saz. Ein solches Handeln hieße, richtig verstanden, nichts anders, als, überhaupt keinen Zwekbegriff haben. Nach einem Zwekbegriffe handeln, und ein Interesse bei der Handlung haben, sind völlig gleichbedeutende Ausdrükke. Es ist keine Handlung denkbar, bei der das Subjekt nicht irgend ein Interesse hätte; der Zwekbegriff ist nichts anders, als das in das Bewußtseyn fallende Interesse. Demnach ist aber das in der Handlung liegende Böse, als solches, nie Zwek, sondern nur Mittel zum Zwek: es dient zur Befriedigung des hier obwaltenden Interesse, 19) und da nun jede Uebertretung eine Ueberschreitung der absoluten Grenze der Civität enthält, diese Ueberschreitung der absoluten Grenze der Civität aber ihrer Natur nach nichts anders ist, als ein mit der Gesezgebung im Widerspruche stehendes Hervortreten der Einzelheit des Subjekts oder mit andern Worten, eine egoistische Handlung, so bestehet der Inhalt des über die Handlung hinausgehenden Zwekbegriffs, als Uebertretung gedacht, in dem auf die Befriedigung seines Egoismus gerichteten Bestreben des Subjekts. 20)

---

19) „Vix quisquam gratis malus est, aut si quem malitia propter seipsam delectat, is ultra modum humanum processit.“ *Grotius* de J. B. ac P. L. II. C. XX. §. 29. S. auch Fichte System der Sittenlehre S. 271 und Feuerbach Revis. II. S. 62 in der Note. Uebrigens fallen hier Gemüth und Verstand zusammen. Nähme das Gemüth die Möglichkeit eines solchen Handelns an, so gäbe es überall keinen menschlichen Abhaltungsgrund. Dann wäre aber die Idee von der Wirksamkeit der Strafe, und somit das jeder Strafgesezgebung zum Grunde liegende Prinzip in seinem Innersten zerstört.

20) Die Uebereinstimmung dieser Darstellung mit dem, was Kant (Anthropologie §. 70) sagt: Leidenschaft sezt immer eine Maxime des Subjekts voraus, nach einem von der Neigung ihm vorgeschriebenen Zwekke zu handeln, fällt in die Augen.

§. 58.

Jezt brauchen wir, um die gesuchte judicielle Erklärung vollständig zu finden, nur einen Schritt weiter zu gehen, und zwar zeigt uns auch hier das bisher Gesagte den Weg. Da nämlich bei den bis dahin vorgekommenen Graden der Imputabilität der der Handlung zum Grunde liegende Egoismus als solcher, d. h. in irgend einer bestimmten Gestalt noch nicht in Betracht kam, so ergiebt sich der hier erforderliche Gegensaz, wenn Schärfung auf Positivität, d. h. auf einem bestimmten Inhalte des Egoismus beruhet. Daß Lezteres aber der Fall sey, läßt sich nicht leugnen: Schärfung beruhet auf dem hier sich bildenden Gegensatze zwischen Egoismus schlechthin und antisocialem Egoismus. Wo das Gemüth keine Schärfung annimmt, da ist von keinem bestimmten Inhalt des als Gegenstand der Befriedigung des Subjekts gedachten, der Handlung zum Grunde liegenden, Egoismus die Rede, es ist Egoismus schlechthin, d. h. ein Egoismus ohne irgend eine in Betracht kommende Positivität. Gehet dagegen Zurechnung über Prämeditation hinaus, wird vom Gemüth Schärfung angenommen, so tritt der Inhalt des Egoismus als solcher hervor, er stellt sich in einer bestimmten feindseligen Gestalt, als antisocial, dar.

§. 59.

Auf diese Weise ist dem Verstande der Gegensaz zwischen innerer Schärfung und Milderung kein wirklicher Gegensaz, sondern nur etwas Aeußerliches, und eben deshalb auch das, was Steigerung über das Volle hinaus zu seyn scheint, für ihn kein Widerspruch. Allerdings stehet das, wovon bei Schärfung ausgegangen wird, dem gleich, wohin die Milderung am Ende gelangt, beides fällt, das eine rükwärts das andere vorwärts, in Prämeditation zusammen; es geschiehet dies aber auf eine für den Verstand nur zufällige Weise. Indem der Verstand den Begriff von Schärfung construirt, ist für ihn der Begriff von Milderung nicht vorhanden, so wie ihm der Begriff von Schärfung unbekannt ist, wenn er den Begriff von Milderung construirt (§. 45); die an und für sich freilich in der Mitte stehende Prämeditation stellt sich dem Verstande stets nur dar entweder als Grundlage der Schärfung oder als Grenzpunkt der Milderung, nie als beides zugleich.

§. 60.

Aber nicht blos der Form, sondern auch dem Inhalte nach ist der anscheinende Widerspruch vermittelt: das identische Denken siehet sich jezt im Stande, das erwähnte Handeln mit dem Begriff des Wollens in Uebereinstimmung zu bringen. Mag das der fraglichen That zum Grunde liegende Motiv sich von dem, was wir für menschlich halten, noch soweit entfernen, mag uns der Handelnde als der größte Bösewicht erscheinen — seine Freiheit des Willens gehet nicht verlohren. Indem die erhöh'te Imputabilität nur darin bestehet, daß das Wollen des Subjekts auf die Befriedigung seiner, als Inhalt eines antisocialen Egoismus gedachten Leidenschaften und Begierden gerichtet ist, bleibt es nicht weniger ein Wollen, wie bei der löblichsten That.

§. 61.

Was nun die Construktion des Begriffs, als solche, betrifft, so ist hier der Verstand an seine allgemeinen Grenzen gebunden. So wie das, was als Affekt gelten soll, dem Begriff nach nur die Eigenschaft haben darf, das Subjekt plözlich zu erregen, ohne ihm jedoch das Bewußtseyn zu rauben (§. 51), so bildet für den Inhalt des antisocialen Egoismus der Begriff von Idiosynkrasie die äußerste Grenze, d. h. die in Betracht kommende Leidenschaft oder Begierde darf sich nicht bis zu einer Abnormität steigern, die mit vernunftlosem Zustande des Subjekts gleichbedeutend ist. Innerhalb dieser Grenze ist aber jeder etwaige engere Gegensaz wiederum nur ein synthetischer Akt. Das Gemüth kann wohl, so wie ihm überhaupt eine That um so verruchter erscheint, je weniger sie sich aus menschlichen Zwekken erklären läßt, zwischen Handlungen, die nur aus positivem Menschenhasse hervor gehen können, und den aus Egoismus schlechthin hervorgehenden Handlungen noch Mittelstufen annehmen, für den Verstand als solchen, gilt dies aber immer nur soweit, als die wirkliche Annahme reicht. Und daß diese wirkliche Annahme nicht über die bestimmte Art oder Gattung von Uebertretung hinausgehe 21), bedarf zufolge des Bisherigen kaum einer besondern Bemerkung.

§. 62.

Aus dem hier Vorgetragenen ergiebt sich denn auch das Wesen der wohl in allen Gesezgebungen sich findenden Unterscheidung in Beschädigung des Vermögens und Entwendung, so weit die Verschiedenheit auf die ideale Seite der Handlung Bezug hat 22). Jeder der gedachten Gattungen von Uebertretung liegt ein positiver Egoismus zum Grunde, indem gerade diese Positivität das Eigenthümliche der Uebertretung ausmacht; eben weil aber hier von verschiedenen, von einander unabhängigen Gattungen von Uebertretung die Rede ist, und somit Schärfung als solche nicht hervortritt, ist es nur Positivität schlechthin, nicht antisocialer Egoismus.

§. 63.

Wenden wir uns nun zu dem, dem Gegensatze zwischen Egoismus schlechthin und antisocialem Egoismus geradezu gegenüberstehenden Gegensatze. Zufolge des Bisherigen würden moralische Antriebe, vermeintliche Pflichten oder solche Gefühle und Neigungen, die an und für sich betrachtet, wohl zu gesezmäßigen Handlungen antreiben, als solche für den Verstand überall nicht als Momente

21) Preuß. Allg. L. R. a. a. O. §. 1490, 1492 u. 1494. Deshalb kennt aber z. B. bei Mord die Preußische Gesezgebung so wenig, wie das gemeine in Deutschland geltende Recht und der Code pénal, einen antisocialen Egoismus.

22) L. 41 §. 1 D. ad leg. Aquil (9, 2.) Interdum evenire, Pomponius eleganter ait, ut quis tabulas delendo furti non teneatur, sed tantum damni injuriæ: ut puta si non animo furti faciendi, sed tantum damnum dandi delevit. Nam furti non tenebitur; cum facto enim etiam animum furis furtum exigit.

zur Beurtheilung der Imputabilität in Betracht kommen. Daß sie keine Schärfung bewirken können, leuchtet wohl ein, eben so wenig fallen sie aber an und für sich in den Begriff von Affekt. Sie können zwar Uebereilung bewirken, wie dies bei Mitleid und dem an sich löblichen Enthusiasmus oft der Fall seyn wird, dies kommt aber nicht in Betracht, sobald das Gemüth, auch abgesehen von Uebereilung, hier einen Milderungsgrund findet. Es bildet sich also hier ein neuer Begriff. Da nämlich der Voraussetzung nach die hier eintretende Modification nicht in den Begriff von Uebereilung fällt, so kann der Erklärungsgrund eben so wie bei Schärfung nur in dem über die Handlung hinausgehenden Zwekbegriffe liegen, muß aber nothwendig von dem bei Schärfung eintretenden Grunde den geraden Gegensaz bilden, und dieser Gegensaz kann kein anderer seyn, als der Gegensaz zwischen socialem Egoismus und Egoismus schlechthin. So wie bei Schärfung der Inhalt des Egoismus als solcher hervortritt, und zwar in einer bestimmten feindseligen Gestalt, so tritt er bei Milderung auch als solcher, als positiver Inhalt, hervor, aber in einer bestimmten freundlichen Gestalt. Eben weil aber, solange der Verstand irgend einen Begriff von Milderung construirt, der Begriff von Schärfung für ihn nicht hervortritt, können wir den hier in Betracht kommenden Egoismus socialen Egoismus nennen. Würde er im Gegensatze gegen jenen antisocialen Egoismus gedacht, so fiele er freilich mit negativem Egoismus — Egoismus schlechthin — zusammen. Dies ist aber nicht der Fall, vielmehr heißt er nur im Gegensatze gegen diesen negativen Egoismus social, und so erscheint er denn, statt daß dieser negative Egoismus weder als gut noch als böse, weder als social noch als antisocial gedacht wird, an und für sich selbst dem Gemüthe, wie gesagt, in einer bestimmten freundlichen Gestalt; nur die Art, wie er sich geltend gemacht, fällt in die Kategorie des Verbotenen. 23)

---

23) Preuß. Allg. L. R. a. a. O. §. 396 und 833.

§. 64.

So wie hiedurch die Benennung socialer Egoismus hinreichend gerechtfertigt seyn wird, so darf auch wohl nur bemerkt werden, daß es hier ebenfalls noch Grade geben kann, indem dies ja lediglich auf einer weitern Annahme des Gemüths beruhet, und dabei so wenig von einer Beschränkung der Freiheit die Rede ist, wie bei Schärfung von einer Erhöhung der Freiheit und umgekehrt. Eben so wenig bedarf aber das bei der Construktion des Begriffs hier eintretende Verfahren des Verstandes einer besondern Erörterung. Es bleibt uns daher jezt nur noch eine Modification zu betrachten übrig, die, wenn sie sich auch nicht häufig finden möchte, dennoch nicht übergangen werden darf, nämlich die Modification, die dadurch entstehet, daß vernachläßigte oder schlechte Erziehung, Gewohnheit, ein der Geistesbildung des Subjekts entgegenstehender Stand oder Erwerbzweig oder besondere Organisation, und daher auch wohl, abgesehen von übereiltem Wollen, das vermeintlich schwächere Geschlecht als Milderungsgrund gilt. 24)

§. 65.

Sollen die erwähnten Umstände an und für sich, ohne Rüksicht auf einen durch sie begünstigten Affekt, die Imputabilität verringern, so siehet sich der Verstand außer Stande, einen Begriff zu construiren, indem er von allen Seiten auf unauflösbare Widersprüche stößt. Es lassen sich nämlich hier nur zwei Fälle denken, je nachdem Prämeditation angenommen wird, oder nicht. Im erstern Falle müßten nothwendig die gedachten Umstände als Entstehungsgründe eines socialen Egoismus, im leztern Falle

24) Ein umgekehrter Fall tritt ein, wenn die Gesezgebung das, was sonst als Grund eines, Milderung zur Folge habenden, Affekts angenommen wird, als Schärfungsgrund gelten läßt, wie sich dies im Reglement vor die Königl. Preuß. Infanterie Berlin den 1. Junii 1743 Thl. XI Tit. VIII Art. III findet, wonach wegen Trunkenheit die Strafe verdoppelt wird. Indessen hat diese Annahme hier kein Interesse für uns, da sie den Begriff des Wollens nicht afficirt.

hingegen als Ursachen eines übereilten Wollens gedacht werden. Das Erstere stellt sich geradezu als irrige Annahme dar, das Leztere zernichtet aber den Begriff von Handlung. Indem auf diese Weise Leidenschaft mit Affekt zusammen fiele, sähe sich der Verstand auf den früher (§. 38) bemerkten Widerspruch getrieben, entweder ein rein geistiges Handeln, oder überall nur ein Wirken der Sinnlichkeit annehmen zu müssen. Dieserhalb giebt es denn, da der Verstand, als solcher, hier keine Grenze findet, welche einen denkbaren Gegensaz innerhalb des Wollens bezeichnete, dadurch aber der Begriff von Wollen überhaupt zu Grunde gehet, überall keine Construktion eines Begriffs. Soweit die Annahme des Gemüths reicht, macht sie sich freilich für das Leben geltend, sie erscheint aber dem Verstande in einer exorbitanten Gestalt. Der Verstand siehet sich dann ohngefähr in die Lage versezt, in der sich das Gemüth fühlt, wenn es in einem philosophischen Criminalrechte jene Umstände als Gründe erhöh'ter Imputabilität aufgeführt findet. —

§. 66.

Hiemit ist die Lehre von der idealen Seite der Handlung und ihrer Grundlage, soweit sie sich unabhängig von der realen Seite vortragen läßt, beendigt, in Betreff der Grundlage der realen Seite wurde aber bereits früher (§. 24) bemerkt, daß es keiner näheren Erörterung derselben bedürfe. Wir wenden uns daher unmittelbar zur realen Seite selbst.

§. 67.

Daß das äußere Faktum, insofern es reale Seite einer Handlung seyn soll, durch das Subjekt hervorgebracht seyn müsse, gehet aus dem Bisherigen hervor. Was nicht durch das Subjekt hervorgebracht worden, ist hinsichtlich desselben, auch wenn es mit seinem Wollen zusammen fiele, dennoch lediglich als Zufall zu betrachten. Das Gegentheil wäre ein Widerspruch, indem alsdann das Wollen an und für sich in Betracht käme, nicht ideale Seite wäre.

§. 68.

Aber auch zufolge des Begriffs von Handlung, wie wir ihn bis jezt kennen, kann das durch einen Dritten hervorgebrachte äußere Faktum reale Seite einer Handlung seyn. Dies ist auf doppelte Weise möglich, indem nämlich der Leib dieses Dritten unmittelbar, oder aber mittelbar als Werkzeug gebraucht wird. Ersteres begreift das in sich, was man mechanischen Zwang nennt, unter Lezterm wird der Fall verstanden, wenn das Subjekt, um das fragliche äußere Faktum durch einen Dritten hervorzubringen, den vernunftlosen Zustand dieses Dritten benuzt. Der Dritte stellt sich in einem solchen Zustande, so lange von Handeln die Rede ist, als bloses Naturwesen dar, und sein scheinbares Handeln kommt sonach, wie alles, was der physischen Natur angehört, als Mittelglied für wirkliches Handeln in Betracht.

§. 69.

Weiter erstrekt sich jedoch hier das identische Denken nicht. Es giebt daher für den Verstand als solchen, überall keinen psychologischen Zwang, insofern darunter ein Hervorbringen des äußern Faktums mittelst Einwirkung auf fremdes Wollen gedacht wird. Jede desfallsige Annahme ist nur eine Annahme des Gemüths, die aber eben so nothwendig sich bildet, wie der Begriff von Handlung überhaupt. Und eben dasselbe gilt auch von gemeinschaftlichem Handeln.

§. 70.

Was zuvörderst psychologischen Zwang betrifft, so siehet sich, sobald der Begriff als Folge aus dem allgemeinen Begriff von Handlung betrachtet wird, der Verstand nicht weniger in unauflösbare Widersprüche verwikkelt, wie bei der Annahme eines durch unmittelbare Einwirkung der Sinnlichkeit entstandenen Handelns. Freilich ist psychologischer Zwang, insofern der Ausdruk einen selbstständigen Begriff bezeichnen soll, nicht Einwirkung der Sinnlichkeit, als solcher, er bestehet vielmehr darin, daß der Mensch durch den ihm angedroh'ten Nachtheil genöthigt wird, zwischen zwei Zwekbegriffen zu wählen, gleichsam mit seinem Egoismus zu Rathe zu gehen, ob auf diese oder aber jene Weise das für ihn obwaltende Interesse werde befriedigt werden; aber die Nothwendigkeit dieser Wahl enthält ja noch keinesweges die Nothwendigkeit dieses bestimmten Entschlusses. Würde die Nothwendigkeit dieses bestimmten Entschlusses angenommen, so wäre das hier in Betracht kommende Interesse nicht conditio sine qua non — das blose Zurükgehen des Wollens in sich selbst — sondern wirkende Ursache des Wollens, dadurch aber der Begriff des Wollens als eines Ursprünglichen, absolut Autonomischen, total zernichtet.

§. 71.

Das Nämliche gilt auch, nur auf andere Weise, vom gemeinschaftlichen Handeln. Hier stehet zwar nicht unmittelbar die Autonomie des Wollens entgegen, wohl aber die Natur des äußern Faktums an sich, als reale Seite der Handlung betrachtet. Solange der Verstand nichts weiter, als den allgemeinen Begriff von Handlung kennt, giebt es für ihn nur den allgemeinen Gegensaz zwischen Faktum und Nicht-Faktum, d. h. die reale Seite ist entweder vorhanden, oder sie ist nicht vorhanden. Ein Drittes giebt es nicht. Was es aber heiße, die reale Seite ist vorhanden, kann zufolge des Verhältnisses des Idealen zum Realen nicht zweifelhaft seyn. Da jedes dieser Beiden nur Seite ist, somit keines über das andere hinausgehen kann, so ist die reale Seite der Handlung das, seinem wirklichen Umfange nach, in die Erscheinung getretene, gleichsam verkörperte Wollen des Subjekts, oder, wie man es wohl ausdrükken könnte, die vollständige Hypotypose des Wollens. Diesem zufolge giebt es für den Verstand wohl ein in einem äußern Faktum zusammenfallendes Handeln Mehrerer 25), keinesweges aber ein gemeinschaftliches Handeln als solches. Lezteres erfor-

25) Wie es der Fall ist, wenn Jemand in einem und dem nämlichen Momente von mehreren Subjekten Verletzungen erhält, deren jede für sich absolut tödtlich ist.

dert ja dem Begriff nach ein sich gegenseitig unterstützendes Wirken, die Annahme eines solchen Wirkens folgt aber nicht aus dem allgemeinen Begriff von Handlung, ist sonach ein synthetischer Akt. Der Verstand, als solcher, kennt weder unterstützendes Wirken, noch Wirken überhaupt, er kennt nur die vorhandene Wirkung, und so wie es dieserhalb nicht darauf ankommt, auf welchem Punkte das Subjekt angefangen hat, zu wirken, sondern nur, ob die Wirkung erfolgt ist, so ist dagegen auch ein Wirken, was früher aufhörte, ehe nach Naturgesetzen das hier in Betracht kommende äußere Faktum erfolgen mußte, als reale Seite dieser Handlung 26) für das identische Denken überall nicht vorhanden.

§. 72.

Wenden wir uns nun zu den hier eintretenden Annahmen des Gemüths, so bildet sich, um zuerst vom psychologischen Zwange zu reden, der Gegensaz zwischen entschuldbarem und nichtentschuldbarem Egoismus. Indem das Gemüth diesen Gegensaz macht, wird dem bis jezt nur negativ gedachten Interesse ein bestimmter Inhalt gegeben, zugleich aber die Grenze bestimmt, innerhalb welcher das hervorgebrachte äußere Faktum für den Drohenden reale Seite einer Handlung ist.

§. 73.

Ueber die Construktion des Begriffs ist wenig zu sagen. Daß die Drohung, insofern sie in Betracht kommen soll, die Möglichkeit der Ausführung in sich enthalten müsse, ergiebt sich von selbst; ist aber davon die Rede, wieweit in Ermangelung einer nähern Annahme des Gemüths das Gebiet des entschuldbaren Egoismus für den Verstand sich erstrekke, so gehört offenbar jedes Uebel hieher, dessen wirkliche Zufügung einen unersezlichen Nachtheil zur Folge hat. Wäre nicht dem Begriff nach alles, was sich ersetzen läßt, ausgeschlossen, so gäbe es hier überall keine Grenze. Was aber nun wirklich für unersezlich zu hal-

26) Reale Seite einer andern Handlung könnte es wohl seyn.

ten, darüber giebt es für das identische Denken, als solches, keine Bestimmung, und es bedarf deshalb hier einer ursprünglichen Annahme des Gemüths. 27)

§. 74.

Bis dahin giebt es für den Verstand immer nur einen Thäter: entweder ist das äußere Faktum reale Seite für Den, durch Den es unmittelbar hervorgebracht worden, oder es hat diese Eigenschaft für Den, der nur mittelbar Ursache war. Weiter erstrekken sich die Annahmen des Gemüths nicht. Aber die Annahme, auf der ein großer Theil des Regierungs-Rechts, so wie ein Theil der Forderungen im Civilrecht beruhet, die Annahme, daß das an sich freie Wollen auch wohl Gegenstand einer Berechnung sey, macht sich auch im Strafrecht geltend. Es werden daher die in den übrigen Zweigen des Rechts vorkommenden Formen, als Ermahnung, Ermuthigung, Ueberredung, so wie die verschiedenen Formen der Verträge, und deshalb auch wohl über entschuldbaren Egoismus hinaus gehende Drohungen als Arten betrachtet, das an sich freie Wollen des Dritten zu einer Uebertretung zu stimmen. In einem solchen Falle sind dann zwei Thäter vorhanden, die man durch die Benennung intellektueller und physischer Thäter bezeichnet. 28)

---

27) Hier tritt abermals ein, was sich früher (§. 48) schon fand und im Verfolg dieser Darstellung sich noch oft finden wird, daß es dem identischen Denker selbst innerhalb eines speziellen Begriffs nicht gelingt, zu einem unmittelbar praktischen Resultate zu gelangen, und es daher einer ursprünglichen, d. h. zugleich mit dem Begriff sich bildenden speziellen Annahme des Gemüths bedarf. Eine solche ursprüngliche (nothwendige) Annahme des Gemüths ist die Verfügung des Preuß. Allg. L. R. a. a. O. §. 21, nach welcher nur dasjenige Uebel für unersezlich gehalten wird, was in der Folge nicht gehoben werden kann. Dem identischen Denker ist offenbar jeder, auch der geringste physische oder psychische Schmerz ein unersezliches Uebel, Jeder siehet aber auch wohl, daß dieser Saz zu keinem für das Leben brauchbaren Resultate führt.

28) Auctor intellectualis. u. A. physice talis. Warum wir uns des Ausdruks Auktor oder Urheber nicht bedienen, und auch von der von Mittermaier (Neues Archiv des Criminalrechts III. B.

§. 75.

In dem hier gedachten Gegensatze liegt aber keineswegs schon eine Verschiedenheit der Imputabilität. Von entschuldbarem Egoismus (§. 72) kann keine Rede seyn, außer dem giebt es aber für das identische Denken kein in Betracht kommendes Moment. Es gilt daher der Gegensaz zwischen intellecktuellem und physischem Thäter, als solcher, dem Verstande nur als Erweiterung des Begriffs von Handlung, d. h. der Begriff von Strafbarkeit gehet über die Person dessen, der hier physischer Thäter heißt, hinaus, ohne daß jedoch dadurch eine Verschiedenheit dieser Strafbarkeit gegeben wäre. 29) Nimmt aber das Gemüth zugleich Verschiedenheit der Strafbarkeit an, 30) so kann auch hier die Construktion des Begriffs keiner Schwierigkeit unterliegen; es ergiebt sich dann von selbst, daß, insofern die hier eintretende Milderung oder Schärfung dem Gegensatze zwischen intellecktuellem und physischem Thäter eigenthümlich angehören soll, das dem Verstande bei der Construktion des Begriffs bald als Grenzpunkt der Milderung, bald als Grundlage der Schärfung erscheinende, in der Mitte liegende Volle nur in der als Regel beide Subjekte in gleicher Mase treffenden Imputabilität bestehen kann.

---

1. St. No. IV) in Vorschlag gebrachten Terminologie keinen Gebrauch machen, wird sich aus dem Folgenden von selbst ergeben. Wer aber bei den hier erwähnten Formen Befehl vermißt, gedulde sich bis zum praktischen Theil.

29) Nach Feuerbach (Revis. II. S. 254) trifft den intellektuellen Thäter eine höhere Strafe, nach Mittermaier (a. a. O.) ist es geradezu umgekehrt. Der Gesezgeber möchte leicht von beiden Ansichten Gebrauch machen können.

30) Z. B. Preuß. Allg. L. R. a. a. O. §. 68 u. 69. Die in §. 70 enthaltene Bestimmung ist keine hier in Betracht kommende Modification. — Uebrigens kann es hier auch wohl noch engere Gegensätze geben, wie z. B. der Gegensaz zwischen beauftragtem und gedungenem physischen Thäter.

§. 76.

Hieraus gehet der Unterschied zwischen dem so eben erwähnten Gegensatze, zwischen intellektuellem und physischem Thäter, und der jezt zu betrachtenden, das gemeinschaftliche Handeln betreffenden, Annahme des Gemüths, schon im Voraus hervor. Bei dem Gegensatze zwischen intellektuellem und physischem Thäter ist von keinem sich gegenseitig unterstützenden Wirken (§. 71) die Rede, sondern das Handeln des intellektuellen Thäters gehet gleichsam nur durch das Wollen des physischen Thäters hindurch; bei gemeinschaftlichem Handeln hingegen arbeitet jedes, der hier in Betracht kommenden Subjekte dem andern in die Hand. Auf der andern Seite liegt aber beiden Annahmen etwas Gemeinschaftliches zum Grunde, nämlich die oben (§. 74) gedachte Annahme, daß das an sich freie Wollen des Menschen sich auch wohl berechnen lasse, und eben hiedurch bildet sich die vollständige Annahme eines gemeinschaftlichen Handelns. Indem nämlich die Möglichkeit einer solchen Berechnung angenommen wird, ist nicht mehr blos dasjenige äußere Faktum reale Seite, was von diesem Punkte des Wirkens aus nach Naturgesetzen eintreten mußte, sondern es gehört auch alles dahin, was in Gemäsheit jener Berechnung erfolgt ist. Auf diese Weise kommt es denn auch überall nicht darauf an, auf welchem Punkte das Wirken des Subjekts eintritt, sondern nur darauf, ob das zu dem fraglichen vollständigen äußern Faktum sich als Moment verhaltende Bewirkte, wirklich als solches, als Theil dieses Ganzen, hervorgebracht worden: für jedes der hier in Betracht kommenden Subjekte wird die reale Seite der Handlung durch das Wirken des Andern ergänzt.

§. 77.

Daß nun die Annahme eines gemeinschaftlichen Handelns, als solche, noch nicht über blose Ergänzung der realen Seite der Handlung hinausgehe, und somit der Gegensaz zwischen *isolirtem* und *gemeinschaftlichem* Handeln an und für sich noch keine Verschiedenheit der Imputabilität involvire, kann ebenfalls nicht bezweifelt werden; es gilt auch hier das früher (§. 75) Gesagte. Erhöh'te Strafbarkeit einer gemeinschaftlich begangenen Uebertretung erfordert daher eine besondere gesezliche Bestimmung. 31) Anders verhält es sich dagegen mit den innerhalb des gemeinschaftlichen Handelns selbst sich findenden Gegensätzen. Hier ist mit dem Gegensaze, als solchem, auch Verschiedenheit der Imputabilität gegeben. Das Gegentheil hieße, der gedachte Gegensaz gehe über den Begriff von gemeinschaftlichem Handeln überhaupt nicht hinaus.

§. 78.

Der erste uns hier entgegentretende Gegensaz ist der Gegensaz zwischen nicht-verabredetem und verabredetem gemeinschaftlichem Handeln. Die Bedeutung ergiebt sich aber von selbst, und was die Construktion des Begriffs betrifft, so läßt sich nicht bezweifeln, daß, so wie auf der einen Seite eine als solche hervortretende Verabredung erforderlich ist, auf der andern Seite abgesehen von einer speziellern Annahme des Gemüths zwischen sogenannter und wirklicher Verschwörung noch kein Unterschied bestehet.

§. 79.

Ein zweiter, genauer zu erörternder, Gegensaz ist der Gegensaz zwischen Gehülfe und Urheber. 32) Solange dem Verstande die Construktion des Begriffs lediglich überlassen ist, läßt sich gegen den von Feuerbach 33) auf-

31) Preuß. Allg. L. R. a. a. O. §. 66.

32) Neues Archiv des Criminalrechts III. B. 3. St. N°. XVII. Die dort aufgestellte Behauptung, daß dem Begriff nach die Strafbarkeit des Gehülfen der des Urhebers gleich sey, kann aber zufolge des oben (§. 77) Gesagten nur insofern gelten, als die Gesezgebung sich auf den allgemeinen Begriff von gemeinschaftlichem Handeln beschränkt. Soll Gleichheit der Imputabilität neben dem Gegensatze zwischen Gehülfe und Urheber gelten, so erfordert sie eine besondere gesetzliche Vorschrift. Nach dem Code pénal Art. 59 gilt sie als Regel.

33) Revis. II. S. 263.

gestellten Begriff mit Grund nichts einwenden. Derjenige ist Gehülfe, dessen Entschluß nur mittelbar auf die That gerichtet ist, dessen Bestreben nur dahin gehet, die Zwekke des Andern zu befriedigen. Dies liegt in der allgemeinen Bedeutung des Worts Helfen. Wer dem Andern hilft, arbeitet für dessen Zwekke. Ob diese Hülfe nothwendig war, oder entbehrt werden konnte, darauf kann es nicht ankommen. Wollte man mit Kleinschrod 34) annehmen, Gehülfe sey nur derjenige, ohne dessen Theilnahme die That ebenfalls habe vollbracht werden können, so müßte man im Allgemeinen auch sagen, nur überflüßige Hülfe sey Hülfe, was sich widerspricht. Gehülfe ist daher, solange sich in der bestimmten Gesezgebung kein entgegenstehendes Merkmal angegeben findet, immer nur derjenige, der die fragliche That lediglich als That eines Andern befördert, dieselbe nur insofern will, als sie Zwek dieses Andern ist. Ob er physisch oder intellektuell gewirkt, an der Ausführung geholfen, oder aber nur Rath — Consilium — ertheilt, darauf kommt es so wenig an, wie auf die Art des körperlichen Wirkens selbst. Nur wird bei diesem körperlichen Wirken erfordert, daß dasselbe nicht das fragliche äußere Faktum erschöpfe. 35)

34) Systemat. Entw. Th. I. §. 198.

35) Ein solches Handeln, was das äußere Faktum erschöpft, wäre nicht Beihülfe, sondern physische Thäterschaft. Nämlich wenn auch Wirken durch Rath ausschließlich in den Begriff von Gehülfe fällt, so fällt dagegen in dem Handeln im Zwekke des Andern der Gehülfe mit dem physischen Thäter zusammen. Der charakteristische Unterschied zwischen beiden liegt also lediglich darin, daß, wie es auch früher (§. 71) angegeben worden, bei dem Gehülfen ein sich gegenseitig unterstützendes Wirken eintritt, der physische Thäter aber das äußere Faktum ohne eine, außer ihm liegende, körperliche Mitwirkung hervorbringt. Dieserhalb kommt es aber nur darauf an, ob das fragliche äußere Faktum wirklich die ganze reale Seite der Handlung ausmacht, oder aber nur ein Theil derselben ist, indem im leztern Falle der Handelnde, wiewohl er auf den ersten Anblik physischer Thäter zu seyn scheint, dennoch Gehülfe ist. Im wirklichen Leben herrscht auch wohl hierüber kein Zweifel. Nur in dem Falle, wenn z. B. ein vorgefallener Mord den ganzen Inhalt der angeschuldigten Uebertretung ausmacht, betrachtet man den, der die

§. 80.

Bis dahin giebt es also für den Richter überall noch keinen Unterschied zwischen socius principalis — ohne welchen die That nicht geschehen konnte, — und socius minus principalis — der sie blos erleichterte. 36) — Dieser engere Gegensaz ist nur dann vorhanden, wenn die Gesezgebung ihn macht. 37) Das Nämliche gilt, wie sich von selbst ergiebt, von dem Gegensatze zwischen concursus remotus und concurs. proximus. Auch dieser beruhet lediglich auf einer Annahme des Gemüths, was sich denn auch wohl hier in der Annahme einer Trichotomie gefällt. So wie aber deshalb von diesem Gegensatze als Modification der Imputabilität betrachtet, abgesehen von einer bestimmten Gesezgebung, keine Rede seyn kann, so kann auch bis dahin der Gegensaz zwischen concursus antecedens und concursus subsequens nur insofern in Betracht kommen, als es darauf abgesehen ist, den möglichen Umfang des gemeinschaftlichen Wirkens zu finden. Gehet aber hier das identische Denken nicht über sich selbst hinaus, so kann es keinen Augenblik zweifelhaft bleiben, daß das, was Feuerbach 38) unter dem Ausdruk Begünstigung begreift, hieher überall nicht gehört, indem es, wie alles, was nach vollendeter Handlung geschiehet, nicht mehr zu dem hier in Betracht kommenden gemeinschaftlichen Handeln gehört, sondern eine für sich bestehende Handlung bildet. 39)

That auf Geheiß eines Andern vollzog, nicht als Gehülfen, sondern als den, den die Schule physischen Thäter nennt; ist dagegen von einer Uebertretung die Rede, zu der sich dieser vorgefallene Mord wie Theil zum Ganzen verhält, so nennt man den Vollzieher Gehülfe.

36) Feuerbach a. a. O. S. 261.

37) S. Preuß. Allg. L. R. a. a. O. §. 71 u. 72.

38) Lehrbuch des peinl. Rechts §. 50.

39) Quistorp Grundsätze des deutschen peinlich. Rechts. §. 57 der fünften Auflage. Martin Lehrbuch des t. g. Criminalrechts §. 73. Ein äußerlicher Zusammenhang kann hier wohl eintreten, wie dies nach dem Preuß. Allg. L. R. a. a. O. §. 83 der Fall ist.

§. 81.

Wenden wir uns nun zu der, Schärfung enthaltenden, Annahme des Gemüths, zu dem Gegensatze zwischen Theilnehmer schlechthin und Rädelsführer, so läßt sich auch hier schon aus dem Ausdrukke ersehen, daß es einer besondern Operation des Verstandes bedarf, damit sich ihm der Gegensaz ohne Widerspruch gestalte. Der Begriff von Urheber hat für den Verstand die nämliche Eigenschaft, wie der Begriff von Prämeditation: als das Volle läßt er keine Steigerung zu. 40) Der Verstand muß daher das Gemeinschaftliche aufsuchen, was sowohl dem Urheber, wie dem Gehülfen zum Grunde liegt, als solches aber keine Positivität enthält. Dies ist nun nichts anders, als Theilnahme ohne einen bestimmten Inhalt gedacht, also Theilnahme schlechthin. Sobald der Verstand diesen Begriff denkt, treffen Milderung und Schärfung auf eine, für ihn nur zufällige, Weise von entgegengesezten Richtungen her im Begriff von Urheber zusammen, er siehet sich im Stande, ohne in einen Widerspruch zu gerathen, das, was den Inhalt des Begriffs von Urheber bildet, als Grenzpunkt der Milderung, und als Grundlage der Schärfung zu denken. Es tritt hier das Nämliche ein, wie bei der Schärfung wegen antisocialem Egoismus: wo das Gemüth keine Schärfung annimmt, da ist von keinem bestimmten Inhalte der Theilnahme die Rede, sie ist Theilnahme schlechthin; indem aber Schärfung angenommen wird, tritt dieser Inhalt als solcher hervor, und zwar in einer bestimmten feindseligen Gestalt.

§. 82.

Hiedurch ist aber die Construktion des Begriffs schon gegeben: der Rädelsführer sezt keineswegs mehrere Theilnehmer schlechthin voraus, so daß er etwa dem Begriff von Bande gegenüber stände, er kann auch neben einem

---

40) Die im Preuß. Allg. L. R. a. a. O. §. 65 vorkommende Bezeichnung: Haupturheber möchte sich nicht als Einwand benutzen lassen.

Theilnehmer schlechthin gedacht werden, und eben so wenig wird der Begriff durch den Gegensaz zwischen Gehülfe und Urheber afficirt. Die Behauptung des Gegentheils könnte nur in einer Verwechselung der Begriffe ihren Grund haben. So wie der Urheber, als solcher, ohne daß es dem Begriff zuwider wäre, nach einem vom Gehülfen vorgezeichneten Plan handeln kann, indem ja der Gegensaz zwischen Urheber und Gehülfe nur auf der Verschiedenheit des unmittelbar über der Handlung liegenden Zwekbegriffs beruhet, so bestehet dagegen das Wesen des Rädelsführers, wie schon der Ausdruk zeigt, darin, daß er das Ganze leitet. 41) Wohl aber kann die größere Zahl der Theilnehmer schlechthin, so wie überhaupt 42), auch hier, engere Gegensätze — Gradation in der Schärfung — hervorbringen, und sich auch wohl eine, auf den Unterschied zwischen Gehülfe und Urheber Bezug habende Modification der Imputabilität gestalten, insofern nämlich das Gemüth Rüksicht darauf nimmt, ob der Rädelsführer sich in der Person des Urhebers oder aber in der Person des Gehülfen findet. Der Verstand stößt hier auf keinen Widerspruch, indem in einem solchen Falle sämmtliche in Betracht kommende Begriffe construirt sind.

§. 33.

Auch hier kann, abgesehen von den bisher gedachten engern Gegensätzen Milderung eintreten, indem das Gemüth diese Milderung darin findet, daß, weil das Wirken eines Theilnehmers von dem dem fraglichen gemeinschaftlichen Handeln zum Grunde liegenden Plane abgewichen, lezteres seine volle Wirkung nicht erreicht hat. Bei dem sich hier bildenden, dem frühern Gegensatze zwischen socialem Egoismus und Egoismus schlechthin correspondirenden Gegensatze, für dessen nähere Bezeichnung es uns an

41) Was im Preuß. Allg. L. R. a. a. O. §. 68 verbunden mit §. 65 Rädelsführung genannt wird, ist nur Anstiftung als ein dem gemeinschaftlichen Handeln vorausgehender Akt betrachtet. Der eigentliche Begriff von Rädelsführung findet sich §. 1210 folgd.

42) Code pénal Art. 210 — 212.

einem passenden Ausdruk gebricht, wird die Theilnahme ebenfalls mit einem bestimmten Inhalte, aber auf eine dem Handelnden günstige Weise, gedacht, und so der Theilnahme schlechthin gegenüber gestellt.

§. 84.

Hiemit glauben wir die Begriffe von intellektueller und physischer Thäterschaft und gemeinschaftlichem Handeln, für die gegenwärtige Darstellung hinreichend erörtert zu haben. Damit ist aber die Betrachtung der realen Seite der Handlung überhaupt noch nicht geschlossen. Noch manche Annahme des Gemüths tritt uns entgegen, deren Erklärung aus dem Bisherigen unmittelbar noch nicht folgt. Es gehören dahin diejenigen Annahmen, die sich auf das äußere Faktum als solches, ohne Rüksicht auf die Art seiner Entstehung, beziehen.

§. 85.

Daß das äußere Faktum dem Verstande nur dann als reale Seite einer Handlung erscheine, wenn es wirklich und vollständig hervorgebracht worden, ist bereits früher (§. 71) bemerkt; wir fanden dasselbe als das gleichsam verkörperte Wollen des Subjekts, als die vollständige Hypotypose des Wollens. Dieser Begriff erlitt nun bis dahin keine Modification, indem selbst die dem gemeinschaftlichen Handeln zum Grunde liegende Annahme eines sich gegenseitig unterstützenden Wirkens auf das äußere Faktum an sich überall keinen Bezug hatte. Wir stehen daher jezt noch auf dem Punkte, wo zum Begriff von Handlung ein vollständiges äußeres Faktum gehört. Aber sobald davon die Rede ist, den Begriff von Handlung zur Anwendung zu bringen, zeigt sich auch hier das Gemüth thätig, und so findet jede der auf der idealen Seite der Handlung eintretenden Modificationen hier eine ihr entsprechende Modification.

§. 86.

So wie wir nämlich zum Vortheil des Subjekts den Gegensaz zwischen indirektem und direktem Wollen sich bilden sahen, so bildet sich auf der realen Seite der Handlung zum Nachtheil des Subjekts der Gegensaz zwischen nichtvollendetem und vollendetem Faktum, oder, was dasselbe heißt, zwischen Versuch und Vollendung, ein Gegensaz, der ebenfalls für den Verstand mit dem größern Gegensatze zwischen Handlung und Nicht-Handlung nicht im Widerspruche stehet, indem er innerhalb des Handelns gedacht wird. Die Annahme eines Versuchs widerspricht nicht dem Begriff von Handlung; was am äußern Faktum noch mangelt, mangelt nicht schlechthin, sondern nur für das leibliche Auge: die reale Seite wird durch das, was sich aus dem wirklich vorliegenden äußern Faktum als nothwendige Folgerung ergiebt, vervollständigt, die Hypotypose des Wollens wird durch Schlüße ergänzt.

§. 37.

Indem nun hieraus hervorgehet, daß sich nur bei dolosen Verbrechen ein Versuch denken läßt, 43) ist auch das vom Verstand zu beobachtende Verfahren hinreichend bezeichnet. Der Verstand kann, solange durch das Gemüth keine speziellere Bestimmung gegeben ist, 44) nur

43) Kleinschrod systemat. Entw. I. §. 36. — Eine fernere Eigenthümlichkeit findet hier Feuerbach, indem er bei dem Gehülfen keinen Versuch annimmt. Seiner Darstellung zufolge, nach welcher es einen Urheber im weiteren Sinne giebt, der durch die Vollendung der Uebertretung zum Urheber im engern Sinne wird, (Revis. II. S. 244 folgd.) mag freilich so etwas als folgerecht erscheinen, und einer Widerlegung kann eine dem Leben so geradezu widersprechende Behauptung nicht bedürfen; merkwürdig bleibt aber die Art, wie Feuerbach den sich selbst zu machenden Einwurf präparirt, um ihn siegreich abweisen zu können. Der vulgäre Sprachgebrauch soll nämlich hier ausschließlich nur das Versuch nennen, wenn der Gehülfe Anstalten zum Beistande macht. Wäre dem so, beschränkte der vulgäre Sprachgebrauch wirklich den Begriff von Versuch auf den gedachten Akt — daß dieser Akt Versuch seyn könne, wird wohl Niemand bezweifeln — so wäre freilich der Akt der Beihülfe selbst für den Gehülfen schon vollendete Uebertretung. Wem ist aber noch jemals so etwas eingefallen? —

44) Wohin aber nicht die Fälle gehören, wo in der verpönten Handlung nur faktisch eine nothwendige Beziehung auf ein anderes Verbrechen liegt. Roßhirt Lehrbuch des Criminalrechts §. 43 a. E.

das in den Begriff aufnehmen, wodurch, so wie es als äußeres Faktum da liegt, jeder andere Erklärungsgrund, als der, daß es Theil der realen Seite der hier als Gegensaz des Versuchs gedachten vollendeten Handlung habe seyn sollen, ausgeschlossen wird, oder mit andern Worten, was als Versuch soll angesehen werden können, muß als auf das, was den Inhalt der vollendeten Uebertretung ausmacht, abzwekkend unmittelbar erkennbar seyn. 45)

§. 83.

Wird einmal Versuch angenommen, so kann ein freiwilliges Zurüktreten des Subjekts das bisherige Handeln nicht annihiliren, den bereits gemachten Versuch nicht straflos machen. Die Annahme des Gegentheils wäre ein synthetischer Akt. 46) Es kann also, solange von identischem Denken die Rede ist, immer nur darauf ankommen, ob sich mittelst des bis dahin hervorgebrachten äußern

45) Was nicht unmittelbar als auf jene vollendete Uebertretung abzwekkend erkennbar ist, sondern nur dann, wenn die Uebertretung weiter fortgeschritten oder gar vollendet worden, als darauf Bezug habend, als Vorbereitung sich darstellt, kann für den Richter, als solchen, wohl Indicium seyn, nicht aber Versuch. S. die Abhandlung von Mittermaier im neuen Archiv des Criminalrechts IV. B. 1 St. Eben daraus folgt aber auch, daß Vorbereitung mit Versuch zusammenfallen kann. Es lassen sich gar wohl Handlungen denken, die, wiewohl sie nur Vorbereitung sind, dennoch nur in Bezug auf diese Uebertretung Bedeutung haben. — Daß übrigens derjenige, der in der Meinung, es sey Gift, Zukker unter die Speise mischt, (Mittermaier a. a. O. S. 105) wiewohl er nach einer bestimmten Gesezgebung strafbar seyn kann (Preuß. Allg. L. R. a. a. O. §. 866) dem Begriff nach keinesweges als eines Versuchs schuldig erscheine, leidet kein Bedenken, sobald man die Trennung zwischen Gemüth und Verstand nicht aus dem Auge verliehrt. Es kann aber, wie sich im Verfolg dieser Darstellung ergeben wird, ein solches Handeln eben sowohl Uebertretung seyn, wie das Bestreben, Jemanden durch sympathetische Mittel oder gar durch Gebet um's Leben zu bringen.

46) Wohl findet sich aber eine solche Bestimmung, wie z. B. in der P. G. O. Art. 178 und. im Code pénal Art. 2. Seiner legislatorischen Ansicht zu Liebe hält Kleinschrod a. a. O. §. 42 die Worte der Carolina für enunciativ.

Faktums die reale Seite der Handlung durch Schlüße ergänzen läßt. Ist dies der Fall, so ist auch das, was bis dahin geschehen, wirklich als Handlung zu betrachten.

§. 89.

Bei dieser Annahme eines Versuchs tritt nun das Nämliche ein, wie bei der Annahme eines gemeinschaftlichen Handelns (§. 77); sie enthält als solche noch keine Verschiedenheit der Imputabilität. Wo das Gemüth durch seine Annahme den bis dahin bestandenen Begriff von Handlung wirklich erweitert, da kann diese Annahme als solche für den Verstand noch nicht über blose Erweiterung des Begriffs von Handlung hinausgehen. Das Gegentheil wäre nicht mehr analytisches Denken. Es stehet daher bis dahin der Versuch der vollendeten Uebertretung an Strafbarkeit gleich. 47)

§. 90.

Das Nämliche gilt auch von der Verschiedenheit der Imputabilität innerhalb des Begriffs von Versuch. Indem jede Gradation ein engerer Gegensaz ist, bedarf es zu einer Gradation hinsichtlich der Strafbarkeit des Versuchs wieder einer besondern Annahme des Gemüths, und das Bestreben der Criminalisten, abgesehen von einer bestimmten Gesezgebung Grade des Versuchs festzustellen, ist nur die Folge der Verwechselung des legislatorischen

---

47) Eine solche blose Erweiterung des Begriffs findet sich auch wohl ausdrüklich ausgesprochen, wie im Art. 2 des Code pénal, wo bei crimes der Versuch der vollendeten Uebertretung völlig gleichgestellt ist. Dagegen giebt es nach Art. 3 bei délits in den Fällen, wo das spezielle Strafgesez nicht eine entgegenstehende Bestimmung enthält, überall keinen Versuch, und eben so finden sich auch wohl in einem und demselben Strafgesez mehrere Modificationen vereinigt. Ein Beispiel liefert das im Art. 317 des Code pénal vorgesehene Verbrechen der Abtreibung der Leibesfrucht. Während es für die Schwangere selbst hier nur Vollendung giebt, trifft den Arzt, Wundarzt oder sonstigen Gesundheitsbeamten, so wie den Apotheker im Falle des Versuchs die Strafe der Reclusion, bei vollendetem Verbrechen hingegen Zwangsarbeit auf Zeit.

mit dem judiciellen Prinzip. Ist aber von bestimmten Gesezgebungen die Rede, so kann hier wohl in der einen die von Böhmer 48) adoptirte Trichotomie — conatus remotus, c. proximior und c. proximus — herrschen, während in der andern die in den meisten Lehrbüchern sich findende Dichotomie gilt, so wie denn auch eben so, wie bei der culpa, beide Gradationen sich in einer und der nämlichen Gesezgebung beisammen finden können, indem es ja, wie dort, so auch hier, nur auf die verschiedene Gattung oder aber Art von Uebertretung ankommt. 49) Was aber die in den Lehrbüchern vorkommende Eintheilung in delictum perfectum und del. consummatum 50) betrifft, so hat man hier nur das Bedürfnis einer Unterscheidung gefühlt, ohne es zu einem deutlichen Begriffe gebracht zu haben.

§. 91.

Allerdings finden sich Strafgesetze, nach welchen der Gegensaz zwischen Versuch und Vollendung auch für das Gebiet der Milderung nicht ausreicht. Werfen wir nur den Blik auf das Preuß. Allg. Land-Recht. 51) Wenn es dort heißt: „Hat der Thäter zur Vollziehung des Verbrechens an seiner Seite alles gethan; die zum Wesen der strafbaren Handlung erforderliche Wir-

48) Ad Art. 131 C. C. C. §. 38.

49) Uebrigens verstehet es sich wohl von selbst, daß es sich hier eben so, wie bei der culpa, nur davon handelt, was in einer Gesezgebung sich finden kann. Ist davon die Rede, was sich wirklich findet, so möchte sich in wenigen Fällen eine zwischen der Bestimmung der L. 1 §. 2 D. de extraord. criminib. (47, 11), nach welcher es bei dem dort vorgesehenen Verbrechen keine Grade des Versuchs giebt, und der allgemeinen Vorschrift der Carolina: „Aber in eynem fall herter dann inn dem andern" die Mitte haltende Bestimmung aufzeigen lassen.

50) Klein Grundsätze des peinlichen Rechts §. 145. Kleinschrod a. a. O. §. 33. Feuerbach Lehrbuch des peinl. Rechts §. 52. Roßhirt a. a. O. §. 44. S. auch neues Archiv des Criminalrechts IV. B. 1. St. No. II.

51) Th. II Tit. 20 §. 40 u. 41, vergl. mit §. 1529 u. 1530.

kung aber ist durch einen blosen Zufall verhindert worden; so hat er diejenige Strafe, welche der ordentlichen am nächsten kommt, verwirkt", und der Gesezgeber jezt fortfährt: „Die nächste Strafe nach dieser trifft den, welcher durch einen bloßen Zufall an der letzten, zur Ausführung des Verbrechens erforderlichen Handlung gehindert wurde", so ist offenbar dadurch ausgesprochen, daß es zwischen Versuch und Vollendung noch ein Drittes giebt. In der leztern Stelle ist vom Versuch und zwar vom conatus proximus die Rede, nach der erstern hingegen bedarf es auch bei dem vollendeten Verbrechen zur Anwendung der vollen Strafe noch der im Wesen der verpönten Handlung liegenden Wirkung. Kann man aber deshalb in delictum perfectum und delict. consummatum unterscheiden? Ein solcher Unterschied läßt sich freilich denken: er tritt ein, wenn der Begriff von Beschädigung über den Begriff von Uebertretung hinausgehet. Wird z. B. durch das blose Anlegen des Feuers der Thatbestand der Brandstiftung erschöpft, 52) so ist durch die vollendete Brandstiftung noch keineswegs ein Anspruch auf Entschädigung gegeben; ein solcher Anspruch tritt nur dann ein, wenn ein wirklicher Schaden zugefügt worden. Wo nun die Beschädigung über den Begriff von Uebertretung hinausgehet, da stellt sich die Unterscheidung zwischen perfectum und consummatum nicht weniger natürlich dar, wie in der Lehre von Contrakten; der Gegensaz gehet aber, wie Jeder wohl siehet, über das Strafrecht hinaus, er fällt mit dem Gegensatze zwischen Civilrecht und Strafrecht zusammen.

52) Geldern'sches Landrecht Th. VI Tit. 2 §. 7 Nro. 4: Een Brantstichter, die den Brandt in jemants Huys ofte Hooff steeckt, Brandt, Poppen leght oft worpt, sal met den Vuyre gestraft werden, ende syn goet verbeuren tot affchouwen ende Exempel van alle andere dergelyke Misdaders, *alwaert schoon soo, dat het Vuyr niet aen en ginge.* — Sollte diese Stelle nicht geeignet seyn, zu der Ueberzeugung beizutragen, daß in einem Lehrbuche des gemeinen deutschen Criminalrechts bei dem Verbrechen der dolosen Brandstiftung nicht vom römischen Rechte die Rede seyn kann?

§. 92.

Die wirkliche Erklärung ergiebt sich, wenn wir auf den früher vorgekommenen Gegensaz zwischen übereiltem und überlegtem Wollen zurükgehen. Das nämliche Prinzip liegt auch hier zum Grunde, nur auf die dem Unterschiede zwischen dem Idealen und Realen entsprechende Weise. So wie übereiltes Wollen zwar Prämeditation ausschließt, keineswegs aber außer dem Bereich des direkten Wollens liegt, so hält sich auch die Annahme des Gemüths, von der hier die Rede ist, innerhalb des vollendeten Handelns. Der hier sich bildende Gegensaz hat mit dem Gegensatze zwischen Versuch und Vollendung überall nichts gemein: indem sein Charakter darin bestehet, daß das Gemüth in Fällen, wo der Erfolg der Handlung sich von der Handlung selbst trennen läßt, auf das Nichteintreten dieses Erfolgs Rüksicht nimmt, ist er der dem auf der idealen Seite der Handlung sich findenden Gegensatze zwischen übereiltem und überlegtem Wollen correspondirende, auf der realen Seite der Handlung sich findende Gegensaz zwischen nichtberechnetem und berechnetem Faktum. 53)

§. 93.

So wie nun der so eben bemerkte Gegensaz auf Milderung Bezug hat, so gehet auch hier das Gemüth, indem es Schärfung annimmt, über die volle Handlung hinaus, und es bildet sich hiedurch der dem Gegensatze zwischen Egoismus schlechthin und antisocialem Egoismus correspondirende Gegensaz zwischen Erfolg schlechthin und Unheilbringendem Erfolg. 54) Indem es nämlich für

53) Ob dieser Gegensaz dem gemeinen deutschen Criminalrecht bekannt sey, muß sich aus der Darstellung der einzelnen Verbrechen ergeben; wer ihn aber einmal in seiner wahren Gestalt erkannt hat, wird es sich nicht einfallen lassen, mit Roßhirt a. a. O. dem Art. 178 der P. G. O. Gewalt anzuthun.

54) Preuß. Allg. L. R. a. a. O. §. 1502, 1514 — 1517, womit aber der in L. 28 §. 12 D. de poen. (48, 19): Incendiarii capite puniuntur, qui — — incenderint intra oppidum — — — qui

den Verstand, so wie er sich über volle Freiheit hinaus nichts denken kann, auch über volles Faktum hinaus keine Steigerung giebt, ist der durch die vom Gemüth hier angenommene Schärfung für ihn entstehende Widerspruch nur insofern zu vermitteln, als das, was wir berechnetes Faktum genannt haben, eben so, wie früher (§. 59) die Prämeditation, als Grenzpunkt der Milderung oder aber als Grundlage der Schärfung, nie als beides zugleich, gedacht wird. Dies ist aber, sobald nicht geleugnet werden kann, daß, nur auf umgekehrte Weise, Erfolg sich zu Ausführung verhält, wie Egoismus zum Wollen, bei dem hier benannten Gegensatze der Fall. Es gilt das, was vom Egoismus gilt, (§. 58) in gleicher Mase vom Erfolg, indem derselbe, während er, solange nicht von Schärfung die Rede ist, blos negativ, ohne bestimmten Inhalt gedacht wird, da, wo das Gemüth Schärfung annimmt, in einer bestimmten nachtheiligen Gestalt, als Unheilbringend, sich darstellt. Dieserhalb tritt denn aber hinsichtlich der Construktion des Begriffs überall kein Unterschied ein. Solange es keine speziellere, eine Gradation in der Schärfung hervorbringende, Annahme des Gemüths giebt, nimmt der Verstand in den zu construirenden Begriff alles auf, was als Folge der That über den gesezlichen Begriff von berechnetem Faktum 55) hinausgehet.

§. 94.

Es bleibt jezt noch übrig der dem Gegensatze zwischen socialem Egoismus und Egoismus schlechthin correspondirende Gegensaz zwischen Heilbringendem Erfolg und Erfolg schlechthin. Auch diese, Milderung im Gefolg habende, Modification findet sich wohl; sie bestehet darin, daß das Gemüth geringere Imputabilität annimmt,

vero casam aut villam, aliquo lenius enthaltene Gegensaz nicht zu verwechseln. Hier wird auf die Möglichkeit, nicht auf die Wirklichkeit des Unheilbringenden Erfolgs gesehen.

55) Welcher gesezliche Begriff denn auch wohl in einem maximum bestehen kann, wie dies in den allegirten §. §. 1515 und 1517 des Preuß. Allg. L. R. der Fall ist.

wenn, wie schon der Ausdruk zeigt, die Uebertretung positive vortheilhafte Folgen hatte, wenn sie, wie man wohl zu sagen pflegt, zum Guten ausschlug. Für den Verstand existirt hier ebenfalls kein Widerspruch, indem, während er diesen Begriff von Milderung construirt, der Begriff von Schärfung für ihn nicht hervortritt.

§. 95.

Indem aber auf diese Weise die hinsichtlich der realen Seite der Handlung selbst statt findenden Gegensätze angegeben worden, stellt sich hier noch ein anderer möglicher Gegensaz dar, der, wiewohl er sich zunächst auf die ideale Seite der Handlung beziehet, jezt erst seine Erklärung findet. Dies ist der Gegensaz zwischen Ausführung schlechthin und schwieriger Ausführung. Dieser Gegensaz hat insofern mit dem Gegensatze zwischen Egoismus schlechthin und antisocialem Egoismus Aehnlichkeit, daß der Grund der erhöh'ten Imputabilität subjektiv ist, er ist aber von demselben verschieden, indem hier nicht auf den Inhalt des zu befriedigenden Egoismus, sondern auf die Stärke und Beharrlichkeit des Willens gesehen wird, die unmittelbar nur durch die Ausführung in die Erscheinung tritt. Es ist also im Grunde der Gegensaz zwischen Wollen schlechthin und beharrlichem Wollen, den wir aber, da er lediglich mittelst der Hinderniße, die das Subjekt bei der Ausführung zu überwinden hat, erkannt wird, als Gegensaz zwischen Ausführung schlechthin und schwieriger Ausführung bezeichnen.

§. 96.

Wo sich nun ein solcher, höhere Imputabilität mit sich führender, Gegensaz in einer Gesezgebung findet, da tritt auch wohl der, dem Gegensatze zwischen socialem Egoismus und Egoismus schlechthin ähnliche, mildernde Gegensaz zwischen leichter Ausführung und Ausführung schlechthin ein, dessen Charakter darin bestehet, daß zum Vortheil des Subjekts auf den Umstand, daß es von seiner Seite weniger, wie gewöhnliche, Mühe und Anstrengung kostete, die Uebertretung zu begehen, die Ausführung gleichsam von selbst erfolgte, Rüksicht genommen wird.

§. 97.

So wie es nun auch in Betreff dieser beiden Annahmen nicht an gesezlichen Beispielen mangelt, 56) so sind sie auch an und für sich keinesweges erorbitant zu nennen, vielmehr ist es dem Verstande bei beiden möglich, den Begriff zu construiren. Es kommt ja nur darauf an, was im gesezlichen Begriffe der Ausführung schlechthin liegt. Deshalb fällt denn, so wie zu leichter Ausführung alles das gehört, was man unter dem Ausdruk **Gelegenheit** begreift, in den Begriff von schwieriger Ausführung auch jede List und Gewalt, und überhaupt jede Anstrengung und Verfolgung eines Plans, die über den gewöhnlichen Begriff dieser bestimmten Uebertretung hinausgehet.

§. 98.

Mit dem gedachten Gegensatze zwischen Ausführung schlechthin und schwieriger Ausführung ist aber nicht der Fall zu verwechseln, wo die größere Anstrengung oder der größere Aufwand von Mitteln lediglich objektiv als erschwerender Umstand in Betracht kommt. Dieser Fall ist nämlich dann vorhanden, wenn die Gesezgebung eine Uebertretung um so härter verpönt, je weniger Mittel zu Gebot stehen, sich gegen dieselbe zu schützen. Hier wird nicht auf die Stärke des Willens, sondern auf die Art der Ausführung an und für sich gesehen. 57)

---

56) L. 1 pr. D. de effractorib. (47, 18): qui de carcere eruperunt — effractis foribus — — — capite puniendos, quod si per negligentiam custodum evaserunt, lenius puniendos.

57) Hieher gehört auch der Art. 298 des Code pénal. — Mittelst dieser Unterscheidung läßt sich denn die von **Feuerbach** (Bibliothek für die peinliche Rechtswissenschaft und Gesezkunde II. B. 1 St. Nro. 2) auf den im Art. 159 der P. G. O. vorkommenden Ausdruk **geflissene** gebau'te Erklärung würdigen. Niemand wird leugnen, daß der gedachte Ausdruk, an und für sich betrachtet, auf die Stärke des Willens — oder, um im Geiste der Feuerbach'schen Doktrin zu reden, auf die Stärke der Triebfeder — sich beziehen

§. 99.

Der nämlichen objektiven Natur ist auch die fernere Annahme des Gemüths, mittelst welcher manche Uebertretungen gerade wegen der Leichtigkeit, mit welcher sie begangen werden können, einer höhern Strafbarkeit unterliegen. 58) Diese Annahme würde, wenn sie auf die ideale Seite der Handlung, als solche, Bezug hätte, mit dem oben (§. 96) gedachten Gegensatze zwischen leichter Ausführung und Ausführung schlechthin geradezu im Widerspruche stehen; sie hat aber mit diesem Gegensatze überall nichts gemein, sondern gründet sich lediglich auf das zwischen der Möglichkeit, sich gegen die Uebertretung zu sichern, und die Art der Ausführung dieser Uebertretung obwaltende Verhältnis, weshalb sie auch dem Verstande keinesweges als exorbitant erscheint, sondern die Construktion eines Begriffs zuläßt.

§. 100.

Aus den zulezt gedachten Annahmen des Gemüths gehet nun schon hervor, daß hier die Uebertretung von bloser Negativität bis zur höchsten Positivität sich steigern kann, auf der einen Seite von heimlichem Handeln schlechthin bis zu wirklicher List, auf der andern Seite von offenem Handeln schlechthin bis zu wirklicher Gewalt. Dieserhalb giebt es aber auch Uebertretungen, die gleichsam einzig und allein auf der Form der Handlung beruhen. Es ist dies allenthalben der Fall, sobald der Inhalt der Handlung an sich nicht verpönt ist, sondern die

---

könnte, es fragt sich nur, ob er im Art. 159 der P. G. O. diese Bedeutung zuläßt. Dies muß aber offenbar zufolge der in dem angeführten Artikel enthaltenen nähern Bestimmung verneint werden, oder man müßte behaupten, auch der Fall, wenn Jemand, um zu stehlen, durch einen schiffbaren und somit nicht als Befriedigung dienenden Fluß mit Lebensgefahr sezt, gehöre zu den im Art. 159 benannten qualificirten Diebstählen, eine Behauptung, die wohl noch keinem Juristen eingefallen ist.

58) P. G. O. Art. 130 und 168. Preuß. Allg. L. R. a. a. O. §. 857, 1028, 1030, 1140 folgd. Code pénal Art. 386. Nro. 3 u. 4 Art. 388.

Handlung nur dadurch zur Uebertretung wird, daß sie nicht mit Zustimmung der Person, die hier Objekt des Handelns ist, vorgenommen worden, also bei allen Handlungen, deren Inhalt, als solcher, innerhalb der Civität liegt.

§. 101.

Wieweit sich das Bereich solcher Uebertretungen erstrekke, läßt sich immer nur aus der einzelnen Gesezgebung ersehen. Dies folgt einestheils schon aus der Relativität des Begriffs von Civität an sich, anderntheils aber auch aus der Verschiedenheit der durch das öffentliche Recht gebildeten Grenze als solcher. 59) Solange nicht von Graden der Imputabilität, sondern nur von Strafbarkeit überhaupt die Rede ist, bedarf es hier keiner Annahme des Gemüths im bisherigen Sinne, der Verstand ist als solcher schon im Stande, den Begriff zu construiren. Von selbst ergiebt es sich aber, daß in den hieher gehörigen Fällen für den Verstand der volle gesezliche Begriff der Uebertretung erst dann vorhanden ist, wenn das heimliche oder offene Handeln des Subjekts den ganzen Inhalt der hier in Betracht kommenden Handlung in sich begreift, d. h. den Punkt erreichte, wo das, was hier als Vollendung gilt, nach Naturgesetzen nothwendig erfolgen mußte. Und verliehrt man den Grundcharakter dieser Uebertretungen nicht aus dem Auge, so läßt sich auch nicht be-

---

59) Z. B. siehet man blos auf den dynamischen Charakter der Civität, so gäbe es wohl keinen Grund, ein allgemeines über Betrug, Entwendung oder Nothzucht sprechendes Strafgesez auf den Fall anzuwenden, wo dem Betruge oder der Entwendung eine frühere desfallsige Uebereinkunft mit dem Betrogenen oder Bestohlenen zum Grunde liegt, oder der gewaltsame Beischlaf mit Einwilligung, etwa als physikalischer Versuch (Feuerbach Lehrbuch des p. Rechts §. 267 not. a.) geschah'. Sehr wohl läßt sich aber auch ein Strafgesez denken, was sich auf diese Fälle erstrekt. Wo es aber kein solches Strafgesez giebt, da zernichtet sich auch das, was Feuerbach Thl. II S. 5 folgd. der Revision sagt, geradezu. S. Mittermaier über den Einfluß des Mangels am Thatbestande auf das Strafurtheil, im Neuen Archiv des Criminalrechts. B. III 3. St. N°. XVI.

zweifeln, daß, insofern nicht desfallsige besondere Annahmen des Gemüths eintreten, die bei der als Objekt der Uebertretung gedachten Person wegen Mangel an Geistesreife, oder wegen augenbliklicher Geistesabwesenheit mangelnde Willensbestimmung die Stelle der wirklich angewendeten List oder Gewalt vertritt. 60).

§. 102.

Alle bisherigen Annahmen des Gemüths sind unabhängig von einer Wiederhohlung der Uebertretung gedacht, und es giebt sonach bis dahin für den Verstand hinsichtlich einer wiederhohlten Uebertretung an und für sich keine erhöh'te Imputabilität. Die Bestrafung könnte nur äußerlich härter seyn, insofern nämlich die früher verwirkte, noch nicht erlittene, Strafe hinzuträte. Es findet sich aber auch wohl hier eine auf wirklich erhöh'te Imputabilität Bezug habende Annahme. Diese Annahme ist nun lediglich subjektiver Natur; sie ist gleichbedeutend mit dem Gegensatze zwischen Wollen schlechthin und beharrlichem Wollen, und zwar ohne Rüksicht auf die Art der Ausführung. Um aber die Terminologie nicht unnöthig vom Sprachgebrauche zu entfernen, bezeichnen wir den gedachten Gegensaz als den Gegensaz zwischen Uebertretung schlechthin und wiederhohlter Uebertretung. 61)

§. 103.

Daß nun bei der Construktion des Begriffs der Verstand nicht über die bestimmte Art oder aber Gattung von

60) Ob der Art. 119 der P. G. O. eine solche ausdehnende Erklärung zulasse (*Engau* Element. jur. crim. §, 234) oder aber nur auf wirkliche Gewalt zu beschränken sey (Feuerbach a. a. O. §. 264. not. c.) ist eine Frage, die hier nicht beantwortet werden kann, offenbar lassen sich aber diejenigen, die in dem Falle, wenn die vorhandene Geistesabwesenheit vom stuprator absichtlich herbeigeführt worden, ein stuprum violentum annehmen, übrigens aber das stuprum nec voluntarium nec violentum als eine eigene Uebertretung betrachten (Quistorp Grundſ. d. p. Rechts Thl. 1. §. 490) eine Inconsequenz zu Schulden kommen.

61) Preuß. Allg. L. R. a. a. O. §. 52, 53, 642, 729. Code pénal Art. 56—58.

Uebertretung, von der die Gesezgebung spricht, hinausgehen könne, und ebenfalls, solange die Gesezgebung nicht spezielle Gegensätze 62) enthält, es für ihn nur einen allgemeinen Gegensaz gebe, braucht zufolge des Bisherigen nur bemerkt zu werden. Was aber die Frage betrifft, ob in dem Falle, wenn das Gesez ganz allgemein redet, die frühere Uebertretung allein hinreichend sey, oder aber Bestrafung erfolgt seyn müsse, so ist wohl soviel klar, daß, wenn die bereits geschehene Bestrafung nicht erforderlich seyn soll, nur der gesezliche Begriff der einzelnen Uebertretung die Grenze bilden, und es auf die Größe des Zeitraums, in welchem die mehreren Uebertretungen auf einander gefolgt sind, nicht ankommen kann. Jede desfallsige in der Mitte sich haltende Annahme 63) ist synthetischer Natur. Bildet aber die hier eintretende Annahme wirklich den Gegensaz zwischen Wollen schlechthin und beharrlichem Wollen, eine Voraussetzung, die noch von keinem Rechtslehrer bestritten worden, indem beharrliches Wollen nur der judicielle Ausdruk für das ist, was man Unverbesserlichkeit nennt, so ist auch ohne Zweifel die bereits geschehene jedesmalige Bestrafung nothwendiges Moment des zu construirenden Begriffs.

§. 104.

Es bleibt uns jezt noch übrig, der durch die Verschiedenheit der Civitäten sich bildenden Modificationen der Strafbarkeit zu erwähnen, und die Begriffe von qualificirter Culpa und qualificirtem Versuche zu erörtern. Daß diese beiden zulezt genannten Begriffe nur hier ihre Erörterung finden können, ist von selbst klar, aber auch die Verschiedenheit der Civitäten gehört in die Lehre von der Form der Uebertretung, indem es, der Voraussetzung nach, auf den Inhalt der Uebertretung überall nicht ankommt. 64)

---

62) P. G. O. Art. 161 und 162. Preuß. Allg. L. R. a. a. O. §. 478, 479 und 1159—1161.

63) *Boehmer* ad art. 162. C. C. C. §. 2.

64) Deshalb würde auch die auf die Beschaffenheit des Orts (Preuß. Allg. L. R. §. 213) Bezug habende Annahme des Gemüths

§. 105.

In Betreff der durch die Verschiedenheit der Civitäten sich bildenden Modificationen der Strafbarkeit können wir uns kurz fassen. Da jede Strafe ein Strafgesez voraussezt, so erfordert nothwendig jede dieser Modificationen eine besondere gesezliche Bestimmung, und was die Construktion der hier entstehenden Begriffe betrifft, so kann diese Construktion begreiflicherweise in dem Falle, wo das Gesez von einer bestimmten Uebertretung spricht 65), über diese bestimmte Uebertretung nicht hinausgehen, in Ansehung ihrer selbst können aber wieder unendliche Verschiedenheiten eintreten, indem bald diese Construktion kaum hervortritt 66), bald es auf Erklärung des Wortverstandes ankommt 67), und eben so auch wohl die Momente zur Construktion des Begriffs aus dem Civilrecht 68), oder aus den übrigen Theilen des Systems 69) zu hohlen sind. Daß dem Handelnden das besondere Verhältnis bekannt gewesen seyn müsse 70), ist ein völlig allgemeiner Saz.

§. 106.

Wo aber eine solche, aus der Verschiedenheit der Civitäten hervorgehende, Modification der Strafbarkeit sich findet, da kommt auch der Gegensaz zwischen generellem und speziellem Theilnehmer 71) zur Sprache, insofern nämlich nicht sämtliche Theilnehmer in dem hier als Grund der erhöh'ten Strafbarkeit sich geltend machenden Verhält-

---

mit so mancher andern nur hier ihre Stelle finden, wenn es darauf ankäme, jede einzelne Annahme zum Gegenstande der Betrachtung zu machen.

65) P. G. O. Art. 137 a. E.

66) Das. verb.: „des thetters eygen herrn, zwischen eheleuten."

67) Das. verb.: „an hohen trefflichen personen."

68) Das., verb.: „nahend gesipten freunden." Eine Erweiterung des Begriffs enthält das Preuß. Allg. L. R. a. a. O. §. 885.

69) Preuß. Allg. L. R. a. a. O. §. 612—619 und 877.

70) Preuß. Allg. L. R. a. a. O. §. 886.

71) Und daher auch zwischen generellem und speziellem Gehülfen. Vergl. Feuerbach a. a. O. §. 49.

nisse zu der als Objekt der Uebertretung gedachten Person stehen. Dieser Gegensaz gehet aus identischem Denken hervor, und kann daher nur den speziellen Theilnehmer die Schärfung treffen, solange nicht die Gesezgebung ausdrüklich das Gegentheil sagt. 72)

§. 107.

So wie nun auf diese Weise hier eine Schärfung eintritt, so kann auch die Verschiedenheit der Civitäten Milderung hervorbringen 73). In einem solchen Falle macht sich dann der Gegensaz zwischen generellem und speziellem Theilnehmer ebenfalls, nur auf umgekehrte Weise, geltend.

§. 108.

Soviel von den durch die Verschiedenheit der Civitäten entstehenden, die Form der Uebertretung betreffenden Modificationen der Strafbarkeit. Was nun die Begriffe von qualificirter Culpa und qualificirtem Versuche betrifft, so wird durch dieselben die Construktion des Begriffs von Handlung, soweit von der Form der Handlung die Rede ist, vollendet, indem die qualificirte Culpa auf die ideale Seite, der qualificirte Versuch hingegen auf die reale Seite der Handlung fällt.

§. 109.

Qualificirte Culpa ist nur dem Ausdrucke nach von dem verschieden, was Feuerbach 74) an Statt des von ihm siegreich bestrittenen, auf einer logischen Verwirrung beruhenden dolus indirectus 75) durch culpa dolo determinata,

---

72) Wie z. B. L. 6. D. ad Leg. Pompej. de parricid. (48, 9) welchem Fragment aber Kleinschrod (Systemat. Entw. Thl. I. §. 186 in der Note) alle Gültigkeit abspricht, weil es seiner Meinung nach von den Regeln der Zurechnung abweicht.

73) Preuß. Allg. L. R. a. a. O. §. 610.

74) Betrachtungen über dolus und culpa. S. 234 folgd.

75) Die Literatur s. bei Feuerbach Lehrbuch d. p. Rechts §. 59. not. b, vergl. mit Martin Lehrbuch des t. g. Criminalrechts §. 36. not. 2. S. auch Neues Archiv des Criminalrechts. I. B. 1. St. N°. IV.

an und für sich völlig richtig bezeichnet. Dieselbe ist vorhanden, wenn aus der absichtlich begangenen Uebertretung eine andere Uebertretung hervorgehet, die im indirekten Wollen des Subjekts ihren Grund hat. Der Grundcharakter der qualificirten Culpa bestehet daher darin, daß direktes und indirektes Wollen sich beisammen findet; es bilden sich aber Modificationen, je nachdem von bloser Schärfung 76) oder aber von einer wirklich complicirten — aus mehreren Uebertretungen bestehenden — Uebertretung die Rede ist, weshalb denn qualificirte Culpa äußerlich mit unheilbringendem Erfolge (§. 92) zusammenfallen kann.

§. 110.

Das Nämliche gilt vom qualificirten Versuche, der vorhanden ist, sobald eine vollendete Uebertretung mit einer versuchten Uebertretung in einem und demselben äußern Faktum zusammenfällt 77). Auch hier findet sich der Unterschied zwischen bloser Schärfung und wirklich complicirter Uebertretung.

---

76) Preuß. Allg. L. R. a. a. O. §. 740—744.

77) Feuerbach Revis. II. S. 266.

Zweiter Abschnitt.

Vom Inhalte der Uebertretung.

§. 111.

Um für die jezt folgende Untersuchung das leitende Prinzip zu finden, dürfen wir nur auf das in der allgemeinen Einleitung Gesagte zurükgehen. Da das Regierungsrecht die Civität von außen, das Civilrecht hingegen dieselbe von innen und das Strafrecht nur die absolute Grenze der Civität zu betrachten hat (§. 17), so kann im Strafrecht keine Handlung vorkommen, die den übrigen Zweigen des Rechts unbekannt wäre. Indem das Regierungsrecht gleichsam den Raum beschreibt, in welchem sich die Civität bewegt, ist das Civilrecht die Darstellung des von innen heraus sich gestaltenden Produkts selbst, und dies Produkt ist gleichbedeutend mit der, individuelle Civität und Corporation in sich begreifenden, Civität. Demzufolge giebt es aber zwei Gattungen von Uebertretungen: Verletzungen und blose Ueberschreitungen eigener Civität, je nachdem der Inhalt der verpönten Handlung in das Civilrecht, oder aber in das Regierungsrecht fällt, in eine andere Civität eingreift, oder aber blos gegen das öffentliche Recht als solches anstößt. Eine Uebertretung, die über diese beiden Gattungen hinausginge, ist undenkbar, indem dies nichts anders hieße, als, die Handlung habe juristische Wirkung, ohne juristische Handlung zu seyn.

§. 112.

Der praktische Werth der Unterscheidung zwischen Verletzungen und blosen Ueberschreitungen eigener Civität läßt sich schon auf dem gegenwärtigen Punkte der Darstellung nicht bezweifeln. Ist das Regierungsrecht vom Civilrecht wirklich verschieden, so findet auch nothwendig jede der gedachten beiden Gattungen von Uebertretung ihre eigenthümliche judicielle Erklärung. Eben weil aber die Frage, worin der hier eintretende judicielle Grund bestehe, und ob sich nicht innerhalb der gedachten Gattungen wieder hier in Betracht kommende Verschiedenheiten bilden, nicht unabhängig vom Regierungsrecht und Civilrecht beantwortet werden kann, sehen wir uns hier in der nämlichen Lage, wie bei der Lehre von der Form der Uebertretung. Da wir uns zur Zeit auf die übrigen Theile des Systems noch nicht beziehen können, so müßen wir auch hier wieder manches dem Strafrecht nicht eigenthümliche suppliren, und zwar der Natur des Gegenstandes zufolge in erhöh'ter Mase. Wenden wir uns nun zuvörderst zu dem möglichen Inhalte einer Verletzung.

§. 113.

So wie sich überall Dreiheit in der Einheit findet, so auch in der Civität: das Recht auf Ehre und das Recht auf Freiheit durchdringen sich im Recht zu leben. Das Recht auf Ehre ist gleichsam die geistige, das Recht auf Freiheit die körperliche Seite der Civität, und das Recht zu leben ist das gemeinschaftliche Dritte, mittelst dessen beide in die Erscheinung fallen. Wird aber die Civität auf diese Weise gedacht, so muß nothwendig allenthalben, wo es ein Recht auf Freiheit giebt, auch ein Recht auf Ehre bestehen, und umgekehrt; Freiheit ohne Ehre wäre nur Leichnam, ein absolut Todtes, statt Organ eines geistigen Prinzips zu seyn, Ehre ohne Freiheit aber gleich einem individuellem Geiste ohne Körper. Daß dem so sey, läßt sich wohl einsehen, um aber auch den wirklichen Inhalt der Civität zu finden, brauchen wir nur auf das Verhältnis derselben zur Gesezgebung zurückzugehen.

§. 114.

Civität und Gesezgebung entstehen zugleich in einem und demselben Momente; es läßt sich keine Modification der Civität denken, ohne daß das hier in Betracht kommende Ganze ein anderes würde. Beide, Civität und Gesezgebung, sind das aus Privatrecht und öffentlichem Recht hervorgegangene Produkt, nur von verschiedenen Seiten angesehen. Mehr bedarf es aber nicht, um den Inhalt der Civität zu finden; er ist nämlich gefunden, sobald wir jenes Privatrecht vom Standpunkte des Einzelnen aus betrachten. Der Begriff von Privatrecht fällt dann mit dem von der Legislatur zu einem andern Behufe aufzustellenden Begriff von **Urrecht** zusammen. So wie dieses Urrecht dort in dem formalen Abglanze des Ethischen bestehet, die Glorie ist, die als unmittelbares Zeichen seiner göttlichen Abkunft den Menschen umstrahlt, 1) so ist die Civität des Einzelnen nichts anders, als das bis zu diesem Punkte in die Erscheinung getretene, real gewordene Urrecht, was in seiner Idealität in das Unendliche strebt, aber nur durch die im öffentlichen Rechte gefundene Begrenzung real wird, indem es jetzt einen bestimmten Inhalt bekommt, ein Saz, dessen Richtigkeit sich durch alle Gesezgebungen bewährt, da, wie die Erfahrung aller Zeiten lehrt, nur dann Civität angenommen wird, wenn die ursprüngliche Möglichkeit des Bewußtseyns nicht mangelt.

§. 115.

Soll uns dieses Urrecht dazu dienen, zu einem vollständigen Begriff von Civität zu gelangen, so muß sich in ihm, als solchem, schon Dreiheit in der Einheit finden. Diese Dreiheit in der Einheit findet sich denn auch gar bald: werfen wir nur unsern Blick auf den Menschen an sich. Nur dann erscheint sich der Mensch als frei, wenn jedes seinem Handeln entgegenstehende Hindernis mit den Gesetzen des Denkens zusammenfällt. Nur diese Schranke stellt sich nicht als Schranke dar, weil sie unmittelbar Eins mit dem Menschen ist. Dies heißt aber mit andern Worten: Der Mensch muß sich bei seinem Handeln überall nur als Ursache, als wirkliches Subjekt des Handelns erblikken. Einzig und allein auf diese Weise ist die for-

1) S. die den in der Vorrede erwähnten **Grundlinien einer Theorie des Beweises im Civilprozeß u. s. w.** vorausgeschikte Skizze S. XLVI. Der Verfasser glaubt nicht zu irren, wenn er in den gegen das Urrecht gerichteten Aeußerungen mancher Anhänger der historischen Schule nur einen Tadel der bisherigen Anwendung der Idee, nicht der Idee selbst, findet. Ohne diese Idee wäre ja alles Reden von einem lebenden und wahrhaft lebenden Rechte nur ein sich selbst nicht verstehender Materialismus.

male Bedingung der Sittlichkeit in der höchsten Bedeutung des Worts, d. h. des gänzlichen Verlohrenseyns in Gott 2) gegeben. Hierin liegt aber die gesuchte Dreiheit in der Einheit: jene unbedingte Subjektivität ist als Recht auf Ehre gedacht, das Recht, überall seine Menschenwürde gelten zu sehen, sich immer nur als Subjekt zu erblikken, als Recht auf Freiheit gedacht ist es das Recht, überall nicht durch das Einwirken fremder Willkühr in seinen Ansichten gestört zu werden, oder, wie man es wohl ausdrükken könnte, das Recht auf ungestörte freie Einsicht in göttlichen und weltlichen Dingen, und als Recht zu leben ist es das Recht, mit sich selbst im Einklange zu stehen.

§. 116.

Hiedurch ist die Wesenheit der individuellen Civität vollständig gefunden: sie ist das leibhaftige Bild des Individuums selbst. So wie der unendliche Geist in den Schranken des empirischen Bewußtseyns sich zu einem Bestimmten gestaltet, aber auch in dieser Individualität über die sinnliche Natur des Menschen mehr oder weniger hinausgehet, so gestaltet sich das Urrecht zu einem bestimmten Recht, zu individueller Civität; aber auch hier gehet das Unsichtbare über das Sichtbare hinaus, d. h. es findet sich eine ideale Seite der Civität, die, wiewohl sie zu einem Bestimmten geworden, dennoch mehr oder weniger die reale Seite hinter sich zurükläßt. Damit ist aber für jede in der Erfahrung vorkommende Ausdehnung der Civität der judicielle Erklärungsgrund gegeben. Wo das Sichtbare, die reale Seite der Civität, für die Construktion des Begriffs nicht ausreicht, findet sich im Unsichtbaren, auf der idealen Seite der Civität, das hier erforderliche Prinzip. Es kann sich jezt überall für den Verstand kein Widerspruch gestalten: da er in diesem Augenblikke nur das als Gegenstand der Verletzung gedachte Subjekt kennt, so erscheint ihm vermöge der Unendlichkeit des Urrechts jede Begrenzung nothwendig als hemmende Schranke.

2) Inquietum est cor meum, donec requiescat in te. Augustin.

§. 117.

Es ist daher, um dies als Anwendung auf die einzelnen Faktoren der Civität zu bemerken, keinesweges dem Begriff zuwider, wenn das Recht auf Ehre sich soweit erstrekt, daß die Individualität des Subjekts vom Einzelnen, als solchem, nicht unmittelbar zum Gegenstande der Beurtheilung gemacht werden darf, wenn der Vorwurf eines geistigen oder körperlichen Mangels oder Gebrechens, auch abgesehen von der Form der Aeußerung, schon vermöge des blosen Inhalts als Ehrenkränkung betrachtet wird, und selbst eine in's Angesicht gemachte Lobeserhebung, so wie jede an sich schmeichelhafte öffentliche Aeußerung oder Abbildung, sobald dies gegen den erklärten Willen der Person geschiehet, für Injurie gilt. 3) Eben deshalb leidet es aber auch keinen Zweifel, daß das, was man Verletzung des guten Namens nennt, dem Begriff noch nicht erfordert, daß das angedichtete Faktum in einer rechtswidrigen — juristisch unerlaubten — Handlung bestehe. Ohne dem Begriff zu widerstreiten, kann eine gegen die allgemeine Anerkennung des moralischen Werths der Person gerichtete Handlung schon Injurie, und somit auch Verletzung seyn. 4)

---

3) Daß es Personen giebt, bei welchen das Urrecht in dieser Mase real geworden, in wirkliche Civität übergegangen, zeigt die Erfahrung, und zwar braucht man Civitäten von dieser Ausdehnung nicht blos bei individuellen Machthabern zu suchen. Auch bei Personen geringern Standes findet sie sich: sie tritt aber hier mehr oder weniger nur gegen bestimmte Civitäten ein.

4) Das Misverständnis, als seyen hier Vorschläge zu einer Erweiterung des Civil- oder gar Strafcodex gemacht, befürchtet der Verfasser nicht, und wer das hier Gesagte so deuten könnte, bei dem möchte auch wohl jede weitere Bemerkung ihren Zwek verfehlen. Zum Behufe einer etwaigen, über die in der hier vorausgeschikten Kritik befindliche Feuerbach'sche Darstellung hinausgehenden, Vergleichung mag aber die Ansicht hier noch eine Stelle finden, die sich in Grolman's Magazin für die Philosophie und Geschichte des Rechts und der Gesezgebung II. B. 1. St. S. 109 folgd. aufgestellt findet. „Wie bei der Ertheilung aller bürgerlichen Ehre — heißt es dort — wollte auch der Staat bei Ertheilung der gemeinen b. Ehre

§. 118.

Das Nämliche gilt vom Rechte auf Freiheit. Auch hier braucht die Beinträchtigung als solche nicht gerade sicht-

---

a) Zutrauen der Mitbürger des Geehrten in den Geehrten selbst,

b) Glauben des leztern an dieses Zutrauen und durch diesen Glauben Anhänglichkeit an den Staat,

erzeugen.

a) Wem der Staat innerhalb dem Bezirk seines Schutzes freien Aufenthalt und ruhiges Gewerbe ohne weiteres verstattet, wen er für fähig erklärt, als rechtlich handelnder Mensch unter rechtlich handelnden Menschen zu leben, dem sichert er geradezu dadurch den Glauben seiner Mitmenschen an sein rechtliches Betragen. Alle sagen: er wird uns nicht bestehlen, nicht mordbrennen, unsere Weiber nicht entführen u. s. w. denn sonst würde der Staat ihn nicht unter uns leben lassen. Wir können hiernach mit ihm Handel und Geschäfte treiben, mit ihm umgehen, für ihn arbeiten, ihn für uns arbeiten lassen, u. s. w.

b) Aber auch beim Subjekt der gemeinen bürgerlichen Ehre entstehet ein Glaube an jenes Zutrauen seiner Mitbürger, und durch einen solchen Glauben Anhänglichkeit an den Staat. Er sagt sich selbst: man hält mich in diesem Lande für keinen Dieb, Mordbrenner, Falsarius u. s. w.; die Leute werden mich wie einen rechtlichen Menschen behandeln, und mit mir leben; ich werde meine Arbeit bei ihnen anbringen, und meine Bedürfnisse von ihnen erhalten können; ich werde hiernach in diesem Lande sehr gut zurecht kommen."

„Diesen doppelten Glauben mußte der Staat durch die gemeine bürgerliche Ehre erzeugen, oder es bleibt beiden Theilen, dem Ehrenden und dem Geehrten unmöglich, neben einander zu existiren. Waren die erstern nicht überzeugt, daß sich kein Dieb, kein Mörder u. s. w. unter ihnen finde, so schlossen sie den, von welchem sie eine solche Ueberzeugung nicht gefaßt hatten, so weit es ihnen möglich war, aus aller Gemeinschaft mit sich aus. Seine gemeine (ja wohl! gemeine) Wirksamkeit hatte ein Ende. Er konnte nicht unter Menschen leben, von welchen keiner mit ihm wollte etwas zu schaffen haben. Ueberzeugte sich der durch das allgemeine Mistrauen Entehrte, daß man ihn für kein rechtlich handelndes Sinnenwesen halte, so fand er sich, von allen geflohen, in der Nothwendigkeit, wieder zu fliehen, und in einer andern bürgerlichen Gesellschaft, in welcher man nicht gegen ihn eingenommen

bar zu seyn, vielmehr kann jede Beibringung einer unrichtigen Ansicht dem Begriff nach eine Beeinträchtigung, und somit auch eine Verletzung enthalten, und wiewohl Drohungen auch von der realen Seite der Civität aus betrachtet schon Verletzungen seyn können, so läßt sich dennoch in den meisten Fällen der judicielle Grund nur mittelst des hier Vorgetragenen finden. Nur aus dem Rechte auf Freiheit, von seiner idealen Seite betrachtet, ergiebt sich, daß auch die leiseste, entfernteste Drohung eine Beeinträchtigung, nämlich eine Beeinträchtigung der Freiheit, und daher, so wie sie im Civilrecht wohl Sicherheitsleistung im Gefolge hat, dem Begriff nach verpönt seyn kann. — So wie sich aber überhaupt von keinem der beiden Faktoren der Civität jemals für sich allein reden läßt, indem ja jeder nur durch den andern ist, so tritt nothwendig auch das Recht zu leben auf der idealen Seite um so stärker hervor, jemehr die gedachten Faktoren sich durchdringen, und was auf der realen Seite Tödtung ist, das ist hier der durch fremdes Handeln bewirkte völlige Zwiespalt der Person mit sich selbst.

§. 119.

Aus dem, was hier über die Civität gesagt worden, ergiebt sich die Anwendung auf das Vermögen — res familiaris — von selbst. Da das Vermögen gleichsam die

---

wäre, eine zur Möglichkeit seiner Coexistenz unentbehrliche Wechselwirkung mit seinen Mitgesellschaftern zu suchen. Endlich machten, sowohl die mistrauisch gewordenen Bürger, als das Subjekt ihres Mistrauens, dem Staate in gleichem Grade Vorwürfe. Jene sagten: Es ist schändlich, daß man den Menschen, zu welchem man sich eines Mordes, Diebstahls u.s.w. versehen kann, frei unter uns herumgehen läßt; dieser: es ist schändlich, daß man in diesem Lande, wenn man schon ein rechtlicher Mensch ist, nicht für einen rechtlichen Menschen gehalten wird."

„Zur Entfernung dieses wechselseitigen Unglaubens und Mistrauens fand sich der Staat genöthigt, für jeden seiner Bürger die gemeine bürgerliche Ehre zu erzeugen, und die erzeugte Ehre zu erhalten. Zur Erreichung des leztern Zweks mußte er einen Angriff gegen diese Ehre strafen, und in seinen Folgen zu vernichten suchen. —"

verkörperte Civität ist, 5) so drükken sich auch die Faktoren der Civität in ihm ab, und jede das Vermögen afficirende Handlung ist in ihrer Beziehung auf die Civität erkennbar. Es wäre daher überflüßig, hier mehr darüber zu sagen; wohl aber ist des Nachruhms mit wenigen Worten zu erwähnen.

§. 120.

Gleichwie die Seele des Menschen nicht mit der körperlichen Hülle zu Grabe gehet, so sehen wir auch im Nachruhm die Civität gleichsam über das Zeitliche hinausgehen. Dieser Nachruhm ist daher ebenfalls möglicher Gegenstand einer Verletzung, und zwar treten bei demselben, wenn auch in schwachen Umrissen, die Faktoren der Civität noch hervor. In Betreff des Rechts auf Ehre möchte dies wohl Niemand bezweifeln, aber auch das Recht auf Freiheit läßt sich nicht verkennen. Wenn sich der Gesezgeber des Ausdruks: Grabesruhe bedient, 6) so liegt hier mehr wie eine figürliche Redensart in Mitte; es stellt sich das Recht auf Freiheit gleichsam als Schatten dar. 7)

5) Dies Verhältnis des Vermögens zu dem, was hier Civität genannt wird, ist von Ulpian in L. 6. §. 7. D. de his, qui notant. infam. (3, 2.) ausgesprochen, wo es heißt: contrario judicio damnatus non erit infamis: nec immerito, *nam in contrariis non de perfidia agitur, sed de calculo, qui fere judicio solet dirimi.* Die perfidia ist Verlezung der Civität selbst, der Ausdruk calculus bezeichnet aber das Vermögen. L. 29. D. de dol. (4, 3.) Brisson de V. S. v. calculus.

6) Nullam accipiat vinculorum requiem, qui quiescere sepultos quadam sceleris immanitate non sinit. L. 3. C. de Episcopal. audient. (1, 3).

7) Wer es in der Aufklärung soweit gebracht hat, daß ihm die Ueberreste des Abgeschiedenen nur ein Häuflein Erde sind, wie noch neulich behauptet ward, dem mag freilich die hier aufgestellte Ansicht sonderbar genug vorkommen. Einer solchen Aufklärung rühmen wir uns aber nicht, so wie sie denn auch nicht geeignet ist, das Leben zu erklären. — In Kant's metaphysischen Anfangsgründen der Rechtslehre S. 136 folgd. ist der Nachruhm auf eine für die Judicialie nicht brauchbare Weise dargestellt, und in der Lehre von der Gültigkeit leztwilliger Verfügungen, wo er besonders in Betracht kommt, kein Gebrauch von ihm gemacht.

§. 121.

Hiemit ist der mögliche Inhalt einer Verletzung individueller Civität in seinen Grundzügen vollständig angegeben. Wir dürfen diese Angabe vollständig nennen, indem das zwischen den hier angegebenen Endpunkten liegende sich eben so von selbst ergiebt, wie etwa der Saz, daß da, wo das fragliche Recht sich auf positive Weise äußert — Recht auf positive Ehrenbezeugungen, Recht auf positive Leistungen 8) und Recht auf Ernährung und Erziehung — die Verletzung in der entgegengesezten faktischen Negative bestehet. Daß aber auch der Embryo möglicher Gegenstand einer Verletzung sey, ist ein völlig allgemeiner Saz, indem das Gegentheil hieße, der Embryo sey nicht mögliches Subjekt der Civität. Der Charakter jeder vorkommenden Verletzung individueller Civität läßt sich daher mittelst des hier Vorgetragenen finden, und wir wenden uns jezt zur Corporation.

§. 122.

Daß, soweit vom Civilrecht die Rede ist, der Staat sich von Corporation κατ᾽ ἐξοχὴν nicht spezifisch unterscheide, ist ein Saz, den wir als unbestritten annehmen können. Das Gegentheil behaupten hieße, die Qualität des Staats als Fiskus leugnen. 9) Ist aber der Staat Subjekt von Rechten, so ist er nothwendig, soweit diese seine Qualität reicht, Civität, indem nur die Civität Subjekt von Rechten ist, und hat es seine Richtigkeit hiemit, so muß sich nothwendig auch jene Dreiheit in der Einheit, die wir bei der individuellen Civität fanden, hier, wenn auch in veränderter Gestalt, wiederfinden. Nicht weniger ergiebt sich aber auch auf der andern Seite, daß, insofern nicht jede Uebertretung mit Verletzung zusammenfallen, sondern blose Ueberschreitung eigener Civität eine eigene Gattung bilden soll (§. 111), der Staat, und mit ihm die

8) Die Anwendung auf den Nachruhm überlassen wir dem Leser. Mancher juristisch in Betracht kommende religiöse Gebrauch findet nur auf diese Weise seine judicielle Erklärung.

9) §. 39. J. de rer. divis. (2, 1.).

Corporation überhaupt, über Civität hinausgehen muß. Wir haben daher die Natur der Corporation zu erörtern; dies ist aber nur möglich, wenn wir auf die Lehre von der Verfassung zurükgehen.

§. 123.

Zufolge des Satzes, daß der Staat die Evolution einer einzigen Handlung ist, die durch die unendlichen Akte der richterlichen und exekutiven Gewalt in die Erscheinung tritt (§. 11), kann das öffentliche Handeln nichts anders seyn, als ein Akt der hier eintretenden Gewalten. Die individuelle Civität als der Inbegriff des Privathandelns, d. h. des freien, dem Individuum überlassenen Handelns, stehet mit jener allgemeinen Handlung, deren Evolution den Staat ausmacht, nur in negativer Uebereinstimmung; 10) alles öffentliche Handeln dagegen ist jene Evolution selbst, und somit immer nur Aeußerung der gedachten Gewalten. Das Gegentheil wäre in sich widersprechend, indem es nichts anders hieße, als, das öffentliche Handeln gehe über den Staat hinaus. Ist aber jedes öffentliche Handeln ein Akt der Gewalten, so handelt das Individuum, indem es öffentlich handelt, als Organ der hier sich äußernden Gewalten, je nachdem dieselben einzeln oder aber in ihrer Vereinigung wirken. (§. 17.)

§. 124.

Auf diese Weise ist das Individuum individuelle Civität und Organ der Gewalten zugleich, und der Saz, die Civität verhält sich zum Staat, wie das Mannigfaltige in der Einheit zur Einheit (§. 6), hat jezt schon eine nähere Bestimmung erhalten. Jede der drei Gewalten ist an sich nur Noumen, Phänomen wird sie erst durch die Civität, der sie inwohnt; wäre aber der Mittelpunkt des Staats schlechthin individuelle Civität, so müßte sich der Staat

10) Die etwaigen civilrechtlichen Folgen dieses Handelns geben uns hier nicht an. Das Handeln gehet dadurch nicht aus der Willkühr des Einzelnen heraus, indem es ja vom Berechtigten abhängt, ob er von seinem Rechte Gebrauch machen will.

dem Begriff nach zernichten. Er wäre dann nicht Einheit in der Mannigfaltigkeit, sondern die unter dem Nahmen Despotismus bekannte absolute Herrschaft; 11) das öffentliche Recht wäre dann mit dem Privatrecht nicht ursprünglich Eins: beide wären absolut geschieden, was sich widerspricht. 12) Demnach liegen die Gewalten über der individuellen Civität, ohne jedoch über die Civität hinauszugehen, oder mit andern Worten, die Civität, mittelst welcher sich die Gewalten äußern, ist die Corporation, die daher nichts anders ist, als potenzirte Civität.

§. 125.

Daß nun das hier Gesagte auch von der gesezgebenden Gewalt gelte, diese gleich den übrigen Gewalten nur durch das Individuum hindurchgehen könne, stellt sich von selbst dar. Die Civität hat sich potenzirt, heißt ja nichts anders, als, die Civität ist sich zur eigenen Grenze geworden, es findet sich in ihr Freiheit und Nothwendigkeit zugleich. Dies sezt aber voraus, daß das Individuum auch Organ der gesezgebenden Gewalt sey. 13) Indessen

11) „Der Despotismus ist eben so wenig eine Regierungsform, oder eine Verfassung, wie die Anarchie, denn in beiden giebt es keine Souveränität — das heißt, keinen allgemeinen Willen, der sich durch Gesetze offenbare, sondern im Despotismus den Willen eines Einzigen, der in jedem einzelnen Falle nach Laune entscheidet, und in der Anarchie die einzelnen Willen aller Individuen. — Es sind beides Krankheiten und Zerrüttungen des organischen Zustandes des Staats — aber keine Organisation." Ancillon über Souveränität und Staats-Verfassungen S. 23 der zweiten Auflage.

12) Dieserhalb ist denn auch ein Staat im Sinne des Verfassers der Restauration ein absoluter Widerspruch, logisch undenkbar. Hier herrscht die individuelle Civität als solche. Insofern man jenes jämmerliche Machwerk Doktrin nennen kann, liegt denn freilich die als Bindungsmittel gebrauchte Liebespflicht, und die als rechtlich dargestellte Insurrektion im Geiste der Doktrin.

13) Was dies heiße, das Individuum, oder, was hier einerlei ist, jedes Glied des Staats ist Organ der gesetzgebenden Gewalt, dürfte wohl schon gegenwärtig, wo die hier versuchte Construktion des Begriffs von Staat nur als Mittelglied für die Untersuchung dient, keiner Misdeutung unterworfen seyn. Wer das intelligente

tritt uns hier ein doppelter Widerspruch entgegen. Einmal kann das Individuum nur insofern Organ der in Betracht kommenden Gewalt seyn, als dieselbe als solche wirklich auf sichtbare Weise hervortritt, und ein solches Hervortreten ist doch, soviel sich bis jezt einsehen läßt, bei der gesezgebenden Gewalt nicht möglich, da dieselbe in ihrem Produkte, der Gesezgebung, untergegangen (§. 11); zweitens aber bestehet der Widerspruch darin, daß, da öffentliches Handeln = nothwendigem Handeln ist, ohne Zweifel auch das Wirken der gesezgebenden Gewalt in die Kategorie des Nothwendigen fällt, auf diese Weise aber das, was als Grund alles nothwendigen Handelns erscheint, die Gesezgebung, selbst wieder nur aus nothwendigem Handeln hervorgegangen seyn kann. Es liegt uns daher ob, diesen doppelten Widerspruch vorerst zu vermitteln.

§. 126.

Was den Widerspruch hinsichtlich des Hervortretens der gesezgebenden Gewalt, als solcher, betrifft, so bedarf es, um ihn zu beseitigen, nur einer nähern Bestimmung des mit dem Ausdrukke Evolution einer einzigen Handlung bezeichneten Begriffs. Zum Behuf dieser nähern Bestimmung brauchen wir aber nur die Natur der Handlung überhaupt näher in's Auge zu fassen. Ließe sich nämlich zeigen, daß das, was wir hier Evolution einer einzigen Handlung nennen, nicht nothwendig den Staat erschöpfe, sondern auch wohl in den Staat falle, oder mit andern Worten, daß jene Evolution nicht immer mit dem Staate zusammenfalle, sondern auch wohl innerhalb

---

Lebensprinzip in irgend ein bestimmtes Organ des Staats sezt, der macht sich in allem Ernste mit dem, der nach dem Sitze der menschlichen Seele fragt, gleicher Thorheit schuldig. So wie aber hieraus noch keineswegs eine bestimmte Verfassung hervorgehet, indem jede Verfassung dem Begriff gemäs ist, solange sie der nothwendigen reellen Trennung der Gewalten nicht widerstreitet, so darf man auch der Judicialie nicht zumuthen wollen, daß sie uns lehre, die wirkliche Entstehung des Staats zu begreifen. Diese Forderung stände nicht weniger im Widerspruche mit sich selbst, wie etwa die Forderung an die Logik, das Bewußtseyn zu erklären.

desselben denkbar sey, so wäre der Widerspruch gelös't: die gesezgebende Gewalt könnte dann als solche hervortreten, ohne über den Staat hinauszugehen. Daß dies aber wirklich der Fall sey, zeigt uns schon die Natur der Handlung, wie wir sie bei dem Individuum finden. Auch bei dem Handeln des Individuums findet sich jene Evolution, und zwar in immer engern Kreisen, und auch hier fallen wohl selbst die mehrfach verengerten Kreise noch in die Erscheinung. Es beruhet dies ja nur auf dem Verhältnis des obwaltenden Zwecks zu dem der Handlung zum Grunde liegenden Plan. Jeder sichtbare, gleichzeitige oder successive einzelne Theil der auf die Erreichung jenes Zwecks gerichteten Handlung ist, sobald er sich in mehrere Akte zerlegen läßt, eine als solche sich darstellende Evolution, die sich zu jener allgemeinen Evolution, wie das Mannigfaltige in der Einheit zur Einheit verhält. Was aber von der Evolution selbst gilt, gilt nothwendig in gleicher Mase auch von jedem der hier in Betracht kommenden drei Momente, vom Zwekbegriff, vom Urtheil über die Uebereinstimmung des äußern Faktums mit diesem Zwekbegriff, und vom Durchdringen beider in der Ausführung (§. 10); jeder dieser Momente findet sich gleichsam nur in einem verjüngten Maasstabe wieder.

§. 127.

Jezt brauchen wir dies Handeln des Individuums nur weiter zu verfolgen. Nicht immer kommt es durchgängig zu dem ursprünglich vorausberechneten Handeln: theils treten unerwartete Hindernisse ein, theils bietet sich auch wohl ein nicht vorhergesehener bequemerer Weg dar. Der ursprüngliche Plan wird also in seinen einzelnen Theilen geändert: an die Stelle des einzelnen, nuzlos gewordenen, oder gar Gefahr bringenden Handelns tritt ein anderes, was zufolge der jezt obwaltenden Umstände dem Plan des Ganzen gemäs ist. Die Evolution der Handlung im Ganzen bleibt, nur die einzelne Evolution erlöscht, weil sie von einer andern verdrängt wird. Mit diesem Erlöschen der einzelnen Evolution erlöschen aber nothwendig auch jene drei Momente, soweit sie ihr angehören: der auf diesen Theil des Handelns sich erstrekkende subordinirte Zwek wird ein anderer, und mit dem neuen Zwek beginnt nothwendig auch ein anderes Urtheil, und eine andere Ausführung.

§. 128.

Wenden wir dies auf den Staat an, so ist der scheinbare Widerspruch vermittelt, und zugleich die vollständige Erklärung gefunden. Jenes Verhältnis zwischen Plan und obwaltendem Zwek ist das nämliche, wie zwischen Gesezgebung und dem, was man unter Staatszwek sich denkt. Was also von der möglichen Abänderung des dem Handeln des Individuums zum Grunde liegenden Plans gesagt worden, gilt auch in gleicher Mase von jeder Gesezgebung. So wenig die Abänderung einzelner Theile des Plans über die Handlung, als Ganzes gedacht, hinausgehet, eben so wenig gehet eine Modification der Gesezgebung über den Staat hinaus. Nur eine ganz und gar und durchaus neue Gesezgebung wäre der Anfang einer neuen allgemeinen Evolution; es finge ein neuer Staat an, ein Fall, den aber, solange vom nämlichen Volke und vom nämlichen Lande die Rede ist, die Geschichte nicht kennt.

§. 129.

Kürzer können wir uns bei dem, den Charakter des hier in Betracht kommenden Handelns betreffenden Widerspruche fassen. Allerdings fällt, sobald das Individuum Organ der gesezgebenden Gewalt ist, auch das desfallsige Wirken in die Kategorie des nothwendigen Handelns, aber nur der Form nach ist es nothwendig, dem Inhalte nach ist es frei. Was nun diese Form betrifft, so kann sie sich dem Begriff nach sehr verschieden äußern. So wie sie bei einem sogenannten gesezgebenden Körper wohl in einem sehr hohen Grade hervortritt, so gehet sie dagegen bei dem individuellen Machthaber vielleicht nicht über die Form der Promulgation hinaus. Fragt man aber, was zum Inhalte des hier beschriebenen Handelns gehöre, so ergiebt sich aus dem Bisherigen, daß alles dahin zu rechnen, was, insofern es in die Erscheinung tritt, als Produkt des Wirkens die Gesezgebung modificirt.

§. 130.

Hiedurch ist der Begriff von Corporation vorläufig bestimmt. Zur Corporation gehört das sämtliche Wirken der drei Gewalten, insoweit es als wirkliches Handeln in die Erscheinung fällt. Die Corporation hat daher dem Begriff nach kein Substrat, sie ist nur, wo öffentliches Handeln ist. Das Gegentheil hieße, sie wäre entweder unabhängig von ihren Organen, oder diese Organe fielen mit individueller Civität, als solcher, zusammen, Beides wäre aber absolute Negation von Staat; Ersteres, weil der Staat nur im Handeln seiner Glieder bestehet (§. 5), Lezteres, weil alsdann die Gewalten nicht getrennt in die Erscheinung fielen, und somit der Begriff von Evolution zernichtet wäre. Nur hinsichtlich des Vermögens stehet die Corporation der individuellen Civität gleich. So wie dieses gleichsam die verkörperte individuelle Civität ist (§. 119), so ist es auch in gleicher Mase die verkörperte Corporation, und somit auch unbedingt möglicher Gegenstand einer Verletzung. 14) Was dagegen die Corporation an sich betrifft, so müssen sich die Faktoren derselben nothwendig anders gestalten. Da die Corporation in potenzirter Civität bestehet, so können auch die Faktoren der Corporation nur die potenzirten Faktoren der individuellen Civität seyn. Dies heißt aber nichts anders, als, das Recht auf Würde und das Recht auf ungestörtes Walten durchdringen sich im Recht auf die Verfassung.

14) Aus dieser Darstellung des Wesens der Corporation gehet denn wohl von selbst hervor, daß sie nie Subjekt einer Uebertretung seyn kann, und das Nämliche auch von ihrem Analogon, der Societät, gilt. Vergl. Feuerbach Lehrbuch des peinlichen Rechts §. 27 und die daselbst angeführten Schriftsteller. Wohl finden sich aber auch hier in den Gesezgebungen entgegenstehende Annahmen (*Meister* princip. jur. criminal. §. 34 not. a) und das Canonische Recht — c. 5 de sentent. excommunicat. in 6to (5, 11) — fällt nur äußerlich mit dem Resultate des identischen Denkens zusammen.

§. 131.

Hier gilt nun das Nämliche, wie bei der individuellen Civität: von der gegen das geringste Organ der Corporation gerichteten Handlung bis zum Angriffe auf die Verfassung giebt es keine spezifische Verschiedenheit; das leztgedachte Handeln ist nur die Uebertretung auf dem Punkte gedacht, wo beide Faktoren der Corporation in der Mase afficirt werden, wie etwa das Recht auf Ehre und das Recht auf Freiheit in einer, die Integrität der körperlichen oder aber geistigen Kräfte des Einzelnen zum Gegenstande habenden Verletzung. So wie sich keine Verletzung individueller Civität denken läßt, die nicht zugleich eine Verletzung des Rechts zu leben enthielte, so ist auch jede Verletzung der Corporation eine Verletzung des Rechts auf die Verfassung: sie tritt nur nicht immer als solche hervor. Und was hier innerhalb der Corporation überhaupt gilt, gilt auch von der niedrigsten Corporation bis zu der, alles umfassenden Corporation, dem Staat, in gleicher Mase. Auch hier findet sich keine spezifische Verschiedenheit, indem ja die untergeordnete Corporation sich nur dadurch bildet, daß das öffentliche Handeln wiederum Potenzen durchgehet, d. h. einen Centralpunkt findet, der sich zu dem Centralpunkte des Staats, wie das Mannigfaltige in der Einheit zur Einheit verhält. 15)

---

15) Es ist daher die dem Landesherrn, als solchem, zugefügte persönliche Beleidigung, wiewohl sie nicht immer als Hochverrath hervortritt, dennoch von Hochverrath keineswegs spezifisch verschieden, eben deshalb aber, insofern im Gegensaz gegen Verletzung der Corporation von einem crimen laesae majestatis die Rede seyn soll, zu lezterm gerade das zu rechnen, was Feuerbach im Lehrbuche des p. Rechts §. 172 unter dem Nahmen Verletzung der Ehrfurcht, dem Verbrechen der beleidigten Majestät gegenüberstellt. Es bedarf dann auch hinsichtlich der in fin. proem. leg. 4 D. ad Leg. Jul. majest. (48, 4) enthaltenen Bestimmung, daß der, welcher einen schuldigen Verbrecher aus dem Gefängniße läßt, Majestätsverbrecher sey, keiner künstlichen Erklärung; der Sprachgebrauch bleibt sich hier ganz getreu: was in L. 1 §. 1 und L. 10 ibid. majestatis crimen, genannt wird, wird auch hier so genannt: Verletzung der Corporation. Daß der ursprünglich rein-republika-

§. 132.

Durch das Bisherige ist jedoch der Begriff von Corporation noch nicht vollständig bestimmt. Wenn auch das Wirken der gesezgebenden Gewalt in die Sphäre des öffentlichen Handelns fällt, so tritt dennoch das Wirken der übrigen Gewalten, da es seiner Natur nach nicht gleichzeitig eintreten kann, immer nur als Naturnothwendigkeit hervor, freilich als gleichsam potenzirte Naturnothwendigkeit, indem, um uns so auszudrükken, das Naturgesez durch den Zwekbegriff hindurchgegangen, und dadurch eine höhere Gestalt gewonnen — aber doch immer noch als Naturnothwendigkeit. Dadurch ist aber die Civität noch nicht in der Art potenzirt, daß sie ihre eigene Grenze bilde, Freiheit und Nothwendigkeit in ihr vereinigt wäre. (§. 125) Soll das Potenziren vollständig genannt werden können, so muß jene Nothwendigkeit wieder als Ausfluß einer höhern Welt sich darstellen, in welcher Freiheit und Nothwendigkeit für den Menschen unmittelbar Eins sind, indem es hier keine Trennung zwischen Gemüth und Verstand giebt, sondern religiöser Glaube.

§. 133.

Dieser religiöse Glaube potenzirt sich nun auch, indem das Gegentheil hieße, er bleibe schlechthin subjektiv; er

---

sche Begriff sich erweitert, (Neues Archiv des Criminalrechts IV. B. 2 St. N°. XII. S. 247) berechtigt nicht, ihn mit dem rein-monarchischen Begriff zu vermischen. Das Verbrechen der beleidigten Majestät im Gegensaz gegen Verlezung der Corporation ist aber, insofern die Unterscheidung sich nicht blos auf Aeußerliches beziehen soll, ein rein-monarchischer Begriff, indem alsdann Majestät nichts anders ist, als der höchst mögliche Grad individueller Civität. So wie der Staat die alles umfassende Corporation ist, so hat sich die individuelle Civität im individuellen Machthaber zur Majestät gesteigert. Ob und inwiefern nun das gemeine deutsche Criminalrecht Bestimmungen enthalte, welche auf das Verbrechen beleidigter Majestät Bezug haben, muß sich aus einer genauern Forschung ergeben; im Preußischen Criminalrechte geben schon die §. §. 203—206 Tit. 20 Th. II. des Allg. L. R. das Erforderliche an die Hand.

potenzirt sich aber auf umgekehrte Weise. So wie die Gesezgebung als das vergeistigte Naturgesez erscheint, so stellt sich dagegen der religiöse Glaube durch das Medium des Symbols als das verkörperte Pflichtgebot dar, und indem auf diese Weise Beide ein Ganzes ausmachen, bildet sich der Charakter des Staats als einer übersinnlich-sinnlichen Natur.

§. 134.

Hiedurch ist die ideale Seite der Corporation, das, was man Kirche nennt, im Allgemeinen angegeben. So wie der Staat die Evolution einer einzigen Handlung ist, so begreift die Kirche alles das in sich, was in dieser Evolution zum religiösen Handeln gehört, und es findet sich daher auch hier jenes Verhältnis des Privathandelns zum öffentlichen Handeln, wiewohl, da die Betrachtung hier von der Corporation ausgehet, das religiöse Privathandeln mit individueller Civität schlechthin zusammenfällt. Inwiefern sich nun für den Verstand eine Verschiedenheit der Religion im Staate denken lasse, gehet aus dem Bisherigen von selbst hervor 16); sind aber mehrere Religionen vorhanden, deren jede geeignet ist, ideale Seite zu seyn, so kann auch dem Begriff gemäß in den Fällen, wo das öffentliche religiöse Handeln für sich besonders hervortritt, diese bestimmte Religion als geistliche Corporation in die Erscheinung fallen 17), und auf diese Weise das Ideale als unabhängig vom Realen, und umgekehrt, das Reale als unabhängig vom Idealen sich darstellen.

---

16) Toleranz ist auf der idealen Seite des Staats was Billigkeit auf der realen: für den Verstand ein Widerspruch, wohl aber eine nothwendige Annahme für das Gemüth.

17) Weshalb sich denn auf der idealen Seite eben so, wie auf der realen, der auch für das Strafrecht Bedeutung habende Gegensaz zwischen Corporation schlechthin und geduldeter Corporation findet. Preuß. Allg. L. R. a. a. O. §. 215 u. 216.

§. 135.

Daß die Kirche als ideale Seite sich auf sämtliche Gewalten erstrekke, folgt unmittelbar aus dem Begriff, zugleich führt uns dies aber auf den Charakter des Staats in seiner höchsten Bedeutung, auf den Punkt, wo es klar wird, was es heißt: der Staat bestehet im Handeln seiner Glieder, und ist dennoch kein Werk von Menschenhänden gemacht. Nur die ideale Seite der richterlichen und exekutiven Gewalt und des aus dem Wirken der gesezgebenden Gewalt hervorgegangenen Produkts, der Gesezgebung, kann in die Erscheinung fallen, nicht aber die ideale Seite der gesezgebenden Gewalt selbst. Dies wäre ein absoluter Widerspruch, es hieße nichts anders, als, das Dogma der Kirche enthalte menschliche Satzungen, die Religion sey eine Erfindung der Menschen 18). Auf diese Weise knüpft sich aber der Staat unmittelbar an den Himmel an, indem die ideale Seite der gesezgebenden Gewalt gleichbedeutend ist mit göttlicher Offenbarung.

§. 136.

Hiedurch ist der Begriff von Corporation für unsern gegenwärtigen Zwek völlig bestimmt. Es findet sich jezt für jeden der oben (§. 130) angegebenen Faktoren ein entsprechender idealer Faktor. Dem Recht auf Würde entspricht das Recht auf (äußere) Anerkennung der Göttlichkeit dieser Religion, dem Recht auf ungestörtes Walten das Recht auf ungestörte Ausübung religiöser Akte, und so wie die Faktoren der realen Seite sich im Recht auf die Verfassung durchdringen, so durchdringen sich diese idealen Faktoren im Recht auf reine Lehre. Damit ist

---

18) „Das Symbol ist Anknüpfungspunkt. Es wird nicht gelehrt — Dies ist der Geist des Pfaffenthums — sondern von ihm aus wird gelehrt; es wird vorausgesezt. Wäre es nicht vorhanden, gäbe es einen höhern, meiner Ueberzeugung nähern Punkt zum anknüpfen, so wäre er mir lieber, da kein anderer ist, so kann ich nur dieses mich bedienen." Fichte System der Sittenlehre S. 326. S. auch Weiller über die religiöse Aufgabe unserer Zeit. S. 25.

aber der mögliche Inhalt einer Verletzung angegeben, und wir wenden uns nunmehr zu blosen Ueberschreitungen eigener Civität.

§. 137.

Verliehren wir den Begriff von Verletzung nicht aus dem Auge, so finden wir schon einen Theil des dem Subjekt als Organ der Corporation obliegenden Handelns als möglichen Inhalt einer blosen Ueberschreitung eigener Civität. Da nämlich jede Verletzung dem Begriff gemäs zugleich Beinträchtigung ist, d. h. ein auf Civilrechtlichem Wege zu verfolgendes Recht voraussezt (§. 111), alles Handeln aber, was nicht zum Privathandeln gehört, nothwendig in öffentlichem Handeln bestehet, so kann die verpönte Unterlassung eines öffentlichen Handelns, hinsichtlich dessen es keinen Civilrechtlichen Anspruch giebt, nur blose Ueberschreitung eigener Civität seyn. — Insofern der Begriff von Verletzung nicht mit Uebertretung überhaupt zusammenfallen soll, läßt sich hiegegen nichts einwenden. Jede blose Ueberschreitung eigener Civität ist aber bis dahin nur negativ; zufolge des so eben Gesagten finden sich indessen auch hier schon Begehungshandlungen, die, wiewohl sie Uebertretungen sind, dennoch nicht über blose Ueberschreitungen eigener Civität hinausgehen. Man denke den Fall, daß ein störendes Einwirken in öffentliches Handeln verpönt ist, diese Störung aber für das Civilrecht keine unmittelbare Bedeutung hat. Es zerfällt daher, so wie die erste Gattung der Uebertretungen in Verletzungen der individuellen Civität und der Corporation, auch die zweite Gattung in **negative** und **positive** Ueberschreitungen eigener Civität. 19)

19) Ein hieher gehöriges Beispiel enthält das Preuß. Allg. L. R. a. a. O. §. 782, wonach die Unterlassung der ohne eigene Lebensgefahr möglichen Rettung eines Menschen verpönt ist. Insoweit hier kein Civil-rechtlicher Anspruch Statt findet, ist auch keine Verletzung, sondern nur Ueberschreitung eigener Civität vorhanden. Diese Ueberschreitung ist nun für den, der die Rettung unterlassen, negativ, hätte sich aber ein Dritter dadurch, daß er die Rettung verhindert, eine Uebertretung zu Schulden kommen lassen, so wäre dies eine positive Ueberschreitung.

§. 138.

Soweit nun von unmittelbaren oder mittelbaren 20) Eingriffen in öffentliches Handeln die Rede ist, erklärt sich jede positive Ueberschreitung eigener Civität von selbst. Es giebt aber noch manche Uebertretung die nur positive Ueberschreitung eigener Civität seyn kann, und dennoch, da sie auf öffentliches Handeln keinen Bezug hat, im Bisherigen ihren Erklärungsgrund nicht findet. Fast in jeder Gesezgebung sehen wir nicht nur Handlungen, die zufolge der Einwilligung dessen, gegen den gehandelt worden, keine Verletzung desselben enthalten, 21) sondern auch Handlungen, die das Subjekt gegen sich selbst unternimmt, so wie selbst dem Anscheine nach ohne alle äußere Wirkung bleibende Handlungen verpönt und wohl mit sehr schweren Strafen bedroht. 22)

§. 139.

Der judicielle Erklärungsgrund ergiebt sich, wenn wir auf den Begriff von Evolution zurükgehen. Betrachten wir diese Evolution, wie sie sich bei jeder complicirten Privathandlung äußert, so bestehet sie freilich an und für sich in diesem bestimmten Inbegriff von positiven Handlungen. Soll der Plan in Erfüllung gehen, so dürfen diese bestimmten Handlungen nicht unterbleiben; unterbliebe eine derselben, so würde dies hier die nämliche Folge haben, die, insofern das öffentliche Handeln im Staat wirklich ein Ganzes bildet, aus jeder negativen Ueberschreitung eigener Civität für dieses Ganze entstehet.

---

20) Wohin z. B. die auf einen an sich gegründeten Anspruch gerichtete unbefugte Selbsthülfe gehört.

21) Der Saz: volenti non fit injuria ist, solange es sich von Verletzungen handelt, unbedingt richtig. Freilich ist die geschehene Rechtsübertragung nichtig, (Feuerbach Lehrbuch des p. Rechts §. 34), dadurch wird aber die Handlung noch nicht Verletzung. Zweikampf ist daher positive Ueberschreitung eigener Civität, Attaque hingegen Verletzung.

22) Nov. 12 C. 1. P. G. O. art. 106, 116, 117, R. P. O. von 1577 tit. 2, 8, 26. Preuß. Allg. L. R. a. a. O. §. 803.

Aber auch außer diesem Inbegriffe des positiven Handelns findet sich wohl schon bei der gedachten complicirten Privathandlung gleichsam eine Quantität dessen, was nicht geschehen darf, und zwar in der Art, daß diese Summe von Unterlassungen nicht etwa das Umgekehrte des positiven Handelns ist, sondern einen eigenen, an und für sich von jenem positiven Handeln unabhängigen Stoff hat. Ein Beispiel wird das Gesagte erläutern. Wo es, um Mitglied einer Gesellschaft zu werden, nicht blos darauf ankommt, die erforderlichen pekuniären Mittel oder aber Kenntnisse zu haben, sondern auch, abgesehen hievon, den bisherigen Gliedern der Gesellschaft in einem vortheilhaften Lichte zu erscheinen, da wird es gewis für Jeden, der den Eintritt in diese Gesellschaft wünscht, außer den hiezu erforderlichen positiven Handlungen auch noch eine Quantität dessen geben, was nicht geschehen darf. Diese Quantität dessen, was als nicht geschehen dürfend in's Bewußtseyn des sich Bewerbenden fällt, können wir uns nun nach der Stufe der Bildung und Moralität, auf der die Gesellschaft, oder aber der sich Bewerbende stehet, größer oder geringer denken, immer wird aber etwas dieser Art in das Bewußtseyn des sich Bewerbenden fallen, sey es auch nur die Nothwendigkeit, in diesem Augenblikke jeden persönlichen Zwist mit einem der Glieder der Gesellschaft zu vermeiden. Dadurch ist aber die hier gesuchte Erklärung im Allgemeinen gefunden. So wie alles, was von der bei dem Privathandeln sich findenden Evolution gilt, auf jene im Handeln des Staats sich findende, wenn wir so sagen dürfen, potenzirte Evolution Anwendung leidet, so auch das hier Gesagte. Auch für den Staat giebt es eine Quantität dessen, was nicht geschehen darf, und das hiegegen gerichtete verpönte Handeln fällt, da es nur Begehungshandlungen in sich begreifen kann, in die Kategorie der positiven Ueberschreitungen eigener Civität. 23)

---

23) Mit Bezugnahme auf das hier gewählte Beispiel dürfen wir wohl, als eines Mittels, diese versuchte judicielle Erklärung zu prüfen, der von Andern gemachten, in der Erfahrung als richtig

§. 140.

Hiedurch ist auch der Charakter der blosen Ueberschreitungen eigener Civität im Allgemeinen angegeben. Was aber von Verletzungen gilt, daß nämlich hier das Prinzip zur Bestimmung des möglichen Bereichs derselben durch die dynamische Natur der Civität gegeben ist, kann bei blosen Ueberschreitungen eigener Civität nicht eintreten. Insofern hier von absoluten Gründen der Strafbarkeit die Rede seyn soll, kann das Prinzip nur anderswo liegen. Wo liegt es nun aber?

§. 141.

Eine nur oberflächliche Reflexion zeigt, daß der Saz: ohne Handeln des Einzelnen als solchen giebt es keine Civität (§. 8), hier kein Resultat liefert, indem er lediglich formal ist, durchaus keine bestimmte Handlung aus ihm hervorgehet. Der gedachte Saz heißt nur: übersinnliche und sinnliche Welt können nicht zusammenfallen. Dies Zusammenfallen, im bewußten Zustande des Menschen gedacht, wäre gleichbedeutend mit realer Sittlichkeit, die ihrer Natur nach jede äußere Gesezgebung ausschließt. Eben so wenig kann aber das gesuchte Prinzip in der innern oder äußern Natur der Handlung liegen. Was zuvörderst die äußere Natur der Handlung betrifft, so kann freilich da, wo die Gesinnung auf keine Weise in die Erscheinung fällt, auch nicht von Uebertretung die Rede seyn. Der Saz: cogitationis poenam nemo patitur 24) ist ein ganz allgemeiner Saz, indem es ohne äußeres Faktum überall kein Handeln giebt. Sobald dagegen die Gesinnung sich äußert, giebt es auch hier keine

---

sich bewährenden Bemerkung erwähnen, die darin bestehet, daß der Umstand, daß gewisse Laster sich im Strafcoder übergangen finden, noch keinesweges einen Schluß auf die geringere Moralität der betreffenden Nation zuläßt, vielmehr wohl zu einer recht vortheilhaften Meinung berechtigen kann. Uebrigens ist damit keinesweges gesagt, daß das se id neminem facturum putasse (Cicero pr. Rosc. Am. XXV.) sich nicht weiter erstrekken könne.

24) L. 18 D. de poen. (48, 19.)

Grenze. Lassen sich doch Verletzungen denken, die in Worten, ja in blosen Minen bestehen. Eben so wenig reicht aber die innere Natur der Handlung aus. Allerdings kann der Staat als die übersinnlich-sinnliche Natur nicht über jene beiden Welten, übersinnliche und sinnliche Welt, hinausgehen, d. h. die Gesezgebung kann dem Begriff nach so wenig einem anerkannten Pflichtgebot, wie einem anerkannten Naturgesez widersprechen, aber jede Handlung fällt sowohl unter ein Pflichtgebot, wie unter ein Naturgesez und es giebt somit auch von dieser Seite keinen Grund, weshalb diese bestimmte Handlung frei gelassen seyn müsse.

§. 142.

Diesemnach könnte aber, insofern jene absolute Grenze innerhalb des Handelns selbst liegen soll, dieselbe nur durch das Recht des Einzelnen gebildet werden. Lezteres wäre aber ein totaler Widerspruch. Das Privatrecht als das Expansive findet freilich nur im öffentlichen Rechte, als dem Contraktiven, seine Grenze, dadurch ist aber kein absoluter Umfang des Privatrechts gegeben. Wäre dies der Fall, so gäbe es überall kein Ueberwiegen des öffentlichen oder Privatrechts, somit keine blose relative Verschiedenheit der einzelnen Civitäten; jede Civität wäre dann eine Stereotype, die aber eben deshalb ihren absoluten Grund schlechthin nur in sich selbst haben könnte; Privatrecht und öffentliches Recht wären dann nicht ursprünglich Eins, sondern sich schlechthin entgegengesezt, dadurch aber die Idee des Staats als eines Lebendigen total zernichtet.

§. 143.

Die gesuchte Grenze kann daher innerhalb des Handelns überall nicht liegen. Dies heißt aber nichts anders, als, das s ä m m t l i c h e Handeln des Einzelnen kann zwar nicht in das öffentliche Recht fallen, weil sonst die Civität = 0 wäre, in Ansehung der e i n z e l n e n Handlung giebt es jedoch für das öffentliche Recht keine Grenze: von keiner bestimmten Handlung, insofern sie wirklich

Handlung ist, läßt sich behaupten, daß sie freigelassen seyn müsse, einzeln gedacht kann jede Handlung verpönt seyn. Eben deshalb fällt aber die absolute Grenze des öffentlichen Rechts hier mit dem Begriff von Handlung zusammen: jede Aeußerung, die dem Begriff nach als reale Seite einer Handlung, oder, was hier dasselbe heißt, als Aeußerung einer illegalen Gesinnung gedacht werden kann, kann auch Inhalt einer Uebertretung seyn.

§. 144.

Hienach läßt sich nun ermessen, inwiefern sogenannte religiöse, oder aber politische Ketzerei, so wie auch Zauberei, Uebertretung seyn kann. Der Umstand, daß es der Zauberei als solcher auf immer am Thatbestande mangeln muß 25), kann für die Judicialie nur da Bedeutung haben, wo das Gesez zum Begriff der Uebertretung unmittelbar Verletzung erfordert 26). Enthält dieser Begriff nur (positive) Ueberschreitung eigener Civität, so giebt es auch für den aufgeklärtesten Juristen Zauberei als Uebertretung, indem ja das sichtbare äußere Faktum, mag der Handelnde an die übernatürliche Wirkung desselben glauben, oder nicht, Aeußerung einer illegalen Gesinnung, also möglicher Inhalt einer Uebertretung ist 27). Ist aber von Ketzerei die Rede, so kann freilich eine der Gesezgebung entgegenstehende Ueberzeugung nie den Inhalt einer Uebertretung ausmachen, da in ihr, als solcher, überall noch kein Handeln liegt, und jede Bestrafung einer freien Ansicht oder Meinung als solcher widerstreitet daher dem Begriff. Sobald aber diese Ansicht oder Meinung ausgesprochen wird, hört sie auf, blose Ansicht oder Meinung zu seyn, der Akt dieses Aussprechens ist schon ein Handeln, und somit möglicher Inhalt einer Uebertretung, auf

---

25) Feuerbach. Revis. II. S. 15.

26) Wie dies in der ersten Hälfte des Art. 109 der P. G. O. der Fall ist.

27) Weshalb denn mittelbar Zauberei auch in der Lehre von Verletzungen zur Sprache kommen kann. Preuß. Allg. L. R. a. a. O. §. 221.

die denn auch die Lehre von der Form der Uebertretung ihrem ganzen Umfange nach Anwendung findet. —

§. 145.

Mittelst der hier aufgestellten Kategorien der Uebertretungen läßt sich der mögliche Inhalt einer Uebertretung in jedem vorkommenden Falle finden, und mit der judiciellen Erklärung der einzelnen Uebertretung ist auch die Beantwortung der Frage, ob und inwiefern der Fremde mögliches Subjekt oder aber Objekt einer Uebertretung ist, und umgekehrt, ob und inwiefern das Glied dieses Staats sich im Auslande einer Uebertretung schuldig machen kann, im Allgemeinen gegeben. Was zuvörderst den Fremden betrifft, so kennt, solange der Begriff streng gedacht, d. h. der Fall ausgeschlossen wird, wo das Individuum etwa nur von dem Punkte aus Fremder ist, wo das Organ der Corporation als Beamter hervortritt, das identische Denken als solches, den Fremden als mögliches Subjekt einer Uebertretung gar nicht, als mögliches Objekt einer Uebertretung aber nur insofern, als diese Uebertretung in bloser Ueberschreitung eigener Civität bestehet. Da es keine individuelle Civität ohne potenzirte Civität giebt, so wäre das Gegentheil in sich widersprechend. Insoweit nun von der Möglichkeit, Subjekt einer Uebertretung zu seyn, die Rede ist, sehen wir da, wo ein Glied eines auswärtigen Staats in dieser seiner Qualität sich bei uns aufhält, das Resultat des identischen Denkens wirklich in's Leben treten, in allen übrigen Fällen legt aber das synthetische Denken mehr oder weniger Modificationen in den ursprünglichen Begriff. So wie nämlich das so eben bemerkte Resultat wohl zunächst nur aus politischen Rükfsichten Eingang findet 28), so nimmt auch auf der andern Seite, weil sich das Gemüth durch den Saz, daß der Fremde keine wirkliche Persönlichkeit habe, und eine demselben zugefügte Mishandlung nur blose Ueberschreitung eigener Civität enthalte, in Zwispalt versezt fühlt, die in einen auswärtigen Staat fallende Civität

28) *Grotius* de J. B. ac P. L. II C. XVIII §. 4 folgd.

die Form wirklicher Civität an. 29) Hieraus beantwortet sich denn auch die zweite der obigen Fragen. Gegen ein Glied eines auswärtigen Staats giebt es auf auswärtigem Boden dem Begriff nach keine Verletzung; gehört dagegen der Mishandelte dem nämlichen Staate an, wie der Handelnde, so ist die Handlung auch im Auslande solange Verletzung, als nicht der Grundsaz gilt, daß man durch den Auffenthalt außer dem Staate aufhöre, Glied des Staats zu seyn. Und hieraus folgt wieder, daß es bei bloser Ueberschreitung eigener Civität auf den Auffenthalt im Auslande, als solchen, nicht ankommt. Weiter kann aber hier die Wissenschaft nicht gehen; zufolge der Relativität des Begriffs von Civität bleibt jede nähere Bestimmung nothwendig der Theorie überlassen. 30) Was dagegen die Frage betrifft, nach welchen Gesetzen der Richter im Falle einer vorhandenen Uebertretung zu erkennen habe, so gehört diese allerdings hieher, und die Antwort unterliegt keiner Schwierigkeit, sobald die Frage richtig gedacht wird. Verstehet man unter Gerichtsbezirk einen durch die Person des Herrschers mit dem Staate, in

29) Daß der Saz, der völlige Ausländer könne von auswärts her, durch Schriften, Verbrechen in einem andern Staate begehen (Martin Lehrbuch des t. g. Criminalrechts §. 41) da, wo er gilt, auf einer Annahme des Gemüths beruhe, braucht nur bemerkt zu werden. Für das identische Denken giebt es hier nur Sicherung.

30) Dahin gehört denn auch die Frage, ob und inwieweit die einzelnen Glieder des im Kriege begriffenen Staats gegen feindliche Militairpersonen sich einer Uebertretung schuldig machen können, (Neues Archiv des Criminalrechts 1. B. 3. St. N°. VI) und jede in das einzelne gehende sogenannte philosophische Betrachtung bleibt auch hier ein unglükseliges Mittelding zwischen Wissenschaft und Theorie. Dem hier Vorgetragenen zufolge läßt sich allerdings auch gegen eine feindliche Militairperson eine Verletzung denken, in dem Falle nämlich, wenn bei ihr Civität der Form nach hervortritt; ob dies aber der Fall sey und in diesem Augenblicke der Fall sey, und wieweit sich diese der Form nach hervortretende Civität erstrekke — dies kann nur aus der bestimmten Gesezgebung erkannt werden, die denn auch wohl Missethaten in Feindesland begangen, als Verletzungen betrachtet.

welchem die Uebertretung vorfiel, verbundenen Staat, 31) so können begreiflicher Weise, insofern für diesen einzelnen Staat überhaupt von Uebertretung die Rede seyn soll, nur die im Domizil der handelnden Person geltenden Gesetze zur Anwendung kommen, indem der Ort, wo der Voraussetzung nach die Uebertretung begangen worden, wirklich außer dem Staate liegt, die Gesetze eines auswärtigen Staats aber nur im Civilrecht, keinesweges im Strafrecht in Betracht kommen können; bezeichnet man dagegen mit dem gedachten Ausdrukke das, was man gewöhnlich darunter verstehet, den Bezirk, in welchem dieser Richter competent ist, so tritt das Nämliche ein, was bei dem Fremden gilt: das Gesez kommt zur Anwendung, was am Orte der begangenen Uebertretung Gültigkeit hat, und zwar ebenfalls ohne Rüksicht darauf, ob es gemeines oder aber partikulares Recht ist. Von Anwendung des in diesem Gerichtsbezirk geltenden Rechts, als solchen, kann so wenig in diesem, wie im erstern Falle die Rede seyn, indem das, was hier Gerichtsbezirk heißt, nur für die Lehre von der Competenz Bedeutung hat. Daß aber auch hier Annahmen des Gemüths eintreten können, vermöge welcher die im Gerichtsbezirk geltende gelindere Gesezgebung angewendet wird, braucht zufolge des früher Gesagten nur bemerkt zu werden.

§. 146.

Aber auch die eine und nämliche Handlung kann nach dieser bestimmten Gesezgebung bald Verletzung, bald blose Ueberschreitung eigener Civität seyn, je nachdem sie gegen eine Civität gerichtet ist, oder nicht. Ein Beispiel einer solchen, nach einer bestimmten Gesezgebung in mehrere Kategorien fallenden, Uebertretung ist das, durch das gemeine in Deutschland geltende Recht vorgesehene Verbrechen der Blasphemie, was bald Verletzung, bald blose Ueberschreitung eigener Civität ist, keinesweges aber, wie

31) Wie Kleinschrod (systemat. Entw. Th. II §. 124) thut, wenn er einen böhmischen Richter und eine in Oesterreich oder Ungarn begangene Uebertretung als Beispiel anführt.

Feuerbach 32) behauptet, lediglich in einer Injurie gegen die Kirchliche Gesellschaft bestehet. Freilich kann eine Gesezgebung uns nicht nöthigen, einen undenkbaren und ungereimten Grund des Gesetzes zu denken, und daß der in Nov. 77 angeführte Grund 33) ein solcher sey, haben wir im Laufe der Jahrhunderte einsehen gelernt; die Wesenheit der Corporation, die nie über das Sichtbare hinausgehet (§. 130), zeigt uns aber auch, daß Blasphemie nur dann Injurie gegen die Kirche seyn kann, wenn die Lästerung Angesichts der kirchlichen Versammlung oder bei Gelegenheit eines kirchlichen Akts ausgestoßen wird. Blasphemie ist daher nach dem in Deutschland geltenden gemeinen Rechte oft Injurie gegen die Kirche, in den meisten Fällen ist sie aber blose Ueberschreitung, und zwar positive Ueberschreitung eigener Civität. 34) — Eben so findet aber auch mittelst der hier aufgestellten Kategorien die in unterlassener Denunciation bestehende Uebertretung ihre judicielle Erklärung. Daß sich von einer außerge-

32) Lehrbuch des p. Rechts §. 303. — Eine Einseitigkeit anderer Art ist es, wenn in dem gedachten Lehrbuche §. 33 gesagt wird, Tödtung eines zum Tode Verurtheilten sey kein Verbrechen. Soll dies nicht etwa auf den Unterschied zwischen crimen und delictum (a. a. O. §. 22) Bezug haben, wie man doch der Stellung zufolge nicht annehmen kann, so ist es, als allgemeiner Satz gedacht, offenbar falsch. Freilich ist hier keine Verletzung individueller Civität vorhanden, schwerlich möchte sich aber ein civilisirter Staat finden, in welchem die gedachte Handlung nicht verpönt wäre, wenn auch nicht durch geschriebenes, dennoch durch ungeschriebenes Recht. Ist sie aber verpönt, so wird sie in dem Falle, wo durch die Tödtung die Exekution als Akt gestört wird, Verletzung der Corporation, in allen übrigen Fällen aber blose Ueberschreitung eigener Civität seyn.

33) — — propter talia enim delicta et fames et terræ motus et pestilentiæ fiunt.

34) Dagegen ist nach dem Preuß. Allg. L. R. a. a. O. §. 217 Blasphemie Verletzung individueller Civität, indem das Aergernis, von dem hier die Rede ist, nichts anders heißt, als, die einzelnen Bekenner dieses Kirchenglaubens werden in Zwiespalt mit sich selbst gesezt. Indessen wird der Begriff nicht rein gehalten, wenn es im §. 219 heißt, der Lästernde solle nach ausgestandener Strafe der Gemeine in der Person ihrer Vorsteher Abbitte leisten.

wöhnlichen Art der Beihülfe 35) nicht reden lasse, vielmehr Beihülfe entweder wirklich vorhanden, oder aber nicht vorhanden sey, zum wirklichen Vorhanden seyn aber gemeinschaftliches Handeln gehöre, dürfen wir zufolge unserer frühern Erörterungen wohl als bewiesen annehmen; ist aber die Unterlassung der zur Pflicht gemachten Denunciation nicht Ausfluß eines gemeinschaftlichen Handelns, so kann sie nur eine für sich bestehende Uebertretung seyn, und als solche einen bestimmten Charakter haben. Dieser bestimmte Charakter ist nun auch vorhanden: die gedachte Unterlassung der zur Pflicht gemachten Denunciation ist, wie jede verpönte Unterlassung öffentlichen Handelns, je nachdem sie für das Civilrecht Bedeutung hat oder nicht, Verletzung der Corporation oder aber negative Ueberschreitung eigener Civität.

§. 147.

Soviel vom möglichen Inhalte der Uebertretung überhaupt. Dadurch sind aber überall noch keine Modificationen der Strafbarkeit gegeben, selbst nicht einmal zwischen Verletzungen und blosen Ueberschreitungen eigener Civität. Freilich muß das, was in fremdes Gebiet eingreifen soll, das eigene Gebiet bereits überschritten haben, und so könnte man sich versucht fühlen, Verletzungen für strafbarer zu halten, wie blose Ueberschreitungen eigener Civität; es bedarf aber nur eines Blicks auf die höhere Natur der Civität, um sich zu überzeugen, daß ein solcher Schluß nur eine verunglükte Anwendung einer von körperlichen Gegenständen entlehnten Bezeichnung wäre. Außerdem giebt es aber für den Verstand, als solchen, keinen Grund, der auch nur scheinbar für eine Verschiedenheit der Strafbarkeit spräche. Der Verstand sagt nur, wo Strafbarkeit seyn soll, da muß der Inhalt der Handlung entweder in das Civilrecht oder in das Regierungsrecht fallen, indem das Gegentheil hieße, die Handlung habe für den Staat überall keine Bedeutung (§. 111); ob aber diese bestimmte Handlung strafbar sey, und welchen Grad von Strafbar-

35) Feuerbach a. a. O. §. 307. S. auch Martin a. a. O. §. 77.

keit sie habe, dies beruhet lediglich auf einer Annahme des Gemüths. Wollte der Verstand, als solcher, Strafbarkeit annehmen, so würde sich dadurch nothwendig der Begriff von Civität und somit auch der Begriff von Staat zernichten; der Verstand sähe sich genöthigt, nicht nur allenthalben gleiche Strafbarkeit anzunehmen, sondern auch jede in den Staat fallende Handlung zu verpönen, wodurch für die Erscheinung nothwendig alle Freiheit verlohren gehen würde. Wie wäre es dann dem Verstande möglich, die Strafbarkeit auf bestimmte Handlungen zu beschränken und Grade der Strafbarkeit zu bilden? Es würde ja hiezu erfordert, daß er die vorzügliche Bedeutung dieser Handlung für den Staat in ihrem vollen Umfange erkenne, und somit den Staat mit allem, was darinnen ist, für alle Zukunft construire, eine Voraussetzung, die mit dem Leben unmittelbar im Widerspruche stehet. Nur für das Gemüth giebt es eine solche Bedeutung, weil sie sich nur als Annahme (§. 40) geltend macht. Eben deshalb bleibt aber dem identischen Denken, als solchem, jede Modification der Strafbarkeit fremd. 36)

§. 148.

Was von den gedachten beiden Haupt-Kategorien der Uebertretungen, dieselben in ihrem Verhältnisse zu einander

36) Daß der Verstand die Strafbarkeit an und für sich nicht finde, geben unsere philosophischen Criminalisten mittelst des Satzes: *nulla poena sine lege* stillschweigend zu, die Modificationen der Strafbarkeit deduciren sie aber a priori, und so stehen denn die bedingt-nothwendigen Rechte des Staats — das Gebiet, in welches die Uebertretungen fallen, die wir blose Ueberschreitungen eigener Civität nennen — dem übrigen möglichen Inhalte einer Uebertretung nach. Aber, um dem Geiste ihrer Ansicht gemäs lediglich auf der realen Seite des Staats zu bleiben, fragen wir, ob sie denn im Ernste meinen, daß die geringste Entwendung strafbarer sey, wie die Nichtbeachtung eines Quarantainegesetzes? — Da übrigens der Ausdruk Polizeivergehen im Leben in einer Bedeutung gebraucht wird, die sich nicht nur zu dem, was wir unter blosen Ueberschreitungen eigener Civität verstehen, wie das Besondere zum Allgemeinen verhält, sondern auch wohl Verletzungen in sich begreift, so erscheint die von uns gewählte Bezeichnung wohl nicht als willkührliche Neuerung.

betrachtet, gilt, das gilt auch innerhalb jeder derselben. Auch hier kennt der Verstand nur insoweit Modificationen der Strafbarkeit, als sie ihm durch Annahmen des Gemüths gegeben sind. Es tritt deshalb hier das Nämliche ein, wie bei der Form der Uebertretung: es bilden sich einzelne vom Verstande zu construirende Begriffe. Indem auch hier der Verstand immer nur einen mit sich selbst übereinstimmenden Begriff kennt, nimmt er nur das in den zu construirenden Begriff auf, was er mit der Einheit desselben verträglich findet, unbekümmert, ob das Ausgeschlossene sich als Inhalt eines andern Begriffs geltend zu machen im Stande ist, oder nicht. (§. 45)

§. 149.

Die hier eintretenden Annahmen des Gemüths lassen sich eben so wenig auf ein Prinzip zurückführen, wie in der Lehre von der Form der Uebertretung. Die Rechtswissenschaft würde durch ein solches Bestreben über sich selbst hinausgehen. So wie daher in der Lehre von der Form der Uebertretung immer nur einzelne Formen herausgehoben werden konnten, so lassen sich in der gegenwärtigen Lehre nur einzelne Prinzipien anführen, die den hier sich findenden Annahmen des Gemüths zum Grunde liegen. Da aber von dem Interesse der Wissenschaft, die für den Verstand eintretenden Widersprüche zu vermitteln, hier keine Rede seyn kann, indem die hier etwa vorkommenden scheinbaren Widersprüche auf den Begriff von Handlung unmittelbar keinen Einfluß haben, so können wir uns hier mit einzelnen Beispielen begnügen. Ein solches Beispiel ist das hier ziemlich allgemein sich findende pathognomische Prinzip, zufolge dessen auf den Grad, in welchem die Gesundheit oder das Leben der als Objekt der Uebertretung gedachten Person gefährdet worden, Rükficht genommen wird, was aber wieder nur Modification eines allgemeinern, auf Qualität 37) oder aber

37) Preuß. Allg. L. R. a. a. O. §. 800.

Quantität 38), als solcher, beruhenden Prinzips ist. Und so wie sich hier wohl die ideale Seite des Staats in überwiegender Mase geltend macht 39), so tritt auch wohl der Fall ein, daß sich nicht mehr mit Sicherheit erkennen läßt, ob der Inhalt oder aber die Form der Uebertretung das Vorherrschende ist. 40) Was sich aber im vorigen Abschnitte (§. 105) ergab, daß die bei der Construktion des Begriffs in Betracht kommenden Quellen verschieden sind, das findet sich auch hier, und diese Bemerkung giebt uns Gelegenheit, das für positive Ueberschreitungen eigener Civität obwaltende judicielle Prinzip in einer seiner bestimmtern Gestaltungen kennen zu lernen, und eben dadurch den organischen Zusammenhang des Strafrechts mit den übrigen Zweigen des Rechts uns völlig klar zu machen.

§. 150.

Daß Fluchen und Betteln da, wo es Uebertretung ist, eben so wohl in positiver Ueberschreitung eigener Civität bestehet, wie Incest, gehet aus dem Bisherigen hervor; hinsichtlich der Quelle, aus der der Verstand die Merkmale zu dem zu construirenden Begriffe zu schöpfen hat, kann aber die zulezt gedachte Uebertretung von den beiden erstern sehr verschieden seyn. Setzen wir den Fall, das Strafgesez habe jede dieser drei Arten von Handlung verpönt, ohne zugleich den Begriff der Uebertretung näher anzugeben, so liegen die Merkmale des Begriffs von Fluchen, so wie die des Begriffs von Betteln unmittelbar im Leben selbst. Was man sich im Leben darunter denkt, gilt auch als juristischer Begriff. Eben deshalb tritt denn auch der judicielle Grund hier in keiner bestimmtern Gestaltung hervor. Soviel ist wohl einzusehen, daß das

38) P. G. O. Art. 161. Preuß. Allg. L. R. a. a. O. §. 870. Auch hier findet sich wohl ein Gebiet, was für die Lehre vom Inhalt der Uebertretung das ist, was das Gebiet des nicht-imputabelen Versehens (§. 48) für die Lehre von der Form der Uebertretung. Ein Beispiel liefern L. 9 §. 5 u. L. 10 D. de dol. (4, 3.)

39) P. G. O. Art. 172.

40) Preuß. Allg. L. R. a. a. O. §. 835.

Verbot des Fluchens sich mehr nach dem Idealen, das Verbot des Bettelns hingegen sich mehr nach dem Realen hinneigt, dadurch erscheint aber das judicielle Prinzip noch in keiner bestimmtern Form. Anders ist es bei dem Incest. Der Begriff von Incest ist kein unmittelbar im Leben sich findender, sondern ein schon dem Civilrecht angehöriger Begriff. Wo das Strafrecht den Incest kennt, da ist derselbe nothwendig auch dem Civilrecht bekannt, indem das, was die Handlung hier zur Uebertretung macht, nothwendig auch ein Ehehindernis bildet. Das Strafrecht kann den Begriff von Incest wohl beschränken, keineswegs aber denselben als einen ihm eigenthümlich angehörigen Begriff aufstellen. Lezteres wäre in sich widersprechend.

§. 151.

Indem aber auf diese Weise im Falle eines den Begriff von Incest nicht angebenden Strafgesetzes lediglich der im Civilrecht construirte Begriff gilt, ergiebt es sich von selbst, daß der judicielle Grund eben so wenig dem Strafrecht eigenthümlich seyn kann, und somit Lezteres auch hier nur von frühern Erörterungen Gebrauch zu machen hat. Das Strafrecht muß demnach hier auf das Civilrecht zurükgehen, um diesen judiciellen Grund in der möglichst bestimmten Gestalt zu finden. Fragen wir aber hinsichtlich dieses bestimmten judiciellen Grundes das Civilrecht, so giebt es uns keine Auskunft, und zwar aus dem einfachen Grunde, weil der Begriff von Incest dort nur mittelbar, nämlich, insofern er auf Ehe und Familienverhältnisse Bezug hat, zur Sprache kommt, die wirkliche Erklärung der Ehe und des daraus hervorgehenden Familienverhältnisses aber schon höher liegt, indem sie nur aus dem, im Regierungsrecht zu erörternden Begriff von Liebe hervorgehet.

§. 152.

Welche Ansicht die richtigere sey, ob die des Modestinus, wie sie uns in L. 1 D. de ritu nuptiar. (23, 2) aufbewahrt worden: nuptiae sunt conjunctis maris et foeminae et consortium omnis vitae; divini et humani juris communicatio, oder die in neuern Zeiten aufgestellte, nach welcher durch die Ehe als einen zweiseitigen, eine gleiche Gesellschaft begründenden Vertrag beide Theile das Recht auf den ausschließlichen naturgemäßen Gebrauch der Geschlechts-Theile erwerben. 41) — Dies sagt wohl Jedem der gesunde Sinn. Auch der einseitigsten Reflexion hätte es doch nicht entgehen sollen, daß das, was als Inhalt der Ehe hervortreten soll, sich vom Weibe, unbeschadet seiner Weiblichkeit, muß aussprechen lassen, und nicht weniger geeignet seyn muß, wörtlicher Inhalt eines von beiden Theilen wohl an heiliger Stätte abzulegenden Gelübdes zu seyn. 42) Eine, wörtlich auf den ausschließlichen naturgemäßen Gebrauch der Geschlechtstheile gerichtete, Verbindung ließe sich höchstens in dem Sinne Ehe nennen, als eine Verbindung von Flibustiern Staat genannt werden kann.

§. 153.

Damit ist aber keinesweges gesagt, daß die Liebe juristisch den nämlichen Charakter habe, wie im Zustande realer Sittlichkeit, welche leztere Ansicht sich in Fichte's

---

41) Wie dies in Feuerbachs Lehrbuch des p. Rechts §. 373 der siebenten Auflage zu lesen ist. Vergl. Kant metaphysische Anfangsgründe der Rechtslehre. §. 24 folgd.

42) Hätte man aber die Einseitigkeit der Reflexion soweit überwunden, so würde man auch inne geworden seyn, daß ein Vertrag, der mit beiderseitiger Einwilligung nicht aufgehoben werden kann, im Widerspruche mit sich selbst stehet, somit der Begriff von Vertrag wenigstens zur vollständigen Erklärung der Ehe nicht ausreicht. Indessen hat man diesen, so wie die übrigen scharfsinnigen Einwürfe Hugo's (Lehrbuch des Naturrechts als einer Philosophie des positiven Rechts. S. 258 folgd. der dritten Ausgabe) unbeachtet gelassen. — Die Ehe beruhet so wenig auf einem Vertrag, wie der Staat, wohl aber kann sie, eben so wie der Staat, den Anschein haben, als liege ihr ein Vertrag zum Grunde: sie ist Autokratie, und zwar stellt sich diese Autokratie hier in allen möglichen Formen dar, von der niedrigsten Form an, wo das Weib wirklich Sklavin ist, bis zur höchsten, wo das Herrschen nicht mehr als solches hervortritt. S. über Autokratie den ersten Abschnitt des folgenden Kapitels.

Grundlage des Naturrechts findet. 43) So wie im Staate überall die Regel für das Handeln abgesondert vom Handeln selbst hervortritt, eben deshalb aber ethisches und geniales Handeln als solches für den Staat nicht vorhanden ist, so nimmt nothwendig auch die Liebe, insoweit sie für den Staat Bedeutung hat, einen andern Charakter an, d. h. es ist nicht mehr von ihrem innersten Wesen die Rede, sondern nur von dem Umfange, innerhalb dessen sie sich bewegen kann. Was in diesen Umfang fällt, ist Liebe, was über ihn hinausgehet, ist Unzucht. 44) Wo Möglichkeit der Liebe angenommen wird, da ist Möglichkeit der Ehe, und Liebe und Ehe fallen daher allerdings im Staate nicht weniger zusammen, wie im Zustande realer Sittlichkeit, aber auf andere Weise. So wie nämlich der Anfang der Liebe an objektive Bedingungen — physische und geistige Fähigkeit der Person, Stand, Vermögen u. s. w. — geknüpft ist, so wird auch ihr Ende nur da angenommen, wo zufolge dessen, was man als Ehescheidungsgründe anerkennt, die Aufhebung der Ehe juristisch verlangt werden kann.

§. 154.

Zufolge des hier Gesagten kann aber die bestimmte Gestaltung, in welcher der bei dem Incest obwaltende judicielle Grund sich darstellt, nicht länger zweifelhaft seyn.

43) Wiewohl auch an und für sich einseitig gehalten. Im Zustande realer Sittlichkeit kann auch dem Manne der Geschlechtstrieb nicht als solcher erscheinen, und zwar so gewis, als der von Fichte selbst ausgesprochene Saz, daß Liebe Natur und Vernunft in ihrer ursprünglichen Vereinigung ist, nicht bestritten werden kann.

44) Daß sich hier auch wohl ein Indifferenzpunkt findet, nämlich ein Punkt, wo die Vermischung der Geschlechter keine juristische Wirkung hat, wie es nach dem Code civil außer dem Falle einer Entführung bei jedem außerehelichen nicht etwa von einem Ehemanne im gemeinschaftlichen Hause gepflogenen Beischlafe, als solchem, der Fall ist, hat auf die gegenwärtige Untersuchung so wenig Einfluß, wie der Umstand, daß es für die Liebe auch wohl Uebergänge giebt. Preuß. Allg. L. R. Thl. II Tit. 1 §. 1025 folgd. §. 1015 folgd. u. §. 1035 folgd.

Was von den so eben beispielsweise angeführten Ehehindernissen gilt, das gilt auch vom Incest: dieser bestimmte Grad von Verwandschaft oder Schwägerschaft schließt die Möglichkeit der Liebe aus. Und so wie sich nun im Gebiete dessen, was für Unzucht gehalten wird, überhaupt eine Steigerung von juristischer Folge schlechthin bis zu Strafe findet, so hat auch wohl der Incest, soweit er in das Strafrecht fällt, Grade, mittelst deren er bald Polizeivergehen, bald Capitalverbrechen ist. 45)

§. 155.

Daß nun auch da, wo vom Inhalte der Uebertretung die Rede ist, in eben dem Sinne, wie bei der Form der Uebertretung, sich qualificirte Uebertretungen finden, gehet schon aus dem, was hier beispielsweise vom Incest gesagt worden, hervor. Eine solche qualificirte Uebertretung ist vorhanden, wenn mehrere Uebertretungen, als eine Handlung in die Erscheinung fallen, wie dies nicht nur bei Fleischesverbrechen, sondern auch wohl bei manchen andern Uebertretungen der Fall seyn kann. Es genügt indessen, dieser sogenannten idealen Concurrenz zum Behuf des hier eintretenden Sprachgebrauchs zu erwähnen, da sie an und für sich noch keine wirklich juristische Bedeutung hat. 46) Eine nähere Erörterung erheischt aber die Frage, wo für das identische Denken die Grenze zwischen subjektiver Concurrenz — Uebertretung des nämlichen Strafgesetzes durch verschiedene Handlungen — und fortgesezter Uebertretung — delictum continuatum — liegt.

---

45) Legislatorische Gründe des Incests sind angegeben von Michälis in dessen mosaischem Rechte Thl. II §. 108 u. 109 der zweiten Ausgabe und Feuerbach a. a. O. §. 461.

46) Das Nähere s. im zweiten Abschnitte des folgenden Kapitels. Sollte gegenwärtig schon von einer wirklich juristischen Bedeutung die Rede seyn, so müßte die qualitas adjecta einer allgemeinen Regel unterliegen. Was aber als qualitas adjecta betrachtet werde, ob der Incest bei dem incestuosen Ehebruch, oder aber der Ehebruch bei dem ehebrecherischen Incest, läßt sich im Allgemeinen nicht sagen.

§. 156.

Im Allgemeinen gilt hier nothwendig das Nämliche, wie bei der wiederhohlten Uebertretung: nur der gesezliche Begriff der Uebertretung bildet die Grenze, und die Größe des Zeitraums, in welchem das Subjekt gehandelt, kann nicht in Betracht kommen (§. 103). Aber da das identische Denken bei der wiederhohlten Uebertretung die bereits geschehene Bestrafung als nothwendiges Moment findet, so ist das dort Gesagte hier nicht ausreichend; wir haben vielmehr die Natur des gesezlichen Begriffs selbst genauer zu betrachten, und diese Betrachtung führt uns auf den Anfang des gegenwärtigen Kapitels, auf die Lehre von der Form der Handlung, zurük.

§. 157.

Da das äußere Faktum als reale Seite der Handlung das gleichsam verkörperte Wollen des Subjekts, die vollständige Hypotypose des Wollens ist, (§. 85) so kann es oft kommen, daß das, was äußerlich wohl als eine in sich geschlossene Handlung erscheint, sich dennoch zur wirklichen Handlung nur wie Moment verhält. Es ist dies allenthalben der Fall, wo die Absicht des Subjekts über dieses äußere Faktum hinausgehet. Würde eine Handlung ohne Rüksicht auf diesen Umfang der Absicht des Subjekts als wirklich in sich geschlossene Uebertretung angesehen, so ginge die ideale Seite über die reale hinaus, was sich widerspricht. Durch die Anwendung dieses Satzes auf die obige Frage wird aber die Lehre von der Natur der Uebertretung erst vollständig, indem wir den Begriff von Handlung hier von einer Seite kennen lernen, die bisher noch nicht zur Sprache kommen konnte.

§. 158.

So lange von Modificationen der Strafbarkeit, welche eine auf gleiche Weise in die Erscheinung fallende Handlung hervor bringen kann, als solchen, die Rede ist, siehet sich das identische Denken noch in keinen Widerspruch versezt. Die Bestimmung der L. 32 §. 1 D. ad

Leg. Aquil. (9, 2) 47) gehet schon aus identischem Denken hervor. Wer dem Andern tödtliche Schläge zufügt, um ihn zu tödten, hat, auch wenn sich hier ein Punkt auffinden ließe, wo die zugefügten einzelnen Schläge noch nicht tödtlich waren, nur eine Uebertretung, nämlich Todtschlag, begangen, indem der zugefügte einzelne an sich nicht tödtliche Schlag nicht die hier vorhandene Absicht ausfüllt, somit nur Moment der hier in Betracht kommenden Handlung ist. 48) Und eben deshalb macht denn auch die schon hier etwa eintretende, in dem allegirten Fragment wirklich angenommene, objektive Concurrenz — Uebertretung verschiedener Strafgesetze durch verschiedene Handlungen — keine Schwierigkeit. Anders ist es aber, wenn es sich um die Grenzlinie zwischen subjektiver Concurrenz und fortgesezter Uebertretung handelt. Hier kommen wir auf den Punkt, wo sich das identische Denken selbst zernichtet, eben dadurch aber auch innerhalb des Begriffs von Handlung für die Annahmen des Gemüths eine absolute Nothwendigkeit entstehet.

§. 159.

Soll subjektive Concurrenz von fortgesezter Uebertretung sich unterscheiden, so kann der Unterschied ohne Zweifel nur darin bestehen, daß in ersterer der volle gesezliche Begriff von Uebertretung mehrmals enthalten ist, leztere aber über den vollen gesezlichen Begriff nicht hinausgehet. Was über den vollen gesezlichen Begriff hinausgehet, gehört ja einer fernern Uebertretung an, und wo von einer fernern Uebertretung die Rede ist, da ist subjektive Concurrenz. Dieser Saz gilt unabhängig von irgend einer gesezlichen Bestimmung, da er eine un-

47) "Si idem eundem servum vulneraverit, postea deinde etiam occiderit, tenebitur et de vulnerato et de occiso: duo enim sunt delicta. *Aliter atque si quis uno impetu pluribus vulneribus aliquem occiderit: tunc enim una erit, actio de occiso.*"

48) Eine hieher gehörige Annahme des Gemüths liegt dem §. 829 Tit. 20 Thl. II. des Preuß. Allg. L. R. zum Grunde, nach welchem ein mit Grausamkeit begangener Mord härter bestraft wird.

mittelbare Folge aus dem Wesen der gedachten beiden Begriffe ist. Er ist aber formal, weil daraus die Grenze des gesezlichen Begriffs der Uebertretung keinesweges hervorgehet, dieser gesezliche Begriff aber zu seiner praktischen Anwendbarkeit allerdings einer nähern Bestimmung, als in dem Bisherigen enthalten, bedarf. Indem nämlich das Gesez auf diese bestimmte Handlung, diese bestimmte Strafe sezt, muß, abgesehen von einer etwaigen besondern Annahme des Gemüths, nothwendig angenommen werden, daß die reale Seite der Handlung mit der idealen Seite derselben zusammenfalle, keine dieser beiden über die andere hinausgehe. Dadurch entstehet aber ein für den Verstand nicht zu lösender Widerspruch. Da nämlich auf der einen Seite das äußere Faktum nothwendig vollständige — wirkliche oder aber durch Schlüsse ergänzte — Hypotypose des Wollens ist, auf der andern Seite aber dieses Wollen des Subjekts sich nur durch das äußere Faktum erkennen läßt, so sind wir hier in einem offenbaren Cirkel befangen, weil das zu Erkennende — der Wille — zugleich der Erkenntnisgrund seines Erkenntnisgrundes — des äußern Faktums — seyn soll.

§. 160.

Von der Richtigkeit dieser Bemerkung wird uns das erste beste Beispiel überzeugen. So wie Niemand daran zweifelt, daß A, wenn er dem B zu verschiedenen Zeiten etwas entwendet, dadurch mehrfacher Dieb seyn kann, so stellt auch dagegen Niemand in Abrede, daß es Fälle giebt, wo, ohngeachtet das Subjekt die gestohlenen Sachen in einzelnen Parthien in seinen Gewahrsam gebracht hat, dennoch nur ein Diebstahl vorhanden ist. Man denke den Fall, das Ganze hat sich nicht auf einmal wegbringen lassen. Hier hat aber der Beurtheiler offenbar die Absicht des Thäters im Auge. Bei den mehreren Diebstählen nimmt er die jedesmal erfolgte Wiedererzeugung dieser Absicht an, da hingegen, wo er die mehrern Akte für einen Diebstahl gelten läßt, gehet er davon aus, daß die Absicht gleich anfangs auf sämtliche entwendete Gegenstände gerichtet gewesen. Angenommen aber, der Beurtheiler lasse hier nicht das Gemüth, sondern den Verstand reden, so kann er sich auch nicht entschlagen, den Forderungen der Consequenz Genüge zu leisten. Diese Consequenz des identischen Denkens sagt aber, daß, sobald hier auf die Absicht gesehen wird, es überhaupt nicht auf die Zahl der Akte, und den dazwischen liegenden Zeitraum, so wie auch nicht auf die Indentität des Bestohlnen, sondern lediglich darauf ankommt, wieweit sich das Wollen des Subjekts ursprünglich erstrekt habe. Hat dieses ursprüngliche Wollen die sämtlichen jezt entwendeten Gegenstände als ein Ganzes umfaßt, so ist nur ein Diebstahl vorhanden, und selbst jezt kann vom vollen gesezlichen Begriffe nur insofern die Rede seyn, als jenes Wollen über die bis jezt gestohlne Quantität nicht hinausgegangen.

§. 161.

Daß durch diese Consequenz alle Realität des Begriffs von Handlung aufgehoben werde, leuchtet wohl ein. Auf welche Weise wäre denn hier die in Betracht kommende Absicht des Subjekts mit Gewisheit auszumitteln? Von der eigenen Erklärung desselben kann keine Rede seyn, da diese, wie im praktischen Theile der gegenwärtigen Darstellung gezeigt wird, für sich allein keine unbedingte Gültigkeit hat, und auch abgesehen hievon stets etwas Zufälliges bleibt. Was dagegen das äußere Faktum als möglichen Erkenntnisgrund betrifft, so lassen sich wohl Fälle denken, wo dasselbe den hier erforderlichen Schluß an die Hand zu geben geeignet ist, aber auch dieses kann zufolge der ihm inwohnenden Zufälligkeit hier nicht in Betracht kommen. Dieserhalb zernichtet sich aber hier das identische Denken, und der gesezliche Begriff der bestimmten Uebertretung sezt zum Behufe seiner Anwendung einen vom Gemüth angenommenen objektiven Maasstab voraus.

§. 162.

Die hier eintretenden Annahmen des Gemüths können nun auch wohl mit dem gesezlichen Begriff der Uebertretung geradezu zusammenfallen, wie sich dies z. B. bei Concubinat, und da, wo es ein Verbrechen des Concubinats giebt, auch bei Bigamie findet. Wo dies aber nicht der Fall ist, da bildet sich ein Umfang, innerhalb dessen das Gemüth, so wie es den vollen gesezlichen Begriff der einzelnen Uebertretung mit diesem äußern Faktum eintreten läßt, 49) auf das Vorhandenseyn mehrerer von dem nämlichen Subjekt begangener gleicher Uebertretungen entweder gar nicht siehet, oder nur eine blase Schärfung der einmal verwirkten Strafe annimmt. Durch diese leztere Annahme erhält dann der Ausdruk: fortgesezte Uebertretung juristische Bedeutung, indem das, was hier fortgesezte Uebertretung heißt, zwischen einmaliger Uebertretnng und subjektiver Concurrenz gleichsam in der Mitte stehet; beide Annahmen bilden aber ihrer Natur nach mehr oder weniger den Gegensaz von der Annahme, nach welcher eine einmal begangene Uebertretung härter bestraft wird, weil sie an dem Orte, oder in der Gegend, wo sie begangen worden, überhand genommen. 50)

49) Vergl. L. 21 D. de furt. (47, 2.) Und so wird denn auch wohl da, wo der Dieb den ganzen Schrank stehlen wollte, bis jezt aber nur einen Theil desselben gestohlen hat, (Kleinschrod systemat. Ent. Thl. III. §. 101) volle Uebertretung angenommen.

50) L. 16 §. 10 D. de poen. (48, 19.) P. G. O. art. 131.

Zweites Kapitel.

Von der Natur der Strafe.

Erster Abschnitt.

Vom Inhalte der Strafe.

§. 163.

So lange der Inhalt der Strafe überall nur als Einschränkung oder aber Aufhebung der Civität, d. h. als bloses theilweises oder gänzliches Aufhören der Persönlichkeit in die Erscheinung fällt, kann eine Untersuchung über den Inhalt der Strafe keine Schwierigkeit verursachen, und gerade bei der in neuern Zeiten so oft und vielfach besprochenen Todesstrafe findet sich am wenigsten ein Hindernis für die judicielle Erklärung. Eben deshalb liefert aber die bisherige Literatur hier für die Judicialie wenig oder gar keine Ausbeute. Indem die Criminalisten das judicielle Prinzip mit dem legislatorischen vermischten, konnte es nicht fehlen, daß sie sich blos an Aeußerliches hielten, und gerade diejenigen Strafen, die wohl einer genauern Erörterung bedürfen, als etwas, was sich von selbst verstehe, betrachteten.

§. 164.

Muß angenommen werden, daß sich das Recht auf Ehre, und das Recht auf Freiheit im Recht zu leben durchdringen (§. 113), so ist mit der geringsten Strafe auch der Verlust des Rechts zu leben als möglicher Inhalt einer Bestrafung gegeben. Jede Strafe afficirt dann schon dem Begriff nach das Leben, wenn dies auch dem leiblichen Auge nicht gerade so erscheint. Das Gegentheil hieße, die Strafe habe für den Sträfling überall keine widrige Wirkung. Auch möchte sich dies aus der Erfahrung geradezu ergeben. So wie die oft genug vorkommende Erscheinung, daß der Sträfling mit seiner Beschwerde, die — den gesezlichen Erfordernissen entsprechende — in bloser Einschränkung der Civität bestehende Strafe sey seiner Gesundheit nachtheilig, oder setze gar sein Leben in Gefahr, nicht gehört wird, einzig und allein hierin ihre judicielle Erklärung findet, so ist sie umgekehrt auch ein sprechender Beweis für die Richtigkeit der hier aufgestellten Behauptung.

§. 165.

Es bedarf hierüber keiner weitern Ausführung. Die geringste Einschränkung der Civität ist von Aufhebung der Civität nicht spezifisch, sondern nur nach Graden verschieden, und wer die juristische Möglichkeit der Todesstrafen bestreitet, muß auch die Rechtmäßigkeit der geringsten Polizeistrafe in Zweifel ziehen. Daß aber da, wo das Recht zu leben verwirkt ist, nothwendig auch Hinrichtung erfolgen müsse, ergiebt sich ebenfalls aus dem schon früher erwähnten Verhältnisse der Gewalten. So wie beide Gewalten, richterliche und exekutive Gewalt, in ihrer Vereinigung in öffentlichem und somit nothwendigem Handeln bestehen, so ist dies auch da der Fall, wo die exekutive Gewalt als solche hervortritt. Sobald die zum Behufe der Vermittelung des Gegensatzes (§. 16) objektiv gewordene richterliche Gewalt ihre Funktion geendigt, beginnt nothwendig das Wirken der exekutiven Gewalt. Das Gegentheil hieße, die das Wesen des Staats ausmachende Evolution sey gehemmt. 1) —

1) Auch in diesem Theile des Strafrechts, der sich nur mittelst der hier aufgestellten Ansicht, daß der Staat die Evolution einer einzigen Handlung ist, vollständig einsehen läßt, spricht sich der große Gegensaz zwischen Unglaube und Aberglaube aus in der von Beccaria behaupteten Unrechtmäßigkeit aller Todesstrafen, und der von Kant aufgestellten Behauptung, daß selbst in dem Falle, wenn sich die bürgerliche Gesellschaft mit aller Glieder Einwilligung auflösete, der lezte im Gefängnis befindliche Mörder vorher hingerichtet werden müsse, damit die Blutschuld nicht auf dem Volke hafte. Beccaria's Lehre hat bereits in der Richtung des Zeitalters ihren Untergang gefunden, was aber Kant's Meinung betrifft, so ließe sich mit eben dem Rechte behaupten, am jüngsten Tage müsse Jeder vor seinem Abgange von der Welt die Hausthür hinter sich zu machen.

§. 166.

Betrachten wir nun das hier Gesagte als Einleitung zu dem gegenwärtigen Abschnitte, so ist dadurch zugleich auch der Gang für die Untersuchung bestimmt: ein früher oft vorgekommenes Verhältnis, das Verhältnis zwischen Milderung und Schärfung, findet sich hier wieder, nur in einer andern Gestalt. Indem nämlich die einfache Todesstrafe, von der so eben die Rede war, gleichsam die Mitte in der Reihe der in der Erfahrung vorkommenden Strafen bildet, ist sie Grenzpunkt bloser Einschränkung der Civität und Grundlage der sogenannten qualificirten Todesstrafen zugleich. Jede dieser beiden Arten von Strafen ist daher Gegenstand einer besondern Betrachtung.

§. 167.

Wenden wir uns zuerst zu Einschränkung der Civität, so zerfallen die hieher gehörigen Strafen wieder in zwei Arten, je nachdem sie die Civität selbst, oder nur das Vermögen betreffen. Die Leztern bedürfen jedoch keiner besondern Erörterung. Mag hier die Strafe in Geldstrafe oder aber in Vermögensstrafe in engern Sinn — theilweise oder totale Confiskation 2) — bestehen, so entstehet bei der Construktion des Begriffs nirgends ein Widerspruch, indem der dem Vermögen inwohnende Charakter des Zufälligen, der einzig und allein einen solchen Widerspruch herbeiführen könnte, zufolge des Umstandes, daß das zu bestrafende Subjekt nicht in seinem Verhältnisse zu den übrigen Civitäten, sondern nur als zu bestrafendes Subjekt sich darstellt, für die Judicialie überall nicht hervortritt. Es bleiben uns daher nur noch die gegen die Civität selbst gerichteten Strafen.

§. 168.

Diese sind wieder von zweierlei Art, je nachdem sie die Civität überhaupt, oder aber die ideale Seite derselben, als solche, betreffen. Eine, lediglich die ideale Seite der

2) Vergl. über Geldbußen und Einziehung des Vermögens Kleinschrod systemat. Entw. Thl. III. §. 56 folgd.

Civität betreffende, Einschränkung ist nämlich Verweis. Hier tritt allerdings eine Einschränkung des Rechts auf Ehre ein, 3) diese Einschränkung hat aber keinen sichtbaren körperlichen Inhalt. Wiewohl Verweis eine Demüthigung enthält, so läßt sich dennoch, insofern der Ausdruk eine bestimmte Bedeutung behalten soll, hier von keinem Verluste sprechen. Wohl aber stehet jede durch Tadel erlittene Demüthigung mit dem Recht, sich überall als Subjekt zu erblikken (§. 115), im Gegensatze, und ist somit Verweis; als Strafe gedacht, Einschränkung des Rechts auf Ehre, insoweit die ideale Seite dieses Rechts, als solche, hervortritt.

§. 169.

Was dagegen die wider die Civität überhaupt, abgesehen von ihrer idealen Seite, gerichteten Einschränkungen betrifft, so bedarf es, solange diese Einschränkungen wirklich nur als Negation des bis dahin bestandenen Umfangs der Civität in die Erscheinung fallen, keiner besondern Erörterung. Mögen hier noch so viele Modificationen eintreten, jede derselben erklärt sich als unmittelbare Folge aus dem Begriff von Civität, indem alle diese Modificationen nur darin bestehen, daß entweder beide Faktoren der Civität zugleich mehr oder weniger afficirt werden, oder der eine oder andere derselben nur in einem überwiegenden Grade Gegenstand dieser Einschränkung ist. Aber in den wenigsten Fällen bleibt es bei dieser negativen Einschränkung, die mehrsten Einschränkungen sind positiver Natur, indem wir nicht nur im buchstäblichen Sinne körperliche Uebel — poenae corporales und poenae corporis afflictivae 4) — wie nicht weniger ein abgenöthigtes positives Handeln — Zwangsarbeit — als Inhalt der Strafe erblikken, sondern auch wohl die gelindeste Gefängnisstrafe den Sträfling schon in eine Abhängigkeit versezt, die über den Begriff von negativer Einschränkung hinausgehet. Eine solche Abhängigkeit ist nämlich allent-

3) Kleinschrod a. a. O. §. 76 u. 77.

4) Kleinschrod a. a. O. Thl. III. §. 15.

halben vorhanden, wo es in der Befugnis des hier wirkenden Regierungsbeamten liegt, durch irgend einen angewendeten negativen oder aber positiven Zwang das Subjekt in den Schranken der Ordnung zu halten. In allen diesen Fällen reicht nun das Bisherige zur Erklärung nicht aus, vielmehr stoßen wir überall auf einen anscheinend unauflösbaren Widerspruch.

§. 170.

Soweit nämlich von unmittelbarer Einwirkung auf den Körper die Rede ist, ergiebt sich bis dahin durchaus kein Moment, mittelst dessen sich eine genügende Erklärung auffinden ließe, vielmehr scheint der Begriff von Civität hier geradezu entgegen zu stehen. Soll das Recht zu leben überhaupt in die Erscheinung fallen, so müssen auch die beiden Faktoren der Civität, das Recht auf Ehre und das Recht auf Freiheit, nothwendig noch sichtbar seyn. Wären die gedachten Faktoren überall nicht sichtbar, so hieße dies nichts anders, als, Jedermann dürfe sich gegen das Subjekt, von dem hier die Rede ist, die scheußlichste Beleidigung erlauben, ohne sich einer Verletzung individueller Civität schuldig zu machen. Allerdings könnte eine solche Mishandlung wohl in eine der übrigen Classen von Uebertretung fallen, dadurch wäre aber der hier obwaltende Widerspruch noch keinesweges gehoben. Wäre der Unglückliche nicht durch sein eigenes Recht geschüzt, so wäre auch ein an ihm begangener Todtschlag keine Verletzung, sondern, im Fall die That einem Strafgesez unterläge, nur positive Ueberschreitung eigener Civität. Dann könnte aber von einem Rechte zu leben keine Rede mehr seyn, und die gegen das hier als Sträfling gedachte Subjekt verhängte Strafe wäre schon wirkliche Aufhebung der Civität. Es stehet daher dem zur schwersten Leibesstrafe Verurtheilten, insofern diese Leibesstrafe nicht Aufhebung der Civität, also mehr, wie das, was man unter Leibesstrafe verstehet, seyn soll, noch ein Recht auf Ehre und ein Recht auf Freiheit zu. Da aber dies Recht gezeigtermasen in nichts Geringerm bestehen kann, als in dem Recht auf Unverlezbarkeit des Körpers, und die dieser

Unverlezbarkeit entsprechende körperliche Freiheit, so folgt daraus nothwendig, daß nicht nur jede poena corporalis und p. corpor. afflictiva, sondern auch selbst die gelindeste Fessel über Einschränkung der Civität hinausgehet, und somit, als Strafe betrachtet, dem Begriff widerstreitet.

§. 171.

Das Nämliche gilt, nur auf andere Weise, von den dem Sträfling, als solchem, obliegenden Arbeiten. Wenn sich auch diese Arbeiten von öffentlichem Handeln äußerlich nicht immer unterscheiden, so kann es dennoch vernünftigerweise keinem Zweifel unterliegen, daß beide ihrem innersten Wesen nach verschieden seyn müssen. Das Gegentheil hieße, der als Sträfling Arbeitende handle als Organ der Corporation, was sich geradezu widerspricht.

§. 172.

Was endlich die erwähnte Abhängigkeit des Sträflings betrifft, so tritt hier der Widerspruch in einem noch höhern Grade hervor, indem er zulezt den Begriff von Strafe in seinem Innersten afficirt. Wenn nämlich die gedachte Abhängigkeit des Sträflings allerdings schon über den Begriff von Strafe hinausgehet, indem Strafe, als solche, ein Strafgesez und eine in Gemäsheit desselben erfolgte Verurtheilung voraussezt, die gedachte Abhängigkeit aber gerade darin bestehet, daß ein Regierungsbeamter, als solcher, ein Uebel gegen den Sträfling verhängt, so ist dennoch, solange das dem Sträfling zugefügte Uebel als Inhalt einer wirklichen Strafe gedacht werden kann, der Widerspruch gleichsam nur äußerlich, indem es nur einer gesezlichen Androhung und darauf erfolgten Verurtheilung bedürfte, damit das fragliche Uebel als Folge aus dem Begriff erscheine. Der Widerspruch wird aber, wenn wir uns so ausdrükken dürfen, auch innerlich, er afficirt den Begriff von Strafe unmittelbar, sobald die in Mitte liegende Strafe bereits in der höchstmöglichen Einschränkung der Civität bestehet. Indem nämlich das oben (§. 170) Gesagte bis jezt noch allgemein gilt, läßt sich in einem solchen Falle außer dem Verlust des Rechts zu leben überall kein Uebel denken, was den Sträfling als solchen treffen könnte; wohl aber ist derselbe, soweit ihm seine körperliche Freiheit nicht genommen, noch fähig zu handeln (§. 24) und somit auch fähig, eine Uebertretung zu begehen, und das Feld der möglichen Uebertretungen erstrekt sich, soviel sich bis jezt einsehen läßt, für ihn um so weiter, je mehr er vom öffentlichen Rechte beschränkt ist. Dadurch wird aber der Widerspruch total. Insofern nicht angenommen werden soll, das geringste Versehen des Sträflings ziehe Todesstrafe nach sich, sind Uebertretung und Strafe nicht mehr Wechselbegriffe; der Begriff von Uebertretung gehet dann über den Begriff von Strafe hinaus.

§. 173.

Daß der hier angegebene, und bis zu seinem höchsten Punkte verfolgte Widerspruch nur scheinbar seyn könne, läßt sich zufolge der allgemeinen Uebereinstimmung der Gesezgebungen nicht bezweifeln, es ist nur die Rede davon, ihn für die Wissenschaft zu vermitteln, indem dies nichts anders heißt, als, die Natur der Strafe, soweit sie in Einschränkung der Civität bestehet, in ihrem Innersten ergründen. Was aber schon auf mehrern Punkten dieser Darstellung der Fall war, daß wir in den übrigen Theilen des Systems die Erklärung suchen mußten, tritt auch hier ein: der bemerkte Widerspruch vermittelt sich nur, insofern die gedachte Abhängigkeit des Sträflings eine Art der im Civilrecht vorkommenden Autokratie ist. Indem alsdann der Begriff von Züchtigung seine Bedeutung für das Strafrecht erhält, ergeben sich auch die übrigen positiven Einschränkungen der Civität als Ausfluß der hier in ihrer besondern Gestaltung hervortretenden Autokratie.

§. 174.

Es ist bereits früher (§. 11) bemerkt, daß die Macht, als solche, nur gegen das, was außer dem Staate liegt, keineswegs aber gegen die Glieder des Staats selbst hervortreten kann, indem das Wesen des Staats als Evolution einer einzigen Handlung darin bestehet, daß die gesezgebende Gewalt in ihrem Produkte untergegangen. Wie und auf welche Weise die gesezgebende Gewalt repräsentirt werde, ob durch ein Individuum, oder aber durch eine collektive Person, oder durch beide zusammen, dies hat auf den Begriff keinen Einfluß, daß sie aber getrennt von den übrigen Gewalten in die Erscheinung falle, liegt eben so unbedingt im Begriff von Staat, wie die gleiche Entfernung jedes Punkts der Peripherie vom gemeinschaftlichen Mittelpunkte im Begriff des vollkommenen Cirkels. Die Macht kann daher innerhalb des Staats im Ganzen nie als solche in die Erscheinung fallen, sie bildet in ihrer absoluten Identität den ewig unsichtbaren Centralpunkt des Staats; so wie aber überall das Unendliche sich zu Endlichem gestaltet, so tritt auch die Macht im Staate gleichsam als endliche Unendlichkeit hervor, indem sie, durch die Schranken der bestehenden Gesezgebung hindurch gehend, die Form der Individualität annimmt. Das hiedurch sich bildende Verhältnis, was in mannigfaltigen Gestaltungen erscheint, indem es von kindlichem Gehorsam an durch sogenannte Unterthänigkeit und Leibeigenschaft hindurch bis zu wirklicher Sclaverei sich steigert, ist nun, in seiner höchsten Allgemeinheit gedacht, das, was wir, um die hier erforderliche Abstraktion nicht zu erschweren, mit dem Ausdruk Autokratie bezeichnen, das Verhältnis, wo das als Autokrat gedachte Subjekt nicht dem Gesetze, sondern der aus eigener Machtvollkommenheit, als Autokrator, gebietenden Civität unterthan ist, indem es für die Leztere innerhalb der gedachten Sphäre überall keine gesezliche Regel giebt, vielmehr die im öffentlichen Rechte hervortretenden drei Gewalten hier in ihrer ursprünglichsten Vereinigung durch sie hindurchgehen. 5)

§. 175.

Während nun hieraus von selbst hervorgehet, daß auch die Corporation fähig ist, Autokrator zu seyn, indem dazu

5) Auch hier stehet Kant über seinem System. Das von ihm (metaphysische Anfangsgründe der Rechtslehre I. Thl. II. Hauptst. 3. Abschn.) so benannte auf dingliche Art persönliche Recht ist nichts anders, als der allgemeine Charakter der Autokratie.

nur erfordert wird, daß sie dem unterwürfigen Subjekte als Macht erscheine, so ist auch dadurch der Begriff von Autokratie hinreichend bestimmt. So wie dem Autokrat, als solchem, keine Civität zustehen kann, indem Civität und Trennung der Gewalten Wechselbegriffe sind, so ist auch Autokratie mehr, wie blose Nicht-Civität, sie ist ein positives Verhältnis. Der Autokrat ist nicht etwa nur auf eine geringere Sphäre des Privathandelns beschränkt, er ist ein planetorisches Wesen, was sich, soweit das autokratische Verhältnis reicht, keines eigenen Lichts erfreuet, nicht im öffentlichen Rechte, sondern innerhalb einer fremden Civität sich bewegt. 6)

§. 176.

Indem es aber auf diese Weise außer Civität und Nicht-Civität noch ein Drittes giebt, giebt es nothwendig auch ein Handeln, was weder in freiem, noch in nothwendigem Handeln bestehet. Dies ist gezwungenes Handeln. Der wohl anderwärts gemachte Unterschied zwischen Sollen und Müssen findet hier Anwendung: der Freie, d. h. der keiner fremden Civität Unterworfene, handelt vermöge eines Sollens, also nothwendig, der Autokrat handelt zufolge eines Müssens, also gezwungen. Dadurch ist nun der oben gedachte Widerspruch zum Theil schon gelös't. So wie sich jezt ein positives Handeln denken läßt, ohne daß der Handelnde Organ der Corporation wäre, so gehet auch der Begriff von Uebertretung nicht über den Begriff von Strafe hinaus, indem für den Autokraten, da es ihm, als solchem, an Civität gebricht, so wenig von Uebertretung, wie von Strafe die Rede seyn kann. Aber auch nur zum Theil ist der Widerspruch gelös't. Vollständig gelös't kann er erst dann heißen, wenn der durch illegales Handeln entstehende Widerspruch der Civität mit sich selbst (§. 9) ein dem Unterschied zwischen

---

6) Der in §. 6 J. de noxal. action. (4, 8) ausgesprochene Saz: inter dominum et eum, qui in potestate ejus est, nulla obligatio nasci potest, gilt daher von jeder Autokratie.

nothwendigem und gezwungenem Handeln entsprechendes Analogon findet.

§. 177.

Dies Analogon ist, um es sogleich im Eingange der Untersuchung zu bezeichnen, der durch die auf ungebührliches Handeln erfolgende Züchtigung entstehende Widerspruch des Subjekts mit sich selbst. Was Strafe für den Freien ist, das ist Züchtigung für den Autokraten; so wie sich Erstere zu nothwendigem Handeln verhält, so verhält sich Leztere zu gezwungenem Handeln. Eben deshalb ist aber das der Uebertretung analoge Handeln kein illegales, sondern ein ungebührliches Handeln, und die Züchtigung wird dem Begriff nach nicht durch ein in Gemäsheit eines vorhandenen Gesetzes ergangenes, richterliches Urtheil, sondern vom Autokrator als Ausfluß der in ihrer Einheit durch ihn hindurchgehenden sämtlichen Gewalten verhängt. Indessen ist hiedurch der Begriff nur auf formale Weise bestimmt. Es liegt zwar in dem hier Gesagten, daß der mögliche Inhalt der Züchtigung über den möglichen Inhalt der Strafe hinausgehet, soll aber die Natur der Züchtigung vollständig begriffen werden, so müssen wir sie noch genauer betrachten.

§. 178.

Was zuerst, damit wir auch hier die in dem so eben angegebenen allgemeinen Begriff von Züchtigung liegenden zwei Momente einzeln durchgehen, die Form und den Inhalt des hier in Betracht kommenden Handelns betrifft, so tritt zwischen ungebührlichem Handeln und Uebertretung nothwendig das nämliche Verhältnis ein, wie zwischen Züchtigung und Strafe überhaupt, d. h. die Bedingungen der Züchtigung gehen über die subjektiven und objektiven Gründe der Strafbarkeit hinaus. Das Gegentheil hieße, ungebührliches Handeln falle mit Ueberseireitung der absoluten Grenze der Civität zusammen, was sich widerspricht. Es fragt sich daher, worin die Natur des ungebührlichen Handelns eigentlich bestehe, eine Frage, die sich nur dann genügend beantworten läßt, wenn wir den Begriff von Züchtigung überhaupt noch näher in's Auge fassen.

§. 179.

Da Züchtigung über Strafe hinausgehet, so kann sie nicht in dem aus göttlicher und natürlicher Strafe hervorgehenden gemeinschaftlichen Dritten (§. 8) bestehen; eben so wenig kann sie aber mit göttlicher oder natürlicher Strafe zusammenfallen. Sie läge dann überall außer dem Gebiete des Rechts. Dagegen kann aber Züchtigung von göttlicher oder natürlicher Strafe nicht gänzlich verschieden seyn, indem sie alsdann nicht geeignet wäre, das Subjekt mit sich selbst in Widerspruch zu versetzen. Auf welche Art läßt sich nun Züchtigung als ein der Rechtswissenschaft angehöriger Begriff denken?

§. 180.

Daß die Lösung des anscheinenden Widerspruchs keinesweges in dem hier in Betracht kommenden Inhalte, sondern nur in der Verschiedenheit der Form zu suchen sey, ergiebt sich von selbst. Dies heißt aber nichts anders, als, der eigenthümliche Charakter der Züchtigung kann nur in dem hier hervortretenden Zwekbegriffe liegen. Nur wenn der im Strafgesez seiner Natur nach untergegangene Zwekbegriff bei Züchtigung noch als solcher hervortritt, ist Züchtigung, ohne aufzuhören, etwas Juristisches zu seyn, von Strafe spezifisch verschieden. Um uns aber zu überzeugen, daß bei Züchtigung der Zwekbegriff als solcher hervortrete, dazu genügt ein bloser Rükblik auf den Begriff von Autokratie. Indem die Macht in ihrer Einheit durch den Autokrator hindurchgehet, giebt es hier keine reelle Trennung zwischen Androhung und Zufügung des hier in Betracht kommenden Uebels: der Autokrator ist Gesezgeber und Richter zugleich; die Züchtigung als gleichbedeutend mit dem hier zuzufügenden Uebel erscheint nicht als Ausfluß einer übersinnlich-sinnlichen Natur, sie stellt sich vielmeh dar als das einem Zwekbegriffe correspondirende Mertete.

§. 181.

Hieraus gehet aber, soweit von der Form der Handlung die Rede ist, der hier eintretende Begriff hinreichend hervor. Da nämlich der in die Erscheinung fallende Unterschied zwischen gesezgebender und richterlicher Gewalt in nichts anderm bestehet, als in der zur Objektivität erhobenen Trennung zwischen Gemüth und Verstand (§. 45), so finden sich die zum Behuf von Strafe geltenden Annahmen des Gemüths allerdings auch innerhalb der Autokratie; eben weil sie aber hier nur als blose Annahmen des Gemüths, nicht als gesezliche Regeln gelten, so gehet auch keine derselben über die einzelne Handlung hinaus, d. h. mit jedem speziellen Falle ist auch die Möglichkeit einer besondern, die Imputabilität betreffenden, Annahme gegeben. Dieserhalb findet aber die Judicialie hier ihre Grenze: die für die Anwendung etwa erforderlichen nähern Bestimmungen bleiben der Psychologie des Autokrators überlassen.

§. 182.

Das Nämliche gilt auch vom Inhalte der Handlung. Auch hier lassen sich die sämtlichen Kategorien der Uebertretungen gleichsam in ihrem ursprünglichen Keime erkennen. Es läßt sich kein Handeln des Autokraten denken, was, insofern es vernünftigerweise eine Züchtigung zur Folge haben kann, nicht in einer wirklichen Beleidigung, oder aber in einem negativen oder positiven Handeln gegen die Befehle und Anordnungen des Autokrators bestände. Wieweit sich aber der mögliche Umfang des ungebührlichen Handelns erstrekke, darüber giebt es zufolge des hier als solchen hervortretenden Zwekbegriffs ebenfalls keine objektive Bestimmung, es bleibt dies dem Gutdünken des Autokrators überlassen.

§. 183.

Daß nun diese unbeschränkte Befugnis des Autokrators nur innerhalb des Bereichs des gezwungenen Handelns gelte, braucht wohl kaum noch besonders bemerkt zu werden. Was über gezwungenes Handeln hinausgehet, kann auch nicht ungebührliches Handeln seyn; das Subjekt ist hier nicht mehr Autokrat, sondern es stehet ihm Civität zu. Nicht weniger ist aber auch hinsichtlich des Verhältnisses des Autokraten zu dritten Personen, und zur allgemeinen Gesezgebung des Staats jeder durch die gedachte unbeschränkte Befugnis des Autokrators scheinbar entstehende Widerspruch durch den bereits oben (§. 175), ausgesprochenen Saz, daß der Autokrat, als solcher, sich innerhalb der Civität des Autokrators bewegt, im Voraus vermittelt. Indem nämlich das, was hier vom Begriff von Civität gilt, nothwendig auch vom Begriff von Zufall gilt, hat jede über die Civität des Autokrator hinausgehende Aeußerung des Autokraten, soweit das nichtgeschehene Verhindern derselben in den Begriff von Handlung fällt, für den Autokrator eine Civilrechtliche oder aber Strafrechtliche Folge. 7)

§. 184.

Soviel von der Natur des ungebührlichen Handelns. Es bleibt uns nur noch übrig, die Züchtigung selbst, als zweites Moment des allgemeinen Begriffs, zu betrachten. Daß sich Züchtigung zu Strafe verhalte, wie ungebührliches Handeln zu Uebertretung, somit auch Züchtigung dem Inhalte nach über Strafe nothwendig hinausgehe, läßt sich zufolge des Bisherigen nicht bezweifeln, indem sonst der allgemeine Begriff von Züchtigung mit sich selbst im Widerspruche stände. Da aber, wie ebenfalls aus unserer bisherigen Erörterung schon hervorgehet, ein materieller Unterschied zwischen Züchtigung und Strafe überall nur insofern eintreten kann, als Unverlezbarkeit und körperliche Freiheit nicht die Grenzen der Züchtigung bilden, so ist dadurch die hier zu beantwortende Frage bestimmt. Indem nämlich absolute Sklaverei, d. h. dasjenige Verhältnis, wo der Unterworfene gänzlich Sache ist, über den Begriff von Autokratie hinausgehet, 8) somit dem

7) *Gajus Veron.* Com. Lib. IV §. 75 vergl. mit L. 2 pr. L. 3 u. L. 4 pr. D. de noxal. act. (9, 4) Preuß. Allg. L. R. Th. II Tit. 2 §. 139 folgd.

8) Wäre der absolute Sklave mehr wie ein Gegenstand des Sachenrechts, wäre absolute Sklaverei eine Form der Autokratie, so wäre nothwendig auch das Thier Autokrat. Dann wäre aber der Begriff von Handlung zernichtet.

Autokraten, als solchem, immer das Recht zu leben, und also auch ein Recht auf Ehre und ein Recht auf Freiheit zustehet, fragt es sich, wie und auf welche Weise, unbeschadet dieses Rechts, eine über Unverlezbarkeit und körperliche Freiheit hinausgehende Züchtigung sich denken lasse.

§. 185.

Die Beantwortung dieser Frage ist durch das oben (§. 180) Gesagte vollständig gegeben. Vermöge des bei ihr hervortretenden Zwekbegriffs kann Züchtigung über Unverlezbarkeit und körperliche Freiheit hinausgehen, ohne daß dadurch das Recht zu leben afficirt würde. Die beiden Faktoren, das Recht auf Ehre und das Recht auf Freiheit, werden nicht als solche aufgehoben, sie treten nur augenbliklich, und zwar nur gegen den Autokrator zurük, und das Recht zu leben bleibt zufolge des gedachten Zwekbegriffs ununterbrochen sichtbar für die Erscheinung. Dadurch bleibt aber selbst das Recht auf Unverlezbarkeit und körperliche Freiheit auch während der die Zufügung eines unmittelbar körperlichen Uebels enthaltenden Züchtigung für die Erscheinung bestehen, es äußert sich nur in einer bestimmten Gestalt. Das Recht auf Unverlezbarkeit, an und für sich gedacht, spricht sich nämlich hier aus als Recht auf Gesundheit und Sicherheit gegen Verunstaltung des Körpers, 9) und was das Recht auf körperliche Freiheit in seiner Trennung von Unverlezbarkeit betrifft, so hängt es ja nur vom Autokraten ab, durch Endigung seines ungebührlichen Handelns sich in einen andern Zustand zu versetzen. — Daß aber nicht bei jeder Form der Autokratie das Züchtigungsrecht sich bis zu sogenannter körperlicher Züchtigung erstrekke, vielmehr bei manchen dieser Formen überall nicht, bei manchen hingegen nur als ein im äußersten Falle anzuwendendes Mittel Statt finde, bedarf wohl kaum noch einer besondern Bemerkung.

9) L. 5 §. 3 L. 6 D. ad Leg. Aquil. (9, 2.) Preuß. Allg. L. R. Thl. II Tit. 2 §. 86 folgd. Tit. 12 §. 50 folgd. Tit. 5 §. 191 Tit. 8 §. 298 folgd. Tit. 19 §. 85 folgd. Tit. 8 §. 1604. Tit. 7 §. 227 folgd. Tit. 5 §. 198 und 199.

§. 186.

Hiedurch ist der Begriff von Züchtigung, und somit auch der Begriff von Autokratie, soweit wir dessen hier bedürfen, hinreichend bestimmt. Wir brauchen jezt, um den obigen Widerspruch völlig zu vermitteln und zugleich überall in's Klare zu kommen, nur die Anwendung auf das Strafrecht zu machen. Indem nämlich das autokratische Verhält is, da es zufolge des hier hervortretenden Zwekbegriffs das Recht zu leben keineswegs aufhebt, und somit über blose Einschränkung der Civität nicht hinausgehet, möglicher Inhalt einer Bestrafung ist, findet sich nothwendig alles, was von Autokratie überhaupt gilt, auch bei der durch Strafe entstandenen Autokratie. Was man Zuchthaus, Reclusion, Zwangsarbeit, Kettenstrafe u. s. w. nennt, ist nichts anders, als die in unendlichen Graden sich steigernde härteste Form der Autokratie. Leztere ist hier gleichbedeutend mit öffentlicher Sklaverei: der Staat, in seiner Eigenschaft als Corporation, ist hier Autokrator. Aber auch nur die Corporation kann, solange von identischem Denken die Rede ist, hier Autokrator seyn. Eine als Strafe verhängte wirkliche Privatsklaverei, d. h. eine Autokratie, wo der Sträfling einer individuellen Civität, als solcher, anheim fiele, ist, da hier die vollständige Vollstrekkung des Richterspruchs in das Bereich des Privathandelns fällt, zufolge des nothwendigen Wirkens der exekutiven Gewalt (§. 165) in sich widersprechend. 10)

§. 187.

Es wäre unnöthig, hier mehr in's Einzelne zu gehen; jede möglicherweise vorkommende Frage beantwortet sich aus dem Bisherigen von selbst. So wie die bekannte Erscheinung, daß das Subjekt nur zu Zwangsarbeit

---

10) Eine solche Privatsklaverei findet sich bekanntlich in England bei Deportationen. Indessen macht sich das Gemüth hier eben sowohl geltend, wie bei totaler Landesverweisung, die dem identischen Denken nicht weniger als Widerspruch erscheint, da hier das Subjekt, während ihm das Recht zu leben bleibt, aufhört, Glied des Staats zu seyn.

überhaupt, nicht etwa zu diesen bestimmten Arbeiten verurtheilt wird, vielmehr an verschiedenen Orten und zu verschiedenen Arbeiten gebraucht werden kann, insofern nur diese bestimmte Form von Autokratie bleibt, in dem Bisherigen ihre judicielle Erklärung findet, so ist dagegen jedes als Strafe verhängte körperliche Uebel, und somit auch der als Ausdruk eines nicht schiklichen Scherzes von einem neuern Schriftsteller mit Recht bitter getadelte Willkommen und Abschied gegen den Begriff, indem alles, was dahin gehört, nur mittelbare Folge einer Uebertretung seyn, und' daher unmittelbar nur als Folge eines ungebührlichen Handelns, also nur, wenn der Sträfling innerhalb seines autokratischen Verhältnisses etwas verbrochen, eintreten kann. 11) Und eben so erhalten Besserungsanstalten mittelst des hier Vorgetragenen für die Judicialie volle Bedeutung, indem sich in ihnen, wiewohl an und für sich das autokratische Verhältnis in vorzüglicher Mase hervortritt, dennoch eine den anderwärts vorkommenden edlern Arten von Autokratie entsprechende Form findet. 12) Was aber von der gelindesten Form der Autokratie gilt, daß nicht nur Verstümmelung und somit auch Brandmal, sondern auch jede nicht etwa als Züchtigungsmittel dienende Fessel dem Begriff widerstreitet, indem das zum Behuf des Rechts

11) Dieserhalb ist es denn aber auch eine Verwirrung der Begriffe, aus dem dem Code pénal zur Ehre gereichenden Umstande, daß er keine poen. corpor. afflictiv. kennt, folgern zu wollen, auch gegen den sogar zu lebenswieriger Zwangsarbeit Verurtheilten finde keine körperliche Züchtigung Statt. Man hat wohl diese Behauptung gegen den Verfasser mit einer Art von Selbstgefühl ausgesprochen. Kann aber, so möchte man fragen, der Freie auf das stolz seyn, was er mit dem Sklaven gemein hat? —

12) Wodurch denn auch die wahre Natur einer poena correctoria nunmehro selbst für den bequemsten Denker klar genug seyn möchte. Soweit vom bestehenden Rechte die Rede ist, gehört das Innere der Besserungsanstalt in das Polizeirecht, und wieweit die Humanität hier gehen könne, ohne sich als krankhaft darzustellen, d. h. ob der zu Bessernde es wirklich besser haben dürfe, wie Tausende, die in dieser Beziehung frei heißen — diese heutzutage sich wohl aufdringende Frage hat die Legislatur zu beantworten.

zu leben erforderliche Recht auf Ehre und Freiheit darin seinen bleibenden und somit wirklichen Untergang findet, das gilt auch von der härtesten Form, von wirklicher Sklaverei. Indessen macht sich auch hier das Resultat des identischen Denkens für das Leben nicht unbedingt geltend. Wenn auch Verstümmelungen und Brandmal bei steigender Civilisation aus der Reihe der Strafen verschwinden, so stellt sich dagegen die vom Sträfling zu tragende Kette, als solche, dem Gemüth wohl zu allen Seiten als ein nothwendiges Attribut der durch Uebertretung verwirkten Sklaverei dar.

§. 188.

Hiemit können wir unsere Untersuchung über die Natur der in Einschränkung der Civität bestehenden Strafe als beendigt ansehen, indem es bei dem etwaigen Zweifel, ob bei Vermögensstrafen, und wegen dem für die Corporation daraus entstehenden Vortheile auch bei Zwangsarbeit zwischen Strafrecht und Civilrecht ein wirklicher Unterschied bleibe, nur eines Rükbliks auf das früher (§. 17) Gesagte bedarf, um ihn sogleich in seinem Entstehen zu zernichten. Käme es auf den Inhalt an, so wäre allerdings das Strafrecht hier vom Civilrecht nicht verschieden, und zwar würden beide nicht blos bei den gedachten Strafen, sondern auch bei negativer Einschränkung, und selbst bei Aufhebung der Civität zusammenfallen. Die Befugnis, welche nach dem XII. Tafelgesez gegen den nicht zahlungsfähigen Schuldner eintrat 13), und das

13) Da zufolge der daraus hervorgehenden absoluten Sklaverei das trans Tiberim venumdanto schon wirklich Aufhebung der Civität enthält, so kann es uns hier gleichgültig seyn, ob das partes secanto in eben dem Sinne, wie die von Grimm (Literatur der altnordischen Geseze in der Zeitschrift für geschichtliche Rechtswissenschaft B. III H. 1 S. 125) angeführte Stelle aus dem alten Gulathingsgesez und also, wie die Sache bei Gellius N. A. XX, 1 dargestellt wird, wörtlich zu nehmen, oder aber nur eine figürliche Bedeutung habe (Hugo Lehrbuch der Geschichte des R. Rechts §. 149). Uebrigens zeigt wohl schon manche in der Carolina vorkommende Strafe, daß das moralische Gefühl sich bei jener Auslegung keine Stimme anmaassen darf.

noch heutzutage geltende Recht des Gläubigers, den Schuldner einsperren zu lassen, wäre dann von der Art, wie die Civität im Strafrecht afficirt wird, überall nicht verschieden. Auf diesen Inhalt kommt es aber nicht an, sondern nur auf die Form, d. h. auf die Art und Weise, wie der Verlust eines Rechts erfolgt. Im Civilrecht ist immer nur von der Wiederherstellung des Gleichgewichts unter mehrern Civitäten die Rede, das Einzuschränkende oder Aufzuhebende kommt immer nur als Theil einer andern Civität, und somit die Einschränkung oder Aufhebung selbst nicht als solche, sondern nur als Mittel zur Befriedigung des Andern zur Sprache. Im Strafrecht dagegen wird die Civität um ihrer selbst willen eingeschränkt oder aufgehoben; der Inhalt dieser Einschränkung oder Aufhebung gehet nur zufällig in eine andere Civität über. Dadurch ist aber der obige Zweifel vollständig gelös't; wäre Civilrecht und Strafrecht auch dem Inhalte nach gänzlich verschieden, so hieße dies nichts anders, als absolute Geschiedenheit zwischen Staat und Civität. —

§. 189.

Wenden wir uns nun zu den über einfache Todesstrafe hinausgehenden Strafen, so läßt sich, solange nicht bestritten werden kann, daß jede Verurtheilung zum Tode Aufhebung der Civität enthält, auch gegen den früher (§. 166) ausgesprochenen Saz, daß qualificirte Todesstrafe zu einfacher Todesstrafe sich wie Schärfung zum Vollen verhält, mit Grund nichts erinnern. Giebt es dem Begriff nach eine qualificirte Todesstrafe, so trägt sie nothwendig den Charakter der Schärfung an sich, d. h. sie gehet über das Volle hinaus. Soll sie aber über das Volle hinausgehen, so heißt dies nichts anders, als, es muß das Verhältnis, was wir bei der in der Lehre von der Natur der Uebertretung vorkommenden Schärfung fanden, auch hier eintreten, nämlich der Unterschied zwischen einer als Gegenstand der Aufhebung gedachten Civität schlechthin, und einer einen bestimmten Inhalt habenden Civität.

§. 190.

Die Richtigkeit dieser Unterscheidung ergiebt sich aus dem Bisherigen, aus der Natur der Aufhebung und Einschränkung der Civität. Bei Aufhebung der Civität, soweit wir sie bis jezt kennen, ist keine Rede von bestimmten Rechten des Subjekts; es wird demselben das Recht zu leben entzogen, und dadurch erfolgt der Verlust aller übrigen Rechte von selbst. Bei Einschränkung dagegen kommen die bestimmten Rechte zur Sprache, indem ja das Gegentheil hieße, die Einschränkung habe keine Grenze, was sich widerspricht. Darin liegt aber zugleich auch im Allgemeinen schon die Beantwortung der Frage nach dem für Schärfung in Betracht kommenden bestimmten Inhalte der Civität. Bestehet der Charakter der als das Volle hier gedachten Civität schlechthin darin, daß sie alles das in sich enthält, was ohne das Recht zu leben nicht gedacht werden kann, so muß nothwendig der hier gesuchte bestimmte Inhalt über das Leben hinausgehen, d. h. er kann nur im Nachruhm (§. 120) liegen. Nur wenn die Civität, so wie sie sich für das Leben geltend macht, als Civität schlechthin, die Einschränkung oder aber Aufhebung des Nachruhms dagegen als Inhalt der Schärfung gedacht wird, ist die judicielle Erklärung der über einfache Todesstrafe hinausgehenden Strafe gefunden.

§. 191.

Daß der Nachruhm ebenfalls durch Strafe afficirt werden könne, ergiebt sich aus dem früher aufgestellten Begriff; auch hier stellt sich die individuelle Civität als das leibhaftige Bild des Individuums dar. Was vom Menschen überhaupt gilt, daß seine Seele, wiewohl sie nicht mit der körperlichen Hülle zu Grabe gehet, dennoch eines geistigen Todes sterben kann, das gilt auch von der Civität; auch der über das Leben hinausgehende Theil derselben, der Nachruhm, kann durch eine Uebertretung verwirkt werden, und es bilden sich für das Strafrecht in entgegensezter Richtung die nämlichen Grade, wie in den übrigen Theilen des Systems. So wie dort diese Grade sich bis zu dem für immer errichteten, Verdienste lohnenden, öffentlichen Denkmal steigern, so finden sich bei der hierauf Bezug habenden Strafe unendliche Grade, von der geringsten Einschränkung des Nachruhms an, bis zu seiner durch die öffentliche Schandsäule bezeichneten völligen Vernichtung.

§. 192.

Hieraus gehet der Begriff von qualificirter Todesstrafe vollständig hervor. Letztere ist vorhanden, wenn die Verurtheilung zum Tode zugleich die theilweise oder gänzliche Vernichtung des Nachruhms enthält. Dieserhalb giebt es denn auch unendlich verschiedene Grade der qualificirten Todesstrafen, indem es immer nur darauf ankommt, wieviel sie vom Nachruhm des Verurtheilten hinwegnimmt, der wirkliche Inhalt des Nachruhms aber eben so verschieden seyn kann, wie der Inhalt der im Leben sich äußernden Civität. 14)

§. 193.

Daß nun ein als qualitas adjecta der Hinrichtung vorausgehendes körperliches Uebel 15) unbedingt gegen den Begriff sey, leidet keinen Zweifel. Solange das Recht zu leben nicht abgesprochen worden, könnte ein solches körperliches Uebel zufolge des Bisherigen als bleibend gar nicht, als vorübergehend aber nur durch das Medium der Autokratie, und zwar als Folge eines ungebührlichen Handelns eintreten, was hier der Voraussetzung widerspricht; ist dagegen die Verurtheilung zum Tode erfolgt, so kann, da sie Aufhebung der Civität ist, nicht mehr von Einschränkung der Civität, wie sie sich im Leben äußert, die Rede seyn, jedes bei Lebzeiten zugefügte körperliche

14) Uebrigens giebt es allerdings schon Einschränkungen der Civität, die sich nicht gänzlich unabhängig vom Nachruhm denken lassen. Es gehört dahin außer dem sogenannten bürgerlichen Tode (Kleinschrod über den bürgerlichen Tod als Criminalstrafe im neuen Archiv des Criminalrechts II. B. 1. St. N°. III) auch die L. 24 D. de poen. (48, 19.)

15) Wie es sich auch im Code pénal Art. 13 noch findet. Die Gesetzgebung vom 6ten Octob. 1791 kannte überall nur einfache Hinrichtung.

Uebel afficirt aber nothwendig diese Civität. Diesemnach bleiben aber nur die zwei Fälle übrig, daß nämlich die Hinrichtung selbst, als einziger und untheilbarer Akt betrachtet, sich von einfacher Hinrichtung unterscheide, oder aber die qualitas adjecta erst nach der Hinrichtung eintrete.

§. 194.

Was zuvörderst den leztern Fall betrifft, so macht sich freilich der Saz, daß keine Strafe sich als Entwürdigung der Menschheit darstellen darf, 16) zufolge seiner Allgemeinheit — indem sonst Strafe nicht das aus göttlicher und natürlicher Strafe hervorgegangene gemeinschaftliche Dritte wäre — hier geltend; er ist aber auch die einzige Grenze. Verstümmelung und selbst gänzliche Vernichtung des Leichnams ist daher an sich eben so wenig widersprechend, wie blose Versagung eines ehrlichen Begräbnisses, solange sie innerhalb der angegebenen Grenze, als Vernichtung des Nachruhms, sich ausspricht, und die Verschiedenheit bestehet nur in den von theilweiser bis zu gänzlicher Vernichtung des Nachruhms sich bildenden Graden. Das Nämliche gilt aber auch von dem ersten der oben gedachten Fälle. Auch hier bleibt alles dem Begriff gemäs, solange die den Nachruhm afficirende bestimmte Form der Hinrichtung nicht als Marter hervortritt, oder die Menschheit im Verbrecher entehrt. Nur insoweit kann man Kleinschrod 17) beipflichten, wenn er sagt, es sey den Rechten der Menschheit entgegen, mehrere Schmerzen anzuthun, als zum Tödten unumgänglich nöthig ist. Gehet diese bestimmte Art von Hinrichtung nicht über die angegebene Grenze hinaus, so mag sie dem Delinquenten noch so große Schmerzen erregen, sie ist deshalb noch nicht gegen den Begriff. Der Schmerz ist dann immer nur zufällige Folge ohne alle juristische Bedeutung. Freilich kann man sich hievon nur dann überzeugen, wenn man sich nicht an Aeußerliches hält, und den Charakter der qualificirten Todesstrafe in erhöh'tem Schmerz sucht, eine Meinung, auf deren Unrichtigkeit schon die Erfahrung

16) Kant metaphysische Anfangsgründe der Rechtslehre S. 199.

17) Systemat. Entw. Thl. III §. 10.

hätte aufmerksam machen sollen. Während das Henken in England eine einfache Todesstrafe ist, wird es in Deutschland unbedingt zu den qualificirten Todesstrafen gerechnet, 18) und möchte auch wohl die Strafe des Stranges selbst das Gegentheil von physischem Schmerze hervorbringen können, Hinrichtung durch das Schwerd und Fusilladen hingegen noch so sehr geeignet seyn, oftermal das Jammergeschrei der Zuschauer zu erregen, so würde es dennoch als Verworfenheit erscheinen, wenn ein zu einer der zulezt gedachten Strafen Verurtheilter sich die Strafe des Stranges wünschte.

§. 195.

Bisher war die Rede von dem Falle, wo die theilweise oder aber gänzliche Vernichtung des Nachruhms mit Todesstrafe verbunden ist, und dadurch die leztere zu qualificirter Todesstrafe wird. Wo nun die Todesstrafe wegen dem bereits erfolgten Tode des Verbrechers nicht vollzogen werden kann, und somit auch da, wo Selbstmord Uebertretung ist, da tritt die den Nachruhm afficirende Strafe als solche, als Todtenbann 19) hervor. Ueber die Sache selbst ist weiter nichts zu sagen, was aber den hier gewählten Ausdruk betrifft, so möchte derselbe bis dahin, wo ein passenderer gefunden wird, sich in dieser Allgemeinheit wohl gebrauchen lassen.

---

18) Gegen Feuerbach (Lehrbuch d. p. Rechts §. 145) beziehen wir uns auf Kleinschrod a. a. O. §. 14 und die daselbst allegirten Schriftsteller, so wie auf die Carolina selbst, nach welcher offenbar Schwerdstrafe die geringste Todesstrafe ist.

19) Feuerbach a. a. O. §. 137 ist auch der Meinung, die Exekution am Leichnam lasse sich nur als Mittel, Infamie zuzufügen, rechtfertigen. Wie reimt sich aber damit die Behauptung a. a. O. §. 241, daß der Staat unvernünftig handle, wenn er den Selbstmord mit Strafen bedroht? Diese leztere Behauptung läßt sich nicht einmal vorläufig, durch Verweisung in die Legislatur, retten, indem es da, wo es eine Rechtswidrigkeit giebt, wie Feuerbach bei'm Selbstmord doch annimmt, nothwendig auch die Möglichkeit einer Uebertretung angenommen werden muß, Uebertretung aber sich nicht ohne Strafe denken ; . — Auch Kleinschrod macht sich eines solchen Widerspruchs schuldig.

Zweiter Abschnitt.

Von der Form der Strafe.

§. 196.

Auch die Lehre von der Natur der Strafe zerfällt in zwei Abschnitte, je nachdem vom Inhalte oder aber von der Form die Rede ist. Diese Trennung hat hier aber eine andere Bedeutung. Während der vorige Abschnitt sich lediglich darauf beschränkte, den judiciellen Grund der einzelnen Strafe anzugeben, beschäftigt sich der gegenwärtige mit den Bedingungen, die, abgesehen von der Natur der Uebertretung, zur Anwendung dieser bestimmten Strafe erforderlich sind. Diese Bedingungen zerfallen in innere und äußere Bedingungen. Unter den erstern wird das verstanden, was auf die innere Natur des Begriffs Bezug hat, unter den leztern hingegen jede übrige für die Anwendung dieser bestimmten Strafe eintretende, über die Natur der Strafe, als solcher, nicht hinausgehende Modification.

§. 197.

Was zuvörderst die innern Bedingungen der Anwendung der bestimmten Strafe betrifft, so leidet es keinen Zweifel, daß da, wo die Gesezgebung nur einen Gattungsbegriff von Strafe aufstellt, der Richter die hier erforderliche species sich selbst construiren muß. Der gedachte Gattungsbegriff leidet, wie jeder Gattungsbegriff, als solcher, noch keine unmittelbare Anwendung, die einzelne species fällt aber hier, wo nicht von rein logischem, sondern juristischem Denken die Rede ist, in das Gebiet der Analytik. Dagegen läßt es sich aber auf der andern Seite auch nicht bestreiten, daß, sobald die Gesezgebung, als solche, eine species von Strafe kennt, eben deshalb hier kein Gattungsbegriff existirt, vielmehr der Richter nur diese bestimmte species zur Anwendung zu bringen hat. An und für sich giebt es freilich auch hier einen Gattungsbegriff, derselbe ist aber juristisch nicht vorhanden.

§. 198.

Insofern nun von Strafe überhaupt, abgesehen von einer positiven Form, lediglich als Entziehung von Rechten gedacht, die Rede ist, kommt das hier Gesagte noch nicht in Betracht. Mit dem Strafgesetze ist dann nothwendig auch die einzelne Strafe gegeben, und die etwa hier eintretende anderweitige Operation kann, da sie über Strafe, als solche, hinausgehet, sich auch auf die Uebertretung erstrekt, erst im folgenden Hauptstücke Gegenstand der Betrachtung seyn. Aus dem vorigen Abschnitte gehet aber bereits hervor, daß manche Strafen nicht als blose Entziehung von Rechten, sondern als positive Uebel in die Erscheinung fallen. 1) Hier macht sich die obige Bemer-

1) Unbenannte und benannte Strafen Feuerbach Lehrbuch d. p. Rechts §. 143. Diese Eintheilung ist so unnüz nicht, als Roßhirt (Lehrbuch des Criminalrechts §. 68) glaubt, vielmehr möchte sie gerade, indem sie zum wahren Verstehen der L. 22 D. de his, qui notant. infam. (3, 2) und L. 14 C. ex quib. caus. infam. irrog. (2, 12) führt, den von ihm (a. a. O. §. 59) aufgestellten Saz, daß die infamia nicht mit der Strafe erlösche, sondern im Reiche des Rechts dem Delinquenten so beharrlich anhange, wie im Reiche der Moral die Schuld, in seiner Nichtigkeit darstellen. Sobald sich nicht in Abrede stellen läßt, daß Uebertretung und Strafe Wechselbegriffe sind, kann der Saz, daß nicht die Strafe, sondern die Uebertretung die infamia herbeiführe, nur eine untergeordnete Bedeutung haben. Diese untergeordnete Bedeutung ergiebt sich aber mittelst der Unterscheidung in unbenannte und benannte Strafen. Da der Verlust der existimatio einestheils erst in den übrigen Zweigen des Rechts sichtbar wird, anderntheils aber bald mit diesem, bald mit jenem, sogleich als Strafe in die Erscheinung fallenden positiven Uebel verbunden ist, so nannte man bei den Römern, wie bei uns, nur das zugleich zugefügte positive Uebel Strafe, jenen Verlust hingegen Folge. Jezt machte sich aber nothwendig der Saz geltend, daß nicht die Strafe, sondern die Uebertretung diese Folge nach sich ziehe, indem dieser Saz nichts anders heißt, als: dieses bestimmte positive Uebel (z. B. ictus fustium) führt nicht als solches, sondern nur insoweit es die Strafe dieses bestimmten Verbrechens ausmacht, den Verlust der existimatio mit sich. Es wird ja der Gesezgebung nicht zugemuthet, daß sie eine wissenschaftliche Sprache rede, wohl aber der Wissenschaft, daß sie uns das Gesez begreifen lehre. —

kung geltend. Denn wenn es auch nicht darauf ankommen kann, ob diese Positivität der Strafe eine nothwendige Folge aus dem Begriff ist, oder aber sich als etwas Zufälliges darstellt, indem jede Form von Strafe, sobald sie sich in der Gesezgebung findet, für den Richter unbedingte Gültigkeit hat, so treten doch innerhalb dieser positiven Form Verschiedenheiten ein, deren Erklärung nicht über die Natur der Strafe, als solcher, hinausgehet.

§. 199.

Sobald die Gesezgebung eine bestimmte species kennt, in welcher diese positive Form von Strafe sich äußert, hat diese bestimmte species einzig und allein gesezliche Gültigkeit. Jede andere species könnte, da sie wegen dem Nichtvorhandenseyn eines Gattungsbegriffs als schlechthin neuer Begriff erscheint, nur aus synthetischem Denken hervorgehen, widerspricht also als Annahme des Gemüths dem nothwendigen Wesen der richterlichen Gewalt. Und dies tritt selbst dann ein, wenn sich schon auf analytischem Wege ein Gattungsbegriff erzeugt, wie dies bei der auf Aufhebung der Civität nothwendig erfolgenden Hinrichtung der Fall ist. (§. 165) Kennt die Gesezgebung eine oder mehrere Arten von Hinrichtung, so stehet jede dieser Arten als schlechthin unabhängiger Begriff da, an den der Richter gebunden ist. Der gedachte Gattungsbegriff tritt dann als solcher nicht hervor. 2)

§. 200.

Hieraus folgt: 1) Wo die Gesezgebung einen Gattungsbegriff von Strafe kennt, da darf der Rich-

2) Eben deshalb reicht aber, wenn sich nur eine Art von Hinrichtung findet, die Verurtheilung zum Tode hin, während da, wo es mehrere Arten von Todesstrafe giebt, auch wenn sie sich übrigens völlig gleichstehen sollten, das Urtheil die besondere hier eintretende Todesstrafe zu benennen hat. Da das Wirken der exekutiven Gewalt nur Ausführung ist, hier also keine Beurtheilung als solche hervortreten kann, so ist in dem zulezt gedachten Falle die Angabe der Todesart im Urtheil erforderlich, während sie im ersten Falle schon in der Gesezgebung unmittelbar ausgesprochen ist.

ter nur diejenige der darin enthaltenen Arten zur Anwendung bringen, die ihm als die einfachste sich darstellt. Der Charakter des der höchsten Einfachheit widersprechenden Zusatzes bestehet ja nur darin, daß er sich nach Bedingungen, die der sinnlichen, oder aber übersinnlichen Welt, als solcher, angehören, nicht absondern läßt, somit an und für sich außer dem Bereich des hier zur Anwendung kommenden juristischen Begriffs liegt. 2) Wo die Gesezgebung nur eine oder mehrere species von Strafe kennt, da darf der Richter nicht über dieselben hinausgehen. Diese bestimmten Arten sind dann einzig und allein die durch die Gesezgebung sanktionirten Formen und schließen jede andere aus. 3)

§. 201.

Daß die abgeleiteten beiden Sätze auch von bildlichen Strafen 4) gelten, braucht nur bemerkt zu werden, indem der Unterschied zwischen wirklicher und bildlicher Strafe auf die innere Natur des Begriffs keinen Einfluß haben kann. Aus der bemerkten Individualität der Strafe hinsichtlich ihrer Form ergiebt sich aber auch der judicielle Grund, weshalb diese bestimmte Form wohl an den Stand des zu Bestrafenden gebunden ist. Eine solche Bestimmung fällt mit der ursprünglichen Modification der Civität zusammen, und die Worte der L. 1 pr. D. de poen.: quoties de delicto quaeritur, placuit non eam poenam subire quem debere, quam conditio ejus admittit eo tempore, quo sententia de eo fertur, sed eam,

3) Feuerbach a. a. O. §. 142: „Der Richter darf nur auf gesezlich gebilligte Strafen erkennen, und es stehet nicht in seiner Gewalt, neue Uebel als Strafen zu erfinden. Selbst bei willkührlichen Strafen darf er nur solche wählen, die sonst in der Gesezgebung angedroht, oder durch gegründete Observanz gebilligt worden sind."

4) Quistorp Grundsätze des peinlichen Rechts §. 93. Mehrere gegen die Zwekmäßigkeit bildlicher Strafen angeführte Gründe, deren Würdigung der Legislatur überlassen bleibt, s. bei Kleinschrod systemat. Entw. Th. III. §. 100.

quam sustineret, si eo tempore esset sententiam passus, cum deliquisset, enthalten einen rein identischen Saz. Damit ist aber über die innern Bedingungen der Strafe das Nöthige gesagt 5) und wir wenden uns nunmehr zu den äußern Bedingungen.

§. 202.

Hält man sich strenge an das Wesen der richterlichen Gewalt, so kann es keinen Zweifel leiden, daß der etwaige Wunsch des Verbrechers, die vom Gesez angedroh'te Strafe zu leiden, für den Richter nicht in Betracht kommt. Jede Rüksicht hierauf wäre geradezu ein synthetischer Akt. 6) Es kann daher, solange keine desfallsige Annahme des Gemüths herrscht, 7) in einem solchen Falle von Abänderung der Strafe noch keine Rede seyn. Ob und inwiefern es aber aus anderweitigen Gründen zu einer sogenannten Strafverwandlung 8), oder zu sonstigen Modificationen der Strafe kommen könne, wird sich ebenfalls mit Bestimmtheit ergeben, wenn wir die Trennung zwischen richterlicher und gesezgebender Gewalt nicht aus dem Auge verliehren.

§. 203.

Was zuvörderst den Fall betrifft, wo die Anwendung der vom Gesez angedroh'ten Strafe physisch unmöglich ist, weil es entweder an den äußern Mitteln zur Vollziehung gebricht, oder die persönliche Beschaffenheit des zu Be-

5) Zufolge der synthetischen Natur der bestimmten Form der Strafe kann der Einfluß, den das Geschlecht und die dadurch entstehende Rüksicht auf Schamhaftigkeit auf die Strafe hat, nur Gegenstand der Theorie seyn.

6) Gegen de[illegible] Feuerbach a. a. O. §. 137 aufgenommenen Saz, daß die Zufügung einer Strafe, die der Verbrecher als ein Guth begehrt, ein Widerspruch gegen die Absicht des Gesetzes sey, s. Martin Lehrbuch des t. g. Criminalrechts §. 54.

7) Nach dem Preuß. Allg. L. R. Thl. II. Tit. 20 §. 831 soll der, welcher, um hingerichtet zu werden, einen Todtschlag begangen, lebenslang im engsten Gefängnisse bewahrt, und zu gewissen bestimmten Zeiten öffentlich gezüchtigt werden.

8) Feuerbach a. a. O. §. 158.

strafenden, oder aber dessen Armuth entgegenstehet, 9) so brauchen wir nur das oben (§. 199) Gesagte hier anzuwenden, um uns zu überzeugen, daß es für das identische Denken kein Auskunftsmittel giebt. Da nämlich der Voraussetzung nach die Gesezgebung keine an Statt dieser bestimmten Strafe anzuwendende bestimmte Strafe benannt hat, unter dieser bestimmten Strafe aber auch eine etwaige alternative Strafe verstanden wird, so könnte die zu substituirende Strafe nothwendig nur aus einem synthetischen Akte hervorgehen. Es bleibt daher in Ermangelung einer desfallsigen gesezlichen Vorschrift 10) hier, soweit von analytischem Verfahren die Rede seyn soll, eine reine Negation.

9) Kleinschrod a. a. O. Th. II §. 127 u. 128.

10) L. 1 §. 3 D. de poen. (48, 19.) L. 35 D. de injur. (47, 10.) P. G. O. Art. 104 verb.: „Wenn unser kaiserlich recht etlich peinlich straff setzen, die nach gelegenheyt dieser Zeit vnd Land vnbequem vnd eyns theils nach dem Buchstaben nit wohl müglich zu gebrauchen weren —" Preuß. Allg. L. R. a. a. O. §. 85 folgd. Mit diesen Bestimmungen sind die im Code pénal Art. 52 und 53 enthaltenen Vorschriften nicht zu verwechseln. — Uebrigens leidet es wohl keinen Zweifel, daß dies Resultat des identischen Denkens noch auf andere Weise sich geltend macht, daß nämlich da, wo es gegenwärtig nur Enthauptung als Hinrichtung giebt, in der (recipirten oder aber ursprünglich einheimischen) Gesezgebung hingegen ein dem Art. 137 der Carolina entsprechender Unterschied bestehet, der Richter nicht die Befugnis hat, den Widerspruch zu vermitteln und auf das in Uebereilung begangene Verbrechen eine geringere Strafe, wie einfache Todesstrafe, zu erkennen. Wenn der Gesezgeber den Uebelstand nicht bald wahrnimmt, so wird freilich der Gerichtsgebrauch das Seinige thun, dem Richter, als solchem, diese Befugnis geben, hieße aber, ihn zum Gesezgeber machen. Und wenn sich dies nicht bestreiten läßt, so möchte auch wohl zugegeben werden, daß in der Theorie des gemeinen in Deutschland geltenden Strafrechts manches Verbrechen, was bis dahin in den Lehrbüchern eine Stelle gefunden, wegfällt. Indem nämlich die beiden Momente, Uebertretung und Strafe, sich wechselseitig bedingen, keines ohne das andere ist, cessirt nothwendig die Uebertretung, sobald die angedroh'te Strafe vermöge des Umfangs der gegenwärtig in diesem Staate zu exequirenden Strafen nicht blos als ein Weniger, sondern gar nicht zur Anwendung kommt. Das Gegentheil ist offenbar ein synthetischer, also legislatorischer Akt: der Richter erzeugt einen Mangel, den nur der Gesezgeber oder aber das Gewohnheitsrecht zu ergän-

§. 204.

So wie aber das Gesagte nur auf wirkliche physische Unmöglichkeit der Strafe zu beschränken ist, und Krankheit oder Alter an und für sich für das identische Denken nicht in Betracht kommt, vielmehr jede desfallsige Modification 11) auf einer Annahme des Gemüths beruhet, so schließt dagegen jeder Zustand des Menschen, wo er seiner Vernunft nicht mächtig ist, die Zufügung der verwirkten Strafe aus. Es folgt dies unmittelbar aus dem Begriff von bürgerlicher Strafe als dem aus göttlicher und natürlicher Strafe hervorgegangenen gemeinschaftlichen Dritten. (§. 8) Würde während eines solchen Zustandes die Strafe vollzogen, so ginge der übersinnliche Charakter derselben verlohren, sie fiele mit blinder Naturgewalt zusammen 12). Aber auch hier finden sich wohl Annahmen des Gemüths die, den Charakter des Civilrechts in das Strafrecht übertragend, bei Vermögensstrafen das Entgegengesezte als Regel gelten lassen. —

§. 205.

Wenden wir uns nun zu der Frage, welche Wirkungen das Zusammentreffen mehrerer Strafen hervorbringe, so sind schon durch die Frage alle die Fälle ausgeschlossen, wo zufolge der unmittelbaren gesezlichen Vorschrift selbst die vorhandenen mehrern Uebertretungen in einer Strafe zusammenfallen, wie sich dies bei idealer Concurrenz (§. 155) und fortgesezter Uebertretung (§. 162) findet, insofern

---

zen hat. Die hier erforderlichen, oft schwierigen, Untersuchungen gehören denn freilich zu dem zwischen selbstgemachten Begriffen und außerhalb der Theorie des bestehenden Rechts liegenden historischen Darstellungen die Mitte haltenden Ganzen.

11) Code pénal Art. 16 u. 70—72. Preuß. Criminalordnung §. 536 u. 566.

12) Mancherlei Gründe sind von Kleinschrod a. a. O. Th. II §. 60 angeführt. Daß übrigens während eines dilucidi intervalli die Strafe vollzogen werden könne, folgt von selbst; ob aber zu dieser Vollziehung vernünftigerweise zu schreiten sey, darüber läßt sich im Allgemeinen nichts sagen, da dies von der Individualität des Verurtheilten und der Strafe abhängt.

diese Ausdrükke juristische Bedeutung haben sollen. Jede etwaige hier eintretende Modification kann nur unter die bereits bemerkten Formen fallen. Es bleibt also nur der Fall der objektiven Concurrenz übrig 13), die, wie bereits früher (§. 158) bemerkt worden, darin bestehet, daß das Subjekt durch mehrere Uebertretungen mehrere Strafen verwirkt hat.

§. 206.

Daß jede Strafe nur insoweit zur Anwendung kommen kann, als sie, in ihrer Vereinigung mit andern Strafen gedacht, dem Begriff von Strafe überhaupt nicht widerspricht, ist ein allgemeiner Saz. Indessen ist dieser Saz noch formal: soll er einen wirklichen Inhalt haben, so muß die Frage beantwortet werden, in welchen Fällen denn wirklich ein solcher Widerstreit vorhanden sey. Um nun die genügende Antwort zu finden, müssen wir auf den Inhalt der Strafe zurückgehen.

§. 207.

So wie sich eine mehrfache Aufhebung der Civität nicht denken läßt, so leidet es auch keinen vernünftigen Zweifel, daß überhaupt durch Aufhebung der Civität jede Einschränkung der Civität als solche ausgeschlossen wird. Das Gegentheil wäre ein unmittelbar logischer Widerspruch. Aber die Lehre vom Inhalte der Strafe zeigt auch, daß es über Aufhebung der Civität schlechthin, als Volles gedacht, noch Grade giebt. Es fragt sich also, ob da, wo eine Strafe, die ihrem Inhalte nach in Einschränkung der Civität bestehet, der Form nach aber, solange von physischer Möglichkeit die Rede ist, mit einfacher Todesstrafe sich wohl verbinden ließe, der Richter befugt ist, beide Strafen zu cumuliren?

---

13) Um einen etwaigen Vorwurf im Voraus zu beseitigen, bemerken wir, daß die wiederhohlte Uebertretung (§. 102) ihrer Natur nach hier mit nicht größerm Rechte eine Stelle finden würde, wie Uebertretung schlechthin.

§. 208.

Bleiben wir den bisherigen Resultaten der Untersuchung getreu, so kann die Antwort nicht anders als verneinend ausfallen. Läßt sich die als (positive) Form der Einschränkung sich aussprechende Strafe dem zum Tode Verurtheilten nur in einem vor der Hinrichtung vorzunehmenden Akte zufügen, so involvirt diese Zufügung einen logischen Widerspruch, indem Form ohne Inhalt nicht gedacht werden kann, abgesehen aber von dem im Urtheil selbst sich schon bildenden Widerspruche die gedachte Zufügung der, Einschränkung der Civität enthaltenden, Strafe in einen Zeitmoment fallen würde, in welchem der zu Bestrafende die hier in Betracht kommende Civität überall nicht mehr hat (§. 193). Da der Akt der Hinrichtung, wie alles, was geschiehet, nur in der Zeit geschehen kann, so giebt es freilich zwischen der Verurtheilung zum Tode und der Vollstrekkung des Urtheils einen Zeitraum; während dieses Zeitraums ist aber der Verurtheilte nicht mehr Person, und ist er gegen Mishandlungen geschüzt, so beruhet dies nur darauf, daß die Gesezgebung eine in die Kategorie der blosen Ueberschreitungen eigener Civität fallende Handlung verpönt hat. (§. 146 not. 32.) Wird dagegen die hier fragliche Strafe als wirkliche qualitas adjecta der Todesstrafe gedacht, so stehet das oben (§. 199) Gesagte entgegen, indem in diesem Falle eine andere (Unter-) Gattung von Strafe zur Anwendung käme, die durch identisches Denken keineswegs gegeben ist.

§. 209.

Bis dahin gilt also unbedingt der Grundsaz: *poena major absorbet minorem.* Mag Einschränkung der Civität mit Aufhebung der Civität, oder innerhalb lezterer einfache Todesstrafe mit qualificirter Todesstrafe zusammen treffen, immer kommt nur die höchste dieser Strafen zur Anwendung. Anders ist es aber bei dem Zusammentreffen mehrerer sämtlich in Einschränkung der Civität bestehender Strafen. Hier macht sich der gedachte Grundsaz nur insoweit geltend, als es wirklich an physischer Möglichkeit der Cumulation gebricht, wohin aber, so wie es zufolge des Bisherigen sich von selbst verstehet, daß der Richter hier nie auf Todesstrafe erkennen kann, auch der Fall zu rechnen ist, wenn die mehrern verwirkten Strafen vermöge ihrer positiven Form in ihrer Vereinigung nach Gesetzen des Denkens eine Wirkung hervorbringen, die über den Begriff jeder einzelnen dieser Strafen hinausgehet, indem das, was nach Gesetzen des Denkens erfolgen muß, nothwendig auch in das Bereich des identischen Denkens fällt.

§. 210.

Was nun die Annahmen des Gemüths betrifft, so finden sich diese auch hier in verschiedenen Gestaltungen. So wie manche Gesezgebungen, damit der Verbrecher nicht zu wenig leide, den Saz: poena major obsorbet minorem beschränken, so giebt es auch wohl geradezu sich als human darstellende Verfügungen, die ihn wenigstens indirekt erweitern 14), und eben so hält sich auch wohl die hier eintretende Annahme innerhalb einer bestimmten Gattung von Uebertretungen 15). Wir enthalten uns jedoch, mehr hierüber zu sagen, 16) und wenden uns zu der Erörterung der noch übrigen Frage, ob und inwiefern die anzuwendende Strafe in dem durch ihre Zufügung für dritte Personen entstehenden Nachtheile eine Grenze finde.

§. 211.

Inwiefern der Saz: peccata suos teneant auctores 17) nicht mehr sagt, als, die Strafe darf als solche nur den

---

14) L. 6 §. 9 D. de offic. Præsid. (1, 18.)

15) Preuß. Allg. L. R. a. a. O. §. 1158. Ganz allgemein spricht dagegen der Code d'instruct. crim. Art. 365 bei crimes und délits: „la peine la plus forte sera seule prononcée."

16) Ob durch die gegenwärtige Darstellung der Grundsaz: poena major obsorbet minorem an Klarheit gewonnen, muß der Verfasser dem Urtheile der Leser überlassen; so viel leidet aber keinen Zweifel, daß, insofern der gedachte Grundsaz Bedeutung haben soll, da, wo das Gesez eine Strafe androh't — Feuerbach a. a. O. §. 131 — keine Rede von ihm seyn kann, indem er alsdann für den Richter nicht mehr als solcher hervortritt.

17) L. 22 C. de poen. (9, 47). Vergl. über den hier abgehandelten Gegenstand Kleinschrod a. a. O. Th. II §. 98 u. 99.

Thäter treffen, stellt er sich unmittelbar als allgemeiner Saz dar. In diesem Sinne ist er aber laut der aufgestellten Frage kein Gegenstand der gegenwärtigen Betrachtung. Es handelt sich hier lediglich von der indirekten Wirkung, welche die Strafe rüksichtlich eines unschuldigen Dritten hat. Daß fast jede Strafe eine solche indirekte Wirkung mehr oder weniger haben könne, ist eine bekannte Sache, und eben so bekannt ist es, daß dieser für den Dritten entstehende Nachtheil sich bei weitem nicht immer nach Geld schäzen läßt, es somit auch für die billigste Gesezgebung hier kein Auskunftsmittel giebt. Indem aber der gedachte Nachtheil in diesem Umfange genommen wird, wäre auch wohl die Möglichkeit einer Grenze gegeben, wenn nämlich zwischen den Fällen, wo ein wirkliches Recht des Dritten beeinträchtigt wird, und den Fällen, wo blose Billigkeit für ihn spricht, unterschieden würde, und daß, insofern ein solcher Unterschied wirklich Statt findet, die Ausmittelung der hier vorhandenen Grenzlinie vor die Judicialie gehöre, leidet keinen Zweifel. Dadurch ist aber unsere obige Frage genauer bestimmt: sie gehet dahin, ob und inwiefern das identische Denken im Rechte des Dritten eine Grenze der Strafe, als solcher, finde.

§. 212.

Soll von wirklicher, d. h. praktischen Werth habender Beantwortung die Rede seyn, so wird nothwendig vorausgesetzt, daß man sich einestheils die Civität des fraglichen Dritten nur in ihrer aus dieser bestimmten Gesezgebung hervorgehenden Modification denke, weil es immer nur eine bestimmte Civität giebt, anderntheils aber auch jede etwaige spezielle gesezliche Bestimmung weggedacht werde, indem ja eine solche spezielle geseзliche Bestimmung gleichbedeutend ist mit spezieller Annahme des Gemüths, hier aber nur von Analyse eines gegebenen allgemeinen Begriffs die Rede ist. Es muß also um es deutlicher zu sagen, ein bestimmtes Recht der Person gedacht werden, zugleich aber ein Stillschweigen der Gesezgebung über die bei eintretender Bestrafung auf dieses Recht zu nehmende Rüksicht.

§. 213.

Gehen wir nun von dem hier bezeichneten Standpunkte aus, so scheint es keinem Zweifel unterworfen, daß, wo Jemand ein wirkliches Recht zustehet, dasselbe ihm auch durch eine nicht gegen ihn selbst unmittelbar verhängte Strafe nicht entzogen werden kann. Das Gegentheil wäre in sich widersprechend, indem das Subjekt diesen bestimmten Umfang von Civität zugleich hätte und nicht hätte. Von Zufall, der übrigens wohl den Verlust eines Rechts herbeizuführen geeignet ist, kann hier keine Rede seyn, weil der Zufall als solcher wohl in den Staat fallen, keinesweges aber in demselben seinen positiven Entstehungsgrund finden kann. Dieserhalb kann es denn auch auf die Qualität oder Quantität des fraglichen Rechts nicht ankommen, sondern nur darauf, ob dasselbe nach Gesetzen des Denkens durch die verhängte Strafe nothwendig unbeeinträchtigt bleibt. Selbst die physische Möglichkeit eines Ersatzes kommt hier nicht in Betracht, weil die Rüksicht darauf auf einer Annahme beruhen würde, die über die gegenwärtige Gesezgebung hinausgehet.

§. 214.

Indem aber das identische Denken, um einem Widerspruche auszuweichen, nothwendig auf dies Resultat kommt, siehet es sich in einen weit größern Widerspruch verwikkelt. Soll nur da Strafe eintreten, wo nach Gesetzen des Denkens kein Recht des Dritten dadurch beeinträchtigt wird, so wird die Realität des Begriffs von Strafe so gut wie aufgehoben, indem es wenige Fälle geben möchte, wo sich eine Strafe ohne allen Nachtheil für dritte Personen denken ließe. Dieserhalb stehen wir aber wieder auf dem Punkte, wo wir uns am Schlusse des vorigen Kapitels befanden, auf dem Punkte, wo das identische Denken sich außer Stand siehet, den obwaltenden Widerspruch zu lösen, und somit sich selbst zernichtet. Zwar giebt es auch hier Fälle, wo die Analysis zu einem genügenden Resultate gelangt, aber hier, wie dort, ist die Mehrzahl der eintretenden Fälle von der Art, daß der gedachte Widerspruch wirklich unauflösbar bleibt. So ist wohl

Jeder damit einverstanden, daß da, wo der Embryo Civität hat, die Schwangere nicht hingerichtet werden darf, und man würde auch wohl ohne ein ausdrükliches Gesez die Entbindung abwarten, indem die Kenntnis des hier obwaltenden Naturverhältnisses noch in das Bereich des identischen Denkens fällt. Aber welche Gründe hat denn der Verstand, hiebei stehen zu bleiben? Wissen wir denn, ob nicht auch jede andere als Todesstrafe ja selbst das Verwahrungsgefängnis und die blose Untersuchung dem Embryo auf eine Weise schadet, die mit seiner Civität unverträglich ist? Nimmt doch wohl selbst die Strafgesezgebung hierauf Rüksicht 18). Und daß das Nämliche, nur auf andere Weise, auch von der Zeit nach der Geburt gelte, wird sich nicht in Abrede stellen lassen.

§. 215.

Dieserhalb sezt die Anwendung des gesezlichen Begriffs der bestimmten Strafe eben so, wie die Anwendung des gesezlichen Begriffs der bestimmten Uebertretung einen vom Gemüth angenommenen objektiven Maasstab voraus, und dieser Maasstab ist denn auch meistens, wenn nicht mittelst des geschriebenen, doch mittelst des ungeschriebenen Rechts vorhanden, und welche Gegensätze die hieher gehörigen Annahmen des Gemüths unter sich bilden können, davon zeugen das bis zur Ungebühr nachsichtige C. 2 X. de his, qui fil. occid. (5, 10,) und die mit Blut geschriebene L. 5 C. ad Leg. Jul. Majestat. (9, 8.)

18) Preuß. Allg. L. R. a. a. O. §. 733. „Niemand soll gegen eine Person, deren Schwangerschaft sichtbar oder ihm bekannt ist, oder auch wissentlich in deren Gegenwart, Handlungen vornehmen, wodurch heftige Gemüthsbewegungen erregt zu werden pflegen.“

Zweites Hauptstück.

Von der Form der Construktion des Begriffs von Strafbarkeit.

Einleitung.

§. 216.

Die Stellung der gegenwärtigen Lehre zum System ist im Allgemeinen bereits früher (§. 15) angegeben: Die Lehre von der Form der Construktion des Begriffs von Strafbarkeit beschäftigt sich mit der Aufstellung des Prinzips für das von der Theorie zu beobachtende hermeneutische Verfahren. Was dies aber für eine Bedeutung habe, ergiebt sich, insoweit von negativer Bestimmung die Rede ist, schon aus dem im vorigen Hauptstücke Gesagten: es ist hier nicht die Rede von einer Annahme des Gemüths als solcher und dem hieraus für den Verstand hervorgehenden Resultat, sondern von der Construktion des Begriffs, wie sie aus der Gesezgebung als einem in sich geschlossenen Ganzen, als logische Einheit betrachtet, hervorgehet.

§. 217.

Diese hier angegebene, unter dem Nahmen juristische Hermeneutik bekannte Verfahrungsweise ist aber doppelter Natur, je nachdem sie bei bestimmten oder aber bei unbestimmten Gesetzen ihre Anwendung findet. Bei bestimmten, d. h. solchen Gesetzen, wo die zur unmittelbaren praktischen Anwendung erforderliche Individualität des Begriffs mit der gesezlichen Vorschrift zusammenfällt, hat sie ihren Zwek erreicht, sobald es ihr gelungen, die fragliche gesezliche Vorschrift in ihrer jetzigen Gestalt mit sich selbst und der übrigen Gesezgebung in Einklang zu bringen. Bei unbestimmten, d. h. solchen Gesetzen, aus denen nur ein für die unmittelbar praktische Anwendung noch nicht geeigneter Gattungsbegriff unmittelbar oder aber mittelbar hervorgehet, erstrekt sie sich aber weiter: hier liegt es ihr ob, den ihr gegebenen Gattungsbegriff soweit zu zergliedern, bis die für die unmittelbare Anwendung erforderliche Art des Begriffs gefunden ist. Diese zulezt gedachte Verfahrungsweise bestehet daher darin, daß, je nachdem von absolut unbestimmten oder relativ unbestimmten Strafgesetzen die Rede ist, die bestimmte Größe der Strafbarkeit mit oder ohne Abstraktion durch Calcul gefunden wird, und wir können sie im Gegensaz gegen jene **niedere Hermeneutik** mit dem Ausdruk **höhere Hermeneutik** bezeichnen.

§. 218.

Schon in der allgemeinen Einleitung (§. 16) wurde aber des **richterlichen Ermessens** als des Punktes gedacht, wo die Construktion des Begriffs aufhört, objektiv zu seyn, nichtsdestoweniger aber das hier eintretende Verfahren noch innerhalb der Grenzen der richterlichen Gewalt bleibt. Das richterliche Ermessen verlangt daher hier ebenfalls seine Erörterung, stehet aber, da es den Grenzpunkt der Hermeneutik bildet, derselben gegenüber.

§. 219.

Hiedurch ist der Gang, den die Untersuchung im gegenwärtigen Hauptstück zu nehmen hat, vorgezeichnet. Nachdem die gedachten beiden Arten der juristischen Hermeneutik in den beiden Abschnitten des ersten Kapitels ihre Erörterung gefunden, handelt das zweite Kapitel vom richterlichen Ermessen.

Erstes Kapitel.

Von der juristischen Hermeneutik.

Erster Abschnitt.

Von der niedern Hermeneutik.

§. 220.

Die niedere Hermeneutik enthält drei Momente: **Kritik** — Ausmittelung des Textes des anzuwendenden Gesetzes — **Grammatische Auslegung** — Ergründung des Wortverstandes — und **logische Auslegung** — Bestimmung des Sinnes der gesezlichen Vorschrift. — Diese drei Momente treten aber nicht immer sämtlich hervor, und wo sie sämtlich zur Anwendung kommen, da machen sie sich auch wohl in umgekehrter Ordnung geltend. Nämlich, wiewohl durch Anwendung der Kritik, als solcher, noch nicht interpretirt, vielmehr nur die Interpretation vorbereitet wird, so sehen wir auch umgekehrt die Kritik erst aus Interpretation hervorgehen, und eben dies Verhältnis findet sich auch zwischen grammatischer und logischer Auslegung. Je mehr sich aber dies umgekehrte Verhältnis geltend macht, um so stärker tritt der juristische Charakter der gedachten beiden erstern Momente hervor.

§. 221.

Was nun zuvörderst die Kritik betrifft, so kann dieselbe, so lange sie als reine Grundlage der Auslegung gedacht wird, nur darauf ausgehen, **urkundliche** Gewisheit des Textes zu erhalten. Sie beschränkt sich dann, wenn wir uns so ausdrükken dürfen, auf die äußere Richtigkeit des Textes. Diese Operation reicht aber nicht immer aus; theils ergeben sich hinsichtlich der äußern Richtigkeit des Textes mehrere sich gegenseitig ausschliessende und dennoch hinsichtlich ihrer Wahrheit sich gleichstehende Resultate, theils liefert die Kritik, auf dieser

Stufe gedacht, überall kein für grammatische und logische Interpretation brauchbares Resultat, und der Jurist siehet sich daher genöthigt, unter der Leitung der gedachten beiden Auslegungsarten innerhalb der, auch wohl durch besondere gesezliche Vorschriften modificirten Regeln der Kritik, entweder unter dem ihm Gegebenen zu wählen, oder aber den verdorbenen Text wieder herzustellen. Dieses, gleichsam aus der auf urkundliche Gewisheit gerichteten Kritik den Stoff, aus grammatischer und logischer Interpretation hingegen die Form hernehmende Verfahren bezeichnen wir im Gegensatze gegen jene niedere Kritik mit dem Nahmen höhere Kritik. 1)

§. 222.

Die nämliche Eintheilung gilt auch von der, ebenfalls wohl speziellen gesezlichen Vorschriften unterliegenden grammatischen Interpretation. Niedere grammatische Auslegung ist vorhanden, wenn, abgesehen von logischer Interpretation, der Wortverstand ausgemittelt wird, höhere grammatische Auslegung tritt hingegen ein, wenn die niedere grammatische Interpretation nur den Stoff, die logische Auslegung dagegen die Form liefert. 2)

§. 223.

Wir enthalten uns, mehr hierüber zu sagen; eine ausführlichere Darstellung erfordert aber die logische Auslegung. Auch diese ist freilich nur eine auf das Recht

---

1) Die höhere Kritik begreift daher die sogenannte gemeine Conjekturalkritik und *emendatio ex ingenio* in sich. Vergl. Feuerbach Grundlinien zu einer Theorie der juridischen Kritik in den civilistischen Versuchen. Erster Theil N°. III.

2) Die Interpretation zweideutiger Geseze ist daher nicht, wie Thibaut — Theorie der logischen Auslegung des Römischen Rechts §. 3 der zweiten Ausgabe — behauptet, unbedingt Gegenstand der logischen Auslegung. Sie ist oft Gegenstand der — höhern grammatischen Interpretation, eben so wie die Vereinigung scheinbar widersprechender Gesezstellen oft noch in dies Gebiet fällt, im Fall nämlich, wie etwa bei L. 9 §. 1 u. 4 D. de reb. dub. (34, 5) die Conciliation rein faktischer Natur ist.

gemachte Anwendung von logischer Auslegung überhaupt, indem aber in ihr Stoff und Form zusammenfallen, ist sie immer etwas durchaus Juristisches. Es liegt ihr nämlich das zum Grunde, was man Grund des Gesetzes — ratio legis — nennt, welcher Ausdruk aber eben deshalb eine doppelte Bedeutung hat, je nachdem die Judicialie oder aber die Legislatur von ihm Gebrauch zu machen hat. Suchen wir daher vor allen Dingen diese doppelte Bedeutung von ratio legis genau zu bestimmen.

§. 224.

Daß der Ausdruk ratio legis, insofern er für die logische Interpretation auf positive Weise in Betracht kommen soll, eine andere Bedeutung haben müsse, wie für den Gesezgeber, kann an und für sich nicht bezweifelt werden. Der praktische Jurist fühlt die Nothwendigkeit unmittelbar. Wo z. B. eine Anklage wegen Ehebruch nur von dem beleidigten Ehegatten, oder einem der nächsten Anverwandten erhoben werden darf, da wird Jeder geneigt seyn, mit Feuerbach 3) den Grund dieser Beschränkung darin zu finden, daß der Gesezgeber den häuslichen Frieden nicht gestört wissen wolle. Kaum möchte aber der Richter, der bei der Frage über die Zuläßigkeit einer von einem Dritten angebrachten Denunciation auf die Behauptung, der häusliche Friede habe bereits seine Endschaft erreicht, Rüksicht nähme, einem schweren Vorwurfe entgehen, und selbst Feuerbach würde in den allgemeinen Tadel mit einstimmen und sagen: so habe ich das nicht gemeint. 4) Ob es nun nicht selbst einen Vorwurf verdiene, daß man in einem Lehrbuche des geltenden Rechts Gründe anführt, von denen der Richter als solcher keinen Gebrauch machen kann, gehört nicht hieher, wohl aber entstehet die Frage, woher es denn komme, daß ein solcher an und für sich nicht in Abrede zu stellender Grund des Gesetzes vom Richter nicht zu berüksichtigen ist? — Die Antwort hierauf findet sich bei Weber in dessen Werke über die natürliche Verbindlichkeit und deren gerichtliche Wirkung §. 64 der

3) Lehrbuch des peinl. Rechts §. 382.

4) Vergl. §. 324 not. d a. a. O.

dritten Ausgabe, wo es heißt: „Von der Anwendung „eines allgemeinen verbietenden Gesetzes ist in „einzelnen Fällen darum noch keine Ausnahme „zu machen, weil etwa ein oder anderes Individuum diejenige Beschaffenheit nicht haben „sollte, welche sonst gewöhnlich bei Personen, „Sachen und Handlungen dieser Art einzutreten „pflegt, und eben darum einen Beweggrund des „Gesetzes ausmacht. Der Schwierigkeiten in der An„wendung nicht zu gedenken, würde es vielmehr unstrei„tig widersprechend und der Absicht des Gesezgebers „entgegen seyn, wenn man hierauf Rüksicht nehmen wollte. „Die Legislation kann hier nur auf das Ganze, nur auf „den gewöhnlichen Gang der Dinge ihr Augenmerk rich„ten, kann ihre Vorschriften nicht auf die Eigenheit eines „jeden besondern Falles, sondern nur auf solche Verhält„nisse und Folgen bauen, welche die Dinge gemeiniglich „haben. Und wenn gleich unter dem allgemeinen Gegen„stand des Gesetzes manches Individuum vorkommt, wo„bei die Umstände, welche der Gesezgeber als gewöhnlich „voraussezt, nicht zutreffen, die Folgen, welche gemeinig„lich damit verknüpft sind, nicht zu befürchten stehen, so „erfordert es doch die Sicherheit des gemeinen Wesens, „ja die ganze Absicht und das Ansehen der Legislation, „daß einer allgemeinen Verordnung durchgängig nachge„lebt, mithin auch eine willkührliche Handlung, welche „schädliche Folgen haben **kann**, und eben darum verbo„ten worden ist, durchgängig unterlassen, nicht aber den „Mitgliedern des Staats freigestellt werde, das Gesez „unbeachtet zu lassen, wenn nach ihrer oft irrigen Mei„nung die Sache unter den dermaligen Umständen nicht „für nachtheilig zu achten seyn sollte.“ — Indessen ist diese Erklärung, so wie sie da stehet, nicht genügend, vielmehr wird dadurch der Unterschied zwischen judiciellem und legislatorischem Grunde geradezu zernichtet.

§. 225.

Man findet freilich hier zwei Gründe getrennt, von denen etwa der Richter einen für sich hinnehmen könnte —

die Nothwendigkeit oder aber Ersprießlichkeit der gesez-lichen Vorschrift selbst und die nothwendige Allgemeinheit dieser gesezlichen Vorschrift. Diese nothwendige Allgemeinheit könnte der Richter als die für ihn geltende ratio legis betrachten, und sie auf diese Weise als den judiciellen Grund dem legislatorischen Grunde gegenüber stellen. Aber indem wir nach dem Grunde fragen, vermöge dessen der Richter jene Allgemeinheit des Gesetzes als nothwendig anzunehmen hat, stoßen wir wieder auf einen offenbar nur legislatorischen Grund. Der von Weber angeführte Grund ist nämlich die Sicherheit des gemeinen Wesens und die ganze Absicht und das Ansehen der Legislation. Dadurch bildet sich aber ein totaler Widerspruch. Die Gesezgebung würde dann gleichsam in Stoff und Form getheilt: den Stoff, die Nothwendigkeit und Nüzlichkeit, hätte der Gesezgeber zu beurtheilen, die Nothwendigkeit der Allgemeinheit des Gesetzes, der unbedingten Anwendung desselben, wäre dagegen Objekt der richterlichen Beurtheilung. Dieser Widerspruch läßt sich nicht heben. Wollte man ihn vermeiden, so müßte man selbst die materielle Gültigkeit des Gesetzes der Beurtheilung des Richters anheim geben, somit Richter und Gesezgeber gänzlich identificiren. Dann zernichtet sich aber, wie Jeder wohl einsiehet, der Begriff von Staat.

§. 226.

Gehén wir, um die genügende Erklärung zu finden, nur auf den frühern Saz, daß die gesezgebende Gewalt in ihrem Produkte, der Gesezgebung, untergehet (§. 11), zurük. Dieser Saz heißt ja nichts anders, als: nur während dem die gesezgebende Gewalt als solche wirkt, waltet der Zwekbegriff, sobald dagegen das Gesez gegeben worden, hört der Zwekbegriff, als solcher, auf, der Gesezgeber tritt zurük; das Gesez ist dann gleich einem Naturprodukt durch sich selbst gültig, es ist die objektiv gewordene Regel, nach welcher der Richter zu erkennen hat, ohne nach ihrem wohlthätigen oder nachtheiligen Einflusse auf das Ganze fragen zu dürfen. Diese vom praktischen Sinn zu allen Zeiten anerkannte Unterscheidung ist die Bedeutung der beiden Sprüchlein: *salus publica suprema lex* und *fiat justitia, pereat mundus*. Wer sie bestreiten wollte, müßte nothwendig behaupten, das Gesez gelte nicht als absolut verbindliche Norm, sondern nur insofern, als es für den vorliegenden Fall geeignet ist, sich als Mittel zur Erreichung eines bestimmten Zweks geltend zu machen, eine Behauptung, die ihren absoluten Widerspruch mit sich selbst an der Stirn trägt. 5) — Zugleich ergiebt sich aber daraus die Bedeutung des Unterschiedes zwischen enunciativem und dispositivem Theile des Gesetzes. Ersterer ist die — mittelbare oder unmittelbare — Angabe des seiner nothwendigen Natur nach untergegangenen Zwekbegriffs, also etwas, was vielleicht hie und da seine guten Gründe haben kann, an und für sich aber nie etwas Juristisches ist, und daher für den Richter als solchen nicht in Betracht kommt; Lezterer dagegen ist die gesezliche Vorschrift selbst.

§. 227.

Worin könnte aber jezt die judicielle ratio legis bestehen? Offenbar in nichts anderm, als in der bestimmten

5) Die Unterscheidung zwischen legislatorischem und judiciellem Grunde findet sich auch, wiewohl nur auf die Ungewißheit des bestimmten Zweks gebauet, in Feuerbach's Revis. II S. 20 folgd. „Dieser — der politische Grund — ist ein Saz, welcher die Tauglichkeit eines gewissen Mittels zur Erreichung eines gewissen Zweks ausdrükt. Wenn nun ein solches Prinzip, es sey Grundsaz oder nur Regel, einem wirklichen Gesetze zum Grunde liegt, so folgt weiter nichts daraus, als daß, um den Zwek, zu welchem jene das Mittel angiebt, zu realisiren dieses Gesez gegeben worden, keinesweges aber, daß jene Regel allgemeiner Bestimmungsgrund des Urtheils seyn solle. Denn eine Regel der Klugheit hat nicht das Prädicat der Allgemeinheit und Nothwendigkeit; die Mittel zu einem Zwek sind unendlich mannigfaltig und verschieden, und ich kann niemals sagen, dieses ist in allen Fällen das einzig mögliche und nothwendige Mittel zur Erreichung jenes Zweks." Zufolge der dort herrschenden Grundansicht konnte sich aber diese Unterscheidung so wenig bei Feuerbach, wie bei Kleinschrod (Systemat. Entw. Th. II §. 118) auf eine bedeutende Weise geltend machen.

Individualität des Gesetzes. Da nämlich sämtliche in dieser Gesezgebung enthaltene Vorschriften sich gegenseitig bedingen, nur insofern Gültigkeit haben, als sie nebeneinander bestehen, der Umfang der einzelnen Vorschrift im Verhältnisse zu den übrigen Vorschriften aber bald größer, bald geringer seyn kann, so tritt hier ganz dasselbe ein, was man unter dem Ausdruk Individualität verstehet, d. h. diese bestimmte Gestaltung, die denn, so wie sie in der physischen Natur wirklich körperliche Gestaltung heißt, hier in der übersinnlich-sinnlichen Natur mit logischem Verhältnisse gleichbedeutend ist. Eben deshalb schließt aber die judicielle ratio legis alle und jede Subjektivität aus: sie läßt sich nur aus der Gesezgebung selbst erkennen. 6)

§. 228.

Aus dem bisher Gesagten gehet hervor, daß von einer legislatorischen ratio legis in der juristischen Hermeneutik nur in so weit die Rede seyn kann, als erforderlich ist, um sie von der judiciellen ratio legis oder, was einerlei hiemit ist, den enunciativen Theil vom dispositiven Theile mit Sicherheit zu unterscheiden. 7) Der Begriff von le-

6) Dieserhalb vermeiden wir auch, wiewohl Absicht mit Zwekbegriff noch keineswegs gleich bedeutend ist, dennoch den für die judicielle ratio legis bis jezt gebräuchlichen Ausdruk: Absicht des Gesezgebers. Vielleicht kommt es nur auf Rechnung der in diesem Ausdruk liegenden Subjectivität, wenn Feuerbach (Lehrbuch des p. Rechts §. 475) bei dem Verbrechen der qualificirten Kuppelei Todesstrafe annimmt, weil Carl diese Strafe vor Augen gehabt. Es kann hier nur darauf ankommen, was das Römische Recht wirklich sagt, nicht auf das, was man zu Carls Zeiten in demselben zu finden geglaubt. Wer auf die subjektive Ansicht des Gesezgebers Rüksicht nimmt, muß auch mit Zachariä (Versuch einer allgemeinen Hermeneutik des Rechts S. 161) die Auslegung der Geseze für einen Akt der gesezgebenden Gewalt halten. Auf dieser Objektivität der Gesezgebung beruhet ja auch der eingeschränkte Gebrauch der Inscriptionen bei der Erklärung der Pandekten-Stellen.

7) Die von Thiebaut (a. a. O. §. 12 und 16) gemachte Eintheilung in logische Auslegung nach der Absicht des Gesez-

gislatorischer ratio legis hat hier blos negative Bedeutung. Eben deshalb hat aber die Wissenschaft die zum Behuf jener Unterscheidung dienenden Grundsätze aufzustellen, und da nothwendig alles dasjenige als enunciativer Theil des Gesetzes übrig bleibt, was sich nicht als dispositiver Theil geltend zu machen im Stande ist, so haben wir, um jene Grundsätze zu finden, nur die Merkmale, an denen sich der dispositive Theil erkennen läßt, zu erörtern.

§. 229.

Der dispositive Theil eines Gesetzes kann sich in verschiedenen Formen darstellen. Das Gesez hat hier von einer Vorschrift überhaupt nichts Verschiedenes. So wie aber eine Vorschrift überhaupt völlig concret, oder aber völlig allgemein seyn, und zwar in unendlichen Modificationen sich zu dieser Allgemeinheit steigern, oder aber zu dem Concreten herunter gehen kann, so auch das Gesez. Je nachdem aber die Vorschrift concret oder aber allgemein ist, bildet sich entweder eine species oder aber eine Gattung des, die unter dieselbe fallenden Handlungen in sich haltenden, Begriffs. Nennt das Gesez blos eine bestimmte Handlung, so gehören nur alle die Handlungen darunter, die mit der benannten Handlung unter die

---

gebers und nach dem Grund des Gesetzes — mit welchem leztern Ausdrukke er die legislatorische ratio legis bezeichnet — läßt sich daher auf keine Weise rechtfertigen. Gäbe es auch Fälle, wo der Richter zufolge ausdrüklicher gesezlicher Vorschrift auf die legislatorische ratio legis Rüksicht nehmen müßte, so würde die Wissenschaft der Möglichkeit dieser Fälle zu erwähnen, keinesweges aber daraus eine Haupteintheilung zu bilden haben, deren nothwendige Folge ist, daß der daraus hervorgehende allgemeine Saz soweit beschränkt werden muß, bis er mit jener blosen Möglichkeit wieder zusammenfällt. Aber jene Möglichkeit ist selbst undenkbar, so wie denn auch Thibaut, wiewohl er sonst nicht karg mit Beispielen ist, hier kein einziges Beispiel hat anführen können. Offenbar hat auch nur die gute Absicht, dem mit der Regel: cessante ratione legis cessat lex ipsa getriebenen Misbrauche zu steuern, diese Unterscheidung hervorgebracht. Der gedachten Regel läßt sich aber auf andere Weise zu ihrer wahren Bedeutung verhelfen.

nämliche species von Begriff gehören, also alle gleiche Handlungen im Gegensatze gegen blos ähnliche Handlungen. Der Charakter des Aehnlichen bestehet ja darin, daß es nur zu dem nämlichen Gattungsbegriff, nicht zu der nämlichen species gehört. Eben deshalb giebt es aber um so mehr gleiche Handlungen, je allgemeiner das Gesez ist. 8)

§. 230.

Jezt brauchen wir, um den hier gesuchten Grundsaz zu finden, nur die Natur des Gesetzes näher in's Auge zu fassen. Daß das Gesez nur auf sich selbst ruhet, alle Subjektivität in ihm untergegangen ist, wurde bereits oben (§. 227) bemerkt. Eben so stellt sich aber auch das Gesez als solches nicht dar als logische Operation, indem es ja eben Objekt einer logischen Operation ist. Daraus folgt, daß, wenn das Gesez zugleich Gründe seiner Vorschrift ausspricht, diese nur insofern nicht als enunciativ zu betrachten sind, als sie an und für sich ein wirkliches Resultat liefern, und mit dem, was sich als Vorschrift unmittelbar ankündigt, in keinem logischen Widerspruche stehen. Um aber aus diesem Grundsatze die einzelnen Regeln abzuleiten, haben wir die drei hier möglichen Formen zu betrachten, in denen sich ein mit Gründen versehenes Gesez aussprechen kann. Diese drei möglichen

8) Der Begriff von species ist relativ. Solange z. B. nur die lex Aquilia bestand, war das fumo facto apes alienas fugare vel etiam necare eine ähnliche Handlung, indem es nicht in die species des Begriffs fiel. Hätte dagegen das gedachte Gesez allgemein gesagt: Niemand soll einen fremden Bienenstok verderben, so wäre auch jene Art der Zerstörung ein gleiches Handeln gewesen. L. 49 pr. D. ad leg. Aquil. (9, 2). — Unbegreiflich bleibt es, wie Thibaut (a. a. O. §. 21) die richtige Ansicht Feuerbachs (Revis. II S. 17 folgd.) tadeln, und sich auf die Römischen Juristen beziehen kann. Gehen die von Thibaut allegirten Fragmente über identisches Denken hinaus, so tritt ja das ein, was er selbst (a. a. O. §. 11) sehr richtig bemerkt, und selbst abgesehen von dieser Bemerkung und der Natur einer recipirten Gesezgebung, könnte das Verfahren der Römischen Juristen als solches für uns keine Regel abgeben.

Formen sind nämlich folgende: 1) Der angeführte Grund liefert, an und für sich betrachtet, kein Resultat. 2) Der als unmittelbare Vorschrift sich ankündigende Theil des Gesetzes gehet über den angeführten Grund hinaus, 3) der angeführte Grund ist allgemeiner, wie die unmittelbare Vorschrift. Gehen wir nun diese drei Formen der Reihe nach durch.

§. 231.

Was die erste dieser Formen betrifft, so kann nur von den Fällen die Rede seyn, wo der enunciative Theil sich nicht unmittelbar als Zwekbegriff ausspricht, und dadurch ohne Weiteres erkennbar ist. Ein Beispiel eines die Form eines Rechtssatzes annehmenden Grundes liefert aber L. 2 C. de rescindend. vendit. (4, 44), mittelst welcher Constitution die Imperatoren Diocletianus und Maximianus, weil sie es für billig halten, dem Verkäufer das Recht ertheilen, in dem Falle, wo das verkaufte Grundstük den doppelten Betrag des Kaufpreises werth ist, und der Käufer den Kaufpreis nicht verdoppeln will, den Contrakt aufheben zu lassen. 9) Ein Grund findet sich hier allerdings angeführt, aber ein Grund, von dem der Jurist keinen Gebrauch machen kann, insofern es ihm darum zu thun ist, zugleich eine Grenze für die Anwendung zu finden. Gehören die Worte: *humanum est*, zum dispositiven Theil des Gesetzes, so gehet freilich das Gesez über den concreten Fall hinaus, sollen aber die gedachten Worte zum dispositiven Theile des Gesetzes gehören, so heißt dies nichts anders, als, sie sollen einen anwendbaren Rechtssaz enthalten. Wo läge aber dann die Grenze zwischen einer, wenn wir so sagen dürfen, juristischen Billigkeit und einer aequitas cerebrina? Der angeführte Grund liefert daher überall kein Resultat, und

9) Rem majoris pretii si tu vel pater tuus minoris distraxerit, humanum est, ut vel pretium te restituente emptoribus, fundum venundatum recipias auctoritate judicis intercedente: vel si emptor elegerit, quod deest, justo pretio recipias: minus autem pretium esse videtur, si nec dimidia pars veri pretii soluta sit.

fällt eben deshalb lediglich in das Gebiet des Enunciativen. 10)

§. 232.

Das Nämliche tritt, nur auf andere Weise, auch bei der zweiten Form ein. Hier gehört nämlich die Handlung, die das Gesez als sein dermaliges Objekt benennt, einem Begriff an, der sich zu dem Begriff, welcher den angeführten Grund umfaßt, wie genus zur species verhält. Ein solcher Fall wäre vorhanden, wenn sich ein Gesez des Inhalts fände: „wer nicht die gehörige Sorgfalt anwendet, damit er die auf eine bestimmte Zeit geliehene Sache bei dem Ablauf dieser bestimmten Zeit zurük gebe, der soll für allen dadurch entstandenen Schaden haften, denn Niemand soll durch fremde Bosheit Nachtheil leiden.“ Insoweit nicht von unübersteiglichen Hindernissen die Rede ist, die es dem Commodatar unmöglich machten, die geliehene Sache zur bestimmten Zeit zurükzugeben, ist die unmittelbare Vorschrift weiter, wie der angeführte Grund, indem sie jede culpose Zögerung in sich begreift, der angeführte Grund aber nicht über doloses Handeln hinausgehet. Wäre nur eine Vereinigung der unmittelbaren Vorschrift mit dem angeführten Grunde durch logische Auslegung möglich, so würde sie freilich geschehen müssen, indem der angeführte Grund ebenfalls Ausspruch des Gesezgebers, und daher insoweit gültig ist, als er zufolge logischen Denkens bestehen kann. Der Voraussezung nach ist aber eine solche Vereinigung hier nicht möglich, und es muß daher der angeführte Grund der unmittelbaren Vorschrift weichen, und zwar zufolge dessen, was im vorigen Hauptstück über den allgemeinen Gegensaz zwischen Gemüth und Verstand gesagt worden, wodurch denn zugleich auch der obige Saz, daß das Gesez sich nicht als logische Operation darstellt (§. 230), seine nähere Bestimmung erhält. Die unmittelbare Vorschrift ist Ausfluß einer Annahme des Gemüths, der angeführte Grund hingegen ist aus identischem Denken hervorgegan-

10) Cujac. Obs. XVI, 18.

gen, ist das Produkt einer logischen Operation, indem er der Ausdruk der geschehenen Subsumtion der unmittelbaren Vorschrift unter den höher liegenden Begriff seyn soll. Wo aber von der Gültigkeit eines Gesetzes die Rede ist, da gehet die Annahme des Gemüths dem Resultate des identischen Denkens vor; der angeführte Grund gilt nur insofern, als er wirklich logischer Grund ist, weil er alsdann der Annahme des Gemüths nicht widerspricht. Jeder angeführte Grund der enger ist, wie die unmittelbare Vorschrift, ist daher als enunciativ zu betrachten. 11)

§. 233.

Hiedurch ist aber die bei der dritten Form geltende Regel bereits im Voraus dargethan. Diese dritte Form bestehet nämlich, wie früher (§. 230) bemerkt wurde, darin, daß der angeführte Grund allgemeiner ist, wie die unmittelbare Vorschrift. 12) Da nun in Gemäsheit dieses seines Charakters der angeführte Grund ein wirklich logischer Grund ist, indem er den höher liegenden Begriff enthält, somit nichts entgegenstehet, weshalb er nicht als Ausspruch des Gesezgebers volle Gültigkeit haben sollte, so gehört er auch immer zum dispositiven Theile des Gesetzes; soweit er sich erstrekt, soweit reicht das Gesez. Der in der unmittelbaren Vorschrift ausgedrükte concrete Fall ist dagegen das Enuntiative: er erscheint, je nachdem man ihn historisch oder nicht historisch betrachtet, als Veranlassung oder aber als Beispiel. 13)

---

11) Um sich von der Richtigkeit dieser Darstellung völlig zu überzeugen, braucht man auch hier nur seinen Blik auf das Handeln, wie es sich bei dem Einzelnen findet, zu werfen. Oft ordnet Jemand etwas an unter Anführung desfallsiger Gründe, und späterhin ergiebt es sich, daß er auch ohne diese Gründe jene Anordnung würde gemacht haben, indem die Ueberzeugung von der Unstatthaftigkeit dieser bestimmten Gründe keinen Einfluß auf sein Handeln hat.

12) — Si servum tuum latronem, insidiantem mihi occidero, securus ero; nam adversus periculum naturalis ratio permittit se defendere L. 4 pr. D. ad leg. Aquil. (9, 2). Ein lediglich dem Civilrecht angehöriges Beispiel enthält L. 4 C. Deposit. (4, 34.)

13) Thibaut a. a. O. §. 16. Aber auch hier hat sich der sonst so scharfsinnige Denker durch eine historische Erscheinung irre leiten

§. 234.

Daß nun bei dieser dritten Form der angeführte Grund so lange als dispositiver Theil des Gesetzes gilt, als er nicht durch zu große Allgemeinheit 14) aufhört, anwendbarer Rechtssaz zu seyn, und auf diese Weise die dritte Form in die erste (§. 231) übergehet, braucht nur bemerkt zu werden. Ehe wir aber weiter gehen, müssen wir noch einer von den Rechtslehrern gemachten Bemerkung erwähnen, vermöge welcher der gegenwärtigen Darstellung der Vorwurf der Unvollständigkeit gemacht werden könnte. „Der Gesezgeber — sagt Thibaut 15) — kann seine Vorschriften oft nicht blos auf einen einzelnen Grund bauen, sondern von mehrern Gründen ausgehen. In diesem Fall ist natürlich die Ausdehnung nur dann erlaubt, wenn in dem übergangenen Fall alle jene Gründe vereint zusam-

lassen. Der von ihm sogenannte Entscheidungsgrund kann sich eben sowohl in Ediktal-Gesetzen, wie in wirklichen Entscheidungen finden, und diese leztern sind dem Begriff nach nur insofern Gesetze, als sie in einer ricipirten Gesezsammlung stehen, wo sie ihre ursprüngliche Qualität eben so verlohren haben, wie dies mit der ursprünglich doktrinellen Darstellungen der Römischen Juristen der Fall ist. Nach Thibaut's Darstellung sollte man glauben, die gerichtliche Entscheidung des Regenten sey als solche gesezliche Norm für gleiche Fälle. Dies wäre aber eine unbedingt falsche Behauptung. Freilich widerstreitet es keinesweges dem Begriff, daß der Regent auch zu Gericht sitze: die reelle Trennung zwischen gesezgebender und richterlicher Gewalt sezt ja nicht Verschiedenheit der Person, sondern nur Objektivität der Gesezgebung voraus. Was man unter Cabinetsjustiz versteht, gehet nur insofern über den Begriff hinaus, als jeder Richterspruch darüber hinausgehet, der das Recht beugt. Eben deshalb ist aber auch der vom Regenten gefällte Richterspruch vom Richterspruch überhaupt nicht verschieden, d. h. er macht immer nur jus inter partes, wie im praktischen Theile dieser Darstellung näher gezeigt werden wird. — S. übrigens über die durch Nov. 125 aufgehobenen Relationen die Abhandlung von Löhr im Magazin für Rechtswissenschaft und Gesezgebung 3. B. 2. St.

14) Wie z. B. der in L. 16 §. 1 C. de usufruct. (3, 33) angeführte Grund: cum multae et innumerabiles caussae rebus incidant mortalium, per quas homines jugiter retinere, quod habent, non possunt.

15) a. a. O. §. 18.

mentreffen, oder wenn es sich zeigen läßt, daß der Gesezgeber schon allein durch die in dem übergangenen Fall liegenden Gründe zu jener auf mehrern Gründen beruhenden Vorschrift würde veranlaßt seyn." Wäre hier Grund mit dem, was wir oben logischen Grund genannt haben, gleichbedeutend, so würde die angezogene Stelle etwas undenkbares enthalten. Ein zweiter logischer Grund könnte nämlich nur weiter oder enger, oder coordinirt seyn. Ein Viertes giebt es nicht. In den zwei leztern Fällen käme er aber nicht in Betracht, indem er als subordinirter Grund sich in dem allgemeinen Grunde verliehrt, als coordinirter Grund aber für eine logische Operation überall keine Bedeutung hat, im erstern Falle ist er aber dem Wesen nach der in Betracht kommende Grund selbst. Aus den Gesezstellen, die der von Thibaut allegirte Zachariä hier anführt 16), ersiehet man aber, was hier gemeint ist. Es ist hier von Bedingungen die Rede, durch deren Angabe der Gesezgeber die Person, auf die das Gesez Anwendung finden soll, hat näher bestimmen wollen. So läßt sich z. B. das in L. un. pr. D. de bonor. poss. ex test. mil. Gesagte 17) so ausdrükken: Der zufolge seines Amts auf feindlichem Boden sich aufhaltende Nicht-Soldat hat in Betreff der Errichtung eines lezten Willens mit dem Soldaten gleiche Rechte. In dem hier benannten Falle sind nun zwei Bedingungen enthalten, eben so gut läßt sich aber auch jede beliebige Anzahl

---

16) L. 1 C. ad SCt Maced. (4, 28) L. unic. D. de bonor. poss. ex test. mil. (37, 13) Pr. J. de excus. tutor. vel curat. (1, 25).

17) Non dubium est, quin debeant ratae voluntates esse eorum, qui in hosticolo suprema judicia sua quoqué modo ordinassent, ibidemque diem suum obiissent. Quamquam enim distet conditio militum ab his personis quos constitutiones principales separant, tamen qui in procinctu versantur, cum eadem pericula experiantur, jura quoque eodem merito sibi vindicant. Omnes igitur omnino, quod ejus sunt conditionis, ut jure militari testari non possint, si in hosticolo deprehendantur et illic decedant, quomodo velint, et quomodo possint, testabuntur: sive praeses quis sit provinciae, sive legatus, sive quis alius, qui jure militari non potest.

denken. Die Anzahl der Bedingungen ist etwas Zufälliges; das, was hier Bedingung heißt, ist seinem Wesen nach nichts anders, als das angenommene Merkmal der Person. —

§. 235.

Nachdem auf diese Weise die Regeln angegeben worden, nach denen sich das Dispositive vom Enunciativen unterscheiden läßt, wenden wir uns zu dem Verfahren, was erforderlich ist, um die bestimmte Individualität des Gesetzes zu finden. Beides zusammen bildet die Lehre von der logischen Auslegung, indem die Aufgabe der Leztern immer darin bestehet, das Enunciative, wo es sich findet, vom Dispositiven zu scheiden, und dann mittelst Auffindung des Verhältnisses dieses Dispositiven zu dem übrigen Dispositiven den wahren Sinn des Gesetzes auszumitteln. Betrachten wir aber dies letztere Verfahren genauer, so ergiebt sich, daß hier immer nur von Uebergängen die Rede seyn kann. Wo der Sinn des einzelnen Gesetzes aus ihm selbst klar und unumwunden hervorgehet, und sich in der übrigen Gesezgebung nichts Widersprechendes findet, da tritt die logische Interpretation nicht als solche hervor. 18) Tritt sie aber einmal hervor, so giebt es hier auch keine absolute Grenze. Die logische Auslegung sucht ja immer nur die bestimmte Individualität der gesezlichen Vorschrift. Findet sich nun ein absoluter Widerspruch, so heißt dies nichts anders, als, es findet sich überall keine bestimmte Individualität, und, da es ohne bestimmte Individualität kein anwendbares Gesez giebt, so bestehet in einem solchen Falle das Resultat der logischen Auslegung in dem, was der bekannte Saz ausdrükt: *Cessante ratione legis cessat lex ipsa.* So falsch dieser Saz seyn würde, wenn man ihn von der legislatorischen ratio legis verstehen wollte, so unbedingt richtig ist er, in soweit von der judiciellen ratio legis die

18) Thibaut (a. a. O. §. 1) beruft sich zum Beweis des Gegentheils auf L. 1 §. 11 D. de ventre inspic. (25, 4.) Soll die dort befindliche Redensart des Commentators etwa als Gesez gelten?

Rede ist, und da der Begriff dieser leztern hinreichend bestimmt worden, so wäre es überflüssig, mehr darüber zu sagen.

§. 236.

Nicht jeder Widerspruch ist aber absolut: er ist nur dann absolut zu nennen, wenn die gesezliche Vorschrift mit sich selbst und mit der übrigen Gesezgebung auf keine Weise in Uebereinstimmung gebracht werden kann. Es giebt daher innerhalb der angegebenen Endpunkte unendliche Modificationen, in denen sich das Resultat der logischen Interpretation ausspricht. Diese Modificationen sind das, was man einschränkende und ausdehnende Auslegung nennt.

§. 237.

Diese beiden Arten lassen sich in der Darstellung nicht trennen. Mag sich die logische Interpretation auf die einzelne gesezliche Vorschrift beschränken, oder durch Vergleichung derselben mit der übrigen Gesezgebung den Sinn zu bestimmen suchen, und im leztern Falle die übrige Gesezgebung einer Einschränkung oder aber Ausdehnung fähig seyn, oder nicht, immer kann die einzelne gesezliche Vorschrift bald einschränkend, bald ausdehnend zu interpretiren seyn. Ist der Wortverstand des einzelnen Gesetzes von der Art, daß er an und für sich keinen vernünftigen Sinn giebt, so muß einschränkend oder aber ausdehnend erklärt werden, soweit die Worte des Gesetzes es zulassen; ist aber die Rede davon, das Gesez mit der übrigen Gesezgebung in Einklang zu bringen, und diese Leztere ist so klar, daß sie an und für sich kein Gegenstand der logischen Interpretation seyn kann, so muß nothwendig die fragliche einzelne gesezliche Vorschrift sich insoweit nach ihr formen, als ihre eigene Natur nicht entgegenstehet. In diesem leztern Falle kann nun ebenfalls bald einschränkende, bald ausdehnende Auslegung eintreten, je nachdem der Wortverstand des zu interpretirenden Gesetzes positiv oder negativ mit der übrigen Gesezgebung im Widerspruche stehet, d. h. auf eine widersprechende Weise über dieselbe hinausgehet, oder hinter ihr zurükbleibt. Läßt dagegen die übrige Gesezgebung ebenfalls eine Interpretation zu, so bildet sich ein Wechselverhältnis: was bei dieser übrigen Gesezgebung Einschränkung ist, ist bei der einzelnen geseзlichen Vorschrift Ausdehnung, und umgekehrt. 19)

§. 238.

Die logische Auslegung kann sich nun in immer weitern Kreisen bewegen, je nachdem mehrere, dem Wortverstande nach widersprechende, Stellen zu vereinigen sind — Parallelismus 20) — oder aber der Ausleger sich wohl gar an den Geist der Gesezgebung verwiesen siehet. Daß der Jurist, solange er eine positive Vorschrift als solche zu erkennen im Stande ist, dieselbe nicht außer Acht lassen dürfe, ergiebt sich von selbst, ist aber eine solche positive Vorschrift nicht vorhanden, so kann auch der allgemeine Begriff von Handlung den Interpretationsgrund an die Hand geben, indem nämlich in Gemäsheit dieses Begriffs eine einzelne gesezliche, an und für sich der logischen Interpretation nicht widerstrebende, Vorschrift einschränkend oder aber ausdehnend interpretirt werden muß. Ein Bei-

---

19) Gäbe es eine Theorie der juristischen Hermeneutik, so würde dieselbe freilich auch einschränkende und ausdehnende logische Auslegung abgesondert zu behandeln haben, indem bei diesem bestimmten Geseтze immer nur eine dieser beiden Arten eintreten kann. Eine solche Theorie giebt es aber nicht, und zwar aus dem einfachen Grunde, weil das, was ihren Inhalt ausmachen könnte, sich zum Inhalte der Gesezgebung wie das Geistige zum Körperlichen verhält.

20) So wird z. B. L. 15 D. de jur. patronat. (37, 14) durch L. 6 §. 2 ibid. eingeschränkt, indem der allgemeine Saz: Kein Freigelassener darf durch einen Eid verpflichtet werden, nicht zu heirathen, sich in den speziellern Saz verwandelt: Keinem zeugungsfähigen Freigelassenen darf eine solche eidliche Verpflichtung aufgelegt werden. Ein Beispiel ausdehnender logischer Auslegung ist es dagegen, wenn zufolge §. 2 J. de legit. agnator. success. (3, 2) angenommen wird, auch derjenige, der leibliche Kinder hat, könne in gewissen Fällen adoptiren.

spiel der erstern Auslegung liefert der §. 18 Tit. 20 Thl. II des Preuß. Allg. L. R. ein Beispiel der leztern hingegen der früher angeführte Art. 64 des Code pénal. So wie die Worte des gedachten §. 18: „alles, was das Vermögen eines Menschen, mit Freiheit und Ueberlegung zu handeln, mehrt oder mindert, das mehrt oder mindert auch den Grad der Strafbarkeit," nicht über den Gegensaz zwischen Uebereilung und Prämeditation hinausgehen können, insofern sich nicht der Begriff von Imputabilität zernichten soll, so begreift dagegen der gedachte Art. 64, ohngeachtet er nur von démence spricht, jeden auf eine Weise, die nach der übrigen Gesezgebung als schuldlos gilt, entstandenen Mangel an juristischem Selbstbewußtseyn in sich. Indem aber auf diese Weise die Form der Construktion des Begriffs mit dem Inhalte derselben zusammenzufallen scheint, sind dennoch beide getrennt. Innerhalb des Gebiets der logischen Auslegung ist nicht die Rede davon, die Modificationen des Begriffs von Handlung zu erklären, sondern nur die wirklich vorhandenen Annahmen des Gemüths, wo sie sich finden, als solche in Uebereinstimmung zu bringen. Dieserhalb kommt es denn hier eben so wenig auf den dynamischen Charakter der Civität, als solchen, wie auf die Exorbitanz einer Annahme des Gemüths als solche an, sondern nur auf den wirklichen gesezlichen Begriff, oder, wie wir es von jezt an nennen wollen, die Institution.

§. 239.

Hieraus gehet das materiale Prinzip für die logische Auslegung hervor. Dies Prinzip heißt: Uebereinstimmung der Gesezgebung mit sich selbst. Die Gesezgebung sucht, gleich einem Lebendigen, Eins mit sich selbst zu seyn, und der Ausdruk dieses Bestrebens ist die logische Auslegung, die daher auch nur in dem klaren Buchstaben des Gesetzes ihre Grenze findet. Insoweit der Buchstabe nicht entgegenstehet, sucht die logische Interpretation die Gesezgebung zu einem in sich geschlossenen Ganzen zu construiren, in welchem der einzelne Begriff zwar in eine besondere Gattung fallen kann, immer aber dem gemeinsamen Geschlecht angehört. Um jedoch das gedachte Prinzip gehörig anzuwenden, müssen wir auch hier zwischen Form und Inhalt unterscheiden. Zur Form gehören nämlich die beiden Säze: daß im Zweifel kein Gesez rükwirkende Kraft hat und da, wo eine Vereinigung durch Interpretation nicht möglich ist, das frühere Gesez dem spätern weichen muß. Was zuvörderst den leztern Saz betrifft, so würde die Annahme, daß das, was zufolge der Regel: Cessante ratione legis cessat lex ipsa (§. 235) bei gleichzeitigen Gesetzen gilt, daß sie sich im Falle eines absoluten Widerstreits gegenseitig zernichten, auch hier eintrete, nicht weniger, wie die Annahme, daß das frühere Gesez dem spätern vorgehe, den Begriff von Evolution zerstören, der, wie früher (§. 126 folgd.) gezeigt worden, die Möglichkeit einer Abänderung der bestehenden Regel nothwendig in sich enthält. Eben so ist aber auch der erste der obigen Säze eine nothwendige Folge aus dem gedachten Begriff. Das Gesez hat rükwirkende Kraft, heißt ja nichts anders, als, es enthält eine Regel für bereits geschehene Handlungen. Jede bereits geschehene Handlung fällt aber in das Bereich der vollendeten Evolution.

§. 240.

Zufolge des so eben Gesagten thut also, so lange blos von dem, was wir hier Form nennen, die Rede ist, dem correktorischen Gesetze diese seine Qualität keinen Eintrag. Durchaus unrichtig wäre es aber, dies auch auf den Inhalt anzuwenden. Für diesen kommt das aufgestellte materiale Prinzip zur Anwendung, und diesem gemäß ist hier die Interpretation bald ausdehnend, bald einschränkend, je nachdem die Institution, die durch das correktorische Gesez afficirt wird, dadurch sich der höher liegenden Institution wieder nähert, oder aber sich noch weiter davon entfernt. Dieserhalb ist aber da, wo vom Inhalte die Rede ist, der Ausdruk correktorisch so vag, daß er für die Wissenschaft alle Bedeutung verliehrt.

§. 241.

Das Gesez ist ausdehnend oder aber einschränkend zu erklären, je nachdem die Institution, die durch dasselbe afficirt wird, sich dadurch der höher liegenden Institution wieder nähert, oder aber weiter sich davon entfernt, heißt nichts anders, als, jedes jus singulare ist einschränkend zu erklären. Eben dadurch ist aber auch der Begriff von jus singulare im Voraus bestimmt: jus singulare ist diejenige Institution, die vom (erkennbaren) Grundprinzip der Gesezgebung abweicht. Dem zufolge enthält aber das spezielle Gesez blos deshalb, weil es eine bisherige Institution modificirt, noch kein jus singulare; es enthält nur dann ein jus singulare, wenn jene Institution dem Grundprinzip der Gesezgebung conform war, oder aber eine bereits vorhandene Abweichung noch erweitert wird. Suchen wir uns dies durch ein Beispiel deutlich zu machen. Denken wir den Rechtssaz, daß die Confiscation sich nur auf das Vermögen erstrekt, was der Verbrecher zu der Zeit seiner Verurtheilung besaß, als Grundprinzip, so enthält eine Vorschrift, durch welche bei dieser Art von Uebertretung das zur Zeit der vollbrachten That vorhandene Vermögen der Confiscation unterworfen wird, ein jus singulare. Denken wir nun eine fernere Verfügung, welche diesen Zeitpunkt noch weiter zurükführt, so enthält auch sie ein jus singulare, weil sie die Entfernung vom Grundprinzip noch vergrößert; bestimmt dagegen diese fernere Verfügung die Eröffnung der Untersuchung als den hier in Betracht kommenden Zeitpunkt, so ist sie, obgleich die unmittelbar über ihr stehende Institution beschränkend, dennoch kein jus singulare, und somit, insoweit überhaupt von logischer Auslegung die Rede ist, ausdehnend zu interpretiren. 21)

---

21) Ein lediglich dem Civilrecht angehöriges Beispiel ist, wenn da, wo der Rechtssaz, daß der Erbe die facta des Erblassers zu prästiren schuldig ist, als Grundprinzip gilt, eine Deliberationsfrist eingeführt wird. Diese ist ein jus singulare, und den nämlichen Charakter hat jede fernere Verfügung, welche diese Frist erweitert,

§. 242.

Wiewohl nun auf diese Weise der Begriff von jus singulare an und für sich ein fester Begriff ist, so läßt sich aber, abgesehen von einer bestimmten Gesezgebung nie sagen, ob dieser Rechtssaz ein jus singulare sey oder nicht. Und auch in der nämlichen Gesezgebung können Verschiedenheiten Statt finden, indem es nur immer auf das erkennbare Grundprinzip ankommt, dieses Grundprinzip aber nicht immer erkennbar ist. Wo nun ein solcher Fall eintritt, die Institution, die hier zunächst als Gegenstand einer Modification gedacht wird, für sich allein, sporadisch, da stehet, da enthält das modificirende Gesez nur insofern ein jus singulare, als es die bestehende Institution aus ihrer Einheit mit sich selbst reißt, und wo auch dies nicht erkennbar ist, da tritt lediglich die Form (§. 239) hervor, d. h. das Bestehende muß dem Correktorischen, das frühere Gesez dem spätern weichen.

§. 243.

Wenden wir dies auf Privilegien an, so wird sich auch hier das Prinzip für die Anwendung leicht ergeben. Ein Privilegium ist ja nichts anders als das Gesez in seiner speziellsten Gestalt 22), und es macht sich daher der obige Begriff von jus singulare auch hier geltend. So weit das Prinzip der Gleichheit in der Gesezgebung erkennbar ist, ist jedes gegen dieses Prinzip anstoßende Privilegium ein jus singulare, und somit einschränkend

so wie umgekehrt diese fernere Verfügung kein jus singulare enthält, wenn sie jene Frist beschränkt. Dieserhalb ist denn auch L. 23 §. 3 D. de fidei comm. libertat. (40, 5) im Gegensatze gegen L 78 pr. de condit. et demonstrat. (35, 1) allerdings ein jus singulare.

22) Die Meinung, dem Privilegium liege ein Vertrag zum Grunde — Höpfners Commentar §. 49 — beruht auf einer totalen Verwirrung hinsichtlich des Begriffs der Gewalten. Wohl aber kann ein vom Staat in seiner Eigenschaft als Corporation verliehenes Recht äußerlich einem Privilegium gleich seyn. Auch haben die Vertheidiger jener Meinung die Unrichtigkeit derselben schon indirekt zugegeben, wenn sie lehren, daß ein mit dem Wohl des Staats streitendes Privilegium wieder aufgehoben werden könne.

zu interpretiren, so wie es dagegen ausdehnend erklärt werden muß, wenn es eine bisherige, dem Grundprinzip widersprechende Beschränkung hinwegnimmt. Und eben so gilt auch da, wo die in ihm ihre Beschränkung findende Institution sporadischer Natur ist, das Nämliche, was vom Gesez überhaupt gilt. Diese sporadische Natur sezt aber voraus, daß keine jura quaesita beeinträchtigt werden, indem es im Begriff des wohl erworbenen Rechts liegt, daß es nur durch ein ausdrükliches und somit klares Gesez aufgehoben werden kann. 23)

§. 244.

Die für die logische Auslegung eintretenden allgemeinen Grundsätze finden sich auch wohl durch eine bestimmte Gesezgebung modificirt. So wie aber hier überall nicht von einzelnen, dieses Gesez betreffenden, zugleich mit ihm ertheilten Vorschriften 24), sondern nur von wirklichen Regeln die Rede seyn kann, indem eine solche einzelne Vorschrift mehr als Objekt der logischen Auslegung in Betracht kommt, so beschränken wir uns auch bei diesen wirklichen Regeln darauf, über die dem Interpreten wohl zur Pflicht gemachte Billigkeit einige Worte zu sagen.

---

23) Ob und inwiefern die hier angegebenen Grundsätze ausreichen, muß sich aus der Anwendung derselben auf die Theorie ergeben. Ohne einen allgemeinen Gesichtspunkt kann aber die Lehre von der logischen Auslegung nie praktisch werden, und in der Darstellung selbst muß sich nothwendig schon der Mangel an Prinzip fühlbar machen. So sagt Thibaut a. a. O. §. 15: „alle, das bestehende Recht ändernde Gesetze (jura correctoria) sind im Zweifel nicht anzunehmen, auch bei einem Statt findenden Doppelsinn strikt zu interpretiren, d. h. in dem Sinn zu verstehen, welcher am wenigsten von den bisher bestandenen Rechtsgrundsätzen entfernt," S. 80 heißt es aber allgemein: „ein correktorisches Gesez darf nicht ausdehnend interpretirt werden," und §. 20 wird aus dem Grunde, weil der Richter die von der beschränkten Beobachtung des Gesezgebers herrührenden Fehler zu verbessern habe, wieder die Möglichkeit einer ausdehnenden Interpretation angenommen.

24) Thibaut a. a. O. S. 82 folgd.

§. 245.

Daß da, wo von Billigkeit als Norm für die logische Auslegung die Rede ist, immer zu Gunsten dessen interpretirt werden muß, der durch die gesezliche Vorschrift leidet, unterliegt keinem Zweifel; 25) indessen dürfen wir nur auf das im vorigen Hauptstük Gesagte zurükgehen, um uns zu überzeugen, daß diese Billigkeit, so wie sie sich hier geltend macht, bald mit dem Gemüth, bald mit dem Verstande im Gegensatze stehen kann. Denken wir den Fall, es sey zweifelhaft, ob das Gesez die culpose Uebertretung geringer bestraft wissen wolle, wie die dolose, so stehet die anzuwendende Billigkeit mit dem Verstande im Gegensatze, indem dieser, als solcher, den Gegensaz zwischen indirektem und direktem Wollen nicht kennt; ist dagegen davon die Rede, ob das Gesez den Versuch auch für eine Uebertretung erkläre, so gehet die Billigkeit mit dem Verstande Hand in Hand, da der Charakter des Versuchs, als Uebertretung, lediglich auf einer Annahme des Gemüths beruhet. Diese Beispiele werden aber hinreichen, um den Saz, daß die Billigkeit nicht immer dem identischen Denken gegenüber stehet, in sein volles Licht zu setzen. —

§. 246.

Zufolge des unbestreitbaren Satzes, daß auch der auf dem Wege des Gewohnheitsrechts (§. 13) und zwar sowohl des Gewohnheitsrechts im engern Sinne, wie des für das Strafrecht nur in Betracht kommenden sogenannten Gerichtsgebrauchs entstandene Rechtssaz nur in einer bestimmten Individualität sich geltend zu machen im Stande ist, kann die Bemerkung, daß die logische Auslegung auch bei ungeschriebenem Rechte Anwendung leide, hier nur um der Vollständigkeit willen eine Stelle finden. Eine andere Frage tritt uns aber am Schlusse dieses Abschnitts noch entgegen, die Frage, ob und inwiefern auch das, was man positives göttliches Recht nennt, einer logischen Interpretation unterliegen kann.

25) Vergl. L. 42 D. de poen. (48, 19) und L. 155 §. 2 D. de R. J. (50, 17).

§. 247.

Mit Recht macht Thibaut 26) darauf aufmerksam, daß in einer Anwendung der logischen Interpretation auf Geseze, denen man einen göttlichen Ursprung zuschreibt, der Saz liegt: Gott habe hier nicht gehörig zu schließen und zu reden gewußt. Sobald sich aber diese Bemerkung für die Rechtswissenschaft, als solche, geltend machen will, muß sie sich auch juristisch begründen und zugleich für die etwaige Anwendung brauchbar machen lassen. Um sie aber in dieser Art zu begründen und anwendbar zu machen, müssen wir zuvörderst die Frage beantworten, ob und inwiefern von einem unmittelbar zur Anwendung kommenden göttlichen Rechte überhaupt die Rede seyn kann.

§. 248.

Gehen wir auf das früher (§. 135 folgd.) Gesagte zurük, so ergiebt sich, daß ein göttliches Recht, was mehr wie ideale Seite der Gesezgebung wäre, gegen den Begriff ist. Wo es mehr wie ideale Seite ist, da ist Theokratie, somit eine Form, in der sich der Staat als Staat nicht denken läßt. Sobald man in das, was man sich unter Theokratie denkt, etwas Juristisches legen will, läßt sich Theokratie nicht anders denken, als eine höhere Form von Autokratie. Das göttliche Recht kann daher dem Begriff gemäs immer nur ideale Seite der Gesezgebung seyn. So wie es nun in dieser Qualität mit dem Inbegriff der kirchlichen Dogmen gleichbedeutend, und somit als Ausfluß göttlicher Offenbarung kein denkbarer Gegenstand einer logischen Auslegung ist, so kann es aber eben deshalb auch nie unmittelbarer Gegenstand einer juristischen Anwendung seyn. 27) Dennoch aber läßt es sich

26) a. a. O. §. 10.

27) Hier ist denn auch der Grund zu suchen, mittelst dessen die von Feuerbach (Lehrbuch des p. Rechts §. 339) ausgesprochene Meinung, daß ein protestantischer Gerichtshof die von der Carolina auf die Entwendung der Monstranz gesezte Feuerstrafe nicht zur Anwendung bringen könne, sich als unrichtig darstellt. Vergl. Roßhirt Lehrbuch des Criminalrechts §. 182.

denken, daß dem Richter ein Fall vorkäme, wo er als solcher genöthigt wäre, hier eintretende Zweifel zu lösen. Ein solcher Fall wäre vorhanden, wenn der Gesezgeber etwa bei einem den Incest betreffenden Gesetze sich in Ansehung der Frage, was als Incest zu betrachten sey, auf die heiligen Schriften bezöge, und hier nun der Jurist widersprechende Stellen zu finden glaubte.

§. 249.

Fragen wir hier nach der möglichen Verfahrungsart, so sind wohl die zwei Fälle zu unterscheiden, ob nach dieser bestimmten Confession eine grammatische Auslegung Statt findet oder nicht. Im ersten Fall ist die Lösung des Zweifels möglich, so weit das, was wir höhere grammatische Auslegung genannt haben (§. 222), sich erstrekt. Im zweiten Fall wird es aber lediglich Gewissenssache seyn. Der Richter mag sich, nicht als Richter, sondern als Mensch, an die Kirche wenden; sie wird ihn hoffentlich nicht ohne Entscheidung lassen.

Zweiter Abschnitt.

Von der höhern Hermeneutik.

§. 250.

Der Gegenstand der höhern Hermeneutik ist bereits in der Einleitung zum gegenwärtigen Hauptstükke angegeben; es handelt sich hier von den Regeln, nach welchen bei unbestimmten Strafgesetzen die bestimmte Größe der Strafbarkeit gefunden wird. Daß nun hier nicht von einem sogenannten, über der einzelnen Gesezgebung liegenden philosophischen Prinzip die Rede sey, zeigt schon die Stellung der Lehre; einer besondern Widerlegung der entgegenstehenden Ansicht 1) können wir uns aber um so mehr für überhoben halten, da eine solche Widerlegung nichts anders heißen könnte, als eine nochmalige Begründung des hier aufgestellten Systems, so wie denn auch die Meinung, daß der Richter bei unbestimmten Strafgesetzen ebenfalls nicht über die Gesezgebung hinausgehen dürfe, keineswegs neu ist, 2) und es blos darauf an-

1) Die Freiheitstheorie stehet hier der Feuerbach'schen Doktrin gleich: auch nach ihr macht das unbestimmte Strafgesez den Richter zum Gesezgeber. Kleinschrod systemat. Entw. Th. II §. 133. Die Anhänger der Freiheitstheorie sind aber hier consequenter, wie Feuerbach, indem sie die gedachte Eigenschaft des unbestimmten Gesetzes nicht auf das Strafrecht beschränken.

2) „Der Endzwek dieser — richterlichen — Willkühr, sagt der ungenannte Verfasser des Auffsatzes: über die Natur und Grenzen der richterlichen Willkühr bei Anwendung der Strafgesetze in Hogemanns und Günthers Archiv für die theoretische und praktische Rechtsgelehrsamkeit Th. I N. 2 S. 75 ist die Ergänzung des ausdrüklichen Willens der Gesezgeber zur Handhabung einer mit dem Geiste der Strafgesetze möglichst harmonischen peinlichen Gerechtigkeit, und bei Martin im Lehrbuche des teutschen gemeinen Criminalrechts §. 58 heißt es: „sie — die richterliche Willkühr — muß im übrigen bei Ergänzung des unbestimmt gebliebenen, dieselben Prinzipien zum Grunde legen, welche das dermalige geltende peinliche Recht dieses Staats bei Abfassung seiner Strafgesetze befolgt hat.“ S. auch Roßhirt Lehrbuch des Criminalrechts §. 93 folgd.

kommen kann, das, was sich nur als allgemeine Behauptung ausgesprochen findet für die Anwendung wirklich tauglich zu machen. 3)

§. 251.

Der Charakter des unbestimmten Gesetzes bestehet im Allgemeinen darin, daß der von ihm aufgestellte Begriff nicht die zur unmittelbaren Anwendung erforderliche Individualität hat. Das unbestimmte Gesez giebt nur einen Gattungsbegriff an, und überläßt es dem Richter, die für den unmittelbar praktischen Gebrauch erforderliche species daraus zu bilden. Je nachdem aber das Gesez mehr oder weniger unbestimmt ist, 4) ist auch die vom Richter vorzunehmende Operation mehr oder weniger complicirt. Bei manchen Gesetzen bedarf es blos eines Calculs, um den individuellen Begriff zu finden, indem der Gattungsbegriff vollständig angegeben ist; bei andern hingegen ist eine Abstraktion erforderlich, weil der Gattungsbegriff nicht vollständig aus dem Gesetze hervorgehet, und somit vorerst gefunden werden muß, und zwischen dieser Abstraktion, und dem zu machenden Calcul tritt wohl noch eine Größenbestimmung als solche hervor, indem es nämlich nicht zur Abstraktion kommt, dennoch aber nicht unmittelbar zum Calcul geschritten werden kann.

---

3) Man findet wohl die Bemerkung ausgesprochen, daß die hier erforderliche Kenntnis des Geistes der Strafgesetze in den Gerichtshöfen oft mangele. Wohl möchte man aber fragen: wo findet sich denn eine Theorie des peinlichen Rechts, die hier Auskunft gäbe? Unsere Lehrbücher, die sich doch als Theorie geltend machen wollen, bringen Allegate aus Englischem und Amerikanischem Rechte bei, und wenn dies so fortgehet, so werden wir auf diesem Wege auch noch Australisches Recht kennen lernen; wäre es aber nicht besser, diese Gelehrsamkeit für legislatorische Werke aufzusparen, und da, wo vom bestehenden Rechte die Rede ist, sich nur an das wirklich geltende zu halten, hier aber auch, wie es sich gebührt, vollständig zu seyn? —

4) Absolut und relativ unbestimmte Strafgesetze, welche Bezeichnung aber vermöge der allmähligen Uebergänge selbst immer nur relativ bleibt.

§. 252.

Suchen wir uns dies zuvörderst hinsichtlich des Calculs durch ein Beispiel deutlich zu machen. Setzen wir den Fall, aus dem unbestimmten Strafgesetze gehe hervor, daß es bei der von 5 bis 20 Jahren zu erkennenden Strafe nur darauf ankomme, daß die Uebertretung von 20 oder weniger, sämtlich oder zum Theil bewafneten, Personen gemeinschaftlich bei Nachtzeit begangen worden, so ist hier geradezu die Möglichkeit eines Calculs gegeben, und dieser Calcul macht auch an und für sich keine Schwierigkeit. Da die zum Begriff der hier fraglichen Uebertretung erforderliche Nachtzeit keine Modification der Strafbarkeit zuläßt, 5) so beschränken sich die durch das Gesez ausgesprochenen Modificationen auf die beiden übrigen Momente; weil aber zum gemeinschaftlichen Handeln zwei Personen gehören, hier also nicht, wie bei dem Momente der Bewaffnung, die zweite, sondern erst die dritte Person eine Steigerung hervorbringt, so giebt es in Betreff des gemeinschaftlichen Handelns nur 18 Grade, während es in Betreff der Bewaffnung 19 Grade giebt. $7\frac{1}{2}$ Jahr, als die auf jedes der gedachten beiden Momente fallende Hälfte des nach Abzug des minimum von 5 Jahren für Steigerung überhaupt übrig bleibenden Zeitraums macht aber mit 18 dividirt 5 Monate und mit 19 dividirt $4\frac{14}{19}$ Monate, und so bestehet, um von den hier möglichen 209 Fällen 6) einen herauszunehmen, da, wo von vier Personen überhaupt und drei Bewafneten die Rede ist, die Strafe in 6 Jahr $7\frac{9}{19}$ Monat.

---

5) Die Nachtzeit kann aber auch als Schärfung in Betracht kommen. Dies ist z. B. nach dem Art. 381 u. 385 des Code pénal der Fall, wenn sie mit Einbruch, Einsteigen, oder einem der übrigen im Art. 384 benannten, an und für sich schon Zwangsarbeit zur Folge habenden erschwerenden Umständen concurrirt. Ob sie nun hier 1 Jahr 8 Monat als das Drittheil von 5 Jahren, oder wieviel? betrage, ist eine Frage, welche die Theorie zu beantworten hat.

6) Hätten die hier in Betracht kommenden Momente gleiche Grade, so gäbe es nur 38 Modificationen der Strafbarkeit, weil alsdann die übrigen 171 Fälle sich in dieser Hinsicht gleich stehen.

§. 253.

In dem hier gewählten Beispiel ist der Gattungsbegriff selbst als vollständig angenommen. Ob aber diese Vollständigkeit aus dem fraglichen unbestimmten Gesetze selbst hervorgehet, oder es vorerst einer Aufsuchung der in der übrigen Gesezgebung unmittelbar liegenden einzelnen Merkmale bedarf, 7) macht keinen Unterschied. Solange die hier erforderlichen Merkmale in der übrigen Gesezgebung unmittelbar liegen, fällt die Aufsuchung derselben noch in das Gebiet der niedern Hermeneutik, indem ja schon das bestimmte Gesez eine solche Operation erfordern kann. Nur insofern, als diese einzelnen Merkmale nicht unmittelbar, sondern nur mittelbar in der Gesezgebung liegen, d. h. nur auf die Weise gefunden werden können, daß der fragliche Gattungsbegriff unter einen höhern Gattungsbegriff gebracht wird, gehört das Verfahren der höhern Hermeneutik an.

§. 254.

Aber auch hier giebt es, wie bereits (§. 251) bemerkt wurde, eine zum Behuf des vorzunehmenden Calculs erforderliche, jedoch von Abstraktion noch unabhängige Größenbestimmung. Die Unvollständigkeit des fraglichen Gattungsbegriffs kann nämlich sehr verschiedener Natur seyn, sich bald auf Uebertretung und Strafe zugleich, bald nur auf eines dieser beiden Momente des Begriffs von Strafbarkeit erstrekken; sie tritt aber allenthalben ein, wo der Richter nur qualitative, nicht quantitative Verschiedenheit vorfindet, indem nur die leztere einen Calcul zuläßt. So leidet' es wohl nach der Fassung des Art. 384 des Code pénal keinen Zweifel, daß Einbruch in ein bewohntes Haus strafbarer ist, wie Einbruch in ein nichtbewohntes Haus, und in beiden Fällen den äußern Einbruch eine härtere Strafe trift, somit nur bei innerm

7) Wohin auch jede hier einschlagende allgemeine Bestimmung gehört, wie z. B. Preuß. Allg. L. R. Th. II Tit. 20 §. 35. Code pénal Art. 19, 21, 40.

Einbruche in ein nichtbewohntes Haus das minimum von 5 Jahren eintreten kann; das quantitative Verhältnis zwischen innerm und äußerm, in ein nichtbewohntes oder aber bewohntes Haus geschehenen Einbruche ist aber dadurch nicht gegeben. Wäre nun das quantitative Verhältnis zwischen einem Einbruche bei Tage, und einem Einbruche bei Nacht gefunden (§. 252 not. 5), so ließe es sich, so lange blos von den sub num. 1 des Art. 386 enthaltenen Bestimmungen die Rede ist, auch wohl für einen Einbruch in ein nichtbewohntes und einen Einbruch in ein bewohntes Haus finden, und es bedürfte noch keiner Abstraktion; aber schon die num. 2 des gedachten Artikels macht hier vielleicht nicht zu besiegende Schwierigkeiten, die den Juristen nöthigen, auf dem Wege der Abstraktion sein Heil zu versuchen.

§. 255.

Was nun von diesen im Gesetze selbst angegebenen erschwerenden Umständen gilt, das gilt auch von den — wie wir sie, um eine bestimmte Bezeichnung zu haben, nennen wollen — ungenannten Milderungs- und Schärfungsgründen. Daß auch das unbestimmteste Strafgesez nur solche ungenannte, d. h. von ihm nicht ausgesprochene Milderungs- und Schärfungsgründe zulasse, die der übrigen Gesezgebung, und zwar für diese Gattung von Uebertretungen bekannt sind, somit eine nur für offenes Handeln geltende Annahme des Gemüths als solche keine Ausdehnung auf heimliches Handeln (§. 100) leide, kann nur der bestreiten, dem die so oft gerühmte latitude gleichbedeutend mit der von Seiten der Bequemlichkeit freilich sehr ansprechenden aequitas cerebrina ist; die Art und Weise, die hier anwendbaren ungenannten Milderungs- und Schärfungsgründe und das quantitative Verhältnis derselben zu finden, kann aber an und für sich nichts Eigenes haben.

§. 256.

Das Nämliche findet sich auch auf der Seite des Moments der Strafe. Wo die Unbestimmtheit des Gesetzes darin bestehet, daß, sey nun von einer oder von mehrern, zusammen eintretenden oder aber sich gegenseitig ausschließenden, Strafen die Rede, nur das qualitative, nicht aber das quantitative Verhältnis unmittelbar angegeben ist, und sich auch keine desfalsige anderwärts ausgesprochene allgemeine Regel findet, oder dieselbe nicht ausreicht 8), da kann die hier erforderliche Größenbestimmung nur auf dieselbe Weise, wie auf der Seite des Moments der Uebertretung geschehen, und so ist sie denn bald ohne Abstraktion bald, insofern sich überhaupt auf objektivem Wege zu ihr gelangen läßt, nur mittelst derselben möglich. So wäre es z. B. eine Größenbestimmung ohne Abstraktion, wenn die in §. 1062 Tit. 20 Th. II des Preuß. Allg. L. R. angedroh'te Strafe sich auf bloses Gefängnis beschränkte. In diesem Falle wäre, insoweit von Strafe an und für sich, abgesehen vom Momente der Uebertretung die Rede ist, schon ein Calcul möglich, da zufolge der in §. 1063 und 1064 enthaltenen Bestimmungen in Verbindung mit §. 88 und 89 wohl anzunehmen seyn möchte, daß die den Gegenstand des Calculs ausmachende Strafe in einem Zeitraum von 8 Tagen bis 3 Monaten bestehe. Sehen wir dagegen auf das Gesez, wie es wirklich lautet, so läßt sich der hier erforderliche vollständige Gattungsbegriff, insofern er sich überhaupt finden läßt, sowohl in Ansehung der Strafe, wie in Ansehung der Uebertretung nur durch Abstraktion finden, und zwar auf die Weise, daß uns diese Abstraktion in den Stand sezt, das Fehlende aus einem andern bestimmten, oder aber unbestimmten Strafgesetze zu ergänzen.

§. 257.

Soll das Fehlende aus einem andern bestimmten oder aber unbestimmten Strafgesetze ergänzt werden, so wird nothwendig erfordert, daß es zwischen der dort verpönten Handlung und der fraglichen Uebertretung etwas Gemeinschaftliches gebe. Hätten beide nichts miteinander

8) Preuß. Allg. L. R. a. a. O. §. 88 u. 89.

gemein, so wären sie schlechthin geschiedene Begriffe und es könnte nie etwas aus dem einen in den andern übergehen. Die Operation, mittelst welcher man zwei bestimmte Begriffe soweit von allem Eigenthümlichen entkleidet, daß sie vollständig zusammenfallen, ist aber nichts anders, als Abstraktion. Mittelst dieser Abstraktion gelangt, wie oben (§. 251) bereits bemerkt wurde, der Jurist zu einem gemeinschaftlichen Begriffe, zu dem sich der zu ergänzende Gattungsbegriff wieder wie species zur Gattung verhält.

§. 258.

Was sich als eine dem zu ergänzenden Gattungsbegriffe coordinirte species darstellt, ist auch an und für sich geeignet, als Mittel zur Ergänzung zu dienen, indem gerade der Charakter des unbestimmten Gesetzes darin bestehet, daß es den Juristen in das Gebiet der Analogie verweißt. So wie die niedere Hermeneutik nur Gleichheit der Fälle kennt, (§. 229) so kennt dagegen die höhere Hermeneutik nur Aehnlichkeit der Fälle, indem hier die in eine coordinirte species fallende Bestimmung zur Anwendung kommt. 9)

§. 259.

Daß nun die Analogie nicht gerade auf die coordinirte species beschränkt sey, sondern auch über dieselbe hinausgehen könne, läßt sich zufolge der Relativität des Begriffs von Gattung nicht bezweifeln. Es kann daher allerdings der Fall eintreten, daß, weil die coordinirte species die gesuchte Ergänzung nicht giebt, der Jurist sich genöthigt siehet, in der Abstraktion noch weiter zu gehen, und den über dem gefundenen gemeinschaftlichen Begriffe liegenden

---

9) Eben deshalb liegt aber der Schlüssel, mit dessen Hülfe man in den Stand gesezt wird, die über Analogie herrschenden dunkeln Begriffe aufzuklären, zu begreifen und zu berichtigen (Thibaut Theorie der leg. Auslegung des R. Rechts §. 28) höher wie das Römische Recht: er liegt in der Trennung zwischen niederer und höherer Hermeneutik.

Gattungsbegriff zu suchen, um auf diese Weise in einer, wenn wir so sagen dürfen, entferntern, in gleichem oder aber ungleichem Grade verwandten, species die mangelnde Bestimmung zu finden. Auf der andern Seite läßt sich aber auch wohl einsehen, daß es hier für die Analogie eine Grenze geben muß, wenn sie nicht in Gefahr kommen soll, an Statt den wahren Geist der Gesezgebung objektiv zu machen, derselben einen falschen Geist unterzulegen. Es fragt sich daher nach dem hier eintretenden Prinzip.

§. 260.

Dieses Prinzip ergiebt sich, wenn wir das nothwendige Wesen des durch Abstraktion zu findenden Gattungsbegriffs näher in das Auge fassen. Derselbe enthält nothwendig von den hier in Betracht kommenden mehrern species das Gemeinschaftliche, indem er nichts anders, als dies Gemeinschaftliche ist. Er kann sich daher zu dem allgemeinen Begriff von Uebertretung immer nur wie species verhalten. Dieser allgemeine Begriff von Uebertretung hat nämlich für die Hermeneutik als solche noch keinen brauchbaren Inhalt. Er nimmt ja seiner Natur nach die ganze Gesezgebung in sich auf, und ist somit für die praktische Anwendung etwas durchaus Unbestimmtes. Daraus folgt aber, daß der durch Abstraktion zu findende Gattungsbegriff nie über das hinausgehen kann, was die Gesezgebung wirklich als einzelne bestimmte Gattung von Uebertretung betrachtet. 10)

---

10) Die Abstraktion kann daher da, wo von Diebstahl die Rede ist, nicht über den allgemeinen Begriff von Entwendung hinaus, und wiewohl der Art. 385 des Code pénal an und für sich keinen Calcul zuläßt, da er das maximum der Personenzahl nicht enthält, so möchte dennoch, auch wenn sich diese Bestimmung innerhalb des allgemeinen Begriffs von Entwendung nicht ergeben sollte, von etwaiger Anwendung der in Art. 210 u. 211 enthaltenen Bestimmungen keine Rede seyn können. Um so mehr dringt sich aber die Frage auf, warum man den überall nur bestimmte Strafgeseze enthaltenden Code von 1791, wenn er einer Abänderung bedurfte, auf diese Weise abgeändert hat. Wenn Feuerbach (Revis. I S. 290

§. 261.

Hiemit schließen wir den gegenwärtigen Abschnitt. Der Saz, daß die poena arbitraria auch wohl in Todesstrafe bestehen kann, 11) gehet aus dem bisherigen von selbst hervor, indem ja, sobald das Strafgesez von Seiten des Moments der Strafe gänzlich unbestimmt ist, als von welchem Falle hier allein die Rede seyn kann, und sich nicht etwa eine beschränkende allgemeine Vorschrift findet, 12) es nur darauf ankommt, ob diese — einfache oder aber qualificirte — Todesstrafe aus dem analogisch hier zur Anwendung kommenden Theile der Gesezgebung hervorgehet. Was aber die hier versuchte Darstellung im Ganzen betrifft, so werden ihre etwaigen Mängel ihr um so weniger zum Vorwurfe gereichen, da wir uns hier auf einem beinahe völlig neubebau'ten Felde befinden. —

---

in der Note) in den Worten Servin's: lorsqu'il s'agit de connoître à quel dégré de rigueur on doit porter chaque peine dans son espèce, pour punir tel crime en particulier, on sent, que cela doit être laissé à la sagesse du magistrat, eine höchstscharfsinnige und treffende politische Bemerkung findet, so konnte dies Urtheil da, wo es darauf ankam, Feld für das System zu gewinnen, wohl nicht anders ausfallen; wer aber diese Rüksicht nicht hat, der wird keinen Augenblik darüber in Zweifel seyn, was von der in dieser Beziehung gerühmten sagesse du magistrat zu halten ist, und mit einem deutschen Schriftsteller sagen: besser ist ein eiserner Wille des Gesetzes, auf allgemeine Menschenkenntnis und Erfahrung gegründet.

11) *Boehmer* ad Art. 105 C. C. C. §. 8. Auch jede durchgeführte legislatorische Ansicht gelangt nothwendig zu dem nämlichen Resultate. Feuerbach Revis. I S. 212 folgd.

12) Preuß. Allg. L. R. a. a. O. §. 34 u. 35.

Zweites Kapitel.

Vom richterlichen Ermessen.

§. 262.

Was unter richterlichem Ermessen zu verstehen sey, gehet aus der der gegenwärtigen Darstellung vorausgeschikten allgemeinen Einleitung (§. 15) und dem im vorigen Kapitel Gesagten im Allgemeinen bereits vollständig hervor: Das richterliche Ermessen bezeichnet den Punkt, wo die Regeln der juristischen Hermeneutik keine Anwendung mehr finden, weil das der Gesezgebung zum Grunde liegende Prinzip als solches nicht mehr erkennbar ist. Diese Bedeutung hat der Ausdruk auch zu allen Zeiten gehabt; man hat sich nur die Sache nicht immer klar gedacht. Zur erforderlichen Klarheit des Begriffs kann es nur dann kommen, wenn das richterliche Ermessen in der Eigenschaft erscheint, daß es den Gegensaz der das Wesen der juristischen Hermeneutik ausmachenden logischen Operation und somit den Schlußpunkt des theoretischen Theils der Darstellung bildet.

§. 263.

Im Gebiet der juristischen Hermeneutik finden sich allenthalben Punkte, wo das der Gesezgebung zum Grunde liegende Prinzip nicht mehr erkennbar ist. Es ist dies sowohl in der niedern wie in der höhern Hermeneutik der Fall, indem auch wohl das bestimmteste Gesez zu der zu fällenden Entscheidung nicht ausreicht. Was zuerst die höhere Hermeneutik betrifft, so ergiebt es sich von selbst, daß schon da, wo der vorzunehmende Calcul eine Vergleichung mehrerer gegebener Größen, mögen diese auf Seiten der Strafe oder auf Seiten der Uebertretung liegen, voraussezt, der Fall eintreten kann, daß die hier erforderlichen Bedingungen mangeln, und der Richter nichts findet, was ihm als objektiver Maasstab dienen könnte. Dies steigert sich aber nothwendig in dem Grade, als die Gesezgebung unbestimmter wird, und wir brauchen uns nur ein Strafgesez zu denken, was eine, in keinen bekannten einzelnen bestimmten Gattungsbegriff von Uebertretung fallende, Handlung lediglich im Allgemeinen für strafbar erklärt, so haben wir den Fall, wo der Richter sich außer Stand siehet, die anzuwendende Strafe nach Regeln der Hermeneutik zu finden.

§. 264.

Das Nämliche findet sich auch bei der niedern Hermeneutik. So wie hier schon bei Kritik und niederer grammatischer Interpretation wohl Fälle genug eintreten, wo eine Meinung als die richtige angenommen werden muß, ohne daß sie sich auf objektive Weise wirklich begründen ließe, so tritt es vorzüglich bei der logischen Auslegung da hervor, wo es sich darum handelt, ob der zu entscheidende Fall unter diese species von Begriff gehöre, ob er sich zu den im Gesez bestimmt enthaltenen Fällen als gleicher oder aber nur als ähnlicher Fall verhalte.

§. 265.

Allerdings ist diese Grenze der logischen Operation bald enger bald weiter gestekt, je nachdem der mit der Anwendung beauftragte Jurist sich mehr oder weniger des hier erforderlichen Grades von Scharfsinn erfreuet. Wo für den Einen noch das Prinzip erkennbar ist, kann wohl für den Andern schon undurchdringliches Dunkel herrschen. So wie der Letztere, wenn er so glüklich ist, eine aufgestellte Theorie zu finden, dieselbe als Krükke gebrauchen muß, so ist dagegen der Erstere wohl im Stande, diese Theorie mit schäzbaren Beiträgen zu bereichern.

§. 266.

Was bleibt nun übrig? Von sogenannter authentischer Auslegung kann hier keine Rede seyn. Ist sie wirklich das, was man darunter verstehet, Erklärung des dunkeln Gesetzes mittelst eines Akts der gesezgebenden Gewalt, so liegt sie entweder außer den Grenzen der Judicialie, oder sie widerstreitet dem Begriff, je nachdem sie für künftige Fälle, oder aber für einen bereits vorhandenen Fall gelten soll. Im erstern Fall ist ihr Resultat gleichbedeutend mit Gesez schlechthin, im leztern Falle mit rükwirkendem Gesez (§. 230). Soll sie aber ebenfalls in analytischem Denken bestehen, so fällt sie mit doktrineller Auslegung zusammen, stehet somit unter den so eben erwähnten Bedingungen. Es ist daher nur richterliches Ermessen, was hier eintreten kann, d. h. diejenige Funktion des Richters, wo er das Gesez anwendet, ohne sich der Gründe dieser Anwendung in der Mase bewußt zu werden, daß er sie objektiv darzustellen vermöchte. Dadurch sind wir aber auf dem Punkte angelangt, wo der theoretische Theil des Strafrechts eben so, wie früher der theoretische Theil des Civilrechts, gleichsam in sich selbst zurükläuft, indem das, wovon dieser theoretische Theil ausging, die Annahme des Gemüths, sich hier nur in einer andern Gestalt, nämlich nicht der Form, sondern nur dem Inhalte nach, wiederfindet.

§. 267.

Hiedurch ist denn der hier entstehende anscheinende Widerspruch im Voraus vermittelt. Ein Widerspruch scheint hier nämlich vorhanden, da die richterliche Gewalt nicht das zur Objektivität erhobene Gemüth, sondern der objektiv gewordene Verstand ist, allenthalben aber, wo richterliches Ermessen eintritt, es im Grunde das Gemüth ist, was sich geltend macht. Der Widerspruch vermittelt sich aber dadurch, daß die hier eintretende Annahme des Gemüths dem Richter nicht als solche, sondern als unmittelbare Gewisheit erscheint, die sich nur fühlen, keinesweges durch anzuführende Gründe darthun läßt. Dies ist die Bedeutung des Satzes, daß nur dem Inhalte, nicht der Form nach, das Gemüth hier wirkt. So wie für den Geometer Umstände eintreten, wo er zu dem sogenannten Augenmaaße seine Zuflucht nehmen muß, weil es für den Augenblik an der Möglichkeit einer wirklichen Messung gebricht, so siehet sich der Richter in Lagen versezt, wo ihm nur das, was man juristischen Takt nennt, übrig bleibt. Aber wehe ihm, wenn dieser juristische Takt für ihn einen andern Charakter hat, wie für den um das richtige Resultat bekümmerten Geometer das Augenmaas, wenn er nicht wirklich dem der Gesezgebung zum Grunde liegenden Prinzip gemäs zu entscheiden glaubt!

Praktischer Theil des Strafrechts.

Einleitung.

§. 268.

Die Bedeutung des praktischen Theils des Strafrechts gehet in ihrer höchsten Allgemeinheit schon aus dem Bisherigen hervor: es handelt sich hier von der Art und Weise, wie die richterliche Gewalt zu dem erforderlichen Resultate gelangt. Dieserhalb kann denn auch der praktische Theil des Strafrechts hinsichtlich des Systems der Darstellung von dem praktischen Theile des Civilrechts nicht verschieden seyn: in beiden zerfällt diese Darstellung in zwei Abschnitte, je nachdem, wenn wir so sagen dürfen, vom Inhalte oder aber von der Form des gerichtlichen Verfahrens die Rede ist. Um jedoch einen, dem die Eigenthümlichkeit des Civilrechts treffend bezeichnenden Ausdrukke entsprechenden, Ausdruk zu haben, bezeichnen wir das, was dort die Lehre von den Aktionen heißt, hier als die Lehre von den Denunciationen und nur den zweiten der gedachten Abschnitte nennen wir auch hier die Lehre vom Prozeß.

Erstes Hauptstück.
Lehre von den Denunciationen.
Erstes Kapitel.
Lehre von der Relevanz.

§. 269.

Eine nur oberflächliche Reflexion zeigt, daß das, was einer gerichtlichen Verfolgung zum Grunde liegt, somit im Strafrecht Grund der Anklage heißt, ein dem praktischen Theile eigenthümlicher Begriff ist. Fiele der Grund der Anklage mit dem Begriff von Uebertretung, wie ihn der theoretische Theil des Strafrechts kennt, völlig zusammen, so ließe sich keine positive Vertheidigung denken. Indem nämlich der Charakter der positiven Vertheidigung darin bestehet, daß der Angeklagte einen sogenannten Vertheidigungsgrund anführt, d. h. wiewohl das, was der Anklage zum Grunde liegt, überall nicht abgeleugnet werden kann, oder aber demnächst nachgewiesen worden, dennoch der Angeklagte mittelst anderweitiger von ihm anzuführender Umstände darzuthun sucht, daß die ihm angeschuldigte Uebertretung wieder aufgehoben sey, oder wohl gar nie existirt habe, ist das, was den Grund der Anklage bildet, nothwendig von Uebertretung verschieden. Das Gegentheil wäre ein absoluter Widerspruch. Ist der Anklagegrund gleichbedeutend mit Uebertretung, so kann er nicht neben einem Vertheidigungsgrunde bestehen, indem dies nichts anders hieße, als, die Uebertretung sey wahr, und nicht-wahr zugleich: wahr, indem in Ermangelung eines vorgeschützten Vertheidigungsgrundes Verurtheilung erfolgt, nicht-wahr, weil der vorgeschützte Vertheidigungsgrund Freisprechung zu bewirken im Stande ist.

§. 270.

Die Richtigkeit der hier gemachten Bemerkung läßt sich wohl nicht in Abrede stellen; nicht weniger lehrt uns aber die tägliche Erfahrung, daß die gerichtliche Vertheidigung einen zwiefachen Charakter hat, nicht blos negativ, sondern auch positiv ist. Insofern nun nicht angenommen werden soll, das Leben sey mit sich selbst im Widerspruche, muß es uns auch gelingen, den gesuchten Begriff zu finden, und daß dies nicht mehr und nicht weniger heiße, als, den Mechanismus des gerichtlichen Verfahrens in seinem Innersten ergründen, kann wohl jezt schon nicht zweifelhaft seyn.

§. 271.

Um den gesuchten Begriff zu finden, brauchen wir nur den Blik auf das praktische Leben überhaupt zu werfen. Wiewohl der Mensch den nothwendigen Zusammenhang alles dessen, was geschieht, nicht wegdenken kann, ohne mit sich selbst in Widerspruch zu gerathen, und daher die Nothwendigkeit, daß mit der Gegenwart auch die Vergangenheit, und eben so auch alle Zukunft auf diese bestimmte Weise gegeben sey, sich ihm aufdringt, so macht sich dies aber nur als Idee geltend; für das praktische Leben tritt immer ein mehr oder weniger beschränkter Umfang ein, in welchem dieser ursprüngliche Zusammenhang dem Menschen erscheint. Warum dies so sey, liegt außer den Grenzen der Wissenschaft, daß es aber so sey, und nicht anders seyn könne, sagt Jedem sein unmittelbares Bewußtseyn. Ohne diese Beschränktheit der Subsumtion würde sich das Leben zernichten. 1) Dadurch ist aber der Begriff von Thatsache im Allgemeinen gegeben. Man bezeichnet nämlich mit diesem Ausdrukke jedes geschichtliche Faktum, was den zum praktischen Behufe erforderlichen Erklärungsgrund in sich selbst trägt.

---

1) Dieserhalb giebt es aber auch über den Staat hinaus eine Sphäre des Erlaubten, gleichsam eine Atmosphäre der Civität, indem, obschon jede Handlung nothwendig einem Pflichtgebot, wie einem Naturgesez unterliegt, dennoch manche Handlung als gleichgültig erscheint, weil die an sich vorhandene Regel für den Handelnden nicht erkennbar ist. Wer sich etwa mit der Aufstellung eines Compendiums der Sittenlehre beschäftigt, mag diese Bemerkung einer nähern Prüfung unterwerfen.

§. 272.

Demnach hat aber jede Thatsache einen doppelten Charakter: sie ist historisch und nicht-historisch zugleich. Bezeichnen wir nämlich das, was sich nicht nach logischen oder physikalischen Regeln erkennen läßt, somit für uns den Charakter des Zufälligen an sich trägt — nur insofern für uns vorhanden ist, als es gleichsam von Außen in unsere Erkenntnis fällt, mit dem Ausdruk historisch, so ist die Thatsache als solche, d. h. ihrem Aeußern nach historischer Natur; im Innern, d. h. hinsichtlich ihrer einzelnen Bestandtheile ist sie aber nicht historisch, indem gerade das, was den Inhalt der Thatsache bildet, das Resultat der für uns erkennbaren logischen oder aber physikalischen Regeln ist. Das Gegentheil wäre in sich widersprechend. Wäre die Thatsache in ihrem Innern historisch, so wäre sie nicht Thatsache sondern nur ein Aggregat zufälliger, von einander unabhängiger Umstände, erschiene sie aber ihrem Außern nach nicht als zufällig, so wäre sie nur Bestandtheil einer andern Thatsache.

§. 273.

Auf diese Weise erklärt es sich nun schon, wie ein und dasselbe Ereignis in einem sehr verschiedenen Lichte erscheinen kann. Da nämlich jede Thatsache dem Begriff nach ein bestimmtes Resultat liefert, so muß das Resultat nothwendig nach dem Umfange der Thatsache verschieden seyn. Was bei diesem Umfange der Thatsache uns in dieser Gestalt erscheint, weil uns kein anderer Erklärungsgrund zu Gebot stehet, erscheint uns bei einem größern Umfange der Thatsache ganz anders, indem das, was bis jezt für uns gleichsam eine selbstständige Existenz hatte, sich jezt als nothwendige Folge eines frühern Ereignisses darstellt. Stellt sich nun die fragliche Thatsache gleich anfangs in diesem größern Umfange dar, so ist nothwendig auch gleich anfangs die anderweitige Erklärung gegeben; hat dagegen die Thatsache anfangs nur den geringern Umfang, so sind wir genöthigt, das hieraus folgende Resultat als richtig anzunehmen, indem ja alles, was außer diesem Umfange liegt, für uns nur insofern existirt, als es eben so, wie das, was bis jezt Thatsache ist, zu unserer Kenntnis kommt. Kommt es aber für sich besonders zu unserer Kenntnis, so ist es nothwendig auch eine eigene Thatsache, die zwar demnächst mit der erstgedachten Thatsache in einer dritten größern Thatsache zusammenfällt, vor der Hand aber eben so, wie jene erstere, ein für sich allein stehendes geschichtliches Faktum ist. Ein Beispiel wird zur Erläuterung dienen. Wer vor Aller Augen auf mörderische Weise angefallen wird, und nun, weil er auf keine andere Weise sein Leben retten kann, den Andern tödtet, wird vor jeder gerichtlichen Verfolgung sicher seyn. Mit der That, welche ihm diese Verfolgung zuziehen könnte, ist zugleich seine Rechtfertigung gegeben. Denken wir dagegen den Fall, es sey blos das Faktum der Tödtung bekannt, so wird die That so lange als Verbrechen erscheinen, als nicht auch die Nothwendigkeit dieser Tödtung constirt. Wird nun diese Nothwendigkeit der Tödtung vorgeschüzt, so giebt es, so lange es blos bei diesem Vorschützen bleibt, zwei Thatsachen, deren eine die Uebertretung, die andere dagegen die ursprüngliche Nichteristenz der Uebertretung enthält, und so wie leztere bei nicht geschehener Bewahrheitung in ihr Nichts zurückfällt, und deshalb die erstere als wirkliche Wahrheit bleibt, so fallen dagegen im Falle der geschehenen Bewahrheitung beide Thatsachen, die Thatsache der Tödtung, und die Thatsache eines die Tödtung nothwendig machenden Angriffs in einer dritten Thatsache, der oben gedachten Thatsache der aus Nothwehr geschehenen Tödtung zusammen, und die angeschuldigte That erscheint jezt nicht mehr als Verbrechen. Und daß da, wo von Wiederaufhebung der ursprünglich wirklich vorhandenen Uebertretung die Rede ist, — der Angeklagte etwa Begnadigung vorschüzt — das nämliche Verhältnis eintrete, fällt in die Augen. Der Unterschied bestehet ja nur darin, daß die den Vertheidigungsgrund bildende Thatsache in eine spätere Zeit fällt.

§. 274.

Hieraus gehet der Unterschied zwischen Uebertretung und dem, was den Grund der Anklage bildet, an und für sich hinreichend hervor. Der Grund der Anklage enthält die Uebertretung und enthält sie auch nicht, ohne daß hier ein Widerspruch wäre. Stehet dem Angeklagten kein Vertheidigungsgrund zur Seite, so erscheint das der Anklage zum Grunde liegende Verhältnis, in so weit es an sich wahr ist, auch als Uebertretung wahr, indem ja nur eine positive Vertheidigung geeignet ist, eine andere Erklärung der den Inhalt jenes Verhältnisses bildenden Handlung an die Hand zu geben; erfolgt dagegen eine positive Vertheidigung, so stehet die Wahrheit des der Anklage zum Grunde liegenden Verhältnisses der Freisprechung nicht entgegen, weil jezt die, seinen Inhalt ausmachende, Handlung ihren Charakter als Uebertretung verliehrt. Wir hätten also jetzt nur noch den juristischen Ausdruck für das gedachte Verhältnis zu suchen.

§. 275.

Ohne das Wort zu gebrauchen, haben wir bereits den Charakter der juristischen Thatsache beschrieben. Die juristische Thatsache unterscheidet sich von Thatsache überhaupt nur durch die, an das Faktische geknüpfte rechtliche Folge. Was sich aber bei der Thatsache überhaupt findet, daß durch den blosen Begriff der bestimmte Inhalt noch nicht gegeben ist, das ist auch der Fall bei der juristischen Thatsache: dieselbe ist als solche juristische Thatsache schlechthin, d. h. sie wird noch ohne bestimmten Inhalt gedacht, indem darin, daß sich weder eine Anklage, noch eine positive Vertheidigung ohne juristische Thatsache denken läßt, nothwendig auch liegt, daß die juristische Thatsache, als solche, sowohl Grund einer Anklage, wie Inhalt eines Vertheidigungsgrundes seyn kann. Deshalb kann aber der Begriff in dieser Allgemeinheit nicht in's Leben treten; soll von praktischer Anwendung die Rede seyn, so bildet sich nothwendig innerhalb jenes allgemeinen Begriffs ein, dem Gegensatze zwischen Anklagegrund und Vertheidigungsgrund entsprechender

Gegensaz, und dieser Gegensaz ist kein anderer, als der, dem im Civilrecht vorkommenden Gegensatze zwischen Rechtsverhältnis und juristischem Faktum 2) entsprechende Gegensaz zwischen **Reat** und **juristischem Faktum**. Durch den erstern dieser Ausdrükke wird die der Anklage zum Grunde liegende, durch den leztern hingegen die den Inhalt eines Vertheidigungsgrundes bildende juristische Thatsache bezeichnet. 3)

§. 276.

Indem aber durch das bisher Gesagte die Möglichkeit eines gegen das Reat unmittelbar gerichteten Vertheidigungsgrundes gezeigt worden, erklären sich sämmtliche innerhalb des Begriffs von juristischem Faktum sich findende Gegensätze von selbst. Was von der dem Reat zum Grunde liegenden Thatsache gilt, daß sie in einer andern juristischen Thatsache eine den gesezlichen Erfordernissen der Uebertretung widersprechende Erklärung findet, das gilt auch von jeder, den Inhalt eines Vertheidigungsgrundes bildenden, Thatsache. Wir brauchen hier die oben (§. 273) angeführten Beispiele nur weiter zu verfolgen. So lange nichts weiter constirt, als daß der jezt Getödtete sich einen mörderischen Angriff erlaubt, wird auch die vorgeschüzte Nothwehr als gegründet erscheinen; denken wir aber den Fall, es werde dem Angeklagten bewiesen, daß sich der von ihm Getödtete gegen ihn selbst im Stande der Nothwehr befunden, und somit das, was bis jezt als widerrechtlicher Angriff erschien, selbst abgenöthigte Vertheidigung gewesen, so ist die, gegen das Reat gerichtete, positive Vertheidigung eben so zernichtet, als wenn sich ergiebt, die vom Angeklagten vorgeschüzte Begnadigung sey an eine nicht eingetretene Bedingung gebunden. — Was aber von diesem Verhältnisse der

2) S. die mehrerwähnten **Grundlinien einer Theorie des Beweises im Civilprozeß** u. s. w. S. 103 folgd.

3) Die dem Ausdruk reatus hier beigelegte Bedeutung hält also ohngefähr die Mitte zwischen derjenigen, die er in L. 25 D. de poen. hat, und der Kunstsprache der Neuern.

Replik zur Einrede gilt, muß nothwendig für das Verhältnis der Duplik zur Replik, der Triplik zur Duplik, und aller hier noch weiter eintretenden Sätze in gleicher Mase Gültigkeit haben: so wie die Replik der Anklage und die Triplik der Replik zu Hülfe kommt, indem erstere die Einrede, leztere die Duplik zernichtet, so dient der vom Angeklagten angeführte spätere Vertheidigungsgrund dadurch, daß er der vom Gegner angeführten juristischen Thatsache eine andere Gestalt giebt, seinem Vorgänger zur Unterstützung. Dieserhalb bezeichnen wir aber mit Recht das dem Reat Gegenüberstehende als juristisches Faktum, d. h. als diejenige juristische Thatsache, die, an und für sich betrachtet, keinen Antrag auf Bestrafung begründet. Mag nämlich die angeführte juristische Thatsache zur Unterstützung des Reats, oder aber zur Unterstützung der Einrede dienen, immer bleibt sie Inhalt eines Vertheidigungsgrundes. Das Gegentheil wäre in sich widersprechend, indem alsdann die angeführte juristische Thatsache nicht dem fraglichen Reat zu Hülfe käme, sondern Inhalt eines, bis jezt nicht zur Sprache gekommenen, Reats wäre.

§. 277.

Was nun das Prinzip betrifft, mittelst dessen sich das Reat, so wie das juristische Faktum für jeden gegebenen Fall mit Sicherheit auffinden läßt, so ist dasselbe in dem Bisherigen vollständig enthalten. So wie es zum nothwendigen Erfordernis des Reats gehört, daß aus der ihm zum Grunde liegenden Thatsache, so wie sie da liegt, die fragliche Uebertretung hervorgehe, weshalb denn das Reat nach Befinden der Umstände auch wohl eine sogenannte anticipirte Replik enthält — so kann nur diejenige Thatsache Inhalt eines Vertheidigungsgrundes seyn, die das dem Reat oder aber dem, einem Vertheidigungssatze des Gegners entgegengesezten, Vertheidigungssatze zum Grunde liegende Ereignis in der Art darstellt, wie es der Vortheil des Asserenten erheischt. Der Ausdruk dieser Eigenschaft ist aber das, was man Relevanz nennt, und da sich im Strafrecht jeder gerichtliche Streit um die

Frage dreht, ob die angeschuldigte Uebertretung vorhanden ist, diese Uebertretung aber immer nur eine bestimmte seyn kann, so läßt sich der Begriff von Relevanz so ausdrükken: relevant sind diejenigen Thatsachen, aus denen die Existenz oder aber Nicht-Existenz der fraglichen Uebertretung hervorgehet.

§. 278.

Hiedurch ist der Begriff von Relevanz, soweit von der juristischen Thatsache die Rede ist, seiner Form nach hinreichend bestimmt, und insofern der Gegenstand des gegenwärtigen Kapitels erschöpft. Aber was vom Reat gilt, daß sein eigentlicher Stoff auf dem gegenwärtigen Punkte der Darstellung keiner Betrachtung bedarf, indem die Uebertretung aus dem theoretischen Theile des Strafrechts hervorgehet, das gilt nicht in gleicher Mase vom juristischen Faktum. Soweit dessen eigentlicher Stoff in der Negation von Uebertretung bestehet, findet er, als dem theoretischen Theile des Strafrechts fremd, seine Erörterung im gegenwärtigen Kapitel. Es liegt dies in der organischen Natur des Systems. Als Negation von Uebertretung kann der eigentliche Stoff des juristischen Faktums nur auf dem Satze beruhen, daß weder das, was zum öffentlichen Handeln, noch das, was zum Recht des Handelnden gehört, möglicher Inhalt einer diesem Handelnden zur Last fallenden Uebertretung ist. Wiewohl nun dieser Saz seinem innersten Wesen nach hinsichtlich seiner ersten Hälfte dem Regierungsrechte, hinsichtlich seiner zweiten Hälfte aber dem Civilrecht angehört, und demnach außerhalb des theoretischen Theils des Strafrechts liegt, so erfordert er aber eine besondere Anwendung für das Strafrecht, und diese Anwendung findet nothwendig da, wo vom juristischen Faktum die Rede ist, ihre Stelle. Es tritt hier das Nämliche ein, was sich im praktischen Theil des Civilrechts findet, nur in einer größern Ausdehnung: was für den praktischen Theil des Civilrechts das Regierungsrecht ist, das sind Regierungsrecht und Civilrecht für den praktischen Theil des Strafrechts.

§. 279.

Wenden wir uns nun zur Erörterung selbst, so findet sich für den so eben angeführten, theils dem Regierungsrecht, theils dem Civilrecht angehörigen Saz leicht eine dem Strafrecht eigenthümliche Form. Diese Form ist in dem frühern allgemeinen Satze, daß jede Uebertretung eine Ueberschreitung der absoluten Grenze der Civität ist, enthalten. Suchen wir daher den zu der hier in Betracht kommenden Realität des gedachten Satzes erforderlichen Inhalt.

§. 280.

Um diesen Inhalt zu finden, brauchen wir nur die in dem gedachten Satze enthaltenen speziellen Sätze einzeln zu betrachten. Diese speziellen Sätze sind aber folgende: 1) ohne Civität des Handelnden giebt es keine Uebertretung, 2) alles zur Erhaltung der eigenen Civität erforderliche Handeln liegt außerhalb des Begriffs von Uebertretung, und 3) der Inhalt der Civität bildet nothwendig die Negation von Uebertretung. Gehen wir diese drei Sätze der Reihe nach durch.

§. 281.

Daß der Saz: ohne Civität des Handelnden giebt es keine Uebertretung, in seiner hier in Betracht kommenden positiven Gestalt das autokratische Verhältnis in sich begreife, gehet aus dem, was früher über Autokratie gesagt worden, bereits hinreichend hervor. Soweit der Einzelne Autokrat ist, giebt es für ihn gezwungenes Handeln, d. h. er stehet unter den Befehlen der, als solche, ihn beherrschenden Civität; so weit sich aber das Bereich des gezwungenen Handelns erstrekt, kann von nothwendigem Handeln, und somit auch von Uebertretung keine Rede seyn. Die Ausführung des Befehls kommt nicht weniger, wie der Befehl selbst, nur auf Rechnung des Autokrators.

§. 282.

Aber auch das Regierungsrecht kennt ein aus Befehl hervorgehendes Handeln. Es ist dies der Inbegriff der in eben der Mase, wie die Corporation über der individuellen Civität stehet, über Autokratie stehenden Hierarchie, deren Charakter darin bestehet, daß das niedere Organ der Corporation von dem höhern den für jenes nicht unmittelbar ausgesprochenen Willen des Gesetzes vernimmt. Dieser aus Hierarchie hervorgehende Befehl ist, soweit er als solcher sich erstrekt, hinsichtlich seiner juristischen Folgen vom Befehl des Autokrators nicht verschieden. So wie das Gehorchen des Autokrators immer gezwungenes Handeln bleibt, so bleibt das Gehorchen des untergeordneten Organs, auch wenn der Befehlende seine Grenzen überschreitet, dennoch nothwendiges Handeln. Durch das Gegentheil würde, da Befehl und Prüfung des Befehls von Seiten des Gehorchenden, als solche, sich gegenseitig ausschließen, der Begriff von Befehl zernichtet.

§. 283.

Wir kommen nun zum zweiten der obigen Säze: alles zur Erhaltung der eigenen Civität erforderliche Handeln liegt außerhalb des Begriffs von Uebertretung. Dieser Saz begreift also alles das in sich, was man Selbsterhaltung nennt, und wir haben somit hier den juristischen Umfang des Begriffs von Selbsterhaltung zu betrachten.

§. 284.

Hätte jedes Glied des Staats unbedingt ein Recht auf eigene Erhaltung, so ergäbe sich der gedachte Begriff von selbst; es käme dann immer auf die nur in concreto zu beantwortende Frage an, ob die fragliche Handlung zu der beabsichtigten Selbsterhaltung nothwendig war. So wie aber das, was an und für sich der Zurechnung einer Handlung im Wege stehet, selbst schwere Uebertretung seyn kann, wie sich dies, um ein Beispiel anzuführen, bei dem Schlaf findet, 5) so lehrt uns auch das Regierungsrecht Civitäten kennen, bei denen das Recht der Selbsterhaltung keinesweges unbeschränkt ist, indem das

5) L. 12 §. 2 D. de re militar. (49, 16.)

öffentliche Handeln der hieher gehörigen Personen, als solches, der Gesundheit und dem Leben des Handelnden Gefahr drohet. 6) Dieserhalb giebt es aber hier Modificationen, hinsichtlich deren die Wissenschaft das Prinzip anzugeben hat.

§. 285.

Dies Prinzip ist in seiner Allgemeinheit leicht gefunden: der Umfang des Rechts auf Selbsterhaltung kann sich immer nur so weit erstrekken, als es dem öffentlichen Handeln des Subjekts keinen Eintrag thut. Das Gegentheil wäre ein Widerspruch, indem das durch das Bestreben nach Selbsterhaltung ausgeschlossene öffentliche Handeln nur innerhalb der absoluten Grenze der Civität liegen könnte, somit nicht öffentliches Handeln wäre. Durch das gedachte Prinzip ist aber für jeden vorkommenden Fall die Regel gegeben. So wie es da, wo das Recht zur Selbsterhaltung bestehet, überall nichts giebt, was nicht das Subjekt dieser seiner Selbsterhaltung aufopfern dürfte, so ist dagegen da, wo die ihm drohende Gefahr im Begriff seines öffentlichen Handelns liegt, das wirkliche Eintreten dieser Gefahr durchaus kein Grund, der geeignet wäre, der auf die Anwendung dieser Gefahr abzwekkenden Handlung ihre Eigenschaft als Uebertretung zu nehmen; die Handlung ist dem Begriff nach in einem solchen Falle nur dann straflos, wenn sie überhaupt nicht mehr als Handlung kann angesehen werden, d. h. wenn der Gefährdete seiner Sinne nicht mehr mächtig war. 7)

---

6) L. 6 §. 3 D. de re militar.

7) In diesem Falle kann nur das Handeln der Regierung eintreten, z. B. der Schwächling ist zu entfernen. — Uebrigens gehet wohl aus dem hier Vorgetragenen hervor, daß die von Klein (Grundsätze der natürlichen Rechtswissenschaft §. 26) gemachte Unterscheidung in gemeine und heroische Freiheit, worüber sich Feuerbach noch immer nicht zufrieden geben kann, auf einem ganz vernünftigen Grunde beruhet. Man braucht nur das, was Klein heroische Freiheit nennt, mit dem langst bekannten Ausdruk Heroismus zu bezeichnen, und die Sache ist klar. Der Unterschied zwischen Heldenthat und bloser Pflichterfüllung beruhet ja darauf.

§. 286.

Soviel von den durch die Verschiedenheit der Civitäten sich hier bildenden Modificationen. Was nun die Frage betrifft, ob und inwiefern der Umstand, daß der Gefährdete das Eintreten der Gefahr sich selbst beizumessen hat, in Betracht komme, so ergiebt sich die Antwort unmittelbar aus der Lehre von der Form der Uebertretung. Wo die Gefahr als Mittel zur Straflosigkeit herbeigeführt worden, und somit wirkliches Mittelglied der Handlung ist, da ist auch die äußerlich sich als Selbsterhaltung darstellende Handlung volle Uebertretung; soweit dagegen das Subjekt die Gefahr nicht zu diesem Behufe herbeigeführt hat, fällt dieses sein Handeln bald in das Gebiet der culpa, bald in das Gebiet des nicht-imputabeln Versehens (§. 48). Und so wie es auf diese Weise hier schon einen Punkt giebt, wo sich das identische Denken zernichtet, so ist dies auch hinsichtlich der Frage der Fall, was an und für sich zum vollen Begriff von Selbsterhaltung gehört, oder mit andern Worten, wann der Zeitpunkt eintritt, wo, abgesehen von einem frühern Verschulden des Subjekts die Bedingungen zur Straflosigkeit des hier in Betracht kommenden Handelns vorhanden sind?

§. 287.

Soll der Begriff von Selbsterhaltung Realität haben, so wird einestheils erfordert, daß die Handlung durchaus nothwendig war, um das Uebel von sich abzuwenden — daß dieses Uebel so gewis eingetreten seyn würde, als die Handlung unterblieb. Nicht weniger muß aber auf der andern Seite die physische Möglichkeit des erforderlichen Schutzes noch vorhanden seyn, das Subjekt darf den rechten Zeitpunkt nicht versäumen, indem sich sonst wieder der Begriff von Selbsterhaltung zerstört. Wer vermöchte nun hier das rechte Maaß und Ziel mit Gewisheit zu bestimmen? Wo liegt, in der hier erforderlichen Allgemeinheit gedacht, die Möglichkeit, das hier wirkende Naturgesez oder aber die Gedanken des Andern zu kennen? 8) — Jeder siehet wohl ein, daß ein wirklich praktisches Resultat hier nicht aus identischem Denken hervorgehet, sondern nur aus einer ursprünglichen Annahme des Gemüths.

§. 288.

Was wir nun bereits früher fanden, daß der in Betracht kommende Begriff bald unmittelbar aus dem Leben selbst, bald als etwas ursprünglich Juristisches aus den übrigen Theilen des Systems entlehnt wird, das findet sich auch hier. So ist, um dies als Beispiel anzuführen, der dem Civilrecht angehörige Begriff von Selbsthülfe nothwendig ein auch für das Strafrecht in der Mase gültiger Begriff, daß das, was geschehen muß, um einer nachtheiligen civilrechtlichen Folge zu begegnen 9), nicht Inhalt einer Uebertretung seyn kann. Das Gegentheil wäre ein Widerspruch der Gesezgebung mit sich selbst.

§. 289.

Was hier über Selbsterhaltung gesagt worden, brauchen wir auf die sogenannte Nothwehr nur anzuwenden, um zu einem völlig deutlichen Begriff derselben zu gelangen. Da man unter Nothwehr diejenigen Fälle begreift, wo der illegale Angriff eines Dritten, als solcher, abgewehrt wird, so ist der Unterschied zwischen Selbsterhaltung und Nothwehr im Grunde nur äußerlich, indem es ja, solange der Begriff von Selbsterhaltung Realität haben soll, nicht darauf ankommen kann, woher die abzuwendende Gefahr kommt. Wäre die Persönlichkeit des Angreifenden geeignet, eine Modification des Begriffs hervorzubringen, so müßte dies auf umgekehrte Weise auch für die Civität des Angegriffenen gelten; dies hieße aber nichts anders, als, das Selbsterhaltungsrecht des gefährdeten Subjekts sey enger wie seine Civität, was sich widerspricht. Daß der

8) Bis zu welchem Zeitpunkte muß der Hungrige warten, ehe sein Leben in Gefahr kommt? Und hat er dann noch die Kraft und die Gelegenheit, sich zu helfen?

9) L. 3 §. 9. D. de vi et vi armat. (43, 16.)

Angreifende durch Abwehrung seines, eine Verletzung enthaltenden, Handelns nicht verlezt werden kann, gehet aus dem früher aufgestellten Begriff von Verletzung hervor, soll aber von bloser Ueberschreitung eigener Civität die Rede seyn, so zeigt, zufolge des so eben Gesagten, schon der Ausdruk die Unmöglichkeit einer solchen Uebertretung. Daraus folgt aber, daß die Grenze der Selbsterhaltung zugleich auch die Grenze der Nothwehr ist, und jede bei der Nothwehr eintretende Modification sich nothwendig schon bei der Selbsterhaltung findet. Wohl aber treten die Widersprüche, in die wir da, wo von Selbsterhaltung, als solcher, die Rede war, das identische Denken gerathen sahen, hier in einem noch höhern Maaße hervor, und hierin ist wohl der Grund zu suchen, daß man fast allgemein die Lehre von der Nothwehr als eine eigene unabhängige Lehre betrachtet.

§. 290.

Allerdings liegt es zufolge des Bisherigen im Begriff der Nothwehr, daß nur das dahin gehört, was als nothwendiges Mittel dazu dient, eine mit Gewisheit bevorstehende Verletzung zu verhindern, aber innerhalb dieser Sphäre giebt es für das identische Denken überall keine Grenze. Wir können uns hievon leicht überzeugen. So weit sich das Recht auf Ehre oder das Recht auf Freiheit erstrekt, muß es auch, so lange vom Begriff die Rede ist, erlaubt seyn, jede Kränkung dieses Rechts zu verhindern: beides bedingt sich gegenseitig. Wo es also zur Civität gehört, sich zu dieser Zeit an diesem Orte aufhalten zu dürfen, da kann es dem Subjekt dem Begriff nach nicht obliegen, einer Beleidigung aus dem Wege zu gehen. Verhielte es sich anders, so wäre das erwähnte Recht nicht vorhanden. Ist nun die Beleidigung einmal zugefügt, so kann freilich von Nothwehr so wenig die Rede seyn, wie von Selbsterhaltung überhaupt; ist aber die erforderliche Gewisheit vorhanden, die Beleidigung werde erfolgen, oder aber fortgesezt werden, und der Gefährdete hat nur die Wahl, sich zu entfernen, oder aber den Andern zu tödten, so giebt es, selbst bei der leichtesten Verbalinjurie für das identische Denken keinen Grund, den Gefährdeten, weil er das Leztere wählte, für einen Verbrecher zu halten. Und dies muß, da beide Faktoren der Civität immer nur in überwiegendem Verhältnisse zu einander stehen, keiner vom andern schlechthin getrennt gedacht werden kann, auch von dem Falle behauptet werden, wenn die den Worten nach als Beleidigung erscheinende Aeußerung — wegen Mangel an juristischem Selbstbewußtseyn oder aus andern Gründen — nicht reale Seite einer Handlung war. Die fragliche Aeußerung enthält ja eine Beschränkung des Rechts auf Freiheit.

§. 291.

Daß sich dies Resultat des identischen Denkens für das Leben nicht geltend machen könne, sagt wohl jedem sein Gefühl, so wie denn auch das identische Denken mit sich selbst in einen unauflösbaren Widerspruch geräth. Soll Nothwehr in dieser Ausdehnung gelten, so läßt sie für die Anwendung sich von Selbsthülfe überall nicht mehr trennen und der Grund-Charakter des Staats ist zernichtet. Es ergehet daher dem Begriff von Nothwehr, wie dem Begriff von Handlung überhaupt: der allgemeine Gegensaz zwischen Nothwehr und Nicht-Nothwehr tritt, als solcher, nicht in das Leben, sondern der innerhalb der Nothwehr liegende Gegensaz zwischen *tutela inculpata* und *tutela deculpata* ist eine allenthalben sich findende Annahme des Gemüths.

§. 292.

Es läßt sich daher die Frage, wieweit sich das Gebiet der tutela inculpata erstrekke, und ob es innerhalb der tutela deculpata wiederum Gegensätze — Grade der Strafbarkeit des Excesses in der Nothwehr — gebe, nur aus dieser bestimmten Gesezgebung beantworten, und dem Verstande, als solchem, bleibt auch hier nur die Construktion des ihm gegebenen Begriffs, wogegen aber auf der andern Seite auch das gilt, was sich früher bei der idealen Seite der Civität fand. Sowie dem Verstande, weil er bei der Construktion des Begriffs nur das als Gegenstand der Verletzung gedachte Subjekt kennt, zufolge der Unendlichkeit des Urrechts jede Begrenzung nothwendig nur als hemmende Schranke erscheint (§. 116), so kann auch das ausgedehnteste Recht der Nothwehr bei der Construktion des Begriffs ihn nie in einen Widerspruch versetzen, weil er in diesem Augenblikke nur das als Subjekt der Nothwehr gedachte Individuum kennt. Eine solche Ausdehnung des Rechts auf Nothwehr findet sich aber wohl und zwar gerade in den Fällen, wo das Recht der Selbsterhaltung, als solches, beschränkt ist, wodurch denn die Nothwehr zu einem eigenthümlichen Begriff wird, weil sie mit Selbsterhaltung in einem umgekehrten Verhältnisse stehet. Nach manchen Gesezgebungen genießen die Personen, deren Selbsterhaltungsrecht einen engern Umfang hat, (§. 284) das Recht der Nothwehr in einem höhern Grade: das für die Strafbarkeit einer Verletzung geltende pathognomische Prinzip (§. 149) wird hier nicht angenommen, der Begriff von Irreparabilität 10) gehet über das Körperliche hinaus.

§. 293.

Was von Selbsterhaltung und Nothwehr überhaupt gilt, das gilt auch von dem Falle, wo sich beide für die Erscheinung nicht trennen lassen, wie dies sich ereignet, wenn ein unschuldiger Dritter durch eine an sich nothwendige Vertheidigung leidet. Hat das angegriffene Subjekt sein Recht der Selbsterhaltung und das ihm gegen den Angreifenden zustehende Recht der Nothwehr nicht überschritten, d. h. war das dem Dritten zugefügte Uebel das einzige Mittel zur Rettung, so kann dasselbe nur auf Rechnung des Angreifenden kommen. Soweit vom Begriff die Rede ist, wäre es überflüssig, mehr darüber zu sagen 11), wohl aber können auch hier Annahmen des

---

10) Feuerbach Lehrbuch des p. Rechts §. 37 not. c.

11) „Nam ad sui *necessariam* defensionem licet quoque scienti volenti tertium occidere, siquidem in hac specie licito fine nempe sui defensione licita quoque debent esse necessaria finis media.“ *Kress* ad art. 145 C. C. C. §. 1 num. 3. Auch *Grotius* de

Gemüths eintreten, die mehr oder weniger mit sich übereinstimmend sind. 12) —

§. 294.

Wir haben jezt noch den dritten und lezten der oben (§. 280) angegebenen Säze zu betrachten: Der Inhalt der Civität bildet nothwendig die Negation von Uebertretung. Es ist hier die Rede von den Fällen, wo es nicht auf die Erhaltung der Civität ankömmt, sondern die fragliche Handlung, die dem angeschuldigten Reat zum Grunde liegt, auch unbeschadet der Civität des Subjekts wohl hätte unterbleiben können, dennoch aber, weil sie innerhalb der Civität liegt, nicht Inhalt einer Uebertretung ist.

§. 295.

Hier tritt uns nun zuerst das aus Autokratie fließende Züchtigungsrecht entgegen. Was die spezielle Frage

J. B. ac P. L. II C. I. §. 4 ist dieser Meinung, wenn er sagt: Et certe naturam solam si respicimus, multo apud eam minor est societatis respectus quam propriae salutis cura. At lex dilectionis praesertim Evangelica, quae alterum nobis aequat, plane id non permittit. Dagegen ist aber Gesterding im neuen Archive des Criminalrechts III B. 3 St. N°. XXI not. 7 der Meinung, ein solches Handeln heiße zu einem erlaubten Zwekke ein unerlaubtes Mittel in Anwendung bringen und statt Unrecht abwehren selbst Unrecht begehen.

12) Als eine über den Begriff hinausgehende Annahme kann aber wohl der aus der Bambergens. wörtlich aufgenommene Art. 145 der P. G. O. so wenig, wie die wörtlich mit ihm übereinstimmenden Vorschriften der Brandenburgischen peinlichen Gerichtsordnung und der Philippina, angesehen werden. Zufolge der Worte: „so er den nöttiger meynt" spricht das Gesez freilich nur von dem Falle, wo der unschuldige Dritte nicht absichtlich getödtet wurde, es tritt hier aber ohne Zweifel der nämliche Fall ein, wie bei dem früher (§. 238) gedachten Art. 64 des Code pénal. Der allgemeine Begriff von Selbsterhaltung und Nothwehr macht sich hier in der Maße geltend, daß nur eine ausdrükliche entgegenstehende gesezliche Vorschrift in Betracht kommen kann. Auch findet sich der erwähnte Artikel der Carolina bei Kress und bei Martin (Lehrbuch des t. g. Criminalrechts) unumwunden so ausgelegt.

betrifft, wie in dem Falle, wenn eine Corporation Autokrator ist, sich hier an und für sich eine Uebertretung denken lasse, da die Corporation, als solche, nicht delinquiren kann, das die Züchtigung verhängende Individuum aber als Organ der Corporation öffentlich handelt, so können wir uns deshalb auf frühere Erörterungen beziehen. Es tritt hier das Nämliche ein, wie bei dem, mit oder ohne Verletzung individueller Civität, in positiver Ueberschreitung eigener Civität bestehenden Amtsvergehen überhaupt: da die Civität der Corporation als potenzirte Civität nur in dem nothwendigen Handeln ihrer Glieder bestehet, so gehet der Einzelne, indem er als Organ der Corporation seine Grenze überschreitet, dadurch zugleich über die Civität der Corporation und somit auch über seine eigene hinaus. Ist aber von dem Züchtigungsrecht selbst als möglichem Inhalte eines gegen die ursprüngliche Existenz der Uebertretung gerichteten Vertheidigungsgrundes die Rede, so leuchtet von selbst ein, daß, so weit sich dieses Züchtigungsrecht erstrekt, es der Uebertretung am erforderlichen Boden gebricht; wieweit es sich aber erstrekke, darüber ist hier weiter nichts zu sagen, da der vollständige Begriff aus dem ersten Abschnitte des zweiten Kapitels des ersten Hauptstücks des theoretischen Theils der gegenwärtigen Darstellung hervorgehet.

§. 296.

Ein ferner möglicher Inhalt eines hieher gehörigen Vertheidigungsgrundes ist die gegen öffentliches Handeln geschehene Widersezlichkeit, oder aber die geschehene Beobachtung einer Form, die gesezlich nothwendig ist, damit das vorzunehmende öffentliche Handeln keine Verletzung enthalte. Ein Beispiel der erstern Art enthält der Art. 150 der P. G. O. 13), ein Beispiel der leztern Art ist die in England erforderliche Verlesung der sogenannten Aufruhrakte. Es genügt aber dies im Allgemeinen zu bemer-

13) „Wer so eynem jemandt von amptswegen zufahm gebürt, der unziemlichen frevenlichen vnd förlichen widerstand thut, und der selbig widersetzig drob entleibt würde."

ken, und wir wenden uns zu zwei andern Fällen, wo lediglich von individueller Civität die Rede ist, und zwar zuvörderst zu der besondern Erscheinung, die man wohl mit dem Ausdruk Privatrache bezeichnet.

§. 297.

Wo das Gesez weder einen an Bewußtlosigkeit grenzenden Affekt, noch eine abzuwendende Gefahr erfordert, da muß die Straflosigkeit einer sonst verpönten Handlung nothwendig auf einem ganz eigenen Grunde beruhen. Es läßt sich dies wohl nicht in Abrede stellen. Mögen die einzelnen Bestimmungen des Gesetzes lauten, wie sie wollen, so lange es jener Nachweise nicht bedarf und die etwaige Replik, daß das Gegentheil Statt gefunden, nicht zugelassen wird, ist selbst das im Gesez angegebene von der Gemüthsstimmung des Handelnden hergenommene Motiv ein nur legislatorischer, keinesweges judicieller Grund. Dieserhalb kann aber der judicielle Grund der sogenannten Privatrache nur darin liegen, daß sie als Ausfluß der Civität angesehen wird, und zwar, da sie immer nur punktweise hervortritt, als eine momentane Erweiterung der Civität.

§. 298.

Daß nun in eben der Mase, als sich die Civität des Handelnden erweitert, die Civität dessen, der hier als Objekt des Handelns gedacht wird, zurüktrete, verstehet sich von selbst; was aber die Bedingungen, an die jene momentane Erweiterung geknüpft ist, so wie den Umfang dieser Erweiterung betrifft, so finden sich beide in sehr verschiedenem Maaße. Während nach Römischem Rechte der Ehemann seine ehebrecherische Gattin überall nicht, den in seinem Hause auf der That ertappten Ehebrecher aber nur dann umbringen darf, wenn er zu den vilioribus personis gehört, ist dem nicht selbst unter väterlicher Gewalt stehenden Vater der Ehebrecherin sowohl in der Wohnung des Schwiegersohnes, wie in seiner eigenen Wohnung, ohne Rüksicht auf Stand die Person des Ehebrechers verfallen, insofern die eigene Tochter zugleich mit umgebracht wird 14), und eben so kann auch dieses bestimmte Faktum bald Bedingung momentan erweiterter Civität seyn, bald nur zu Selbsterhaltung und Nothwehr berechtigen. 15)

§. 299.

Bei der Construktion des Begriffs kommen die zwei Fragen in Betracht, auf welchem Punkte des Handelns derjenige, gegen den die Erweiterung der Civität eintritt, sich befinden muß, und ob und inwiefern der Saz: qui occidere potest, multo magis contumelia poterit jure adficere 16) Resultat eines identischen Denkens, oder aber nur Annahme des Gemüths ist? In Ansehung der erstern Frage ergiebt sich wohl ohne weiteres die Antwort dahin, daß es hier auf den etwaigen Gegensaz zwischen Versuch und Vollendung nicht ankommt, sondern alles das hieher gehört, was als Moment der wirklichen Handlung unmittelbar in's Auge fällt. Einer genauern Erörterung bedarf aber die zweite Frage. Zufolge der Natur der Autokratie, die als solche nothwendig das Recht zu leben voraussezt, läßt sich wohl einsehen, daß in einem solchen Falle von Autokratie, und somit auch von Züchtigung, als solcher, überall keine Rede seyn kann; eben so wenig läßt sich aber behaupten, es dürfe hier kein von wirklicher Tödtung verschiedenes körperliches Uebel eintreten. Dazu gehörte, daß das Gesez die Form der Tödtung vorgeschrieben habe, was der Voraussetzung nach nicht der Fall ist. So lange nämlich diese Form nicht vorgeschrieben, ist zufolge des Umstandes, daß die Tödtung

14) L. 24 L. 20 u. 23 D. ad Leg. Jul. de Adult. (48, 5) Feuerbach a. a. O. §. 383. Eine, jedoch wegen der Epoche, der sie angehört, für die Judicialie kaum Bedeutung habende Bestimmung des Attischen Rechts s. bei Heffter die athenäische Gerichtsverfassung S. 179.

15) Nach dem XII. Tafelgesez (Gellius N. A. XI, 18) womit Exod. C. 22. v. 2 u. 3. und der Art. 150 der P. G. O. übereinstimmen, ist die Tödtung des nächtlichen Diebes erweiterte Civität, nach L. 9 D. ad Leg. Cornel. de Sicar. (48, 8) hingegen Nothwehr.

16) L. 22 §. 3 D. ad Leg. Jul. de Adult.

nicht nothwendig geschehen muß, weil alsdenn nicht erweiterte Civität, sondern öffentliches Handeln einträte, die Möglichkeit eines von Tödtung verschiedenen körperlichen Uebels gegeben, indem der Ertappte völlig rechtlos ist, und das berechtigte Subjekt auf jedem Punkte sein Handeln endigen, und es bei den zugefügten Uebeln bewenden lassen kann. Auf diese Weise scheint nun der obenerwähnte Ausspruch Papinians in der Mase aus identischem Denken hervorzugehen, daß jede beliebige Zufügung von Schmerzen, ja selbst Marter, und Verstümmelung hier erlaubt sey. Aber dies scheint nur so. Da nach Ablauf des Zeitraums, für welchen sich die Civität des Einen erweitert, die Civität des Andern wieder auflebt, keines der zugefügten Uebel aber in diese wieder erwachte Civität hineinreichen darf, so ergiebt sich das Resultat: während der Zeit, wo der Andere zur Sache geworden, giebt es gegen ihn überall keine Grenze, erlebt er aber den Zeitpunkt, wo seine Civität wieder hervortritt, so ist jedes für ihn unmittelbar oder aber mittelbar noch vorhandene körperliche Uebel eine Folge erlittener wirklicher Mishandlung, also Verletzung.

§. 300.

Was nun bei diesem Resultate des identischen Denkens eintritt, daß das Gemüth die scharfen Ekken desselben hinwegnimmt und ihm die für das Leben erforderliche Rundung giebt, das findet sich auch da, wo es sich darum handelt, welche Folgen es habe, wenn der, welcher der Privatrache anheim gefallen, den auf ihn Eindringenden seiner eigenen Erhaltung opfert. Von Nothwehr kann für das identische Denken keine Rede seyn und selbst das Gemüth kann, ohne den Begriff von Privatrache total zu zernichten, hier kein moderamen inculpatæ tutelæ annehmen. Das identische Denken kennt aber während dem rechtlosen Zustande des Angegriffenen überall keine Möglichkeit einer von demselben zu begehenden Uebertretung, indem jede Uebertretung Civität des Handelnden voraussezt, ein Resultat, was, so richtig es an sich ist, sich dennoch nicht weniger für das Leben zernichtet. Es macht sich daher auch hier das Gemüth geltend, und bildet sich mittelst Anwendung der Annahme, daß das moderamen inculpatæ tutelæ nur da vorhanden sey, wo der Angegriffene in re licita versirt, ein zwischen Uebertretung und Nicht-Uebertretung mehr oder weniger die Mitte haltendes Verbrechen.

§. 301.

Soviel von Privatrache. Was nun den andern oben (§. 296) bemerkten, lediglich auf individuelle Civität Bezug habenden Fall betrifft, so ist hier der im Art. 150 der P. G. O. vorgesehene Fall gemeint, wo Jemand zur Rettung eines Andern das thut, was ihm zu seiner eigenen Rettung erlaubt ist. Es handelt sich hier von der Frage, ob diese Befugnis aus identischem Denken hervorgehe, oder mit andern Worten, ob sie im allgemeinen Begriff von Civität liege?

§. 302.

Verliehren wir den Sinn der Frage nicht aus dem Auge, so ergiebt sich wohl, daß das, was von Nothwehr gilt, sich hier nicht anwenden läßt. Da alles, was zur Erhaltung der Civität erforderlich ist, vom Begriff von Civität überhaupt sich nicht trennen läßt, so ist freilich mit dem Begriff von Civität überhaupt auch das Recht der Nothwehr gegeben. Das Gegentheil wäre in sich widersprechend. Anders verhält es sich aber mit dem Recht, einen Andern auf Kosten des Angreifenden zu vertheidigen. Allerdings kann eine Vertheidigung über die unmittelbare Persönlichkeit des Handelnden hinausgehen, ein Fall der allenthalben eintritt, wo der Handelnde ein rechtliches Interesse hat, daß der gemachte Angriff nicht gelinge, und so folgt denn die Vertheidigung des Angehörigen (Autokraten) so wie des zur Realisirung eines Anspruchs dienenden, durch den fraglichen Angriff gefährdeten fremden Vermögens, schon aus dem Begriff. Aber weil hier im Grunde nur die eigene Civität vertheidigt wird, so ist auch eine solche Vertheidigung wirkliche Nothwehr, und der Sinn der obigen Frage gehet dahin, ob es zur Vertheidigung einer andern Civität ein aus dem Begriff von Civität, als solchem, hervorgehendes Recht gebe?

§. 303.

Jezt brauchen wir, um uns zu überzeugen, daß die Frage verneinend beantwortet werden muß, nur auf frühere Erörterungen zurückzugehen. Alles, was nicht zur Erhaltung der Civität erforderlich ist, kann nur unmittelbar Ausfluß der Civität seyn, jeder unmittelbare Ausfluß der Civität ist aber Positivität, die mit dem allgemeinen (logischen) Begriffe von Civität keineswegs gegeben ist, sondern einen bestimmten (Erfahrungs-) Begriff von Civität voraussezt, oder, um es deutlicher zu sagen, ob dieses oder jenes bestimmte, nicht zur Erhaltung vorhandener Civität nöthige, sondern als wirklicher Inhalt der Civität sich darstellende Recht einer Person zustehe, kann immer nur aus dieser bestimmten Gesezgebung beurtheilt werden, und die Wissenschaft hat nur die Aufgabe, die Möglichkeit einer judiciellen Erklärung an die Hand zu geben. Das gedachte Recht, eine andere Civität auf Kosten des Angreifenden zu vertheidigen, ist daher, wo es sich findet, eine über die ursprüngliche Synthesis hinausgehende Annahme des Gemüths, eben deshalb aber an und für sich nicht weniger, wie Privatrache, eine an bestimmte Bedingungen geknüpfte Erweiterung der Civität, und somit, ohngeachtet diese Bedindungen mit den bei der Nothwehr geltenden Bedingungen völlig zusammenfallen; und das Recht der Nothwehr erst hier seine völlige judicielle Erklärung findet, dennoch von Nothwehr verschieden.

§. 304.

Was nämlich von der Privatrache gilt, daß die Civität des Andern in der Mase verschwindet, als sich die Civität des als handelnd gedachten Subjekts erweitert, das tritt auch hier ein, nur in Gemäsheit der hier sich anders gestaltenden Bedingungen auf andere Weise. Was bei der Privatrache mit einemmale, absolut, gegeben ist, nämlich die völlige Rechtlosigkeit des Andern, das ist hier relativ, indem es eben so, wie bei der Nothwehr, darauf ankommt, wie weit der Angreifende gehet. Das Recht des Angreifenden tritt nur in der Mase zurük, als sein Angriff sich steigert, das gegen ihn zuläßige Vertheidigungsmittel ist immer nur der Ausdruk des für ihn entstandenen Verlustes an Civität. Eben daraus ergiebt sich aber auch die vollständige judicielle Erklärung der Nothwehr: auch hier ist, indem Vertheidigung und Negation der Civität des Angreifenden sich gegenseitig bedingen, der bis jezt noch nicht gelöste Widerspruch vermittelt. Nur insoweit der Angreifende seine Civität verlohren, enthält das Handeln des Angegriffenen keine Verletzung. 17) Dies gilt aber nur von wirklicher Nothwehr: bei Selbsterhaltung, als solcher, bleibt für die Rechtswissenschaft der Widerspruch bestehen, aber selbst wieder nothwendig, indem das Gegentheil hieße, der Staat nehme übersinnliche und sinnliche Welt vollständig in sich auf. 18)

---

17) Dem aufmerksamen Leser wird hier vielleicht ein Zweifel aufstoßen. Man könnte fragen, wie ist denn die Bestrafung des Mörders oder Räubers möglich, wenn Nothwehr Rechtlosigkeit voraussezt? Denkt man sich aber den Unterschied zwischen Privatrache und Nothwehr genau, so hebt sich der Zweifel. Wer der Privatrache anheim fällt, verliehrt durch die That, über der er betroffen ward, seine Civität und sein nunmehriges Handeln fällt in die Periode seiner Rechtlosigkeit. Anders ist es aber bei dem, gegen den Nothwehr eintritt. Da die Civität hier nur durch den Angriff selbst verlohren gehet, und mit dem Gelingen desselben wieder auflebt, indem dies Wiederaufleben nur der veränderte Ausdruk der Beschränkung der Nothwehr auf Abwendung der bevorstehenden Gefahr ist, so hat der Angreifende auf dem Anfangs- und Endpunkte seiner Handlung Civität, und ist also mögliches Subjekt einer Uebertretung.

18) Mittelst dieser leztern Bemerkung wird denn auch jeder hier etwa noch obwaltende Zweifel verschwinden. Freilich hat der Verfasser wohl von mehreren Seiten her eine der oben (§. 293 not. 11) angeführten Meinung Gesterdings ähnliche Behauptung gehört; aber setzen wir auch auf einen Augenblik den Unterschied zwischen analytischem und synthetischem Denken bei Seite, so möchte denn doch auch das gemüthlichste Gemüth hier keinen Ausweg finden, den Widersprnch zu vermitteln. Allerdings erscheint uns der groß,

§. 305.

Hiemit können wir die gegenwärtige Abtheilung schließen. Der übrige Inhalt des allgemeinen Satzes: qui suo jure utitur, nemini facit injuriam ergiebt sich eben so von selbst, wie der spezielle Saz, daß allenthalben, wo die Zueignung fremden Eigenthums zum Begriff der Uebertretung gehört, das Eigenthum des Handelnden nothwendig möglicher Inhalt eines Vertheidigungsgrundes ist. Es kommt nur, wie überall, so auch hier immer darauf an, ob der zu opponirende Vertheidigungsgrund nicht vermöge der Kategorie, in welche die dem angeschuldigten Reat zum Grunde liegende Uebertretung fällt, der gerichtlichen Wirkung entbehrt. Was aber den Inhalt eines auf die Wiederaufhebung der angeschuldigten Uebertretung gerichteten Vertheidigungsgrundes betrifft, so gehen, so lange sich nicht das Gemüth geltend macht — was aber hier, wenn auch nicht völlige Straflosigkeit, dennoch oft einen Milderungsgrund findet — Ersaz des verursachten Schadens, Compensation, Retorsion, Remission, Verzeihung und Vergleich nicht über das Civilrecht hinaus und absolutorische Sentenz und Begnadigung liegen außerhalb den Grenzen des gegenwärtigen Hauptstücks.

---

der lieber zu Grunde gehet, als sich durch den Untergang eines unschuldigen Dritten rettet, und das Gemüth wird keinen Augenblik anstehen, jeden Exceß in der Selbsterhaltung und selbst die geringste Fahrläßigkeit, durch welche das Subjekt sich in die Nothwendigkeit dieser Selbsterhaltung versezt, hart zu verpönen, so wie aber das Gemüth nur einen Schritt weiter gehen will, stellen sich unübersteigliche Hindernisse entgegen. Man versuche es nur, sich hier eine durchgreifende Gesezgebung zu denken: man wird sich gar bald auf dem Punkte sehen, wo der Mensch nur unter den Gesetzen der übersinnlichen und sinnlichen Welt, als solcher, stehet, indem das bei öffentlichem Handeln (§. 284) eintretende Prinzip sich in dieser Ausdehnung zernichtet.

Zweites Kapitel.

Lehre von der juristischen Gewisheit.

§. 306.

Das Verhältnis des gegenwärtigen Kapitels zu dem vorigen kann schon auf dem gegenwärtigen Punkte der Darstellung nicht zweifelhaft seyn. Soweit die juristische Thatsache in das Gebiet des Historischen fällt (§. 272), hat sie derjenige zu bewahrheiten, der sich auf sie stützt. Das Gegentheil wäre in sich widersprechend; es hieße, der Behauptende habe gegen sich zu beweisen. Mag also die juristische Thatsache, von der es sich handelt, Inhalt der Anklage, oder aber Inhalt eines Vertheidigungsgrundes seyn, soweit sie einer Bewahrheitung bedarf, hat nur der, welcher sie für sich anführt, für diese Bewahrheitung zu sorgen, und die beiden Sätze des Römischen Rechts: *actori incumbit probatio* 1) und *reus excipiendo fit actor* 2) sind lediglich ein Produkt des analytischen Denkens. Aber weil es für die juristische Thatsache einen Punkt giebt, wo sie, gleich einem Produkte der physischen Natur, wiewohl an und für sich in das Gebiet des Historischen fallend, von selbst zu der in Betracht kommenden Individualität sich gestaltet, so gehet auch die Betrachtung hier über das Bisherige hinaus: es bedarf nämlich eines Prinzips, mittelst dessen sich in jedem vorkommenden Falle der so eben gedachte Punkt mit Sicherheit auffinden läßt. Dieses Prinzip zu finden, ist nun die Aufgabe der Lehre von der juristischen Gewisheit.

§. 307.

Es ist daher der materiale Begriff von Behauptung, mit dem sich die gegenwärtige Lehre zu beschäftigen hat. Insofern man nämlich mit dem gedachten Ausdruk den Inbegriff dessen bezeichnet, was, weil es vom

1) L. 21 D. de probat. (22, 3.)

2) L. 19 pr. ibid.

Gegner abgeleugnet werden kann, einer Bewahrheitung bedarf, und umgekehrt, weil es eine Bewahrheitung erfordert, möglicher Gegenstand des Ableugnens ist, gehet auch der Saz: *ei incumbit probatio, qui dicit, non qui negat* 3), nicht über das Bisherige hinaus: was als Behauptung übrig bleibt, kann nur von dem zu erweisen seyn, der es für sich anführt. Wohl aber fragt es sich nach dem zur Bestimmung des wirklichen Inhalts des Begriffs von Behauptung erforderlichen Prinzip.

§. 308.

So wie nun im vorigen Abschnitte vorerst die Form der juristischen Thatsache, abgesehen von ihrem Inhalte, Gegenstand der Betrachtung war, so theilt sich auch die gegenwärtige Untersuchung in Form und Inhalt, nur auf eine der Lehre von der juristischen Gewisheit eigenthümliche Weise. Es gehet an und für sich schon hervor, daß die, das Wesen der juristischen Thatsache bildende, an das Faktische geknüpfte rechtliche Norm nichts Historisches, in der hier geltenden Bedeutung des Worts, seyn kann, indem diese rechtliche Norm gleichbedeutend mit dem Inhalte einer Rechtsfrage ist, und es giebt also auf diese Weise für die juristische Thatsache, als solche, d. h. abgesehen von ihrem besondern Inhalte, eine Grenze des Historischen. Wieweit aber der nicht-historische Charakter der juristischen Thatsache sich erstrekke, oder mit andern Worten, woran sich der, wenn wir so sagen dürfen, äußere Umfang des Historischen mit Sicherheit erkennen lasse — dies kann nur aus einer vollständigen Bekanntschaft mit der Struktur der juristischen Thatsache hervorgehen.

§. 309.

Das Aeußere dieser Struktur ist bald gefunden. Nennen wir jene, an das Faktische geknüpfte, rechtliche Norm die ideale Seite, das Faktische selbst hingegen die reale Seite der juristischen Thatsache, so ergeben sich die

---

3) L. 2 D. de probat.

Grundlagen dieser beiden Seiten von selbst. Die Grundlage der idealen Seite bestehet in dem geschriebenen oder aber ungeschriebenen Rechte, die Grundlage der realen Seite dagegen ist die, in der wirklichen Existenz des diese reale Seite bildenden Faktischen liegende Möglichkeit dieser Existenz. 4) Und sobald dies nicht in Abrede gestellt werden kann, ist auch der äußere Umfang des Historischen im Allgemeinen gegeben. So wie das geschriebene oder aber ungeschriebene Recht nothwendig historischer Natur ist, indem das Gegentheil hieße, die Gesezgebung falle überall mit den Gesetzen des Denkens zusammen, was sich widerspricht, so liegt dagegen zufolge des logischen Satzes, daß das, was wirklich seyn soll, auch möglich seyn muß, die Grundlage der realen Seite außer dem Gebiete des Historischen und es bildet sich somit das Resultat: nur die reale Seite und die Grundlage der idealen Seite der juristischen Thatsache sind möglicher Gegenstand eines Beweises. Indessen bedarf dieser Saz, um wirklich praktisch zu seyn, noch einer nähern Bestimmung, und wir haben deshalb die äußere Struktur der juristischen Thatsache noch genauer zu betrachten.

§. 310.

Sobald die Ausdrükke ideale und reale Seite nur das Verhältnis des Geistigen zum Körperlichen bezeichnen, leuchtet von selbst ein, daß das, was wir hier Grundlage der idealen Seite nennen, ebenfalls wieder eine ideale und reale Seite hat, also selbst wieder juristische Thatsache ist, die denn nothwendig auch, wie die juristische

4) Was hier ideale und reale Seite und Grundlage der idealen Seite heißt, ist in den bekannten Sätzen enthalten: nulla pœna sine lege, nulla pœna sine crimine und nullum crimen sine pœna legali. Der zweite dieser Sätze begreift die reale, der dritte die ideale, und der erste die Grundlage der idealen Seite in sich. Daß sich für die Grundlage der realen Seite in unsern Lehrbüchern kein entsprechender Saz findet, hat darin seinen Grund, weil man jenen Sätzen einen blos theoretischen Charakter beilegt, und sie deshalb nur in der pars generalis figuriren läßt.

Thatsache überhaupt, auf ihren Grundlagen ruhet. Mag es sich nämlich von einem promulgirten Gesetze oder aber von einem Gewohnheitsrechte handeln, immer findet sich eine ideale und eine reale Seite: bei beiden kann nur das Faktische, der körperliche, in gehöriger Form vorgenommene, Akt der Promulgation, und der das Gewohnheitsrecht bildende körperliche, im Glauben an seine rechtliche Nothwendigkeit vorgenommene, Akt, keinesweges aber die an dieses Faktische geknüpfte rechtliche Folge selbst, die verbindende gesezliche Kraft, eines Beweises bedürfen, diese verbindende gesezliche Kraft hat aber nothwendig eben so ihren Grund außer sich, wie die wirkliche Existenz des Faktums der Promulgation oder aber des das Gewohnheitsrecht constituirenden Akts die physische Möglichkeit dieser Existenz enthält. Dadurch bildet sich aber ein anscheinender Widerspruch. Daß die Grundlage der realen Seite des geschriebenen oder aber ungeschriebenen Rechts nicht weniger hervortrete, wie die Grundlage der realen Seite der juristischen Thatsache überhaupt, kann nicht geleugnet werden: wird vom Gegner nachgewiesen, daß das Faktum der Promulgation, oder der dies fragliche Gewohnheitsrecht constituirende Akt physisch unmöglich war, so hat dies die nämliche Wirkung, wie jede gegen eine behauptetes Faktum gerichtete Nachweise der physischen Unmöglichkeit. Tritt aber jene Grundlage der realen Seite des geschriebenen oder aber ungeschriebenen Rechts hervor, so scheint, insofern die Struktur der juristischen Thatsache nicht mit sich selbst im Widerspruche stehen soll, auch die Grundlage der idealen Seite hervortreten zu müssen. Ein solches Hervortreten hieße aber nichts anders, als, die Beurtheilung der Gültigkeit des Gesetzes gehe über die Promulgation hinaus. Soweit vom geschriebenen Rechte die Rede ist, leuchtet dies von selbst ein, aber auch hinsichtlich des Gewohnheitsrechts läßt es sich nicht bezweifeln, da, wie früher (§. 14) gezeigt worden, dessen Gültigkeit zulezt auf förmlicher Gesezgebung beruhet. Dieserhalb widerstreitet aber das gedachte Hervortreten dem Wesen der Gewalten (§. 12).

§. 311.

Die Lösung dieses anscheinenden Widerspruchs ist nur eine Anwendung der Lösung des allgemeinen Widerspruchs zwischen Wissenschaft und Philosophie. Was zwischen Wissenschaft und Philosophie gilt, daß erstere auf lezterer nur ruhet, indem sie von Gegebenem ausgehet, gilt auch, freilich in seiner eigenthümlichen Gestaltung, zwischen allgemeinem und speziellem Theile der Judicialie. An und für sich läßt sich die juristische Thatsache gar wohl auf dem Punkte erfassen, wo sie mit dem Bewußtseyn zusammenfällt, und wo die gesezgebende Gewalt sich in constitutionellen Formen bewegt, bedarf es keines großen Aufwandes von Scharfsinn, um die ideale und reale Seite jener Grundlage der idealen Seite, von der wir sprachen, deutlich zu erkennen. Die reale Seite bestehet in dem Faktischen der zu beobachtenden Form, die ideale Seite hingegen ist die daran geknüpfte, auf dem sogenannten Fundamentalgesez beruhende, rechtliche Folge. Dies hat aber für den speziellen Theil der Judicialie keine Bedeutung: so wie durch die Duplicität in der Identität das empirische Bewußtseyn sich gestaltet, dieses empirische Bewußtseyn aber sich in seinen nothwendigen Schranken bewegt, so tritt auch die juristische Thatsache nur mittelst der Trennung der Gewalten hervor, findet aber auch in dieser Trennung ihre nothwendige Grenze.

§. 312.

Hiedurch ist der obige Saz, daß nur die reale Seite und die Grundlage der idealen Seite einem Beweise unterliegt, völlig bestimmt; er heißt jezt: nur die reale Seite überhaupt fällt möglicherweise in das Gebiet des Historischen. Jede Grundlage der idealen Seite hat ja auch ihre reale Seite, und daß da, wo vom Inhalte der juristischen Thatsache die Rede ist, zwischen diesen beiden realen Seiten kein Unterschied Statt finde, gehet aus dem Bisherigen schon hervor. Wir werden daher von jezt an den Ausdruk reale Seite als allgemeine Bezeichnung gebrauchen. Wenden wir uns aber nun zum Inhalte dieser realen Seite, so nimmt auch hier die Untersuchung eine doppelte Richtung, je nachdem von der vom Begriff des Staats abhängigen, oder aber von der innerhalb des Zufälligen selbst liegenden Grenze des Historischen die Rede ist. Es leidet nämlich im Voraus keinen Zweifel, daß, so wie der äußere Umfang des Historischen durch den Begriff der Gewalten modificirt wird, eben so auch der innere Umfang des Historischen im Begriff von Civität seine Grenze findet. Machen wir daher zuvörderst die durch den Begriff von Civität sich bildende Grenze zum Gegenstande der Betrachtung.

§. 313.

Solange es undenkbar bleibt, daß es im Staate ein Recht gebe, was über die Gesezgebung hinausgehet, kann die Civität als solche, d. h. abgesehen von dem Subjekte, dem sie zustehet, überall nicht in das Gebiet des Historischen fallen. Da Recht und freigelassenes Handeln gleichbedeutende Ausdrükke sind, so läßt sich der mögliche Umfang der Civität, als solcher, überall aus der Gesezgebung unmittelbar erkennen. Aber auch in Ansehung der Frage, ob diese bestimmte Civität diesem bestimmten Subjekte zustehe, findet sich eine Grenze des Historischen. Da Civität und Staat Wechselbegriffe sind, der Staat aber im Handeln seiner Glieder bestehet, so giebt es einen absoluten Umfang von Civität. Derselbe erstrekt sich nämlich so weit, als er nicht weggedacht werden kann, ohne daß das Subjekt aufhöre, Glied dieses Staats zu seyn. Dieser Saz ist nun freilich noch formal; wir brauchen aber nur auf frühere Erörterungen zurükzugehen, um auch das materiale Prinzip zu finden. Da nämlich diesen frühern Erörterungen zufolge der so eben aufgestellte Saz nichts anders heißt, als, das Subjekt hat soviel Civität, als erforderlich ist, um Glied dieser bestimmten Corporation zu seyn, so ergiebt sich das Resultat: ist die Eigenschaft des Subjekts, Glied dieser bestimmten Corporation zu seyn, außer Zweifel, so liegt auch die dieser Eigenschaft correspondirende individuelle Civität außer dem Bereich des Historischen; die gedachte Eigenschaft kann aber nur insofern eines

Beweises bedürfen, als es sich um einen Umfang individueller Civität handelt, der über den im Begriffe dieses Staats liegenden niedrigsten Grad von Corporation hinausgehet.

§. 314.

Die Anwendung auf die Corporation selbst, so wie auf der andern Seite auf den Fremden (§. 145) kann so wenig einer Schwierigkeit unterliegen, wie die Anwendung auf Autokratie, und eben so bedarf es in Betreff des Vermögens nur weniger Worte. Da das Vermögen die verkörperte Civität ist (§. 119), so stehet es, insoweit in Ansehung seiner ein wirklicher Besiz Statt findet, mit der Civität des Subjekts gleich, d. h. soweit hier die Civität nicht historischer Natur ist, gilt dies auch von dem im Besitze befindlichen Vermögen; nur der Besiz selbst mit der zu seiner Gültigkeit erforderlichen Form ist unbedingt möglicher Gegenstand eines Beweises.

§. 315.

Hiemit ist der erste Theil unserer Untersuchung beendigt, indem der Saz, daß, soweit Civität angenommen wird, auch die im Begriff dieser Civität liegenden Kenntnisse des Subjekts als vorhanden angenommen werden müssen, eben deshalb aber in dem Falle, wenn blos die Anwendung der wirklich vorhandenen Kenntnisse zu diesem Begriff von Civität gehört, das Nichtvorhandenseyn einer Unwissenheit oder aber eines Irrthums einem Beweise unterliegt, eine unmittelbare Folge aus dem Bisherigen ist. Wir haben daher jezt die innerhalb des Zufälligen selbst liegende Grenze des Historischen zu erörtern, und wenden uns hier, die Rechtfertigung der Unterscheidung in Inneres und Aeußeres der Darstellung überlassend, zuerst zu der Betrachtung des Innern.

§. 316.

Diese Betrachtung des Innern beginnt damit, daß sie den Gegensaz zwischen Handlung und Nicht-Handlung, der in Ansehung der hier in Betracht kommenden Frage bis jezt noch eine blos logische Bedeutung hat, auch praktisch zu machen, d. h. die Merkmale anzugeben sucht, mittelst welcher sich das Vorhandenseyn oder aber Nichtvorhandenseyn des zurechnungsfähigen Zustandes dieses bestimmten Subjekts erkennen läßt. Daß dies der Wissenschaft gelingen werde, daran läßt ihr Verhältnis zum Leben nicht zweifeln; es fragt sich nur, ob jene Merkmale in das Bereich des identischen Denkens fallen, und hier führen unsere frühern Erörterungen schon darauf hin, daß, soweit vom juristischen Selbstbewußtseyn die Rede ist, der Verstand, als solcher, hier nichts findet, eben deshalb aber die hier in Betracht kommenden Merkmale nur mit dem ursprünglichen Begriff von Handlung zugleich gegeben seyn können. Die gegenwärtige Untersuchung hat daher diesen Saz nur in sein gehöriges Licht zu stellen.

§. 317.

Da Mangel an Zwekbegriff und Mangel an Vernünftigkeit gleichbedeutende Ausdrükke sind (§. 38), so wäre freilich schon für den Verstand ein untrügliches Kennzeichen wirklicher Vernünftigkeit vorhanden, wenn sich das Vorhandenseyn oder aber Nichtvorhandenseyn des im Begriff von Handlung liegenden Zwekbegriffs in jedem vorkommenden Falle erkennen ließe. Dies Leztere ist aber unmöglich. Was den Fall betrifft, wo der Aeußerung des Subjekts kein Zwekbegriff zum Grunde zu liegen scheint, so würde, um hier mit Gewisheit entscheiden zu können, nothwendig eine vollständige Kenntnis aller möglichen Zwekbegriffe erfordert — eine Forderung, die über die Grenzen der menschlichen Erkenntnis hinausgehet; ist dagegen von dem Falle die Rede, wo sich wirklich ein Zwekbegriff als vorhanden darstellt, so sagt Jedem sein unmittelbares Bewußtseyn, daß auch das, was die Natur hervorbringt, als zwekmäßig erscheint. Der im ursprünglichen Begriff von Handlung liegende Zwekbegriff giebt also noch kein Moment zur Construktion eines Begriffs an die Hand. Eben so wenig ist aber das identische Denken im Stande, auf der entgegengesezten Seite, in der physischen Beschaffenheit des Subjekts, ein solches Moment zu finden.

§. 318.

Daß die Aeußerung des körperlich vollkommenen Menschen wirklich reale Seite einer Handlung sey, ist freilich schon für das identische Denken ein nicht zu bestreitender Saz. Es liegt dies geradezu im ursprünglichen Begriff von Handlung. Indessen hat dieser Saz eben so, wie der allgemeine Gegensaz zwischen Handlung und Nicht-Handlung blos logische Bedeutung. Sobald er sich für die wirkliche Anwendung geltend machen will, siehet sich das identische Denken in die bereits früher bemerkten Widersprüche versezt. Freilich treten diese Widersprüche da, wo blos von äußerm Selbstbewußtseyn die Rede ist, noch nicht hervor. Daß der Mensch zu diesem bestimmten Wissen allmählig gelange, und eben so dasselbe ihm wohl auf immer unerreichbar bleibe, läßt sich begreifen; bei jeder Einsammlung von Kenntnissen kommt der Körper als nothwendige Bedingung in Betracht. Anders ist es aber mit dem innern Selbstbewußtseyn. Hier läßt sich der Körper nicht als blose Bedingung denken; soll er aber mehr, wie blose Bedingung seyn, so wird auch das Wollen, als solches, zernichtet. Dasselbe ist dann nicht ein, freilich auf eine dem Leben ewig unbegreifliche Weise, der Natur Entgegengeseztes, sondern ein Theil dieser Natur, und somit, wie diese selbst, immer nur ein Bewirktes. Und so wie auf diese Weise sogenannte Geistesreife für den Verstand, als solchen, ein unverständliches Wort ist, so gilt das Nämliche auch von einer aus körperlichen Ursachen herzuleitenden Geistesabwesenheit oder aber Geistesverwirrung: auch hier gehet, wenn der Zustand des Körpers das innere Selbstbewußtseyn afficirt, der Begriff des Wollens verlohren.

§. 319.

Es wäre unnöthig, mehr hierüber zu sagen; unsere frühere Erörterungen zeigen hinreichend, daß, wenn der Verstand, als solcher, auf die angegebene Weise das wirkliche Vorhandenseyn eines nichtzurechnungsfähigen Zustandes auffinden will, ihm unter den Händen die ganze Imputationslehre entstehet, wie wir sie bei den Anhängern der sogenannten Freiheits-Theorie fanden. Wer hieran noch zu zweifeln im Stande wäre, kann sich selbst durch den Buchstaben jener Doktrin überzeugen. So ist nach Kleinschrod 5) erst bei dem Menschen von 10, 11, 12 Jahren Zurechnung möglich, aber auch hier soll der Mangel an Festigkeit des Charakters keine volle Zurechnung erlauben, und daher der Grad der Zurechnung bei positiven Verbrechen bis auf die Hälfte, bei natürlich unerlaubten Thaten aber bis zu drei Vierteln der gewöhnlichen Strafbarkeit steigen. Hier wird also Mangel an ruhiger Gemüthsstimmung und Mangel an innerm juristischen Selbstbewußtseyn auf eine und dieselbe Weise gefunden, und nicht weniger sehen wir im Geiste dieser Ansicht den menschlichen Geist zuletzt der Natur eben so unterliegen, wie er anfangs aus dem Schooße derselben emporstieg. „Die Zurechnung sinkt immer mehr, jemehr die Freiheit und Selbstthätigkeit beschränkt wird, und kann endlich ganz aufhören, wenn der Greis wieder vollkommen in die Jahre der ersten Kindheit zurücktritt." 6) —

§. 320.

Demzufolge beruhet aber das, was wir im Leben als Kennzeichen eines vorhandenen nichtzurechnungsfähigen Zustandes betrachten, selbst nur auf einer Annahme des Gemüths, und dies heißt nichts anders, als, diese Bestimmungen sind in dem nämlichen ursprünglichen synthetischen Akte enthalten, durch welchen der Begriff von Handlung entstehet. Mit eben der Nothwendigkeit, als der Begriff von Handlung sich bildet, sind auch jene Bestimmungen gegeben; sie sind gleichsam die bestimmte Gestaltung, ohne die jener Begriff nicht gedacht werden kann. So wie sich ohne den Begriff von Handlung das Leben zernichten würde, so hätte aber auch ohne jene Bestimmungen der gedachte Begriff nur logische Bedeutung, somit keinesweges die für das Leben erforderliche Realität. Und selbst das Leben giebt uns hiefür den

---

5) Systemat. Entw. Theil I §. 82.

6) Kleinschrod a. a. O. §. 89.

unmittelbarsten Beweis. Man würde den für verrükt halten, der fähig wäre, an dem nichtzurechnungsfähigen Zustande eines Kindes von vier Jahren zu zweifeln — Niemand läßt es sich aber beigehen, diesen Mangel an Zurechnungsfähigkeit auf schulgerechte Weise erklären zu wollen; es ist nur eine sogenannte innigste Ueberzeugung, die sich hier ausspricht. Allerdings giebt es nun, wie bei jeder innigsten Ueberzeugung, auch hier äußere Merkmale und eine bestimmte Gestaltung der sich darbietenden Erscheinung. Da der Mensch die Identität des menschlichen Geistes nicht aufgeben kann, so findet auch das Gemüth in dem nicht zurechnungsfähigen Zustande keinesweges eine reine Negativität, sondern ein Walten der Seele: Leztere lebt während des nichtzurechnungsfähigen Zustandes in einer von unserer realen Welt verschiedenen Welt, sey diese nun, wie bei dem Kinde, eine ideale, oder wie bei dem Geisteskranken, eine verkehrte oder aber eine zwischen beiden mehr oder weniger die Mitte haltende Welt — und sobald es solche Annahmen giebt, muß es auch wohl die hier erforderlichen Kennzeichen geben; ist es aber wohl noch einem Arzte eingefallen, bei einem von ihm abzugebenden Urtheile seine Wissenschaft, als solche, für ausreichend zu halten? Die Wissenschaft ist ihm hier nur adminikulirend, das wirkliche Resultat findet er, wie wir Andere auch — durch Unterredung mit dem Subjekt oder Beobachtung des Benehmens desselben. Hier wirkt aber schon wieder das Gemüth. Wo fände denn der Verstand, als solcher, die Grenze der dem Bösewicht möglichen Verstellung? 7) Freilich tritt auch hier der Verstand, als solcher, hervor, d. h. es bilden sich einzelne Begriffe, in Ansehung derer es für den Verstand eine Construktion giebt. Nimmt das Gemüth diese bestimmte Erscheinung als Kennzeichen an, daß das Subjekt in einer von der realen Welt verschiedenen Welt lebe, so hat alles, was zu der nämlichen Art oder aber Gattung gehört, für den Verstand gleiche Gültigkeit, und dies gilt sowohl von den hieher gehörigen

7) Kleinschrod a. a. O. §. 106.

Aeußerungen des Subjekts wie von seinem körperlichen Zustande. Indem aber das identische Denken seiner Natur nach nicht über den ihm gegebenen einzelnen Begriff hinaus kann, wird auch das so eben gefundene Resultat an und für sich nicht geändert.

§. 321.

Aus dem hier Vorgetragenen gehet nun hervor, inwieweit das innere juristische Selbstbewußtseyn des Subjekts möglicher Gegenstand eines Beweises ist. Sobald das Subjekt über die Jahre der Kindheit hinaus ist, muß nothwendig der zurechnungsfähige Zustand desselben die Regel machen. Durch das Gegentheil würde der Mensch in Zwiespalt mit sich selbst versezt. Demnach fallen aber nur die beiden Fragen, ob das Subjekt über die Jahre der Kindheit hinaus ist, und eine bereits vorhandene Geisteskrankheit ihr Ende erreicht habe, in das Gebiet des Historischen; übrigens unterliegt der Mangel an Zurechnungsfähigkeit einem Beweise. 8)

§. 322.

In der Annahme der Vernünftigkeit des Subjekts ist nun zwar noch keinesweges die Annahme enthalten, daß das fragliche äußere Faktum wirklich aus dem Willen des Subjekts hervorgegangen. Vernünftigkeit ist ja nur die Möglichkeit des Wollens, nicht das bestimmte Wollen selbst. Es ist jedoch nur um der Vollständigkeit willen dieses Punktes hier noch zu erwähnen. Da nämlich bis jezt noch nicht vom Gegensatze zwischen indirektem und direktem Wollen, sondern vom Wollen schlechthin die Rede ist, und es somit nur darauf ankommen kann, ob der hier in Betracht kommende Causalnexus in das Gebiet des dem Subjekte obliegenden Wissens fällt, so gehet die

8) Es wäre unnöthig, sich über die von Kleinschrod in dem zulezt allegirten §. wider die mit dem obigen Resultate übereinstimmende Meinung der Rechtslehrer aufgestellten Gründe hier zu verbreiten. Die Lehre vom Prozeß wird das desfalls Nöthige an die Hand geben. Wer aber übrigens hier noch Vollständigkeit vermißt, der gedulde sich bis zum Schlusse des Kapitels.

Beantwortung der Frage aus dem früher (§. 315) Gesagten hervor. Soweit die hier erforderlichen Kenntnisse im Begriff der Civität des Subjekts liegen, gilt das äußere Faktum als reale Seite, und unvermeidliche Unwissenheit oder aber ein dergleichen Irrthum sind Inhalt einer wirklichen Behauptung. Einer genauern Erörterung bedarf dagegen die innerhalb des Gegensatzes zwischen indirektem und direktem Wollen sich bildende Frage — die Frage nach dem Beweise des Dolus.

§. 323.

Um die Darstellung möglichst einfach zu halten, wählen wir den Weg, den noch in den Schriften neuerer Criminalisten sich findenden Saz, daß im Zweifel jede Uebertretung als absichtlich hervorgebracht anzusehen — facta laesione praesumitur dolus 9) — an den hier vorkommenden Modifikationen von Handlung zu prüfen. Daß

9) Dieser Saz, der keineswegs zuerst von Grolman aufgestellt ist, sondern schon in der bei der Glosse zu L. 1 C. ad Leg. Cornel. de Sicar. (9, 16) sich findenden spätern Bemerkung: „omne malum prave praesumitur actum" liegt, wird von Feuerbach (Lehrbuch des p. Rechts §. 60) auf folgende Weise abgeleitet: „Da bei jeder Handlung eines Menschen Absicht der nächste Erklärungsgrund, vermöge der Natur des menschlichen Geistes, seyn muß, mithin die Hervorbringung einer Wirkung durch willkührliche Handlung, ohne daß jene Wirkung Zwek der Willkühr gewesen, nur eine besondere Ausnahme von einer allgemeinen Regel ist; so muß auch ein rechtswidriger durch eine an sich willkührliche Handlung hervorgebrachter Effekt solange als Zwek des Willens angenommen werden, bis sich bestimmte Gründe für die Ausnahme zeigen —". S. dagegen Neues Archiv des Criminalrechts II B. 2 St. N°. IX und II B. 3 St. N°. XXI und die dort angeführten Schriftsteller. Uebrigens beweißt der von Wening angeführte Grund, daß es schon in der Natur des Anklageprozesses liege, daß der Ankläger den vollen Beweis seines Vorgebens erbringe, zuviel. Auch der Umstand, daß die That überhaupt mit Bewußtseyn verübt worden, gehört zum Anklagegrund, unterliegt aber, wie wir oben (§. 321) gesehen haben, nicht unbedingt einem Beweise. — Eben dies ist aber schon ein Beleg, daß der Saz: actori incumbit probatio, als solcher, für die Lehre von der juristischen Gewisheit keine Bedeutung hat.

dieser Saz nicht gänzlich zu verwerfen, zeigt ein nur flüchtiger Blik auf das Leben. Denken wir den Fall, daß Jemand bei entstandenem Wortwechsel seinem Gegner einen Schlag verfezt, so wird es keinem vernünftigen Menschen einfallen, die Absicht des Subjekts, den Andern zu verletzen, in Zweifel zu ziehen; man wird vielmehr, insofern das Subjekt einer Handlung überhaupt fähig ist, die Absicht, zu schlagen, so lange annehmen, als der Handelnde nicht darthun kann, daß er den Andern nur aus Unvorsichtigkeit getroffen. Und das Nämliche wird auch da eintreten, wo die Uebertretung mehr in der Form der Handlung bestehet. Für den, der mittelst eines geraubten oder gestohlnen Kusses eine Injurie begangen, wird es immer einer positiven Vertheidigung bedürfen, d. h. er wird nachzuweisen haben, daß er in der Meinung gestanden, man könne und werde seine Zärtlichkeit nicht als Beleidigung aufnehmen.

§. 324.

Gehen wir aber weiter; denken wir den Fall, der durch einen Schlag Verlezte sey an diesem Schlage gestorben. Schwerlich möchte sich Jemand finden, der auf die erhaltene allgemeine Kunde von einem solchen Vorfalle geneigt wäre, von jenem allgemeinen Satze: facta laesione praesumitur dolus wirklich unbedingten Gebrauch zu machen. Die erste, sich Jedem aufdringende, Frage wird immer auf die nähern faktischen Umstände gerichtet seyn, um darnach zu ermessen, ob der Todtschlag auf dolose oder aber culpose Weise verübt worden. Ergiebt sich nun, daß der Schlag auf eine Weise geschehen, die nach bekannten physikalischen Gesetzen den Tod zur Folge haben mußte, so wird man die Tödtung solange für absichtlich halten, solange nicht das Gegentheil dargethan wird; in der Regel wird aber Niemand eine solche Nachweise verlangen, wenn der Tod etwa auf eine Ohrfeige erfolgte. Freilich läßt sich auch hier eine dolose Tödtung denken — sie sezt aber ein Zusammentreffen von Umständen voraus, was in der gewöhnlichen Ordnung der Dinge nicht liegt, und somit auch bis dahin nur insofern in Betracht kommt, als der Handelnde es wirklich voraus sah'. Findet sich, daß der Handelnde dies wirklich vorausgesehen, so wird man allerdings auch bei der blosen Ohrfeige eine absichtliche Tödtung annehmen, indem der Handelnde dann jene ihm bekannten Umstände als Mittel benuzte; aber eben, weil diese Kenntnis nur als Bedingung erfordert, keineswegs aber als bei dem Subjekt wirklich vorhanden vorausgesezt wird, behält es auch sein Bewenden dabei, daß in allen Fällen, wo die erfolgte Tödtung sich nicht als nothwendige Wirkung unmittelbar darstellt, der Saz: facta laesione praesumitur dolus keine Anwendung findet.

§. 325.

Was hier von Verletzungen gilt, gilt auch von negativer und positiver Ueberschreitung eigener Civität. Bei den zulezt genannten Uebertretungen gehet dies schon aus dem Bisherigen hervor, indem man nur die Fälle zu denken braucht, wo der Mishandelte rechtlos ist, was dagegen die erstern betrifft, so gehört hieher der Fall, wenn Jemand dadurch die ihm obliegende Rettung des Andern versäumt, daß er sich unnöthigerweise vorerst nach Mitteln zu dieser Rettung umsiehet. Mag sich ihm hier auch mit Recht vorwerfen lassen, daß er mittelst gehöriger Aufmerksamkeit wohl habe wissen können, daß es keiner anderweitigen Mittel bedurft — solange man ihm nicht darthun kann, daß seine Verlegenheit um jene Mittel ihm selbst nur als Mittel gedient, um sich seiner Pflicht zu entziehen, wird es Niemanden einfallen, ihn einer dolosen Uebertretung zu bezüchtigen. Dagegen giebt es aber auch bei diesen negativen Ueberschreitungen eigener Civität Fälle, wo der gedachte Saz ebenwohl unbedingt gilt. Denken wir nur den so eben erwähnten Fall in der Art, daß der, dem die Rettung oblag, überall nichts zum Behufe derselben gethan. Eine Fahrläßigkeit ließe sich an und für sich wohl denken: wir brauchen nur anzunehmen, das Subjekt habe, wie man wohl zu sagen pflegt, in Gedanken gestanden; man wird aber, insofern die Gesezgebung darauf Rüksicht nimmt, es lediglich nur als Vertheidigungsgrund gelten lassen, d. h. bis dahin, wo es dargethan wird, die Uebertretung als dolos betrachten.

§. 326.

Wenn sich nun die Richtigkeit dieser Bemerkungen nicht in Abrede stellen läßt, ohne der Erfahrung geradezu Hohn zu sprechen, so ist es die Aufgabe der Wissenschaft, zu erklären, worauf diese bald unbedingte, bald nur bedingte Gültigkeit des Satzes: facta laesione praesumitur dolus beruhet. Wenden wir uns daher zu dieser Untersuchung; das Resultat derselben liefert nothwendig das hier gesuchte Prinzip.

§. 327.

Hier tritt uns aber gleich im Eingange der Untersuchung ein dem Anschein nach unübersteigliches Hinderniß entgegen. Daß sich von einer Annahme des Gemüths nicht sprechen lasse, kann zufolge des Bisherigen nicht bezweifelt werden, für das identische Denken scheint aber hier überall der Maasstab für die Beurtheilung zu mangeln. In der Annahme der Vernünftigkeit des Subjekts liegt freilich auch das Vorhandenseyn eines Zwekbegriffs, weil sich ohne Zwekbegriff kein Handeln denken läßt; dieser Zwekbegriff wird aber lediglich zufolge einer logischen Nothwendigkeit und somit ganz unbestimmt, nur als Zwekbegriff überhaupt gedacht, und was bei der Frage nach der Vernünftigkeit des Subjekts dem identischen Denken, als solchem, entgegenstehet (§. 317), tritt ihm auch hier in den Weg. Auf welche Weise könnte es dem identischen Denken gelingen, das Prinzip zu finden, nach welchem sich in jedem gegebenen Falle mit Sicherheit beurtheilen läßt, ob das fragliche äußere Faktum für absichtlich oder aber für nicht-absichtlich zu halten? Mit dem bestimmten Zwekbegriffe wäre freilich auch das Vorhandenseyn oder aber Nicht-Vorhandenseyn der Absicht gegeben, indem sich Absicht zu Zwekbegriff wie das Besondere zum Allgemeinen verhält; das Erkennen des bestimmten Zwekbegriffs kommt aber, da es, wenn sich auch, sobald es einen Zwekbegriff überhaupt giebt, die Möglichkeit desselben nicht bestreiten läßt, dennoch dem Zufall unterworfen bleibt, für die gegenwärtige Untersuchung nicht in Betracht. Sonach bildet sich aber, indem nur das äußere Faktum selbst als Erklärungsgrund übrig bleibt, ein Cirkel für die Erklärung. Soll die Absicht aus dem äußern Faktum hervorgehen, so muß sich das äußere Faktum unter den Zwekbegriff subsumiren lassen, eine solche Subsumtion sezt aber die vollständige Kenntnis des bestimmten Zwekbegriffs voraus.

§. 328.

Offenbar läßt sich dieser Widerspruch nur vermitteln, wenn der Erklärungsgrund nicht im äußern Faktum, als solchem, liegt — wenn er nicht faktisch, sondern selbst wieder logisch ist, oder mit andern Worten, wenn das Verhältnis, was im Innern der Handlung zwischen Vernünftigkeit und Zwekbegriff herrscht, sich gleichsam auf das Aeußere der Handlung übertragen läßt. Indem alsdann das, was für das identische Denken hinsichtlich des Zwekbegriffs aus der die Vernünftigkeit des Subjekts betreffenden Annahme des Gemüths folgt, in eben der Mase, wie sich Absicht zu Zwekbegriff verhält, auch in Ansehung der Absicht Gültigkeit hätte, wäre die Erklärung gefunden. Zum Behufe dieser Operation brauchen wir aber nur den Begriff von Handlung näher in's Auge zu fassen.

§. 329.

Sollen Vernünftigkeit und Zwekbegriff correspondirende Begriffe seyn, so liegt darin nothwendig der Glaube des Subjekts an die Möglichkeit der Realisirung des wirklich vorhandenen Zweks. Ein Zwek, an dessen Erreichung das Subjekt selbst nicht glaubt, ist in sich widersprechend, und widerspricht eben dadurch auch der hier eintretenden Annahme des Gemüths. Das heißt aber, solange blos vom Innern die Rede ist, nichts anders, als, dem Subjekte muß, damit es für handelnd gelte, seine auf das äußere Faktum gerichtete Absicht als dem Zwekbegriffe entsprechend sich darstellen. Hiedurch ist aber die gesuchte Uebertragung schon möglich; was vom Innern der Handlung gilt, muß nothwendig auch vom Aeußern gelten, d. h. so wie die Absicht sich als dem Zwekbegriffe entsprechend darstellt, so muß auch der Erfolg der Aeußerung des Subjekts sich zu dieser Aeußerung in der Meinung des Subjekts wie Wirkung zu Ursache verhalten. Auch hier wäre das Gegentheil in sich widersprechend, indem es nichts anders hieße, als, das Subjekt glaube an die Realisirung seines Zweks, ohne auf die Realität seiner Absicht zu achten.

§. 330.

Auf diese Weise ist der Widerspruch gelös't. Der Erklärungsgrund liegt allerdings im Aeußern, aber nicht im äußern Faktum, als solchem, sondern in der vom Subjekte auf den hier obwaltenden Causalnexus zu nehmenden Rüksicht. Jezt brauchen wir aber nur den Blik auf den Begriff von dolus zu werfen, und das Prinzip ist gefunden. Da das Gebiet der culpa alles das in sich begreift, was zwischen Zufall und dolus in der Mitte liegt, somit nur das für dolos gelten kann, was dem Subjekt als nothwendiger Erfolg seiner Aeußerung nicht blos bekannt seyn mußte, sondern wirklich bekannt war, so bildet sich für die Lehre von der juristischen Gewisheit der Saz: dolus ist vorhanden, wenn dem Subjekte, so gewis es zur Zeit der verübten That überhaupt imputationsfähig war, die Kenntnis des hier obwaltenden Causalnexus nicht mangeln konnte.

§. 331.

Gegen die aufgestellte Formel wird sich mit Grund nichts erinnern lassen. So wie Erfolg hier nichts anders heißt, als diese bestimmte Uebertretung, so kann auch der Ausdruk Causalnexus hier nur gleichbedeutend seyn mit dem, was man unter Lage der Dinge versteht. Halten wir aber nun das hier gefundene Resultat an die im Eingange der Untersuchung angeführten Urtheile des praktischen Sinnes, so stehet auch hier die Schule mit dem Leben völlig im Einklange; der Saz: facta laesione praesumitur dolus stellt sich auch der Wissenschaft dar als ein, insofern er allgemeine Gültigkeit haben soll, absurder und widerrechtlicher Saz. Wo der Erfolg mit der Aeußerung des Subjekts so zusammenfällt, daß sich beide für die Erscheinung nicht trennen lassen, da kommt es freilich nur auf die Aeußerung an, und so wird allerdings bei einem als blose Realinjurie in Betracht kommenden Bakkenstreiche Niemand anstehen, den auf die verlezte Person unmittelbar gerichteten Streich für dolos zu halten. Sobald sich dagegen der Erfolg, als solcher, von der Aeußerung des Subjekts trennen läßt, hat die Beurtheilung ein weiteres Feld; es kommt hier darauf an, ob der Handelnde als vernünftiger Mensch eine andere Wirkung erwarten konnte, als die auf sein Handeln wirklich erfolgt ist. 10) Und daß es auch hier auf den bestimmten Begriff von Civität ankomme, leuchtet von selbst ein; stehet das Nichtvorhersehen der erfolgten Wirkung mit der vom Staate anerkannten Meisterschaft im Widerspruche, so unterliegt die Handlung nothwendig der nämlichen Beur-

10) L. 1 §. 3 D. ad Leg. Cornel. de Sicar. (48, 8). Glosse zu L. 5 C. de Injur. (9, 35) verb.: tibi enim incumbit hoc onus, quia praesumitur te animo injuriandi hoc dixisse, *quia verba sic se habent.* R. A. von 1594 §. 69. Martin Lehrbuch des Criminalrechts §. 33. Roßhirt Lehrbuch des Criminalrechts §. 19. Preuß. Allg. L. R. Th. II Tit. 20 §. 27. — Uebrigens wird der aufmerksame Leser zufolge des früher (§. 315) Gesagten den Umstand, daß das hier gefundene Resultat nicht die von Borst in seiner Abhandlung (S. 440, 443 u. 445) aufgestellten sämtlichen Säze, sondern nur die zwei leztern derselben enthält, dem Verfasser nicht als Fehler anrechnen. Die Meinung, daß „die Kenntnis der Rechtswidrigkeit der Handlung überhaupt" nicht zum Begriff von dolus gehöre, läßt sich freilich in dieser Allgemeinheit nicht rechtfertigen (Neues Archiv des Criminalrechts II. B. 4. St. S. 522); sie ist aber nur falsch, insoweit vom theoretischen Theil des Strafrechts die Rede ist; für die Lehre von der juristischen Gewißheit gewinnt sie eine andere Gestalt. Hier ist die Beantwortung der Frage, ob anzunehmen, daß dem Subjekt das Gesez bekannt gewesen, von der gegenwärtigen Lehre eben so nothwendig getrennt, wie die Erörterung der Fälle, wo das Handeln sich innerhalb des Begriffs von Versuch oder aber solcher vollendeter Uebertretungen bewegt, bei denen der Gesezgebung der Gegensaz zwischen culpa und dolus unbekannt ist.

theilung, als wenn der fragliche Mangel an Kenntnis dem gewöhnlichen Menschenverstande widerspricht. 11) —

§. 332.

Hiemit ist der schwierigste Theil der Lehre von der juristischen Gewisheit, soweit sie sich auf das Innere beziehet, beendigt. In Betreff des Gegensatzes zwischen übereiltem und überlegtem Wollen kann es keinem Zweifel unterliegen, daß da, wo die Annahme des übereilten Wollens an das wirkliche unmittelbare, oder aber mittelbare Vorhandenseyn eines Affekts, oder an eine wirklich eingetretene Nothwendigkeit, schnell zu handeln, geknüpft ist, Prämeditation eben so außer dem Gebiete des Historischen liegt, als sie eines Beweises bedarf, wo die Gesezgebung den Mangel an Ueberlegung als Regel betrachtet, und eben so ergiebt sich bei socialem und antisocialem Egoismus die Antwort von selbst. Es wäre daher unnöthig, sich hierüber besonders zu verbreiten, und wir wenden uns der früher (§. 315) angegebenen Ordnung zufolge jezt zur Betrachtung des Aeußern.

§. 333.

Auch bei dieser Betrachtung des Aeußern stoßen wir auf ein Gebiet, was nicht weniger in sich geschlossen ist, wie das Gebiet des Innern — was wir daher ebenfalls nur zu durchgehen brauchen, um unserer Aufgabe Genüge zu leisten. Dies ist das Gebiet der, die Grundlage der realen Seite der Handlung bildenden, körperlichen Freiheit. Und zwar bewegt sich hier die Untersuchung auf die nämliche Weise, wie bei dem juristischen Selbstbewußtseyn. So wie das, was früher über körperliche Freiheit vorge-

---

11) Daß man im Leben auch wohl der Versicherung des Kunstverständigen, nur culpos gehandelt zu haben, Glauben beimißt, ist kein Einwurf. Man betrachte nur diese Fälle genauer, so wird man finden, daß hier wirklich eine positive Vertheidigung des Subjekts — allgemein anerkannte Rechtlichkeit des Charakters, offenbares eigenes Interesse, nicht so zu handeln, u. s. w. — eintritt, und nur diese Vertheidigungsgründe ohne förmlichen Beweis, d. h. im Voraus als wahr angenommen werden.

kommen, nur logische Bedeutung hat, die Frage, ob bei diesem bestimmten Subjekte wirklich körperliche Freiheit vorhanden, sich noch keineswegs daraus beantwortet, so unterliegen auch hier alle die Fälle einer andern Beurtheilung, wo es sich davon handelt, ob vermöge eines äußern Zwanges, oder aber vermöge dieses bestimmten Maases körperlicher Kräfte des Subjekts oder wegen eines bestimmten körperlichen Mangels oder Gebrechen die gänzliche oder aber theilweise Unterlassung einer Handlung als Uebertretung angesehen werden kann, mit einem Worte, alle die Fälle, wo es zum Behufe der Beurtheilung nur einer Anwendung der Gesetze der Mechanik bedarf. Ueber diese, wenn wir sie im Gegensatze gegen dynamische körperliche Freiheit so nennen dürfen, mechanische körperliche Freiheit ist denn an und für sich hier weiter nichts zu sagen, und wir können uns sogleich zu der dynamischen körperlichen Freiheit wenden.

§. 334.

Daß mit der Möglichkeit des Wollens noch keineswegs die zum Handeln erforderliche körperliche Freiheit gegeben sey, ist dadurch, daß man im Leben zwischen Gesundheit des Körpers und Gesundheit des Geistes unterscheidet, hinreichend anerkannt, aber es bedarf auch nur wenig, um sich zu überzeugen, daß auch hier der Verstand, als solcher, nicht zu dem erforderlichen Resultate gelangt, vielmehr der Begriff von Handlung nur mittelst der vom Gemüth ursprünglich in ihn gelegten Bestimmungen praktische Realität hat. Das Gegentheil hieße, das Wirken der Seele auf den Körper lasse sich begreifen. Zwar kommen wir auch hier in das Gebiet des identischen Denkens; es giebt wohl Fälle, wo krampfhafte Zufälle oder aber Ermattung und Müdigkeit des Subjekts so in die Augen fallen, daß der Physiolog mit seiner Wissenschaft auszureichen glaubt, im Allgemeinen wird sich aber das, was oben (§. 320) von Verstellung gesagt worden, auch hier geltend machen, und es ist in der Regel nur eine Annahme des Gemüths, daß der Mensch des eigenen Leibes mächtig sey, welche Annahme aber so wenig etwas

Zufälliges ist, wie die Annahme der Vernünftigkeit des Menschen, indem ohne sie der Mensch mit sich selbst in einem absoluten Widerspruche stände. Daraus folgt aber für die Lehre von der juristischen Gewisheit, daß in den Fällen, wo nicht wirkliche Modificationen des Begriffs eintreten, wovon tiefer unten, das Vorhandenseyn körperlicher Freiheit überall nur insoweit einem Beweise unterliegt, als von Wiederaufhebung eines bisherigen unfreien Zustandes die Rede ist, oder das Subjekt sich in einem Alter befindet, oder aber einem Geschlechte angehört, mittelst dessen sich der bisherigen Erfahrung zufolge die hier erforderlichen körperlichen Kräfte nicht annehmen lassen. Damit ist aber die Untersuchung über körperliche Freiheit, als solche, beendigt, und wir kommen jezt zu dem noch übrigen Gebiete des Aeußern.

§. 335.

Was nun unter diesem Aeußern zu verstehen sey, läßt sich aus dem Bisherigen ersehen; es gehört nicht blos die reale Seite der Handlung dahin, sondern alles, was unmittelbar in die Erscheinung fällt. Dieserhalb liegt es uns aber vor allen Dingen ob, uns nach einem leitenden Prinzip für die gegenwärtige Untersuchung umzusehen, indem uns hier die ganze Unendlichkeit der äußern Erfahrung entgegentritt, sonach von einer Betrachtung der hier möglicherweise vorkommenden Fälle keine Rede seyn kann. Ein solches Verfahren würde sich für die Theorie, um wieviel mehr also für die Wissenschaft zernichten. — Wo könnte aber dies leitende Prinzip liegen?

§. 336.

Da wir des gedachten Prinzips bedürfen, um die vermöge der Unendlichkeit der äußern Erfahrung uns entgegentretende Schwierigkeit zu überwinden, so läßt sich wohl einsehen, daß es über der äußern Erfahrung liegen muß; eben so läßt aber auch die Natur der Aufgabe, die dahin gehet, ein zum praktischen Behufe taugliches Prinzip zu finden, nicht daran zweifeln, daß es keinesweges unabhängig von äußerer Erfahrung seyn kann. Indessen ist dieser anscheinende Widerspruch durch das Bisherige im Voraus gelös't. Fassen wir nur die Art und Weise, wie das identische Denken das direkte Wollen findet, näher in's Auge. Indem der Erklärungsgrund im Aeußern, aber nicht im äußern Faktum, als solchem, sondern in der vom Subjekt auf den hier obwaltenden Causalnexus zu nehmenden Rüksicht lag (§. 330), war es im Grunde nur eine vom Handelnden nicht zu trennende Schlußfolgerung, die das Prinzip für die Erklärung gab. Die auf den obwaltenden Causalnexus zu nehmende Rüksicht ist ja ihrem Wesen nach nichts anders, als eine Schlußfolgerung: wer den nothwendig eintretenden Causalnexus berüksichtigt, beziehet nicht weniger Ursache und Wirkung auf einander, wie der, der aus einem bereits vorhandenen Faktum auf ein anderes schließt; der Unterschied bestehet nur darin, daß im ersten Falle das hier in Betracht Kommende noch nicht über ein blos Gedachtes hinausgehet. Dadurch ist aber das leitende Prinzip für die Untersuchung gefunden; wir haben in der gegenwärtigen Lehre nur das Wesen der bei einem bereits vorhandenen Faktum eintretenden Schlußfolgerung zu betrachten.

§. 337.

Aber auch hier stellt es sich ohne Weiteres dar, daß, insofern es uns um ein praktisches Resultat zu thun ist, die Schlußfolgerung nicht als solche, sondern nur, soweit die juristische Thatsache ihr Substrat bildet, Gegenstand der Erörterung seyn kann. Die Schlußfolgerung, als solche, liegt ja über der Judicialie, sie fällt in das Gebiet der Logik. Was dies heiße, wird sich sogleich ergeben. Da nicht von der Thatsache selbst, sondern nur von dem Causalnexus, als solchem, die Rede seyn kann, indem wir durch das Gegentheil wieder in das unermeßliche Gebiet der äußern Erfahrung gerathen würden, so ist Causalnexus das hier in Betracht kommende Substrat, ein Saz, der sich auch positiv als richtig bewährt, sobald wir den Blik auf das Wesen der Schlußfolgerung überhaupt werfen. So wie nämlich der Causalnexus immer die Hypotypose der Schlußfolgerung ist, indem das Gegentheil hieße, die Schlußfolgerung sey falsch, so ist dagegen die Schlußfolgerung, insofern sie über blos Logisches hinausgehen soll, nur der schematisirte Causalnexus. Gehen wir aber auf diesem Wege weiter fort, so wird sich das gesuchte Prinzip ergeben.

§. 338.

Wird der Causalnexus auf die angegebene Weise gedacht, so folgt nothwendig, daß Gewisheit eines faktischen Umstandes nichts anders heißen kann, als, dieser faktische Umstand muß sich zu dem gleichsam die reale Seite der Schlußfolgerung bildenden Causalnexus, und somit zu dieser Schlußfolgerung selbst, eben so verhalten, wie sich das Schema des Begriffs verhält zu dem in die Sinne fallenden Objekt. Wäre es anders, so wäre das wirkliche Faktum nicht das hier erforderliche Faktum, ein solches verschiedenes Faktum stehet aber hier, wo nur von relevanten Thatsachen die Rede ist, dem nicht vorhandenen Faktum gleich. Daraus gehet aber das Verhältnis der Lehre von der Relevanz zu der Lehre von der juristischen Gewisheit, und hieraus hinwiederum die völlige Bestimmtheit der von der Leztern zu beantwortenden Frage hervor. Wiewohl nämlich das hier Gesagte schon in der Lehre von der Relevanz hervortritt, indem mit dem dort gegebenen Begriffe der in Betracht kommenden juristischen Thatsache auch der Begriff des hier geltenden Causalnexus gegeben ist, dem zufolge aber, da dieser Causalnexus die reale Seite einer Schlußfolgerung bildet, diese Schlußfolgerung juristischer Gewisheit gleichstehet, wenn sie sich zu dem wirklich vorhandenen Faktischen wie das Schema zum Objekt verhält, so gehet aber die gedachte Lehre hierüber nicht hinaus; sie sagt nur, wie sich die wirkliche Thatsache zu der behaupteten Thatsache verhalten muß, wenn die Behauptung der Parthei gegründet seyn soll; die Art und Weise, die Uebereinstimmung oder aber Nicht-Uebereinstimmung des Faktischen mit dem gegebenen Begriffe zu finden, bleibt der Lehre von der juristischen Gewisheit überlassen. Es fragt sich also jezt, worin das hier eintretende Verfahren bestehet.

§. 339.

Offenbar ist die aufgeworfene Frage gleichbedeutend mit der Frage nach dem Medium, mittelst dessen das wirklich vorhandene Faktische der von der Lehre von der Relevanz als Norm gegebenen Schlußfolgerung gleichsam angepaßt wird. Soviel läßt sich nämlich jezt schon einsehen, daß, so wie es auf der einen Seite eines solchen Mediums bedarf, um der, soweit von der Lehre von der Relevanz die Rede ist, nur ideelle Realität habenden juristischen Thatsache reelle Realität zu geben, auf der andern Seite auch dieses Medium ausreicht, um in Verbindung mit dem Bisherigen den für jede einzelne Entscheidung erforderlichen Maasstaab an die Hand zu geben. Dadurch ist aber auch die Frage nach dem gedachten Medium selbst beantwortet. Dasselbe kann, wie bei jeder Schlußfolgerung, die über das Bereich des rein Logischen hinausgehet, nur in sinnlicher Perception bestehen.

§. 340.

Jezt bedarf es nur noch einer ganz einfachen Operation, um das Gesuchte vollständig zu finden. Da nicht-historisch = Schlußfolgerung, somit historisch = — Schlußfolgerung ist, so ist sinnliche Perception als der Gegensaz von Schlußfolgerung = historisch; ist aber sinnliche Perception = historisch, so fällt die Thatsache auf dem Punkte in das Gebiet des Historischen, wo es einer sinnlichen Perception bedarf, um zur Möglichkeit einer Schlußfolgerung zu gelangen. Die Richtigkeit des hier in Mitte liegenden Schlusses wird sich nicht in Abrede stellen lassen, verweilen wir aber dabei noch, um die praktische Realität des gefundenen Resultats in ihrem vollen Lichte zu zeigen. Daß der Parthei kein Beweis aufgelegt werden könne, soweit die Wahrheit der von ihr aufgestellten Behauptung sich durch Schlußfolgerung ergiebt, hat noch Niemand bestritten; eben so klar ist es aber, daß jede Schlußfolgerung ein wirklich vorhandenes Faktum voraussezt. Das Gegentheil hieße, die Schlußfolgerung hänge in der Luft. Das wirklich vorhandene Faktum ist der Punkt, von welchem die Schlußfolgerung ausgehet. Dieser Punkt selbst sezt aber, eben weil er Bedingung der Schlußfolgerung ist, somit nicht in das Bereich derselben fallen kann, nothwendig sinnliche Perception voraus, oder was hier dasselbe heißt, er erfordert Beweis. Denken wir, um uns dies an einem Beispiel klar zu machen, den Fall, daß Jemand eines Mordes angeklagt ist. Solange die That geradezu behauptet wird, unterliegt sie unbedingt einem Beweise; wo wäre denn der Grund zu einer der Anklage entsprechenden Schlußfolgerung? Denken wir aber die der Anklage zum Grunde liegende Behauptung in der Art, daß sich der Angeklagte zur Zeit des Mordes mit den desfalls erforderlichen Mitteln versehen ganz allein in der erforderlichen Nähe befunden, so kann hiedurch schon die Möglichkeit einer Schlußfolgerung gegeben seyn, die, wenn sie überhaupt Statt findet, auch wohl geeignet ist, die ganze Anklage zu erschöpfen. Als äußerer Bedingung ihrer Möglichkeit wird es aber sowohl des Beweises der an und für sich geschehenen Ermordung, als auch des Beweises der so eben erwähnten, gegen den Angeklagten unmittelbar gerichteten, faktischen Angabe bedürfen.

§. 341.

Daraus gehet nun hervor, daß der im Gegensatze gegen nicht-künstlichen Beweis, sogenannte künstliche Beweis 12) ein Produkt des identischen Denkens ist, und also an und für sich zu seiner Zuläßigkeit keiner besondern gesezlichen Vorschrift bedarf, so wie sich denn auch eine auf gänzliche Unzuläßigkeit des künstlichen Beweises gerichtete Gesezgebung nicht einmal denken läßt, da dies soviel hieße, als, jede, als solche hervortretende, Schlußfolgerung 13) sey ausgeschlossen. Eine solche gesezliche Bestimmung würde in den Fällen, wo von Unterlassungshandlungen die Rede ist, und die Unterlassung nicht gleichsam als umgekehrtes körperliches Faktum un-

---

12) Feuerbach Lehrbuch des p. Rechts §. 572.

13) S. die früher erwähnten Grundlinien einer Theorie des Beweises im Civilprozeß u. s. w. §. 44.

mittelbar in die Sinne fällt, in der Regel allen Beweis unmöglich machen. Denken wir uns ein Strafgesez, nach welchem innerhalb einer Frist eine Handlung geschehen muß. Daß dem Angeklagten hier nicht die Nachweise der wirklich geschehenen Handlung obliege, leidet wohl keinen Zweifel. Wenn sich auch seine negative Vertheidigung, insoweit die Unterlassung in Abrede gestellt wird, äußerlich von einer Behauptung nicht unterscheidet, so kann ihm aber der Beweis der Nicht-Unterlassung nicht aufgebürdet werden, indem alsdann negative und positive Vertheidigung zusammen fielen, der Angeklagte sich auf die blose Anschuldigung schon im eigentlichen Sinne zu reinigen hätte. Auf welche Weise wird aber hier ein nicht-künstlicher Beweis das Ganze erschöpfen? Wo die Unterlassung als umgekehrtes körperliches Faktum in die Erscheinung fällt, d. h. in der Art sich darstellt, daß die Nicht-Wahrnehmung des gebotenen Handelns zugleich die Wahrnehmung der Unterlassung ist, da ist freilich nicht-künstlicher Beweis vorhanden; dies ist aber da, wo nicht von einer an einem bestimmten Tage oder zu einer bestimmten Stunde, sondern nur von einer innerhalb einer Frist vorzunehmenden Handlung die Rede ist, wohl selten der Fall: vielmehr wird hier die Unterlassung sich meistens nur folgern lassen und es ist eine solche Schlußfolgerung und so mit künstlicher Beweis selbst dann vorhanden, wenn sich die Unterlassung an dem Nichtvorhandenseyn des Produkts der gebotenen Handlung erkennen läßt.

§. 342.

Zufolge des Unterschiedes zwischen nicht-künstlichem und künstlichem Beweise ist denn auch das Verhältnis zwischen der realen Seite der juristischen Thatsache und ihrer Grundlage relativ. Wo die Uebertretung als wirkliches körperliches Faktum unmittelbar Gegenstand sinnlicher Wahrnehmung ist, da erstrekt sich die reale Seite nicht soweit, als wenn künstlicher Beweis eintritt, und in diesem leztern Falle hängt ihr größerer oder geringerer Umfang von dem größern oder geringeren Umfange dieses künstlichen Beweises ab. Ein Beispiel wird zur Erläuterung dienen.

Wo ein begangener Mord als wirkliches Faktum geradezu in die Sinne fällt, da liegt alles, was zur Möglichkeit des Mordes gehört, außer der realen Seite. Das Faktum des Erschlagens sezt ja die Möglichkeit dieses Erschlagens voraus. Anders ist es, wo der angebliche Mord durch Schlußfolgerung herausgebracht werden soll. Hier gehört auch jene Möglichkeit mehr oder weniger zur realen Seite. So ist in dem oben (§. 340) angeführten Beispiel der Umstand, daß der Angeklagte zur Zeit des vorgefallenen Mordes allein in der Nähe gewesen, noch nicht hinreichend, sondern es muß, damit die hier erforderliche Schlußfolgerung möglich sey, zugleich nachgewiesen werden, daß sich der Angeklagte auch übrigens in der Lage befunden, den fraglichen Mord verüben zu können. Und so lassen sich Fälle denken, wo die Grundlage der realen Seite für die Erscheinung überall nicht hervortritt. —

§. 343.

Wir kommen nun zu den hier eintretenden speziellen Annahmen des Gemüths. Zwar stießen wir bereits in der gegenwärtigen Lehre auf Annahmen des Gemüths, diese Annahmen waren aber von der Art, daß ohne sie der Begriff von Handlung überall nicht geeignet ist, in's Leben zu treten. Die Annahmen, von denen hier die Rede ist, stellen sich dagegen nur als Modificationen des Begriffs dar, und sind deshalb Gegenstand einer besondern Erörterung. Es sind dies nämlich diejenigen Annahmen, die man mit dem Ausdruk Rechtsvermuthungen bezeichnet.

§. 344.

Auf diese Weise ist aber schon der Begriff von Rechtsvermuthung im Allgemeinen bestimmt: durch Rechtsvermuthung wird eine juristische Thatsache, die zufolge dessen, was für die Lehre von der juristischen Gewisheit identisches Denken heißt, in das Gebiet des Historischen fallen und somit einem Beweise unterliegen würde, als juristisch gewis angenommen. Aber schon für die Lehre vom Beweis kommt der Unterschied zwischen einfacher und qualificirter Rechtsvermuthung 14) in Betracht. Indem nämlich bei der einfachen Rechtsvermuthung die zunächst liegende Thatsache unmittelbar auf historischem Grunde ruhet, bestehet der Charakter der qualificirten Rechtsvermuthung darin, daß sie über die zunächst liegende Thatsache hinausgehet, mehr oder weniger auch vom Beweise der rükwärts liegenden Thatsachen befreiet.

§. 345.

Durch diese Rechtsvermuthungen wird sonach das Gebiet der juristischen Gewisheit erweitert. So wie sie sich aber ihrer Natur nach auf alles erstrekken können, was in das Bereich der juristischen Thatsachen fällt, so sind sie auch an und für sich bald von größerm bald von geringerm Umfange. Ein Beispiel liefern die über Kindheit geltenden gesezlichen Bestimmungen, nach denen es bald unbedingt dieser bestimmten Jahre bedarf, bald diese bestimmten Jahre — und zwar auch wieder bald bedingt 15), bald unbedingt 16) — nur als Maximum gelten. 17) —

§. 346.

Hiemit ist, soweit es sich vom Beweise handelt, der Gegenstand des gegenwärtigen Kapitels erschöpft. Mit dem Begriff von Beweis ist aber zugleich der Begriff von Gegenbeweis gegeben, und somit die Betrachtung auch auf diesen zu richten. Um uns zu überzeugen, daß, soweit von logischer Bedeutung die Rede ist, Beweis und Gegenbeweis Wechselbegriffe sind, dürfen wir nur auf den Be-

14) Gensler im Archiv für die Civilistische Praxis IV. B. 2. H. N°. XXIII. Inwiefern aber der Ausdruk qualificirte Rechtsvermuthung dem Ausdrukke praesumtio juris et de jure correspondiert, wird sich tiefer unten zeigen.

15) P. G. O. Art. 164. Unabhängig hievon ist die Frage, ob der Artikel über Diebstahl, und selbst über die in ihm benannten Arten von Diebstahl hinausgehet.

16) Code pénal Art. 66.

17) In Betreff der körperlichen Freiheit lassen sich, soweit von den übrigen Branchen des Rechts die Rede ist, die bei Militairpflichtigkeit und Frohndiensten sich findenden gesezlichen Bestimmungen als Beispiel anführen.

griff des Historischen zurükgehen. In diesem Begriffe ist nothwendig die Zuläßigkeit des Gegenbeweises enthalten; das Gegentheil hieße, das Historische enthalte, als solches, Positivität, sey also mehr, wie historisch, was sich widerspricht. Es ist daher Gegenbeweis nicht mehr und nicht weniger im Produkt des identischen Denkens, wie Beweis: beide sind nur der Ausdruk der im Begriff des Historischen liegenden Alternativität. Fragt man aber, auf welcher Seite Beweis oder Gegenbeweis liege, so ergiebt sich die Antwort leicht: da Beweis = Bewahrheitung ist, so ist Gegenbeweis nothwendig auf Zernichtung der gegnerischen Angabe 18) gerichtet, woraus denn folgt, daß eine etwaige faktische Positivität hier keine Aenderung macht. Bestehet der Inhalt der gegnerischen Angabe in einer faktischen Negative, so ist das Objekt des Gegenbeweises nothwendig faktische Positivität, und umgekehrt; ein Saz, der schon deshalb nicht bezweifelt werden kann, weil sonst das Darthun einer angeschuldigten Unterlassung Gegenbeweis wäre.

§. 347.

Dem zufolge ist aber Gegenbeweis immer nur auf die reine Negative der gegnerischen Angabe gerichtet, und die bekannte Eintheilung in direkten und indirekten Gegenbeweis 19) ist als wissenschaftliche Eintheilung falsch. Das Charakteristische des Gegenbeweises bestehet darin, daß er als solcher unabhängig von positiver Vertheidigung gedacht wird, indem ja jede positive Vertheidigung eine Angabe enthält, und somit eine Ausdehnung des Gegenbeweises über die reine Negative hinaus nicht anders hieße, als Bewahrheitung sey = — Beweis. Daß aber, mag man das Gebiet des sogenannten indirekten Gegenbeweises noch so sehr beschränken 20), immer eine positive

18) Nicht blos Behauptung. Dies wäre zu enge. S. die mehrerwähnten Grundlinien einer Theorie des Beweises im Civilprozeß u. s. w. §. 47.

19) Danz Grundsätze des ordentlichen Prozesses §. 250 folgd.

20) Wie dies in den so eben erwähnten Grundlinien u. s. w. §. 49 folgd. geschehen ist.

Vertheidigung in Mitte liege, wird auch für den, der jezt noch daran zu zweifeln im Stande wäre, vor dem Schlusse des gegenwärtigen Kapitels mit völliger Klarheit sich darstellen, und wir wenden uns jezt zu der Frage nach dem möglichen Umfange des Gegenbeweises.

§. 348.

Um diesen Umfang zu finden, brauchen wir nur den hier angegebenen Begriff von Gegenbeweis auf die Lehre vom Beweis anzuwenden. Wiewohl es an und für sich auch einen künstlichen Gegenbeweis giebt, so kann jedoch gegen einen nicht-künstlichen Beweis nur ein nicht künstlicher Gegenbeweis Statt finden, indem das Nichtvorhandenseyn dessen, was aus sinnlicher Wahrnehmung hervorgegangen, nicht Resultat einer, innerhalb der Grenzen des Gegenbeweises sich bewegenden Schlußfolgerung seyn kann, und hieraus folgt, daß, so wie auf der einen Seite auch ein künstlicher Beweis nur insofern durch einen künstlichen Gegenbeweis zernichtet wird, als die Negative des als Bedingung der Schlußfolgerung dienenden faktischen Umstandes ebenfalls aus sinnlicher Wahrnehmung hervorgehet, auf der andern Seite auch die durch sinnliche Perception gefundene Negative eines nur als Mittelglied oder aber als endliches Resultat eines künstlichen Beweises sich darstellenden faktischen Umstandes diesen Beweis nothwendig zerstört. Indem aber hiedurch sowohl für das Gebiet, was wir früher (§. 335) das Aeußere nannten, wie auch für das Innere, soweit identisches Denken gilt, das Prinzip vollständig angegeben ist, ergiebt sich dasselbe auch für das übrige hier in Betracht kommende Gebiet. Wo ursprüngliche Annahmen des Gemüths eintreten, kann der Gegenbeweis nur auf die Negative der Erscheinungen gerichtet seyn, an welche diese Annahmen geknüpft sind, und handelt es sich von dem die Grenze des Historischen bildenden Begriffe (§. 312), so ist es ohne Zweifel nur das diesem Begriffe zum Grunde liegende faktische Verhältnis, was aus dem Wege geräumt werden muß. Wir haben also jezt nur noch die Anwendung auf Rechtsvermuthungen zu machen.

§. 349.

Der Gegensaz zwischen einfacher und qualificirter Rechtsvermuthung (§. 347) hat als solcher auf den Gegenbeweis noch keinen Einfluß, oder mit andern Worten, die qualificirte Rechtsvermuthung stehet an und für sich dem Gegenbeweise nicht entgegen. So wie die qualificirte Rechtsvermuthung dadurch, daß die Thatsache, deren Beweis dem Asserenten unmöglich gewesen seyn würde, jezt schon ohne Beweis als juristisch gewis gilt, wohl eine ausgedehnte positive Vertheidigung herbeiführt, so kann sie auch einen umfassenderen Gegenbeweis nothwendig machen; dies ist aber nur äußerlich, der innere Umfang des Gegenbeweises wird dadurch nicht afficirt. Wohl aber kommt hier ein anderer Gegensaz zur Sprache, der bei der Frage nach der Beweislast, als solcher, keine Bedeutung hat, desto wichtiger aber für die Lehre vom Gegenbeweis ist. Dies ist der von dem so eben gedachten Gegensatze unabhängige Gegensaz zwischen relativer und absoluter Rechtsvermuthung.

§. 350.

Wenden wir das aus dem obigen (§. 348) hervorgehende Resultat, daß die durch sinnliche Perception gefundene Negative jeden Beweis zerstört, auf Rechtsvermuthungen an, so stellt sich auch bei der qualificirtesten Rechtsvermuthung die zunächst liegende Thatsache als mögliches Objekt eines Gegenbeweises dar. Solange das Eigenthümliche der qualificirten Rechtsvermuthung nur darin bestehet, daß die zunächst liegende Thatsache nicht unmittelbar auf historischem Grunde ruhet (§. 344), kann wenigstens in den Fällen, wo die Negative dieser zunächst liegenden Thatsache möglicher Gegenstand einer sinnlichen Perception ist, die Zuläßigkeit des Gegenbeweises keinem Zweifel unterliegen, und ist diese zunächst liegende Thatsache durch Gegenbeweis annihilirt, so kann es auf die rükwärts liegenden Thatsachen nicht weiter ankommen. Dagegen kann aber auch wohl die Gesezgebung abgesehen davon, ob die Rechtsvermuthung mittelbar oder aber unmittelbar auf historischem Grunde ruhet, den Gegenbeweis ausdrüklich oder stillschweigend untersagen. Offenbar gehet ein solcher Fall über das Bisherige hinaus; es ist nicht der Gegensaz zwischen einfach und qualificirt, der hier eintritt, sondern der Gegensaz zwischen relativ und absolut. 21)

§. 351.

Wenn nun aber das, was hier über relative und absolute Rechtsvermuthung gesagt worden, sich nicht nothwendig auf Gegenbeweis beschränkt, vielmehr auch auf positive Vertheidigung Anwendung findet, so ist dieses dennoch, solange sich nicht in Abrede stellen läßt, daß jeder in einem gerichtlichen Streite vorkommende faktische Umstand Gegenstand der Verhandlung seyn muß, keinesweges geeignet, gegen den hier aufgestellten Begriff von Gegenbeweis als Einwurf zu dienen. Gegenbeweis, als solcher, wird nothwendig unabhängig von positiver Vertheidigung gedacht. Wollte man hierüber hinausgehen, sich etwa an Aeußerliches halten, so könnte man auch den Beweis der Einrede der Nothwehr Gegenbeweis nennen, indem der Zwek nur dahin gehet, die Angabe des Gegners zu zernichten. Eben dadurch bildet sich aber hier im Gegensatze gegen den Begriff von juristischer Thatsache der Begriff von k ö r p e r l i c h e m F a k t u m und die Lehre von der juristischen Gewisheit führt uns auf die Lehre von der Relevanz zurük.

§. 352.

Die Lehre von der Relevanz, soweit sie Gegenstand des vorigen Kapitels war, stellt den Begriff von juristischer Thatsache nur in seiner höchsten Allgemeinheit auf; sie zeigt nur das Verhältnis der mehrern juristischen Thatsachen zu einander. Die Lehre von der juristischen Gewisheit gehet aber weiter, und zwar sowohl hinsichtlich des Reats, wie des juristischen Faktums. Was zuvörderst

21) Hienach ist das in den Grundlinien einer Theorie des Beweises im Civilprozeß u. s. w. §. 57 folgd. Gesagte zu vervollständigen. Die dort angeführten Beispiele reichen dazu aus.

das Reat betrifft, so fanden wir als nothwendige Bedingungen eines künstlichen Beweises faktische Umstände, die schon wegen dieser zufälligen Veranlassung nicht als unmittelbarer Ausfluß des ursprünglichen Begriffs von juristischer Thatsache angesehen werden können. So läßt sich z. B. solange der Besitz einer entwendeten Sache nicht geradezu als Diebstahl gilt, auch nicht sagen, dieser Besitz sey ein wirklich integrirender Theil der hier in Betracht kommenden juristischen Thatsache des Diebstahls; er ist dann in dieser Beziehung überall keine juristische Thatsache. Es ist ja an ihn, als solchen, keine rechtliche Folge geknüpft, welche sich zu ihm, wie ideale Seite zu realer Seite verhielte. Dennoch kann aber schon für das identische Denken der Besitz der gestohlenen Sache in Betracht kommen, indem er da, wo dieser Diebstahl durch künstlichen Beweis dargethan werden soll, als Punkt dient, von dem die Schlußfolgerung ausgehet. Und eben so ist es an und für sich keineswegs ein integrirender Theil der Uebertretung, daß das Subjekt schon früher sich imputationsfähig gezeigt, es kommt aber in Betracht, wenn es darauf ankommt, das Ende der Kindheit darzuthun. Diese Beispiele reichen aber aus, um uns hinsichtlich des juristischen Faktums die nämliche Ueberzeugung zu geben. Denken wir nur die Fälle, wo der Angeklagte zur Entkräftung der gegnerischen Behauptung die Art und Weise, wie er in den Besitz der gestohlenen Sachen gekommen, angiebt, oder um seinen nichtzurechnungsfähigen Zustand darzuthun, sich auf frühere, als Zeichen vorhandener Geisteszerrüttung geltende, Umstände stützt. Auch diese Umstände sind, wiewohl sie hier juristische Wirkung haben, dennoch wenigstens für das Strafrecht keine juristischen Thatsachen.

§. 353.

Was hier von der realen Seite des Reats und juristischen Faktums bemerkt worden, gilt auch von der Grundlage der realen Seite der juristischen Thatsache. So wie der gegen den angeschuldigten Mord gerichtete Einwand, daß man sich zu der Zeit an einem andern Orte befunden, die Anklage zernichtet, so kommt der Umstand, daß man sich nicht in einer Lage befunden, die geeignet gewesen, den Andern in den Stand der Nothwehr zu versetzen, nicht weniger in Betracht. Weder das Eine noch das Andere ist aber, an sich betrachtet, juristische Thatsache, indem, solange keine besondern Voraussetzungen gemacht werden, sowenig an den Auffenthalt des Subjekts, wie an die blose Möglichkeit, Andere zu verletzen, eine rechtliche Folge geknüpft ist.

§. 354.

Auf diese Weise findet aber die Wissenschaft, was die tägliche Erfahrung lehrt, nämlich, daß, so wie die Lehre von der Relevanz der Lehre von der juristischen Gewisheit den Stoff liefert, umgekehrt es auch einen Stoff giebt, der sich erst durch die Leztern bildet, nicht weniger aber nun auch für die Lehre von der Relevanz in Betracht kommt. Es genügt aber, hierauf aufmerksam zu machen, indem sich die Anwendung unmittelbar aus dem früher Gesagten ergiebt. So wie das, was von dem Verhältnis des Vertheidigungsgrundes zur Anklage und der Vertheidigungsgründe unter sich — Einrede, Replik, Duplik, Triplik, u. s. w. — gilt, hier gleichsam in einem verjüngten Maasstabe sich findet, 22) so kann auch die Natur dessen,

22) Diesem zufolge beruhet denn der von Roßhirt a. a. O. §. 28 über den aus einer verkehrten Ansicht von exceptio hervorgegangenen Irrthum der Rechtslehrer ausgesprochene Tadel selbst nur auf einem Irrthum. Verstehet man unter exceptio, was sich der Römer darunter dachte, nämlich ein juristisches Faktum im Gegensatze gegen ein körperliches Faktum, so stellt sich unbeschadet des Römischen Begriffs von exceptio die Meinung Roßhirts, daß der Beweis des Zustandes, welcher die Imputation ausschließt, nur in der Prozeßform des Gegenbeweises vorkommen könne, als totaler Misgriff dar, so wie sie denn auch dem Leben geradezu widerspricht. Allerdings ist das Vorschützen des nicht imputabelen Zustandes keine exceptio im Römischen Sinn, indem Imputationsfähigkeit nicht weniger zum Grunde der Anklage gehört, wie die von Seiten des Klägers geschehene Erfüllung des Contrakts zum Grunde der Klage; giebt es denn aber bei dem hier erwähnten Anklagegrunde eine reine Negative, und ist es den Römern wohl jemals in den Sinn

was wir hier körperliches Faktum nennen, keinem Zweifel unterliegen: dieses körperliche Faktum verhält sich zur juristischen Thatsache, wie die Bedingung des Seyns zum wirklichen Seyn.

---

gekommen, in dem Falle, wenn der Angeklagte ein als Zeichen mangelnder Imputationsfähigkeit geltendes Faktum anführte, denselben zum Beweise zuzulassen, ohne den Ankläger vorerst darüber zu hören und ihn dadurch in den Stand zu setzen, die aufgestellte Behauptung durch ein entgegenstehendes Faktum zu zernichten? Haben wir aber nicht in diesem Falle eine positive Vertheidigung, und somit, solange von der Form und nicht vom Inhalte die Rede ist, eine veritabele Einrede und die Möglichkeit einer veritabeln Replik? — Vielleicht möchte der hier besprochene Punkt vorzüglich geeignet seyn, die Ueberzeugung herbeizuführen, daß auch das Römische Recht sich für uns nicht so unbedingt durch sich selbst erklärt, sondern zu seiner Erklärung der über ihm stehenden Wissenschaft bedarf.

Zweites Hauptstück.

Lehre vom Prozeß.

Erstes Kapitel.

Von der innern Natur des gerichtlichen Verfahrens.

Erster Abschnitt.

Von der innern Natur des gerichtlichen Verfahrens an sich.

Erste Abtheilung.

Lehre von der Rechtskraft.

§. 355.

Wo die beiden Begriffe, der Begriff von Revelanz und der Begriff von juristischer Gewisheit in reelle Realität übergehen, durchdringen sie sich in einem Dritten, im sogenannten förmlichen Rechte, d. h. in dem aus dem Wirken der richterlichen Gewalt hervorgegangenen, für die Partheien unbedingte Gültigkeit habenden Resultate. Indem man nämlich unter materialem Rechte die von gerichtlicher Vermittelung (§. 16) unabhängig gedachte Gesezgebung verstehet, sezt man ihm auf diese Weise das förmliche Recht entgegen, und so findet denn auch das der Gesetzeskraft als solcher Gegenüberstehende in Rechtskraft einen ihm entsprechenden Ausdruk.

§. 356.

Hiemit ist nun schon ausgesprochen, daß die richterliche Sentenz nur jus inter partes macht; um uns aber von der Richtigkeit dieses Satzes völlig zu überzeugen, brauchen wir nur den Blik auf das Wesen der Gewalten zu werfen. Ginge die richterliche Gewalt über den unter das Gesez als die objektive Regel zu subsumirenden Fall hinaus, so wäre der Akt des Rechtsprechens ein Akt der Gesezgebung, dadurch aber die das Wesen des Staats ausmachende Evolution (§. 10) in ihrem Innersten zerstört. Diese Evolution träte dann als solche nie in die Erscheinung, es bliebe immer nur bei einem blosen Bestreben, indem das, wodurch sie wirklich hervorzutreten sucht, selbst wieder nur der Anfang einer neuen Handlung wäre. 1) — Und eben so ergiebt sich auch, daß das im Auslande ergangene richterliche Urtheil für das identische Denken keine juristische Bedeutung hat; die Rede ist nämlich von dem Falle, wenn ein Glied dieses Staats im Auslande als Fremder verurtheilt oder aber von der wider ihn erhobenen Anklage freigesprochen worden, die fragliche Handlung aber auch in der Heimath Uebertretung ist (§. 145) und die Gesezgebung über die Gültigkeit einer solchen im Auslande ergangenen richterlichen Sentenz keine Bestimmung enthält. Auf welche Weise gäbe es hier für das identische Denken eine juristische Wirkung? Da jeder Staat dem Begriff nach auf sich selbst ruhet, ein wirklich juristisches Band zwischen mehrern Staaten undenkbar ist, (§. 11) so kann wohl der Begriff von Strafe, keinesweges aber der Begriff von Rechtskraft hier Anwendung finden, d. h. die im Auslande wirklich erfolgte Bestrafung kommt insoweit in Betracht, als sie einer fernern Bestrafung physisch im Wege stehet. (§. 203) In-

1) Daß im Civilrecht die Rechtskraft oft über diesen Rechtsstreit hinausgehet, indem nämlich Lezterer den Personenstand betraf, stehet dem hier Gesagten so wenig entgegen, wie die in der Natur der Sache liegende Bestimmung der L. 63 in fin. D. de re judicat. (42, 1.) Eben so wird aber auch auf der andern Seite nicht in Abrede gestellt, daß eine Zeit, wo Gesezgebung mit Rechtskraft völlig zusammenfällt, also ein dem Begriff von Staat völlig widersprechender Zustand herrscht, nicht nur gros und reich scheinen, sondern auch wirklich seyn könne. Eine solche Zeit hat nur für die Judicialie keine Bedeutung, ist aber eben um so bedeutender für die Geschichte, indem der Mensch nothwendig in dem Grade, als der Staat weniger hervortritt, mehr in den beiden Grundlagen des Staats, übersinnlicher und sinnlicher Welt lebt. — Ob diese Bemerkung richtig sey, überläßt der Verfasser dem Urtheil der Leser; kann sie aber nicht bestritten werden, so ergiebt sich die Anwendung auf eine blos historische Behandlung des Rechts von selbst.

dessen treten hier Annahmen des Gemüths ein, die das, was sich im Civilrecht, wenn auch nur auf mittelbare Weise als Resultat des identischen Denkens ergiebt, 2) auch im Strafrecht gelten lassen.

§. 357.

Soweit von den äußern Grenzen der Rechtskraft. Wenden wir uns nun zur nähern Betrachtung, so erscheint zuvörderst eine sogenannte Absolution von der Instanz dem identischen Denken als Widerspruch. Wiewohl das identische Denken hinsichtlich der Dauer der Untersuchung keine wirklich praktische Bestimmung findet, so kann jedoch eine Suspension des Verfahrens als solche nicht hervortreten, indem sie mit Hemmung jener, das Wesen des Staats ausmachenden Evolution gleichbedeutend ist, deshalb aber über den Begriff von Vermittelung hinausgehet. Das Resultat des richterlichen Wirkens kann daher, dem Begriff nach, nur in unbedingter Lossprechung oder aber Verurtheilung bestehen. Aber auch hier macht sich das Gemüth bald mehr, bald weniger geltend. 3)

2) Martin Lehrbuch des teutschen gem. bürgerl. Prozesses §. 110 der sechsten Auflage, und die daselbst allegirten Schriftsteller.

3) Auch der Französischen Gesezgebung ist Absolution von der Instanz nicht gänzlich fremd; sie tritt nur da ein, wo es sich darum handelt, ob der prévenu in Anklagestand zu versetzen, wo sich denn für den Richter, wenn er im Geiste der Gesezgebung verfahren will, die Regel bildet, mit der mise en accusation nicht zu voreilig zu seyn. Viel weiter gehet dagegen die Preußische Criminalordnung. Außer der auf einem Mitteldinge von juristischer Gewisheit und somit, wenn auch historisch erklärbar, dennoch auf einer exorbitanten Annahme beruhenden außerordentlichen Verurtheilung (§. 405) und der Lossprechung von der Instanz (§. 409) giebt es hier, da zwischen Freisprechung wegen mangelnden Beweisen und Freisprechung wegen gänzlich ausgemittelter Unschuld unterschieden wird (§. 413 u. 414), noch einen dritten Gegensaz von wirklicher Rechtskraft. — Nach Kleinschrod (Neues Archiv des Criminalrechts II. B. 2. St. N°. XI §. 13) ist, genau besehen, jedes absolutorische Urtheil eine blose Lossprechung von der Instanz, indem das verdammende Civilurtheil, zwar nicht als solches, jedoch mittelst der neuentdekten Beweise geeignet seyn soll, die Wiederaufnahme der Untersuchung zu bewirken.

§. 358.

Verschieden hievon ist, wie einleuchtet, der Fall, wenn die richterliche Entscheidung selbst mehrere Instanzen durchlauft. Hier wird der Begriff von Rechtskraft nicht unmittelbar afficirt, es treten nur Stufen in Betreff des Organs der richterlichen Gewalt ein. Dagegen läßt sich aber auch keineswegs sagen, daß das identische Denken, als solches, einen Instanzenzug finde. Soweit von der, eine sogenannte Iniquität zum Gegenstande habenden, Berufung die Rede ist, fällt es von selbst in die Augen, indem es hier für das identische Denken überall keine Grenze gäbe 4); das Nämliche gilt aber auch für die, lediglich auf einer Verletzung der Form beruhende, Nichtigkeitsbeschwerde, und von einer Wichtigkeit der Beobachtung der Form kann begreiflicherweise ebenfalls nicht mehr und nicht weniger die Rede seyn, wie von der Wichtigkeit einer hinsichtlich der Sache selbst richtigen Entscheidung. Das identische Denken gelangt also bei der allgemeinen Frage, ob Instanzenzug erforderlich sey, oder nicht, zu keinem Resultate, und seine Aufgabe bestehet nur darin, da, wo der Begriff von Rechtskraft durch die hier eintretenden ursprünglichen Annahmen des Gemüths in's Leben tritt, den bestimmten ihm gegebenen Begriff zu construiren.

§. 359.

Was nun, im Fall das Gemüth Instanzen annimmt, und zugleich zwischen Berufung und Nichtigkeitsbeschwerde unterscheidet, die Construktion der Begriffe von Iniquität und Nullität betrifft, so rechtfertigt sich wohl ohne Weiteres die bereits angedeutete Unterscheidung. Sind beide Begriffe verschieden, so fällt nothwendig alles, was nicht die Form des Verfahrens betrifft, und somit selbst die

---

4) Wenn man nicht etwa darin, daß da, wo das reformirende Urtheil einer höhern Instanz mittelst Herstellung des frühern Urtheils reformirt wird, diese höhere Instanz in einer ihrer Würde nicht conformen Gestalt erscheint, die Grenze finden will.

unrichtige Anwendung des klarsten Gesetzes, als solche, in den Begriff von Iniquität. Der Verstand fände sonst hier überall keine Grenze. Und eben so hat das Rechtsmittel, d. h. das Medium, wodurch die Sache in eine höhere Instanz gebracht wird, dem Begriff nach nicht nur Suspensiveffekt, sondern auch Devolutivqualität. Träte kein Suspensiveffekt ein, so hieße dies, das Urtheil a quo sey nicht-rechtskräftig und rechtskräftig zugleich; ein nichtdevolutives Rechtsmittel ist aber nicht weniger widersprechend, indem da, wo von wirklichem Rechtsmittel, d. h. von einem gegen die Sentenz, als solche, gerichteten, nicht etwa auf Nova gestüzten Antrage die Rede ist, reelle Trennung der Instanzen vorausgesezt wird, zufolge des Umstandes aber, daß die Regeln der Subsumtion, als solche, nie objektiv werden können, hier nur eine ideelle Trennung der Instanzen vorhanden seyn würde. 5) Damit ist aber noch keine wirkliche Competenzbestimmung gegeben, so wie auch das, was etwa darüber zu sagen seyn möchte, erst in der Lehre von der Competenz seine Stelle finden kann; nur die Bemerkung gehört noch hieher, daß, so wie ein auf eine gegründete Nichtigkeitsbeschwerde erfolgendes Urtheil in der Sache selbst nur aus synthetischem Denken hervorgehen kann, auch eine durch Berufung herbeigeführte Zurükführung der Sache auf die erste Vernehmlassung dem Begriff widerstreitet, indem ein solches Zurükführen gleichbedeutend ist mit Zernichtung der Form des bisherigen Verfahrens. Daß aber bei Berufung auch eine reformatio in pejus Statt finden könne, ergiebt sich unmittelbar aus dem Begriff von Instanz.

§. 360.

Solange sich die hier eintretenden speziellern Annahmen des Gemüths innerhalb des Begriffs von Instanzenzug halten, ist darüber weiter nichts zu sagen; die Er-

5) Zufolge des angegebenen Grundes, daß die Regeln der Subsumtion, als solche, nie objektiv werden, stehet der Saz, daß gesezgebende und richterliche Gewalt in dem nämlichen Subjekte reell getrennt seyn können (§. 233 Not. 13) hiemit nicht im Widerspruch.

fahrung zeigt uns aber noch ein über Rechtskraft hinausgehendes Verfahren, in welchem, je nachdem die angegriffene rechtskräftige Sentenz Lossprechung oder aber Verurtheilung enthält, entweder der bisherige Ankläger oder der bisherige Angeklagte der angreifende Theil ist. Den ersten Fall können wir, da das Fundament der Anklage über das Reat, als solches, hinausgehet, qualificirte Anklage nennen, der lezte Fall enthält dagegen das unter dem Nahmen Revision bekannte Verfahren. Daß hier das bisher Gesagte nicht ausreiche, leuchtet ein; es fragt sich nämlich, ob die Nothwendigkeit eines solchen Verfahrens an und für sich aus identischem Denken hervorgehet, und wenn dies der Fall ist, wie es sich mit dem Begriff von Rechtskraft verträgt.

§. 361.

Was zuerst die Nothwendigkeit des gedachten Verfahrens an und für sich betrifft, so kann es uns hier genügen, daß sich dieselbe wenigstens für die Fälle ergiebt, wo böslich bewirkte Täuschung des Richters oder eigene Pflichtverletzung desselben die fragliche Sentenz hervorgebracht hat. Daß im Falle einer erschlichenen absolutorischen Sentenz die Wahrheit nicht weniger siegen müsse, wie im Falle einer auf eine falsche Anklage erfolgten condemnatorischen Sentenz die Unschuld, scheint außer Zweifel zu seyn; sollte das Gegentheil gelten, so müßte das identische Denken, um mit sich selbst in Uebereinstimmung zu bleiben, annehmen, bösliche Täuschung des Richters, oder eigene Pflichtvergessenheit desselben sey, wenigstens als Verletzung gedacht, kein möglicher Inhalt einer Uebertretung. Indem aber auf diese Weise die Nothwendigkeit der Zulassung einer qualificirten Anklage oder aber Revision aus identischem Denken zu folgen scheint, läßt sich das Resultat mit dem Begriff von Rechtskraft nicht vereinigen. Handelte es sich von einem bestimmten Zeitraum, so träte freilich der Widerspruch noch nicht unmittelbar hervor, die Rechtskraft wäre dann suspendirt und somit im Grunde noch gar nicht vorhanden; eben weil aber von einem solchen bestimmten Zeitraum keine Rede ist, kann auch jenes Resultat nicht in's Leben treten, ohne den Begriff von Rechtskraft zu einem leeren Begriff zu machen und damit zugleich den Begriff von Evolution (§. 357) zu zernichten. Diese Evolution träte denn, als solche, im Strafrecht überall nicht hervor. Stände es als juristische Möglichkeit fest, daß das Gegentheil des Inhalts einer richterlichen Sentenz sich jemals als Wahrheit darstellen könnte, so gäbe es auch nie eine juristische Möglichkeit der Vollstrekkung, oder diese Vollstrekkung enthielte zugleich auch die Möglichkeit einer Verletzung. Und selbst für den Fall, wo der Ungrund der richterlichen Sentenz ohne weiteres Verfahren klar und unumwunden sich darstellt, ginge der Begriff von juristischer Gewisheit verlohren. Liegt einem gerichtlichen Urtheil Irrthum oder aber Bosheit zum Grunde, so giebt es hier keine Grenze und jeder Vollstrekkung einer Sentenz stehet die Zufälligkeit menschlicher Erkenntnis entgegen. Dieser Widerspruch ist für das identische Denken nicht zu vermitteln und es bedarf somit auch hier ursprünglicher Annahmen des Gemüths.

§. 362.

Diese Annahmen finden sich nun in sehr verschiedenen Gestaltungen und stehen bald mehr, bald weniger im Einklange mit sich selbst. So wie sich bei absolutorischer Sentenz und dem, einen nicht unwiederbringlichen Nachtheil des Verurtheilten zur Folge habenden, condemnatorischen Urtheil in der Mase Absolutheit der Rechtskraft findet, daß es kein, Suspensiveffekt habendes, Rechtsmittel giebt, so wird dagegen auch wohl die noch auf dem Richtplaz abgegebene Erklärung des Verurtheilten berüksichtigt, und wo diese leztere Annahme herrscht, da siehet sich denn auch wohl das Gemüth genöthigt, in irgend einer geheimnisvollen Zahl den hier erforderlichen Grenzpunkt zu finden. —

§. 363.

Wenden wir uns nun zu den, wenn wir so sagen dürfen, innern Bedingungen der Rechtskraft, so tritt uns zuvörderst eine Eigenthümlichkeit des Strafrechts entgegen, nämlich die besondere Art des Verfahrens, die man im Gegensatze gegen Verhandlungsmaxime mit dem Ausdruk Untersuchungsmaxime bezeichnet. Wir haben daher den Charakter dieses Gegensatzes näher zu betrachten.

§. 364.

Wiewohl die Befugnis, die Jedem, der sein Urtheil abgeben soll, nothwendig zustehet, die Befugnis nämlich, die Fragenden mit sich selbst in's Klare zu bringen, auch dem Richter nicht abgesprochen werden kann, somit das, was man Leitung des Prozesses nennt, eine unmittelbare Folge aus dem Begriff ist, so gehet aber auch das Civilrecht hierüber nicht hinaus. Das Gegentheil wäre in sich widersprechend: es hieße, die Grenze des freien Handelns liege innerhalb der Civität. Aus dem nämlichen Grunde gehet aber das Strafrecht hier weiter. Wo es sich von absoluter Grenze der Civität handelt, da kann auch der desfalsige gerichtliche Streit nicht in das Privathandeln fallen. Der Saz ist an und für sich einleuchtend genug, aber es bedarf auch nur eines Bliks auf das Wesen der richterlichen Gewalt, um sich zu überzeugen, daß das im Strafprozeß der Willkühr entzogene Handeln nicht gleichbedeutend mit öffentlichem Handeln des Richters sey, oder, was dasselbe heißt, das hier erforderliche Wirken nicht in einer Steigerung des Begriffs von Leitung des Prozesses bestehen kann. Indem nämlich das richterliche Urtheil aus dem Charakter des Urtheils überhaupt nicht herausgehen kann, dieser Charakter aber nur darin bestehet, das Verhältnis einer Vorstellung zu einer andern Vorstellung zu bestimmen, somit der hier erforderliche Inhalt — Subjekt und Prädicat — von Außen gegeben seyn muß, kann der Richter so wenig für den Ankläger, wie für den Angeklagten handeln, ohne aufzuhören, Richter zu seyn. Es ist daher ein nothwendiges Resultat des identischen Denkens, daß das, was im Civilprozeß in das Bereich des Privathandelns fällt, im Strafprozeß in eben dem Verhältnisse zum Richter, d. h.

unabhängig von seiner Person gedacht, in nichtfreigelassenem Handeln bestehe.

§. 365.

Soweit es sich vom Ankläger handelt, ist mit dem gefundenen Resultate zugleich auch die bestimmte Gestaltung gegeben: so wie der Richter so handelt auch der Ankläger als Organ der Corporation, und sein Handeln ist nicht weniger, wie das Handeln des Richters, ein öffentliches Handeln. Bei dem Angeklagten muß aber das identische Denken noch einen Schritt weiter gehen, um die bestimmte Gestaltung zu finden. Daß der Angeklagte in dieser seiner Qualität nicht als Organ der Corporation handeln kann, fällt in die Augen; eben so wenig kann aber sein Handeln ein gezwungenes Handeln seyn. Gezwungenes Handeln ist, wie früher gezeigt worden, nur ein Ausfluß der Autokratie, von Autokratie ist hier aber keine Rede, indem der Autokrat, als solcher, kein Gegenstand des Strafrechts ist, Autokratie als Strafe aber Verurtheilung des Angeklagten voraussezt. Dieserhalb kann aber das hier erforderliche Handeln ebenfalls nur in öffentlichem Handeln bestehen, und da sich gezeigtermasen der Angeklagte nicht als Subjekt desselben denken läßt, so bildet sich das Resultat, daß es eben so, wie einen **öffentlichen Ankläger**, nothwendig auch einen **öffentlichen Vertheidiger** giebt. 6)

§. 366.

Soviel vom Verfahren selbst. Was dagegen das Produkt dieses Verfahrens, die richterliche Sentenz betrifft, so gehet aus dem Verhältnis der Gewalten hervor, daß es bei jeder richterlichen Sentenz der Angabe der Ent-

6) Wo ein solches öffentliches Handeln in seinem vollen Umfange gilt, da erscheint denn auch eine **Appellationsinstanz** der Legislatur gradezu als widersprechend, indem sich kein Fall denken läßt, wo es nicht zur Berufung käme. — Uebrigens ist durch das hier Vorgetragene keinesweges gesagt, daß nicht auch im Civilprozeß zufolge der Natur des streitigen Objekts von Seiten der Partheien ein öffentliches Handeln eintreten könne.

scheidungsgründe bedarf. Bei der richterlichen Gewalt tritt nicht ein, was wir bei der gesezgebenden Gewalt fanden, daß sie in ihrem Produkte untergehet, bei der richterlichen Gewalt sind Zwek und Wirkung Eins. Das Gegentheil wäre ein Widerspruch, indem es hieße, der Richterspruch sey unabhängig vom Gesez. Kann dies aber nicht geleugnet werden, so ist auch das Enunciative, was bei dem Gesez nur zufällig hervortritt (§. 226), bei der richterlichen Sentenz nothwendiger Ausdruk der Objektivät. 7)

§. 367.

Dieserhalb ist denn auch der sogenannte Aktuar als eine vom Richter κατ᾽ ἐξοχήν getrennte Person eine unmittelbare Folge aus dem Begriff. Die Entscheidungsgründe des richterlichen Urtheils, schließen ja nicht nur die das Urtheil unmittelbar ausmachenden logischen Folgerungen, sondern auch die diesen logischen Folgerungen

7) Gegen die Parallele hinsichtlich des Ausdruks enunciativ läßt sich wohl nichts einwenden, da der Ausdruk: dispositiver Theil des Urtheils gäng und gebe ist. — Uebrigens gehet schon aus dem hier Gesagten hervor, daß ein Geschwornen-Gericht, dessen Charakter darin bestehet, nach einer sogenannten innigsten Ueberzeugung — intime conviction — sein schuldig oder nichtschuldig auszusprechen, auch dann, wenn der von Feuerbach in seiner Schrift über Oeffentlichkeit und Mündlichkeit der Gerechtigkeitspflege S. 148 angeführte gewichtige Grund sich nicht geltend machen sollte, ein absoluter Widerspruch gegen den Begriff von Staat ist. Sobald es sich von einer dem Finden durch Schlußfolgerung gegenüberstehenden innigsten Ueberzeugung handelt, kann der Ausdruk nichts anders heissen, als was wir früher (§. 320) damit bezeichnet haben; jezt braucht man aber nur das Institut an die Lehre vom richterlichen Ermessen zu halten, um hier völlig in's Klare zu kommen. Wie erscheint aber nun die als tägliche Praxis sich aussprechende Meinung, als sey auch das sogenannte Zuchtpolizeigericht an jene innigste Ueberzeugung verwiesen? Solange es bei dem Bisherigen bleibt, daß man nämlich nicht weiß, von wannen diese Meinung gekommen, sollte man doch glauben, der Umstand, daß Entscheidungsgründe angeführt werden müssen, sey hinreichend, um sich vom Gegentheil zu überzeugen.

zum Grunde liegenden faktischen Umstände in sich, keinesweges gilt aber das, was bei diesen logischen Folgerungen eintritt, daß ihre Richtigkeit oder aber Unrichtigkeit aus den angeführten faktischen Umständen hervorgehet, auch umgekehrt: die Wahrheit der faktischen Umstände läßt sich aus dem auf sie gebau'ten logischen Urtheil nicht ersehen. Im Leztern fällt, wenn wir so sagen dürfen, die Form mit dem Stoff zusammen, weil jede logische Folgerung, als solche, den Stempel der Wahrheit oder Unwahrheit unmittelbar an sich trägt; dies ist aber nicht der Fall bei der der logischen Folgerung vorhergehenden Auffassung: hier sind vielmehr Form und Stoff auch für di Erscheinung getrennt. Der Stoff bestehet in dem, was aufgefaßt werden soll, die Form hingegen in der Auffassung selbst, indem sie das ist, was man, als schriftliche Urkunde gedacht, mit dem Ausdruk **Protokoll** bezeichnet. Die Wahrheit dieses Protokolls kann aber aus ihm selbst nicht beurtheilt werden, da die fraglichen faktischen Umstände nicht mehr an und für sich, sondern nur in der in dieses Protokoll aufgenommenen Gestalt existiren, und eine etwa von Seiten der Parthëien vorzunehmende Beglaubigung ist zufolge des Begriffs von Parthei in sich widersprechend. Es bildet sich daher nothwendig das angegebene Resultat: soll der die Sache leitende und demnächst das Urtheil sprechende Richter nicht als blose Subjectivität hervortreten, so muß die Führung des Protokolls, als Aufzeichnung der geschehenen Auffassung des dem künftigen Erkenntnis zum Grunde liegenden Faktischen betrachtet, ein von ihm unabhängiger Akt seyn 8), und das Nämliche gilt auch von der **Publication** des richterlichen Urtheils und jedem durch Instanzenzug herbeigeführten Akt.

---

8) Woraus denn auch folgt, daß der Aktuar, wie das identische Denken ihn kennt, keine Schreibmaschine ist, das **Protokoll selbst** nicht vom Munde des Richters ausgehen darf. S. die Abhandlung von **Oberländer** im Archiv für die Civilistische Praxis III. B. 1. H. N°. X.

§. 368.

Insoweit nun von Insinuation gerichtlicher Vorladungen, Auflagen, Partheivorträgen und Entscheidungen die Rede ist, giebt es nothwendig noch ein drittes, ein vom Richter und Aktuar getrenntes Organ. Da es im Begriff der Insinuation liegt, daß sie nicht coram protocollo geschiehet, so macht sich alles, was hinsichtlich des Richters vom Aktuar gilt, hier in Betreff beider geltend: die Insinuation ist ein sowohl vom Aktuar, wie vom Richter, unabhängiger Akt.

Zweite Abtheilung.

Von den Formen juristischer Gewisheit.

§. 369.

Die Lehre von der juristischen Gewisheit, so wie sie Gegenstand des zweiten Kapitels des vorigen Hauptstücks war, gehet nicht über logische Bedeutung hinaus. Es war dort nur von den Bedingungen die Rede, unter denen eine Thatsache juristisch gewis ist, keinesweges aber von den zur wirklichen Erlangung dieser juristischen Gewisheit für den Richter erforderlichen Mitteln. Die Angabe dieser Mittel — Beweismittel im weitesten Sinne des Worts — ist nun das, was wir hier bezeichnen als die Lehre von den Formen juristischer Gewisheit.

§. 370.

Daß der allgemeine Charakter dieser Formen sich innerhalb des Begriffs von sinnlicher Perception halte, gehet bereits aus dem früher (§. 340) Gesagten hervor. Das Gegentheil hieße, sinnliche Perception sey = — historisch. Die Aufgabe der gegenwärtigen Untersuchung bestimmt sich daher näher dahin, die Art und Weise anzugeben, wie für den Richter, als solchen, sinnliche Perception möglich ist, oder mit andern Worten, welchen Bedingungen die zur Erforschung einer mehr als blos logischen Wahrheit erforderliche sinnliche Perception unterliegt, damit der Richter, ohne über seine Qualität als Richter hinauszugehen, von ihr Gebrauch machen kann.

§. 371.

Um die Antwort zu finden, genügt es, auf die Natur des Urtheils überhaupt zurükzugehen und auf die richterliche Gewalt, als den objektiv gewordenen Verstand (§. 45) die Anwendung zu machen. Reflektirt man über die Natur des Urtheils überhaupt, so findet sich zwischen dem Urtheil selbst und der den Inhalt desselben liefernden sinnlichen Perception ein dritter vermittelnder Akt, der Akt nämlich, wodurch das Percipirte zur Kenntnis des Verstandes kommt. Daß nun dieses Dritte nicht außerhalb der richterlichen Gewalt liegen könne, ist klar, indem es sonst von logischer Funktion schlechthin getrennt, in dieser absoluten Trennung aber nicht Vermittelndes wäre. Eben so gehet aber aus dem früher (§. 364) Gesagten hervor, daß die sinnliche Perception selbst, als solche, außer dem Bereich der richterlichen Gewalt liegt. Es folgt also, daß es der gedachte zwischen der reinen logischen Funktion und der ihr vorhergehenden sinnlichen Wahrnehmung in der Mitte liegende Akt ist, in welchem die in der gegenwärtigen Lehre in Betracht kommende Funktion des Richters bestehet. Der gedachte Akt wird hier ebenfalls, wie das richterliche Urtheil selbst, objektiv, und dies ist gleichbedeutend mit dem längst anerkannten Satze, daß das, was an und für sich für historisch gilt, für den Richter nur insofern vorhanden ist, als es auf amtlichem Wege zu seiner Kenntnis kommt. Wir haben sonach nur die Bedeutung dieses Ausdrukes für die gegenwärtige Lehre zu erörtern.

§. 372.

Im Allgemeinen ergiebt sich diese Bedeutung leicht. So wie alles darin begriffen ist, was der Richter, um überhaupt Richter zu seyn, in Gemäsheit der in diesem Staate bestehenden Einrichtung wissen muß, so gehört auch alles dahin, was der Richter in seiner Qualität als Richter wahrnimmt. Und eben so folgt, daß, wenn in den Fällen, wo nach dem Beginnen des gerichtlichen Streits sinnliche Perception nicht mehr möglich ist, oder es, um von dieser sinnlichen Perception Gebrauch zu machen, der Anwendung einer besondern Kunst oder Wissenschaft bedarf, von einer sinnlichen Wahrnehmung des Richters die Rede seyn soll, dies nur den Sinn haben kann, daß das fragliche historische Faktum nicht unmittelbar, sondern nur mittelbar zu seiner Kenntnis gelange. Im ersten der beiden zulezt gedachten Fälle ist ja eine amtliche sinnliche Wahrnehmung physisch unmöglich, die im zweiten Falle erforderliche Anwendung einer besondern Kunst oder Wissenschaft liegt aber zufolge des Begriffs außer dem Bereich der richterlichen Gewalt. Indem nämlich der Charakter dieser Anwendung darin bestehet, daß das, was sinnlich wahrgenommen worden, vorerst unter eine allgemeine, der übersinnlichen oder aber sinnlichen Welt, als solcher, angehörige Regel gebracht werden muß, gehet sie über die Gesezgebung, als solche, und somit auch über die richterliche Gewalt hinaus. 1) Es fragt sich daher jezt nur nach der nähern Beschaffenheit der hier eintretenden Formen.

§. 373.

Insoweit diese Formen unmittelbare sinnliche Wahrnehmung betreffen, haben wir uns, mag übrigens von der Produktion schriftlicher Dokumente oder andern Urkunden, oder aber von dem, was man unter dem Ausdruk: gerichtlicher Augenschein begreift, die Rede seyn, darüber hier so wenig zu verbreiten, wie über den Fall, wo der Richter unmittelbar die Vorträge der Partheien vernimmt, oder gar über das hier etwa erforderliche Studium der Geseze. Dadurch bestimmt sich aber zugleich die die beiden Formen mittelbarer juristischer Gewisheit, Zeugen und Sachverständigen betreffende Frage: es handelt sich hier nicht von dem Akte der Vernehmung, sondern von dem juristischen Charakter dieser Zeugen und Sachverständigen selbst.

§. 374.

Daß die Abgabe eines Zeugnisses oder Gutachtens ein öffentliches, somit nothwendiges Handeln sey, ist eine unmittelbare Folge aus dem Begriff. Da der Staat kein bestimmtes Privathandeln kennt, so hieße das Gegen-

1) Nach unsern Lehrbüchern, in welchen die Arzneigelahrtheit zu den Hülfskenntnissen des Criminalrechts gezählt wird, sollte man das Gegentheil glauben. Aber gäbe es auch eine selbstständige gerichtliche Arzneiwissenschaft, so darf doch der Richter, als solcher, keinen Gebrauch von ihr machen, insofern dieser Gebrauch mit Anwendung des gesunden Menschenverstandes nicht gleichbedeutend seyn soll. Mit eben dem Rechte könnte auch die gesammte Technologie hierauf Anspruch machen.

theil, das Zeugnis oder Gutachten sey überall keine gültige Form juristischer Gewisheit. Daraus folgt aber, daß es nach identischem Denken bei dem Zeugen nicht blos auf die hier erforderlichen geistigen und körperlichen Eigenschaften, sondern auch darauf ankommt, ob das Subjekt Glied des Staats ist, ein Saz, der bei dem Sachverständigen schon aus der dem Begriff zufolge vom Staat anerkannten Meisterschaft hervorgehet. Und so wie die Angabe der ratio scientiae von Seiten des Zeugen und das motivirte Gutachten nicht weniger im Strafrecht, wie im Civilrecht, Bedingung der hier erforderlichen Objektivität ist, so giebt es, wiewohl sich hier dem Strafrecht eigenthümlich angehörige ursprüngliche Annahmen des Gemüths finden, 2) dennoch in deren Ermangelung für das identische Denken keinen Grund, die von der Civilgesezgebung angenommene Zahl der hier erforderlichen Personen im Strafrecht unzureichend zu finden, da der Begriff von juristischer Gewisheit, als solcher, in beiden Zweigen des Rechts sich gleich stehet. Dieserhalb ist denn auch hinsichtlich der hier eintretenden Beeidigung nur die schon dem Civilrecht angehörige Bemerkung zu wiederhohlen, daß die desfallsige, freilich mehr eine blose Modification enthaltende Annahme des Gemüths, einen bedeutenden Einfluß auf den Begriff hat. Indem nämlich der Eid, als solcher, lediglich in die übersinnliche Welt fällt, somit der Staat hier über sich selbst hinausgehet, liegt auch die Möglichkeit eines unsichtbar bleibenden illegalen Handelns innerhalb der Analyse des Begriffs, und so wie sich diesemnach das Gebiet der gegen die Glaubwürdigkeit der hier in Betracht kommenden Personen zu richtenden Einreden erweitert, so muß sich auch nothwendig die Grenze des öffentlichen Handelns verengern. 3)

---

2) Wie vereinigt ein Israelitisches Mitglied eines Geschwornen-Gerichts die Levit. C. 35 v. 30 befindliche Vorschrift mit seiner Instruktion?

3) L. 4 D. de testib. (22, 5.)

§. 375.

Zufolge des früher erwähnten Unterschieds zwischen Verhandlungs- und Untersuchungsmaxime sind nun die im Civilrecht vorkommenden subjektiven Formen juristischer Gewisheit, Geständnis und Eid im Strafprozeß gegen den Begriff. Beide setzen Dispositionsfähigkeit voraus, die weder dem Ankläger noch dem Angeklagten zustehet. Indessen tritt auch hier das Resültat des identischen Denkens nicht so geradezu in's Leben; das Gemüth macht sich geltend, und wenn auch in geläuterten Prozeßordnungen bei schweren Verbrechen der Eid gänzlich aus der Reihe der Beweismittel verschwindet, so wird dagegen dem Geständnisse des Angeklagten wenigstens insoweit gerichtliche Wirkung beigelegt, als es mittelst einzelner objektiv erkennbarer Theile des Thatbestandes gleichsam eine objektive Grundlage hat, 4) und wo diese Annahme herrscht, da hat sie mehr oder weniger die Annahme eines Inquirirens im Gefolge, welche sich von identischem Denken noch weiter entfernt, indem dieses hier so wenig ein Sollen — Pflicht des Angeklagten, Rede und Antwort zu geben — wie ein Müssen — media eruendae veritatis — kennt. 5)

---

4) Feuerbach Lehrbuch des p. Rechts §. 385.

5) Hier stoßen wir abermals auf einen Punkt, wo der Staat seinen Charakter als mittlere Epoche der Culturgeschichte nie verleugnen wird, indem die Wahrheit jedes gerichtlichen Zeugnisses immer nur auf einer Voraussetzung beruhet. Dieserhalb ist aber nothwendig das Gemüth hier stets in neuen Versuchen begriffen. Nachdem es der in der Annahme eines durch Tortur zu erpressenden Geständnisses liegenden Roheit inne geworden, und auch die poena extraordinaria ihm nicht mehr als ein mit der Gerechtigkeit in Uebereinstimmung stehendes Auskunftsmittel erscheint, sucht es auf Kosten des Verstandes durch das Institut der Jury sich mit sich selbst in Einklang zu setzen. Möchten doch dies die Streiter bedenken! der Kampf gewänne dann eine edlere Gestalt. — Uebrigens ergiebt sich wohl von selbst, daß, sobald man zur Ueberführung des Angeklagten durchaus Geständnis verlangt, wie dies noch in Kleinschrod's systemat. Entw. Th. I §. 25 in Betreff des Dolus der Fall ist, dies nothwendig darauf führt, das hartnäckige Schweigen oder Entstellen der Wahrheit entweder zu verpönen oder geradezu Zwangsmittel eintreten zu lassen, und in diesem leztern Falle wird

§. 376.

Wo nun die Gesezgebung auf die angegebene Weise gewissermaßen Objektivität des Geständnisses erfordert, da folgt auch die Verwerflichkeit jeder Suggestivfrage aus der Construktion des Begriffs; wo hingegen dem Geständnisse eine unbedingte, auf ihm selbst ruhende Gültigkeit beigelegt wird, da kann eine Suggestivfrage nicht als solche, sondern nur dann in Betracht kommen, wenn sich darthun läßt, daß sie wirklich eine der Wahrheit widersprechende Angabe zu Wege gebracht. Die Annahme des Gegentheils wäre nicht mehr analytisches Denken, sondern ein synthetischer Akt, indem dem Geständnis ein Charakter beigelegt würde, den es nach dem bestehenden Rechte nicht hat. Der Begriff von Geständnis stehet mit dem Begriff von Handlung in enger Verbindung: wo von idealer und realer Seite der Handlung, also von Handlung überhaupt die Rede ist, da correspondirt dem äußern Faktum — der Aussage — nothwendig das Wollen — die Absicht, die Wahrheit zu sagen — solange nicht juristisches Selbstbewußtseyn mangelt, oder die drei Formen, Scherz, Irrthum und Furcht, sich geltend zu machen im Stande sind. Und wiewohl es diesem zufolge zur Gültigkeit eines abgelegten Geständnisses keiner Acceptation bedarf, so findet dennoch der Verstand die Möglichkeit eines Widerrufs mit eben der Nothwendigkeit an die Bedingungen der Zurüknahme einer Willenserklärung überhaupt gebunden, als sich das Gemüth veranlaßt siehet, ein sogenanntes freiwilliges Geständnis als Milderungsgrund gelten zu lassen. 6)

§. 377.

Sobald es hinsichtlich des einfachen Geständnisses zwischen Civilrecht und Strafrecht keinen Unterschied giebt,

---

man denn auch dem, was Koch in der Vorrede zu seiner Edition der peinl. G. O. S. 12 folgd. der vierten Ausgabe sagt, nicht allen legislatorischen Werth absprechen können.

6) Die hier möglichen speziellen Gestaltungen des Begriffs lassen sich aus den von Kleinschrod (systemat. Entw. a. a. O. §. 152) angeführten Meinungen ersehen.

gilt dies auch vom qualificirten Geständnis. Stehet das Eingeräumte mit dem Behaupteten in der Art in Verbindung, daß, wenn man beide in ihre einzelne Momente zerlegt, eins oder mehrere dieser Momente, sowohl dem Behaupteten, wie dem eingeräumten Reat oder juristischen Faktum angehören können, so ist eine Theilung des Geständnisses unmöglich, indem das, was abgesondert werden könnte, für sich allein nichts ist. Wird an Statt des behaupteten Mords ein Todtschlag aus Nothwehr, oder an Statt der behaupteten Nothwehr eine tutela deculpata eingestanden, so kann das Eingestandene von der qualitas adjecta nicht getrennt werden. So wie aber eben deshalb auch hier das qualificirte Geständnis über den Anklage- oder aber Vertheidigungsgrund nicht hinausgehet 7), so macht sich auch mit gleicher Nothwendigkeit eine im Civilprozeß herrschende entgegenstehende Annahme des Gemüths 8) im Strafprozeß geltend.

§. 378.

Wo nun keine solche entgegenstehende Annahme des Gemüths eintritt, da ist auch der Saz: non utique existimatur confiteri de intentione adversarius, quo cum agitur, qui exceptione utitur 9), keine Folge aus dem Begriff von Geständnis. Solange keine prozessualische Vorschrift die Partheien hindert, das fragliche juristische Faktum erst nach dem vom Gegner geführten Beweise zur Sprache zu bringen, wird man keinen Augenblick anstehen, die Anführung eines Umstandes, der mit dem Nichtvorhandenseyn der vom Gegner angeführten Thatsache nicht zusammengedacht werden kann, als ein indirektes Geständnis zu betrachten. Die Möglichkeit eines der Wahrheit widerstreitenden Gelingens des gegnerischen Beweises kann begreiflicherweise, solange von identischem Denken die Rede ist, hiegegen nicht in Betracht kommen. (§. 361) Eben daraus ergiebt sich aber zugleich,

7) S. die Abhandlung von Borst im Neuen Archiv des Criminalrechts I. B. 2. St. S. 279 folg.

8) Code civil art. 1356.

9) L. 9 D. de Except. (44, 1.)

daß der obige Saz auch eine Folge aus dem Begriff seyn kann: er ist es, wenn die Prozeßordnung ein von Beweisverfahren getrenntes sogenanntes erstes Verfahren kennt, wodurch die positive Vertheidigung ihrer Form nach beschränkt wird. Hier gewinnt nothwendig das Ganze einen andern Charakter. Wo dagegen keine solche Beschränkung Statt findet, da beruhet der gedachte Saz nur auf einer, freilich wegen der Unvollkommenheit der menschlichen Natur nichts weniger, als zufällig erscheinenden Annahme des Gemüths.

§. 379.

Ueber den Gegensaz zwischen gerichtlichem und außergerichtlichem Geständnis brauchen wir uns nicht besonders zu verbreiten; der etwaige materiale Unterschied gehet aus dem oben (§. 373) Gesagten hervor, und daß das außer dem hier in Betracht kommenden Gerichtshofe abgelegte Geständnis auf die nämliche Weise, wie dies bei mancher Urkunde der Fall ist, Beweismittel und Gegenstand des Beweises zugleich sey 10), ergiebt sich von selbst. Was aber das zweite subjektive Beweismittel (§. 375), den Eid betrifft, so genügt die Bemerkung, daß, soweit der Eid im Strafrecht als Beweismittel angesehen wird, sowohl bei dem schon im Civilrecht lediglich auf einer Annahme des Gemüths beruhenden sogenannten nothwendigen Eid, wie bei dem Schiedseid, die Construktion des Begriffs keine Aenderung erleidet, und somit auch hier die Zuläßigkeit einer sogenannten Gewissensvertretung vor geschehener Acceptation des deferirten Eides und die Unzuläßigkeit einer nach mislungener Gewissensvertretung noch vorzunehmender Acceptation keinem Zweifel unterliegt.

---

10) Obgleich nach einer bestimmten Prozeßordnung das im ersten Verfahren abgelegte gerichtliche Geständnis mit seinem besondern Nahmen — affirmative Litiscontestation — auch einen eigenthümlichen Charakter annimt, zufolge dessen es sich allerdings als Grund der Befreiung von der Beweislast ansehen läßt, so kann dies aber keinen Einwurf gegen die gegenwärtige Darstellung abgeben.

§. 380.

So wie wir uns früher durch die Lehre von der juristischen Gewisheit auf die Lehre von der Relevanz zurükgetrieben sahen, so ziehet sich auch die gegenwärtige Lehre durch die erwähnten beiden Lehren hindurch. Mag das Gebiet der gegen die Glaubwürdigkeit der Beweismittel zu richtenden Einreden mehr oder weniger beschränkt seyn, sobald es sich von wirklichen, d. h. einen faktischen Inhalt habenden Einreden handelt, ist auch die Möglichkeit einer negativen und positiven Vertheidigung gegeben, und während hier der Begriff von juristischer Gewisheit Anwendung findet, gilt dies auch in gleicher Mase hinsichtlich des Begriffs von Relevanz. Damit ist aber die Lehre von der Form juristischer Gewisheit an und für sich geschlossen und wir haben nur noch ihres Verhältnisses zu der sogenannten Notorietät zu erwähnen.

§. 381.

Zufolge des Bisherigen kann es nicht schwer halten, auch hier zu einem deutlichen Begriff zu gelangen. Notorietät verhält sich zur Lehre von der juristischen Gewisheit, wie richterliches Ermessen zur Lehre von der Relevanz, nur auf die ihr nothwendig eigenthümliche Weise. So wie nämlich bei dem richterlichen Ermessen die hier eintretende Annahme des Gemüths nicht als solche, sondern als unmittelbare Gewisheit erscheint (§. 267), so stellt sich bei Notorietät die Gewisheit der fraglichen Thatsache nicht als ursprüngliche Gewisheit, sondern als das aus den Formen juristischer Gewisheit Hervorgegangene dar. Die fragliche Thatsache gilt ja nur deshalb als gewis, weil sie zu allgemeiner Kunde gelangt ist; es kommt nur nicht zum Beweisverfahren, weil das Resultat desselben keinem vernünftigen Zweifel unterliegt. Deshalb konnte aber die Lehre von der Notorietät in der Lehre von der juristischen Gewisheit so wenig ihre Stelle finden, wie die Lehre vom richterlichen Ermessen in der Lehre von der Relevanz, und zugleich ist auch dadurch der gemeinschaftliche Charakter beider gefunden: in beiden stellen sich Gemüth und Verstand in ihrer ursprünglichen Vereinigung dar.

Dritte Abtheilung.

Lehre von der Competenz.

§. 382.

Zufolge des hier gewählten Ganges, die Lehre von der innern Natur des gerichtlichen Verfahrens an sich mit dem Begriff von Rechtskraft beginnen zu lassen, wird durch die Lehre von der Competenz der gegenwärtige Abschnitt geschlossen, indem das, was hier Competenz heißt, gleichbedeutend ist mit äußerer Möglichkeit gerichtlicher Verfolgung. Um aber auch für die gegenwärtige Abtheilung das System für die Darstellung zu finden, brauchen wir nur zwischen persönlicher und realer Competenz zu unterscheiden. Der Charakter der Unterscheidung muß sich aus der Darstellung ergeben, zufolge dieses Charakters haben wir aber bei der persönlichen Competenz die Person des Anklägers, die Person des Anzuklagenden, und die Person des Richters zu betrachten.

§. 383.

Die Qualität des Handelns des Anklägers, als eines öffentlichen Handelns, gehet aus dem früher (§. 365) Gesagten hervor. Der Ankläger ist Organ der Corporation, und zwar das Organ, durch welches das bei der Trennung zwischen richterlicher und executiver Gewalt nothwendig für die Erscheinung bleibende Wirken der Regierung in dem hier eintretenden eigenthümlichen Charakter sich ausspricht. Da die richterliche Gewalt nur das Vermittelnde ist, jedes Vermittelnde aber einen Gegensaz voraussezt, und die executive Gewalt als blose Ausführung dem Einzelnen nicht gegenüber stehen kann, so ist die Funktion des öffentlichen Anklägers der nothwendige Ausdruk des mit dem Einzelnen im Gegensatze stehenden öffentlichen Handelns. Indessen reicht auch hier das identische Denken zu einem für das Leben brauchbaren Resultate nicht aus. Zwar könnte das identische Denken wohl mittelst der Trennung zwischen dem öffentlichen Ankläger als wirklichem Beamten und dem blosen Denuncianten den zunächst entstehenden Widerspruch vermitteln, diese Vermittelung wäre aber nur scheinbar, indem alsdann das blose Denunciren ebenfalls ein öffentliches Handeln wäre, somit jedes Glied des Staats die Pflicht hätte, von dem zu seiner Kenntnis gekommenen Verbrechen gerichtliche Anzeige zu machen. Daß sich auch dies Resultat für das Leben zernichtet, fühlt wohl Jeder. Für das identische Denken giebt es aber kein anderes, insofern Uebertretung und Strafe nicht aufhören sollen, Wechselbegriffe zu seyn. Es findet sich daher hier abermals eine ursprüngliche Annahme des Gemüths, mittelst welcher das Denunciren nur bis zu einem gewissen Punkte 1) öffentliches Handeln oder als durchgängig öffentliches Handeln nur an bestimmte Subjekte geknüpft ist, übrigens aber in das Privathandeln fällt, woraus denn aber für die Construktion des Begriffs folgt, daß, so wie es zur Pflicht zu Denunciren einer ausdrüklichen gesezlichen Vorschrift bedarf, eben so auch jedes Glied des Staats mit der wegen einer ihm bekannt gewordenen Uebertretung gemachten Anzeige zugelassen werden muß.

§. 384.

Indessen legt das Gemüth auch wohl noch eine Modification in diesen Begriff. Es gehören dahin die Fälle, wo die gerichtliche Verfolgung an die von dem unmittelbar oder aber mittelbar verlezten Subjekte zu machende Anzeige gebunden ist. Insofern nun zufolge dieser Beschränkung die als Gegenstand der gerichtlichen Verfolgung gedachte Handlung noch dem Strafrecht angehört, bildet sich die Unterscheidung in **absolute** und **relative** Uebertretungen; es fragt sich daher, ob und inwiefern eine solche relative Uebertretung noch wirklich Uebertretung ist,

---

1) Vergl. das früher (§. 146) Vorgetragene. Uebrigens wird es auf dem gegenwärtigen Punkte der Darstellung völlig klar, daß man nicht berechtigt ist, eine solche unterlassene Denunciation geradezu als Theilnahme an der zu denuncirenden Uebertretung anzusehen.

d. h. den allgemeinen Charakter der Uebertretung an sich trägt.

§. 385.

Da der Begriff von Strafe alles das ausschließt, was vom Betheiligten erlassen werden kann, indem eine solche Remission Relativität der hier in Betracht kommenden Grenze der Civität voraussezt (§. 305), so fallen nothwendig alle die Fälle, wo die Vollstrekkung der ausgewirkten condemnatorischen Sentenz von der Willkühr des Betheiligten abhängt, noch lediglich in das Civilrecht. 2) Dadurch ist aber der nothwendige Charakter der relativen Uebertretung schon hinreichend bestimmt. Derselbe bestehet, wie bereits angegeben worden, darin, daß die Uebertretung nur mittelst der dem unmittelbar oder aber mittelbar Verlezten zustehenden Denunciation zur öffentlichen Kenntnis gelangen kann. Ueber diese Grenze hinaus giebt es keinen Unterschied zwischen absoluter und relativer Uebertretung: die Anklage selbst ist hier, wie dort, ein öffentliches Handeln. 3) —

2) Ehebruch gehet daher in einem Lande, wo der verlezte Ehegatte ästimatorisch klagt, noch nicht über das Civilrecht hinaus und das Nämliche ist auch in Betreff der zweiten Hälfte des Art. 337 des Code pénal — bei der séparation de corps Code civil art. 309 — der Fall. Diese gesetzliche Bestimmung giebt nur, wie der Art. 375 folgd. des Code civil, der Autokratie einen höhern Charakter.

3) L. 30 §. 1 D. de Lege Cornel. de fals. (48, 10) L. 30 C. ad Leg. Jul. de adult. (9, 9) P. G. O. Art. 118 — 120. Preuß. Allg. L. R. Th. II Tit. 20 §. 649 folgd. §. 1060 u. 1061 — dieserhalb ist denn auch die Römische Eintheilung in delicta publica, und delicta privata hievon verschieden: sie liegt außerhalb des Gebiets des Strafrechts, bildet einen Gegensaz zwischen Civilrecht und Strafrecht. Vergl. die Recension über Grolman's Grundsäze der Criminalrechtswissenschaft, in der Bibliothek für die peinliche Rechtswissenschaft und Gesezkunde II. B. 1. St. S. 388 folgd. Kann aber dies nicht bestritten werden, so ist auch der von Roßhirt im Lehrbuche des Criminalrechts §. 1 angegebene Unterschied zwischen Civilrecht und Strafrecht nur äußerlich aufgefaßt. Es heißt dort: „Solche widerrechtliche Handlungen sind entweder einfach unerlaubte, d. h. es kann aus denselben kein Vortheil gezogen werden, oder solche unerlaubte Handlungen, welche nicht nur den bezwekten Vor-

§. 386.

Soviel von der Person des Anklägers. Was dagegen die Person des Anzuklagenden betrifft, so giebt es mehrere hieher gehörige Beschränkungen der Competenz. Die erste derselben findet sich bei der über das Wirken der hier in Betracht kommenden Gewalten erhabenen, geheiligten, Person des Regenten. Träte das Gegentheil ein, so wäre der Begriff von Hierarchie (§. 282) für das identische Denken zernichtet. 4)

§. 387.

Eine fernere Beschränkung der Competenz entstehet durch den Tod des Anzuklagenden in dem Falle, wenn die verwirkte Strafe weder den Nachruhm, noch das Vermögen afficirt; indessen stoßen wir auch hier auf ursprüngliche Annahmen des Gemüths, indem der Saz, daß eine den Nachruhm oder das Vermögen afficirende Strafe die gerichtliche Verfolgung nach dem Tode nicht ausschließt, auf Widersprüche führt, die das identische Denken nicht zu heben vermag. Der Saz selbst ist nicht zu leugnen, da die entgegenstehende Behauptung, daß die Strafe im Richterspruche ihren wirklichen Entstehungsgrund finde, 5) sich durch die einfache Bemerkung widerlegt, daß das Wirken der richterlichen Gewalt nicht in einem Schaffen, sondern in einem Vermitteln bestehet. Sobald aber der gedachte Saz gilt, reichen in Betreff des Vermögens unsere frühern (§. 211 folgd.) Erörterungen hin, um uns zu überzeugen, daß die hier sich findenden Annahmen des Gemüths 6) nichts Zufälliges sind, und in Ansehung sämmtlicher hier denkbarer Fälle geräth das identische Den-

---

theil nicht gewinnen dürfen, sondern auch noch ein Uebel zur Folge haben. Diese heißen Verbrechen, und das Uebel heißt Strafe." —

4) *Koch* Institut. jur. criminal. §. 500. Feuerbach Lehrbuch des p. Rechts §. 28. Martin Lehrbuch des t. g. Criminalrechts §. 41 und die dort angeführten Schriftsteller. Roßhirt Lehrbuch des Criminalrechts §. 98.

5) Kleinschrod systemat. Entw. Th. II. §. 38.

6) L. 20 D. de accusat. (48, 2) Roßhirt a. a. O. §. 52.

ken dadurch, daß es an und für sich durchaus keinen Grund siehet, bei der gerichtlichen Vertheidigung das eigene Handeln des Angeklagten auszuschließen, dieses eigene Handeln des Angeklagten aber im Falle einer nach dem Tode Statt findenden gerichtlichen Verfolgung nothwendig ausgeschlossen seyn müßte, auf so widersprechende Resultate, daß die hier vorkommenden Annahmen des Gemüths 7) ebenfalls mehr, wie blose Modificationen enthalten. Hiedurch ist aber zugleich die Frage nach der Natur des sogenannten Contumacialverfahrens im Voraus beantwortet. Indem nämlich der Umstand, daß es im Strafrecht keine Dispositionsfähigkeit giebt, der etwaigen Vermittelung des so eben bemerkten Widerspruchs im Wege stehet, beruhet jedes in contumaciam eingeleitete gerichtliche Verfahren ebenfalls auf einer ursprünglichen Annahme des Gemüths. 8)

§. 388.

Wenden wir uns nun zur Person des Richters, so kann der Begriff von Recusation keiner Schwierigkeit unterliegen. So wie, insofern der Ausdruk seine eigenthümliche Bedeutung behalten soll, das identische Denken nur soweit Recusation kennt, als das Wirken der richterlichen Gewalt nicht wirklich und wahrhaftig objektiv ist, so macht auch hier das früher (§. 374) Gesagte sich geltend: das Gebiet der Recusationsgründe wird durch Beeidigung des Richters erweitert. 9) — Daß übri-

7) Quistorp Grundsätze des p. Rechts §. 94 Not. a.

8) L. 5 pr. D. de poen. (48, 19) Code d'instruction criminelle L. II tit. IV ch. 2. Vergl. mit Art. 27 folgd. des Code civil. Preuß. Criminalordnung Tit. 7.

9) Hier nimmt denn die Gesetzgebung auch wohl eine eidliche Versicherung des Recusirenden — jurament. perhorrescentiae — als hinreichend an. S. die Abhandlung von Gesterding im Archiv für die Civilistische Praxis VI. B. 2. H. N°. XIII. — Die im Art. 399 u. 400 des Cod. d'instruct. crim. vorkommende Recusation bildet einen eigenen Begriff, indem sie lediglich in der hier eintretenden besondern Formation des Gerichtshofs ihren Grund hat.

gens auch ein ganzes Collegium recusirt werden könne, läßt sich mit Grund nicht bezweifeln. 10)

§. 389.

Ferner gehört in die Lehre von der persönlichen Competenz die Frage nach den unter dem Nahmen forum domicilii, f. delicti commissi, f. deprehensionis 11) und f. connexitatis causarum bekannten Gerichtsständen. Es fällt aber in die Augen, daß das identische Denken, als solches, hier zu keinem Resultate gelangt, indem hinsichtlich der drei zuerst genannten Gerichtsstände aus dem allgemeinen Satze, daß Uebertretung Strafe nach sich ziehet, keine hieher gehörige Entscheidung folgt, vielmehr hier diese Entscheidung lediglich in der bestimmten Gesezgebung gesucht werden muß, was denn begreiflicherweise auch da eintritt, wo die Jurisdiktion noch als sogenannte Patrimonialjurisdiktion ein Recht ist, weil es zufolge der Relativität des Begriffs von Civität hier an einer allgemeinen Bestimmung gebricht. Was aber das for. connexitatis causarum betrifft, so kann zwar zufolge des Bisherigen schon nach identischem Denken nicht geleugnet werden, daß bei der über eine aus gemeinschaftlichem Handeln hervorgegangene Uebertretung bei verschiedenen Gerichten erfolgten Entscheidung ein wirklicher Widerspruch entstehen kann; dadurch ist aber noch keineswegs die Bestimmung gegeben, welches Gericht das Gesammtforum für sämmtliche Angeschuldigte sey, und so mangelt es auch hier an einem praktischen Resultate.

§. 390.

Die Lehre von der persönlichen Competenz gehet aber über die hier bemerkten Gegensätze noch hinaus; es gehört dahin auch jede Verschiedenheit der Competenz, die in der

---

10) Der zufällige Umstand, daß die Recusation eines ganzen Collegiums selten eintreten wird, berechtigt wohl nicht, mit *Boehmer* ad art. 1 C. C. C. §. 8 zu sagen: Unde, si usum habet recusatio *totius* judicii, ad pagos *nobilium*, ubi omnia a *judice* pendent, restringenda.

11) Feuerbach a. a. O. §. 513 folgd.

Civität, als solcher, ihren Grund hat, also der wohl vorkommende Gegensaz zwischen sogenannter **Schriftsäßigkeit** und **Landsäßigkeit**, und jede nur auf dem Stande des Anzuklagenden beruhende Competenz. Es ist dies aber nur um der Vollständigkeit willen zu bemerken, indem es auch hier für die Judicialie keine allgemeine Bestimmung giebt, und wir wenden uns jezt zu der Lehre von der realen Competenz und zwar zuvörderst zu der die Dauer der gerichtlichen Wirksamkeit betreffenden, unter dem Nahmen **Verjährung** bekannten Annahme des Gemüths.

§. 391.

Daß diese Verjährung auf einer Annahme des Gemüths beruhe, ist ein nicht zu bestreitender Saz; das identische Denken findet in Betreff der Dauer der gerichtlichen Wirksamkeit keine Beschränkung. So wie aber dieserhalb, zufolge früherer Erörterungen, eine auf Verjährung Bezug habende gesezliche Bestimmung nicht über die Art oder aber Gattung der Uebertretung, von der sie spricht, ausgedehnt werden kann, so läßt sich auch der Saz, daß es nicht darauf ankomme, ob die gerichtliche Verfolgung an und für sich möglich war, oder nicht 12), als allgemeine Behauptung nur insofern rechtfertigen, als nach dieser bestimmten Gesezgebung **Extinktivverjährung** überhaupt nicht durch faktische Hindernisse gehemmt wird. Was aber die Frage betrifft, ob die an und für sich geltende Verjährung den Inhalt eines Vertheidigungsgrundes bilde, d. h. vorgeschüzt werden müsse, oder aber vom Richter ex officio zu berüksichtigen sey, so muß, so lange es bei dem allgemeinen Begriff von Verjährung bleibt, offenbar das Leztere angenommen werden. Das Gegentheil hieße, der Nichtablauf der Verjährungszeit sey nicht Bedingung der gerichtlichen Wirksamkeit. Und das Nämliche tritt auch da, wo nicht bloser Zeitablauf, sondern zugleich auch **gute Aufführung des Verbrechers** erfordert wird, so lange ein, als der Ausdruk die blos ne-

---

12) Feuerbach a. a. O. §. 66.

gative Bedeutung hat, daß während der Zeit kein neues Verbrechen begangen worden. 13)

§. 392.

Jezt läßt sich schon durch die Stellung der Charakter dessen, was man Abolition nennt, und durch diese hinwiederum der Charakter der Verjährung vollständig einsehen. Beide unterscheiden sich nur durch ihren Umfang, so wie dadurch, daß diese Abolition nicht, wie Verjährung, an Zeitablauf geknüpft ist, sondern als species des Gattungsbegriffs von Begnadigung als ein einzelner für sich da stehender Akt der gesezgebenden Gewalt sich darstellt. Abolition und Begnadigung im engern Sinne sind nur der im Begriff von Begnadigung überhaupt sich bildende Gegensaz, indem die Abolition vor, die Begnadigung im engern Sinn aber nach der rechtskräftigen Verurtheilung eintritt. 14) Dieserhalb kommt aber die Abolition für die Lehre von der Competenz in Betracht.

§. 393.

Fragen wir nun nach dem Begriff von Begnadigung überhaupt, so gehet aus dem Bisherigen zur Genüge hervor, daß die desfallsige Erörterung sich nicht über die Zweckmäßigkeit der Begnadigung verbreiten, und noch weniger es sich einfallen lassen kann, ein sogenanntes Begnadigungsrecht deduciren zu wollen. Die Beantwortung der Frage, ob und inwiefern Begnadigung zu ertheilen sey, gehört in ihrer höchsten Allgemeinheit in die Legis=

13) Eine Modification des Begriffs von Verjährung, nach welcher da, wo wegen der Flucht des Verbrechers keine Verjährung gilt, dennoch Milderung angenommen wird, s. in der Preuß. Criminalordnung §. 599 u. 603. Und so kann es denn auch wohl Annahmen des Gemüths geben, nach welchen die halbe Verjährungszeit als Milderungsgrund in Betracht kommt. Vergl. Kleinschrod systemat. Entw. Th. II §. 102.

14) Kleinschrod a. a. O. Th. II §. 108 folgd. Roßhirt a. a. O. §. 53 u. 54. Uebrigens fällt in die Augen, daß, wenn man vom Inhalt wegsiehet, weder Abolition noch Begnadigung im engern Sinn dem Civilrecht gänzlich fremd ist.

latur und von einem Begnadigungsrecht kann nur der reden, der von einem Recht zur Gesezgebung überhaupt spricht. Die Judicialie hat nur den Begnadigungsakt zu betrachten und denselben zu erklären. Diese Erklärung bietet sich aber von selbst dar. Jede Begnadigung ist ein rükwärts gekehrtes Privilegium. So wie das Privilegium darin bestehet, daß diese bestimmte Civität auf immer oder aber auf gewisse Zeit, sey es mit oder ohne Beschränkung anderer Civitäten, modificirt wird (§. 248), so enthält auch Begnadigung eine solche Modification; sie ist ebenfalls ein Gesez, was dem allgemeinen Gesetze auf diese spezielle Weise derogirt, seiner Natur nach aber, da hier von einem in der Vergangenheit liegenden Fall die Rede ist, in Betreff des künftigen Handelns dieser Person keine Wirkung hat. — Daß übrigens auch Abolition einen Gattungsbegriff bezeichnet, der Niederschlagung des Prozesses, Generalpardon, und allgemeine Amnestie als species in sich begreift, bedarf kaum einer Bemerkung.

§. 394.

Außer den so eben erwähnten, wenn wir so sagen dürfen, absoluten Competenzbestimmungen giebt es nun hier ebenfalls relative Bestimmungen, die sich nur auf die Verschiedenheit des Gerichtsstandes beziehen, und deren Charakter als Bestimmungen realer Competenz darin bestehet, daß die Natur der Uebertretung berüksichtigt wird. Es gehören dahin die Fälle, wo sich entweder aus der einer bestimmten Classe von Civitäten eigenthümlichen Gattung von Uebertretung — delictum proprium — ein besonderer Gerichtsstand bildet, oder die Competenz nach einem bestimmten Gattungsbegriffe 15) oder aber nach der Größe der Uebertretung 16) sich richtet. Indessen bleibt uns auch hier als Gegenstand der Wissenschaft nur

15) Preuß. Allg. L. R. Th. II Tit. 17 §. 9. Eine auf den Gegensaz zwischen Untersuchung und Entscheidung Bezug habende Vorschrift enthält die Preuß. Criminalordnung §. 16.

16) Contraventions — délits — crimes.

noch die Frage, welches Resultat sich für das identische Denken bildet, wenn aus der gerichtlichen Verhandlung eine an und für sich außer dieser Competenz liegende Uebertretung hervorgehet.

§. 395.

Solange das identische Denken nichts weiter in dem allgemeinen Begriff von forum speciale vorfindet, leidet es keinen Zweifel, daß in dem gedachten Falle nicht weniger Incompetenz vorhanden ist, als wenn die ursprüngliche Anschuldigung auf die jezt ausgemittelte Uebertretung wäre gerichtet worden. Indem sich innerhalb des allgemeinen Begriffs von Competenz der Gegensaz zwischen forum generale und f. speciale bildet, heißt dies ja nichts anders, als, diese bestimmte Competenz ist an diese bestimmte Uebertretung gebunden; käme es aber nur auf den Inhalt der Anklage, als solcher, und nicht auf das Resultat der gerichtlichen Verhandlung an, so wäre dies offenbar ein ganz anderer, von dem so eben angegebenen Begriffe gänzlich verschiedener Begriff. Und daß dies sowohl für den Fall positiver Vertheidigung, wie für den Fall des nicht bewiesenen Reats gelte, ist zufolge früherer Erörterungen eben so unleugbar, wie der Saz, daß in dem Mangel der zur Entscheidung der Sache erforderlichen Competenz auch die Ungültigkeit der bisherigen Verhandlung liegt. Aber eben wegen der Schroffheit dieses Resultats des identischen Denkens mangelt es auch hier nicht an speziellen Annahmen des Gemüths. 17)

17) Code d'instruct. crimin. Art. 365. Die Frage, ob diese Vorschrift auch auf den Fall zu beziehen, wo das der Anklage zum Grunde liegende Reat nicht bewiesen worden, und ob hier das Erkenntnis des Anklage-Senats in Betracht komme, bleibt der Theorie überlassen. Der Verfasser hat als Vertheidiger eines einer freiwilligen Tödtung beschuldigten, aber nur einer culposen Tödtung Ueberführten die verneinende Beantwortung der gedachten Frage vor dem Geschwornen-Gericht geltend gemacht, was aber bei der, mitten in ihrem Reichthum oft armen Gesezgebung den Uebelstand hervorbrachte, daß der Thäter ohne alle Strafe davon kam.

§. 396.

Daß nun in dem Falle, wo Civilgericht und Strafgericht für die Erscheinung getrennt sind, die Gesezgebung aber diesen Gegensaz nur in seiner höchsten Allgemeinheit kennt, nur die Uebertretung, als solche, d. h. nur der Antrag auf Bestrafung vor das Strafgericht gehöre, ist unmittelbar eine Folge aus dem Begriff, indem der zwischen der verpönten Handlung und der hier zur Sprache kommenden Forderung bestehende Zusammenhang nicht weniger etwas Aeußerliches ist, wie umgekehrt die Verbindung zwischen einem civilrechtlichen Verhältnisse, und der aus ihm hervorgehenden Uebertretung. So wie aber diesemnach der sogenannte Adhäsionsprozeß eine wirkliche Modification des Begriffs ist, so tritt dagegen in Betreff der Entscheidung des Kostenpunkts im Strafprozeß eine ursprüngliche Annahme des Gemüths ein, indem hier das identische Denken sich zernichtet. Während nämlich die Verbindlichkeit zur Kostenerstattung an und für sich nicht weniger, wie die Verbindlichkeit zu Schadensersaz in das Civilrecht fällt, sezt der Umstand, daß die Bestimmung des Betrags der wirklich zu erstattenden Kosten sich von der verhandelten Sache nicht trennen läßt, eine Beurtheilung voraus, die über den Begriff von Civilrichter hinaus gehet.

Zweiter Abschnitt.

Vom Unterschied zwischen polizeigerichtlichem Verfahren und peinlichem Prozeß und den zur Eröffnung des Leztern erforderlichen Bedingungen.

§. 397.

Im Civilprozeß ist mit der Erörterung dessen, was den Gegenstand des vorigen Abschnitts ausmacht, die Lehre von der innern Natur des gerichtlichen Verfahrens erschöpft; indem die durch eine unbegründete Klage entstandene Beeinträchtigung des Beklagten nicht über das Gebiet des Civilrechts hinausgehet, wird auch dadurch der Begriff von Civität nicht afficirt. Anders verhält es sich dagegen im Strafprozeß: hier ist die Frage zu beantworten, wie sich eine gerichtliche Verfolgung als solche denken lasse, ohne daß sich der Begriff von Civität zernichte. Da nämlich die Anklage als solche, d. h. als blose Einleitung der gerichtlichen Verfolgung eine Schmälerung des Rechts auf Ehre enthält, dies aber, da sie in öffentlichem Handeln bestehet (§. 365) wider den Begriff ist 1) und nicht weniger in der Absolutheit der Strafe die Nothwendigkeit vorläufiger Masregeln gegen die Freiheit des Subjekts liegt, so siehet sich das identische Denken hier in einem doppelten Widerspruche befangen.

§. 398.

Das hier als Inhalt des Widerspruchs Angegebene läßt sich nicht in Abrede stellen. Was zuvörderst die Schmälerung des Rechts auf Ehre betrifft, so fällt sie bei schweren Verbrechen von selbst in die Augen. Wer möchte behaupten, daß der einer dolosen Brandstiftung oder eines Diebstahls Angeklagte noch seiner vollen Ehre genieße!

---

1) Freilich kann auch das Handeln des öffentlichen Anklägers, indem es über die gesezlichen Formen hinausgehet, eine Beeinträchtigung und selbst eine Verletzung enthalten. Es ist aber dann nicht mehr öffentliches Handeln, sondern eigenes Handeln.

Was aber in dieser Hinsicht von schweren Verbrechen gilt, läßt sich mit Grund auch bei dem leichtesten Vergehen nicht bezweifeln, man müßte denn annehmen, das leichte Vergehen sey von schwerem Verbrechen spezifisch verschieden, es enthalte keine Ueberschreitung der absoluten Grenze der Civität, sonach keine Uebertretung. Nicht weniger ist aber auch mit der Anschuldigung des leichtesten Vergehens die Nothwendigkeit einer gegen die Freiheit des Angeklagten gerichteten vorläufigen Masregel gegeben. Da es, sobald Uebertretung und Strafe Wechselbegriffe sind, dem Subjekt unmöglich seyn muß, sich der verwirkten Strafe zu entziehen, indem das Gegentheil hieße, das wirkliche Eintreten der Strafe sey dem Zufall überlassen, so könnten nur willkührliche Voraussetzungen die erwähnte Nothwendigkeit beschränken.

§. 399.

Der Widerspruch ist durch identisches Denken nicht zu vermitteln. Lezteres stehet hier in Betreff des Begriffs von Civität auf dem nämlichen Punkte, auf dem es sich in Ansehung des Begriffs von Handlung im Eingange der gegenwärtigen Darstellung befand. So wie das identische Denken dort ursprünglich nur den allgemeinen Gegensaz von Handlung und Nicht-Handlung fand, keineswegs aber einen die Strafbarkeit betreffenden engern Gegensaz, so kennt es bis jezt nur den allgemeinen Gegensaz von Civität und Nicht-Civität, keineswegs aber eine, die Möglichkeit einer gerichtlichen Verfolgung herbeiführende, Modification. Es läßt sich daher nicht bezweifeln, daß auch hier mittelst einer Annahme des Gemüths sich ein engerer Gegensaz bilden wird, und zwar mit eben der Nothwendigkeit, mit der wir jene Modificationen des Begriffs von Handlung entstehen sahen. Wenn sich dort das Gefühl mit sich selbst im Zwiespalt fand, so zernichtet sich dagegen hier die praktische Realität des Begriffs von Civität. Enthält die gerichtliche Verfolgung, als solche, eine Kränkung des Subjekts, so kommt es, insofern von Allgemeinheit die Rede ist, nie zur reellen Realität des Begriffs von Strafe; kommt es aber nicht zu dieser reellen Realität, so zernichtet sich auch die ideelle Realität des gedachten Begriffs, damit zugleich aber die absolute Grenze der Civität und somit der Begriff von Civität überhaupt.

§. 400.

Die erste der hier eintretenden ursprünglichen Annahmen des Gemüths ist der Gegensaz zwischen polizeigerichtlichem Verfahren und peinlichem Prozeß, dessen Charakter darin bestehet, daß in den Fällen, wo die verwirkte Strafe nicht als Einschränkung des Rechts auf Ehre hervortritt, auch die Anklage nicht als Schmälerung der Ehre angesehen wird, eben deshalb aber auch eine provisorische Beschränkung der Freiheit nur insofern Statt findet, als der für das Subjekt dadurch entstehende Nachtheil nicht über das Gebiet des Civilrechts hinausgehet. 2) Hieraus gehet nun zugleich die nähere Construktion des Begriffs von polizeigerichtlichem Verfahren hervor. Fällt die Wirkung der ungegründeten Anklage in das Civilrecht, so ist auch die dem Angeklagten überlassene Vertheidigung und somit auch die Statthaftigkeit eines Contumacialverfahrens eine nothwendige Folge aus dem Begriff. Das Gegentheil wäre in sich widersprechend, indem das dem Angeklagten hinsichtlich der im Falle der ungegründeten Anklage ihm etwa gebührenden Entschädigung zustehende Dispositionsrecht nothwendig die Befugnis in sich begreift, auf die Vertheidigung zu verzichten. Läge dagegen auch das Handeln des Anklägers innerhalb der Civität, wäre es nicht öffentliches, oder was einerlei

---

2) Für die Lehre von der Competenz ergiebt sich hieraus der Saz, daß da, wo es keine eigene Polizeigerichte sondern nur Civilgerichte und Criminalgerichte giebt, im Zweifel das Polizeivergehen vor das Civilgericht gehört. Eine hier eintretende Competenz des Criminalgerichts, als solchen, widerstreitet dem Begriff, indem es, auch abgesehen von dem Verfahren selbst, zur Erhaltung der Ehre des angeklagten Subjekts Voraussetzungen bedürfte, die nur aus synthetischem Denken hervor gehen können, somit eine wirkliche Annahme des Gemüths erfordern. Anderer Meinung ist Feuerbach Lehrbuch des p. Rechts §. 496.

ist, nothwendiges Handeln, so ginge der Begriff von Strafe verlohren. Im polizeigerichtlichen Verfahren ist daher die Verfolgung ebenfalls ein öffentliches Handeln, die Vertheidigung dagegen der Willkühr überlassen. Ist aber davon die Rede, den Charakter der Polizeistrafe mit Sicherheit zu erkennen, so liegt es zwar unbezweifelt im Begriff derselben, daß sie der juristischen Fähigkeit des Subjekts, wirklich hervortretendes Organ der Corporation zu seyn, nicht widerstreite, ob und inwiefern aber eine Strafe diese Eigenschaft habe, darüber läßt sich im Allgemeinen nichts sagen, und bleibt jede desfallsige Erörterung nothwendig der Theorie überlassen. 3)

§. 401.

Zufolge der Natur des so eben beschriebenen Gegensatzes kommen wir jezt zu der zweiten der hier eintretenden ursprünglichen Annahmen des Gemüths, die den hinsichtlich des peinlichen Prozesses noch bleibenden Widerspruch vermittelt. Diese Annahme bestehet in dem, was man im Strafrecht **Verdacht** nennt, und es bildet sich dadurch der Gegensaz zwischen **Civität schlechthin** und **problematischer Civität**.

§. 402.

In Ansehung des gedachten Gegensatzes selbst bedarf es keiner besondern Operation des identischen Denkens, da er innerhalb des Begriffs von Civität liegt, und deshalb mit dem größern Gegensatze zwischen Civität und Nicht-Civität in keinem logischen Widerspruche stehet. Und eben so wenig kann hinsichtlich des Begriffs von Verdacht

3) Eben deshalb wird aber eine Theorie, die ihrer Stellung zur Wissenschaft inne geworden, hier tiefer, wie die bisherigen Lehrbücher, in ihren Gegenstand eindringen. Das hier angegebene Prinzip ist völlig durchgreifend, und der bisher geführte mühselige Streit findet im Allgemeinen dadurch seine Erledigung; soll aber die Theorie ihre Aufgabe erfüllen, so darf sie sich nicht, gleich der Wissenschaft, mit allgemeinen Sätzen begnügen wollen, sondern es liegt ihr ob, soviel als nur immer möglich ist, das wirklich bestehende Recht wirklich darzustellen.

an und für sich ein Zweifel eintreten. Da sich Verdacht zu problematischer Civität verhält, wie Schuld zu Nicht-Civität und Unschuld zu Civität schlechthin, so führt dies unmittelbar auf den Begriff von juristischer Wahrscheinlichkeit, indem nur diese juristische Wahrscheinlichkeit das zwischen juristischer Gewisheit und gänzlichem Mangel an juristischer Gewisheit die Mitte haltende Dritte seyn kann. So wenig sich dies nun bestreiten läßt, so würde sich aber dennoch für das identische Denken der Begriff von Verdacht zernichten, wenn juristische Wahrscheinlichkeit von juristischer Gewisheit ihrem innern Wesen nach verschieden wäre. Juristische Gewisheit ist vorhanden, wenn die logische Möglichkeit einer entgegengesezten Erklärung ausgeschlossen ist; diese logische Unmöglichkeit einer entgegengesezten Erklärung wird aber bei jeder Schlußfolgerung vorausgesezt, und daß auch die juristische Wahrscheinlichkeit sich nicht ohne Schlußfolgerung denken lasse, leuchtet von selbst ein. 4) Dieser anscheinende Widerspruch ist also vorerst zu vermitteln.

§. 403.

Zu diesem Behufe brauchen wir nur die allgemeinen Begriffe von juristischer Gewisheit und Verdacht in ihrem Verhältnisse zu dem hier eintretenden Verfahren zu betrachten. Da juristische Gewisheit nur mittelst eines gerichtlichen Verfahrens schlechthin gedacht werden kann, dieses gerichtliche Verfahren schlechthin aber die Möglichkeit positiver Vertheidigung in sich schließt, indem das Gegentheil hieße, der Angeschuldigte brauche überall nicht gehört zu werden, so sezt das Vorhandenseyn juristischer Gewisheit ein contradiktorisches Verfahren voraus. Anders ist es dagegen bei Verdacht. Indem dieser erst ein contradiktorisches Verfahren möglich machen soll, kann bei ihm selbst von einem solchen Verfahren keine Rede seyn: es tritt hier das unter dem Nahmen Generaluntersuchung bekannte einseitige Verfahren ein. Dadurch

4) Wo wäre denn, wenn es hier ein weniger geben sollte, die Grenze?

ist aber der obige Widerspruch gelös't. Juristische Wahrscheinlichkeit bildet jezt, ohne ihrem innern Wesen nach von juristischer Gewisheit verschieden zu seyn, einen eigenthümlichen Begriff; bei beiden wird die logische Möglichkeit einer entgegengesezten Erklärung ausgeschlossen, bei juristischer Gewisheit aber definitiv — weil der Angeklagte nichts für sich angeführt hat — bei juristischer Wahrscheinlichkeit hingegen nur vorläufig — weil das Subjekt noch nicht zur Vertheidigung kam — und diese, wenn wir so sagen dürfen, nur der Form, nicht dem Inhalte nach eintretende Verschiedenheit läßt sich so ausdrükken: juristische Wahrscheinlichkeit ist die unabhängig von positiver Vertheidigung sich geltend machende juristische Gewisheit.

§. 404.

Mittelst dieser Lösung des gedachten Widerspruchs bildet sich denn zugleich auch ein anderes Resultat, was zu der Lehre von den Formen juristischer Gewisheit in eben dem Verhältnisse stehet, wie der Begriff von juristischer Wahrscheinlichkeit zu der Lehre von der juristischen Gewisheit. Indem nämlich mit der positiven Vertheidigung überhaupt auch die Möglichkeit, etwaige Einwendungen gegen die Tauglichkeit der Beweismittel vorzuschützen, ausgeschlossen ist (§. 380), wird Beweis hier zu dem, was man Bescheinigung nennt, welche Bescheinigung daher auch nichts anders ist, als der unabhängig von der dahin einschlagenden positiven Vertheidigung sich geltend machende Beweis. 5)

5) Aus ähnlichen Gründen findet schon der Civilprozeß den Gegensaz zwischen Beweis und Bescheinigung. Zufolge des hier Vorgetragenen ist denn auch der Saz, daß das, was Verdacht hervorbringen soll, vollständig erwiesen seyn müsse (Feuerbach Lehrbuch des p. Rechts §. 564), entweder unrichtig ausgedrückt, oder als allgemeiner Saz falsch, und nicht weniger gehet daraus hervor, daß da, wo Eid der wirklichen Beweisführung eigenthümlich ist, in der Generaluntersuchung dem Begriff nach keine Beeidigung eintreten kann, so wie sich denn auch, da doch der vermeintliche Thäter nicht eidlich abgehört werden kann, nur auf diese Weise eine allge-

§. 405.

Hiedurch ist der Begriff von Verdacht für das Bereich des identischen Denkens hinreichend construirt, und zugleich erhält dadurch der Ausdruk Indicium seine Bedeutung. Indicium heißt der faktische Umstand, von dem die hier in Betracht kommende Schlußfolgerung ausgehet, und der daher, als solcher, nothwendig Gegenstand sinnlicher Wahrnehmung ist. (§. 340.) So wie man aber diesem zufolge in vorhergehende, gleichzeitige und nachfolgende Indicien unbescheiden kann, so ist auch die Eintheilung in *indicia communia* und *i. propria* nicht weniger, wie die Eintheilung in *i. proxima* und *i. remota* ein Resultat des identischen Denkens. Die Bedeutung der erstgedachten Eintheilung ergiebt sich von selbst, was aber die Leztere betrifft, so ist das ind. remotum nichts anders, als der nur als Moment eines Indiciums in Betracht kommende faktische Umstand, weshalb sich denn auch, sobald die Eintheilung selbst richtig verstanden wird, der praktische Werth derselben nicht bezweifeln läßt. 6)

§. 406.

Daß nun, insoweit nur der allgemeine Begriff von Verdacht gegeben ist, von subjektiven Indicien keine Rede seyn könne, fällt in die Augen. Wollte der Verstand, als solcher, frühere Uebertretungen oder vermeintliche Neigungen des Subjekts überhaupt als Indicien ansehen, oder aus psychologischen Gründen rükwärts auf eine begangene Uebertretung schließen, so gienge nothwendig auch hier der Begriff des Wollens, als eines absolut Autonomischen verlohren. Indessen macht sich der Begriff von Verdacht in dieser Allgemeinheit nicht geltend; das Gebiet des identischen Denkens ist hier erweitert. So

---

meine Vernehmung ohne indirekte Bezüchtigung desselben denken läßt. — Uebrigens weicht auch die Carolina hievon nicht ab, indem sie den erwiesenen Verdachtsgrund nur als Bedingung peinlicher Frage kennt. S. Art. 23 u. 30 vergl. mit Art. 6, 11 u. 12.

6) Feuerbach a. a. O. §. 547 in der Note.

wie der Lehre von der juristischen Gewisheit die im theoretischen Theile vorgekommenen Annahmen des Gemüths nicht mehr als solche erscheinen, sondern in das Bereich des identischen Denkens fallen, so treten für die Lehre vom Verdacht auch wirkliche Rechtsvermuthungen nicht mehr als solche hervor. Es liegt daher nur dasjenige Indicium außer dem Gebiete der Analytik, was über die über der Lehre vom Verdacht liegenden Annahmen des Gemüths hinausgehet.

§. 407.

Hieraus folgt aber keinesweges, daß ein Beweismittel, was für sich allein keine juristische Gewisheit hervorbringt, Verdacht hervorzubringen geeignet wäre. Eine solche Annahme wäre nur das Produkt eines synthetischen Denkens. Freilich wird ein Beweismittel, was zu einer poena extraordinaria oder zur Auflegung eines Reinigungseides hinreicht, auch für sich allein juristische Wahrscheinlichkeit hervorbringen, dies stehet aber dem aufgestellten Satze nicht entgegen, indem es, eben weil in diesem Falle, wenn wir uns so ausdrükken dürfen, nicht volle juristische Gewisheit, sondern nur ein geringerer Grad derselben erfordert wird, das allgemeine Verhältnis zwischen juristischer Wahrscheinlichkeit und juristischer Gewisheit (§. 403) nicht ändert. Kennt die Gesezgebung nur eine, volle und zwar objektive juristische Gewisheit erfordernde, Verurtheilung, so hat das, nur in Verbindung mit andern Beweismitteln den zur Verurtheilung erforderlichen Beweis liefernde, Beweismittel für sich überall keine Bedeutung; sämmtliche zur Verurtheilung erforderlichen Beweismittel bilden auch für die Lehre vom Verdacht eine untheilbare Einheit, keines ist etwas ohne das andere.

§. 408.

Aber auch in der gegenwärtigen Lehre gelingt es dem identischen Denken nicht, überall zu einem brauchbaren Resultate zu gelangen. Betrachten wir nur die im Begriff von Generaluntersuchung liegende Einseitigkeit des Verfahrens. Folgert man streng aus diesem Begriff, so kann auch da, wo der Thatbestand abgesondert von der Thäterschaft möglicher Gegenstand der Untersuchung ist, kein contradiktorisches Verfahren und somit nur Bescheinigung eintreten, indem ja zufolge des Begriffs von Uebertretung die Trennung zwischen Thatbestand und Thäterschaft nie absolut seyn, d. h. sich nie auf die Anklage selbst erstrekken kann. Tritt aber in Betreff des Thatbestandes an sich nur die, ihrer Natur nach keine wirkliche Beweiskraft habende Bescheinigung ein, so ist, da der wirkliche Beweis an einen bestimmten Zeitraum gebunden seyn kann 7), in den mehrsten Fällen die Möglichkeit des Verlustes der gegen den demnächstigen Angeklagten erforderlichen Beweismittel gegeben. Diesen Widerspruch vermag das identische Denken nicht zu vermitteln, und die praktische Realität des Begriffs erfordert daher auch hier ursprüngliche Annahmen des Gemüths. 8)

§. 409.

Abgesehen von diesen ursprünglichen Annahmen des Gemüths giebt es nun auch hier Annahmen, die als blose Modificationen des Begriffs hervortreten, und für die Lehre vom Verdacht eben das sind, was Rechtsvermuthungen für die Lehre von der juristischen Gewisheit. Nennen

7) Z. B. Leichenschau und Sektion, Vernehmung sehr alter oder kranker Zeugen und Sachverständiger.

8) Eine solche ursprüngliche Annahme tritt denn auch wohl schon da ein, wo das Abwarten der Möglichkeit einer wirklichen Schlußfolgerung dem Thäter Zeit zur Vertilgung der Spuren der That oder aber zur Entweichung geben würde. Es ist nur die Rede davon, daß der Jurist mit sich im Klaren sey, dieses aus einer ursprünglichen Annahme des Gemüths hervorgehende, zwischen Schlußfolgerung und Nicht-Schlußfolgerung in der Mitte stehende Dritte nicht für ein Resultat des identischen Denkens halte. Und was von dieser Erkenntnis gilt, gilt vom Erkennen des Unterschiedes zwischen Gemüth und Verstand überhaupt. Hunderte von Controversen erscheinen dann in einem andern Lichte: die Verschiedenheit der Meinungen beurkundet dann nicht so geradezu den Mangel an logischer Schärfe, sondern oft nur die höher liegende und deshalb sich mit dem größten Scharfsinn wohl vertragende Täuschung.

wir daher, da es doch eines eigenen Ausdruks bedarf, diese Annahmen Rechtsmuthmaßungen 9). In den Begriff von Rechtsmuthmaßung fällt alles, was abgesehen von logischen und physikalischen Regeln, mittelst gesezlicher Vorschrift als Indicium gilt.

§. 410.

Ein Blik auf die Gesezgebungen zeigt, daß der oben (§. 405) bemerkte Unterschied zwischen ind. proximum und i. remotum sich auch bei diesen Rechtsmuthmaßungen findet. Ein Beispiel einer solchen entfernten Rechtsmuthmaßung liefert der Art. 26 der P. G. O. 10) Die erste Hälfte dieses Artikels enthält offenbar eine Rechtsmuthmaßung. So natürlich diese Vorschrift der Carolina an und für sich seyn mag, so würde dennoch der Verstand in einen unauflösbaren Widerspruch gerathen, wenn er, als solcher, zwischen einem obwaltenden Rechtsstreite, und der darauf erfolgten Ermordung einer der Partheien einen ursprünglichen Zusammenhang annehmen wollte. Es hieße dies Neigung und Leidenschaft nicht als Gegenstand der Befriedigung, sondern als Grund des Handelns denken. Die gedachte Annahme gilt daher nur zufolge der erwähnten speziellen gesezlichen Vorschrift. Vermöge der zweiten Hälfte des angeführten Artikels reicht aber diese Annahme für sich allein noch nicht aus; das Gesez erfordert noch

---

9) Da Muthmaßung von Verdacht nicht weiter entfernt ist, wie Vermuthung von juristischer Gewißheit, somit jede Einwendung, die gegen den Ausdruck Rechtsmuthmaßung gemacht werden möchte, auch gegen den Ausdruk Rechtsvermuthung gilt, so hat der Verfasser wegen der hier gewählten Terminologie wohl keinen Vorwurf zu befürchten.

10) Item so eyner mit dem andern umb groß gut rechtet, daß darzu der mehrer theyl seiner narung, habe, vnd vermögens antrifft, der wirt für eynen mißgenner und großen feindt seines widertheils geacht, darumb so der widertheyl heymlich ermordet wirdet, ist eyn vermutung wider diesen theyl; daß er solchen mordt gethan habe, vnd wo sunst die Person ires wesens verdechtlich wer, daß er den mordt gethan, die mag man wo er derhalb nit redlich entschuldigung hett, gefenglich annemen, vnd peinlich fragen.

andere — entweder analytische Verdachtsgründe, oder wieder Rechtsmuthmaßungen — und die hier aufgestellte Rechtsmuthmaßung enthält daher eine entfernte Anzeigung, indem sie nicht für sich als Indicium gilt, sondern nur Moment eines Indiciums ist. 11)

§. 411.

Aus dem bisher Gesagten ergiebt sich nun, daß man keineswegs unbedingt sagen kann, die vom Gesezgeber aufgestellten Indicien seyen nur Beispiele menschlicher Vermuthungen 12). Aber nur mittelst der der gegenwärtigen Darstellung zum Grunde liegenden Trennung zwischen Gemüth und Verstand läßt sich das Widersprechende jener Ansicht völlig einsehen. Mag man den Ausdruk menschliche Vermuthung — praesumtio hominis — für gleichbedeutend mit Schlußfolgerung nehmen, oder aber ihm irgend einen willkührlichen Sinn beilegen, in beiden Fällen leidet es keinen Zweifel, daß, wenn das vom Gesezgeber ausgesprochene einzelne Indicium unbedingt als Beispiel gilt, sämmtliche von der Gesezgebung aufgestellten Indicien sich in einen Gattungsbegriff müssen bringen lassen. Nun versuche man es doch, sämmtliche von dieser bestimmten Gesezgebung ausgesprochene Indicien in einen Gattungsbegriff zu bringen. Bleibt sich der Verstand hier wirklich getreu, läßt er auf keinem Punkte von der ihm obliegenden logischen Strenge nach, so wird er auch bald auf dem Punkte stehen, wo sich ihm der Begriff von Handlung zernichtet, weil er sich außer Stande siehet, psychologischen Zusammenhang mit Freiheit des Willens in Einklang zu bringen. Daraus gehet denn aber auch das Resultat hervor, daß, wiewohl auch die Rechtsmuth-

---

11) Ein Fall, wo das Gesez ein an sich analytisches Indicium zu einer entfernten Anzeigung macht, und als integrirenden Theil des vollen Indiciums eine Rechtsmuthmaßung aufstellt, ist im Art. 35 der P. G. O. enthalten.

12) Gensler im Archiv für die Civilistische Praxis I. B. 1. H. S. 36 in der Note und Feuerbach a. a. O. §. 550 not. a u. c.

maßung die Construktion eines Begriffs zulassen kann, indem dazu nur erfordert wird, daß der vom Gesezgeber angegebene judicielle Grund des Indiciums über den angeführten concreten Fall wirklich hinausgehet, dennoch, wie überhaupt, so auch hier, der Verstand an diese bestimmte Annahme des Gemüths gebunden ist, und eben deshalb auch die wirkliche Rechtsmuthmaßung da, wo sie sich bei einer bestimmten Uebertretung aufgestellt findet, nur innerhalb der Gattung gilt, zu welcher die gedachte Uebertretung gehört. 13) — Zugleich liegt aber hierin auch der judicielle Erklärungsgrund, weshalb das lediglich auf einer Annahme des Gemüths beruhende Indicium weder für sich allein, noch in Verbindung mit andern Rechtsmuthmaßungen juristische Gewisheit hervorzubringen vermag. Das Gegentheil hieße, seine Gültigkeit gehe über die Lehre von den Indicien hinaus, oder mit andern Worten, die fragliche Annahme sey nicht Rechtsmuthmaßung, sondern Rechtsvermuthung. 14)

§. 412.

In dem Sinne, wie es einfache und qualificirte Rechtsvermuthungen giebt, kann es auch einfache und qualifi-

---

13) Deshalb hat denn die Theorie des gemeinen deutschen Criminalrechts, da sich der Art. 24 der P. G. O. nicht von der Hand weisen läßt, allerdings die Aufgabe, soweit es möglich ist, aus den beispielsweise aufgestellten Rechtsmuthmaßungen einen nach der Natur des Verbrechens, bei welchem sie vorkommen, mehr oder weniger ausgedehnten Gattungsbegriff zu construiren.

14) So ist da, wo das Geständnis keine Verurtheilung hervorbringt, die eigene Angabe des Subjekts aber hinreicht, um gegen dasselbe die Untersuchung zu eröffnen, diese Selbstangabe des Subjekts nur eine Rechtsmuthmaßung. Sie ist nämlich Rechtsmuthmaßung, weil das identische Denken vermöge des hier obwaltenden Mangels an Dispositionsfähigkeit kein Indicium findet, sie ist aber nur Rechtsmuthmaßung nicht Rechtsvermuthung, weil sie keine juristische Gewisheit hervorbringt. — Daß übrigens daraus, daß im Strafrecht die Eigenschaft des Geständnisses, juristische Gewisheit hervorzubringen, auf einer Rechtsvermuthung beruhet, für das Civilrecht nichts folge, gehet aus dem früher (§. 375 folgd.) Gesagten hinreichend hervor.

cirte Rechtsmuthmaßungen geben, der Unterschied zwischen relativ und absolut (§. 350) hat aber zufolge der Natur der Generaluntersuchung (§. 403) hier keine Bedeutung. Und daraus folgt dann ferner, daß, so wenig von unmittelbarer Zernichtung vorhandener juristischer Wahrscheinlichkeit — Gegenbescheinigung — die Rede seyn kann, auch sogenannte Gegenindicien 15) in dem Sinne, wie dies bei Vertheidigungsgründen der Fall ist, d. h. als wirkliche Gegenindicien, keinen Gegenstand der Verhandlung bilden, sondern nur insoweit zur Sprache kommen können, als sie von den vorhandenen Indicien selbst ursprünglich unzertrennlich sind, in welchem Falle aber, wenn man strenge im Ausdruk seyn will, nicht sowohl ein Gegenindicium, als vielmehr die Negation eines Indiciums vorhanden ist. Gegenindicien als solche sind für das identische Denken in sich widersprechend. Während der Generaluntersuchung sind sie mittelst des Begriffs von positiver Vertheidigung ausgeschlossen; ist aber die Untersuchung gegen ein bestimmtes Subjekt, als solches, eröffnet, so kommt die Rechtsmuthmaßung überall nicht mehr in Betracht (§. 411), und das analytische Indicium tritt nur noch als Moment juristischer Gewisheit hervor. 16) —

§. 413.

Hiemit ist über den zur Eröffnung eines peinlichen Verfahrens erforderlichen Verdacht das Nöthige gesagt 17),

15) Feuerbach a. a. O. §. 561.

16) Im sogenannten Inquisitionsprozeß leidet freilich dieser Saz eine Modification. Indem hier Richter und Ankläger in einer Person vereinigt sind, eben deshalb aber auch der Richter dem Begriff nach für die positive Vertheidigung des Angeschuldigten zu sorgen hat, fällt jede als Gegenindicium in Betracht kommende Thatsache insoweit in das Bereich der Generaluntersuchung, als die Ausmittelung derselben nicht eine gegen ein bestimmtes Subjekt gerichtete Untersuchung voraussezt.

17) Daß die Generaluntersuchung nicht immer als solche hervortrete, indem die Spezialuntersuchung durch Ergreifung des Subjekts über der That, Notorietät des Reats oder durch eine Civil- oder Polizeisache begründet seyn kann, bedarf wohl keiner besondern Bemerkung.

und es bleibt uns noch die jezt eintretende Beschränkung der Freiheit als Gegenstand der Betrachtung. Die juristische Möglichkeit dieser Beschränkung selbst ist nun im Bisherigen enthalten: indem die Civität des Subjekts problematisch geworden, fällt mit der Zuläßigkeit der Anklage auch die provisorische Beschränkung der Freiheit in den Begriff des öffentlichen Handelns. Wir haben uns somit nur noch über die Construktion des Begriffs zu verbreiten.

§. 414.

Hier findet allerdings das identische Denken im Recht des Subjekts auf Unverlezbarkeit des Körpers und körperliche Freiheit (§. 170) eine nicht zu überschreitende Grenze, indem Autokratie als der Gegensaz von Civität überhaupt über problematische Civität hinausgehet; was aber die positive Construktion des Begriffs betrifft, so fällt derselbe mit dem allgemeinen Begriff von Sicherheitsmasregel zusammen. Und so wie es denn dieserhalb auf die Natur der Uebertretung, als solcher, nicht ankommt, psychologische Rüksichten aber zufolge früherer Erörterungen ausgeschlossen sind, so widerstreitet auch, da der Verwahrungsgefangene nicht Autokrat ist, eben so wenig aber wegen seiner problematisch gewordenen Civität als Organ der Corporation handeln kann, jede nicht in sein Privathandeln fallende Arbeit dem Begriff.

§. 415.

Soweit die Beschränkung der Freiheit des Subjekts Statt findet, ist nothwendig auch jedes auf die Ergreifung desselben gerichtete Verfahren, insofern es wirklich als nothwendiges Mittel erscheint, eine Folge aus dem Begriff. So wie aber das identische Denken weder Unverlezbarkeit der Wohnung, noch sonstige Freistätten kennt, so sind auch Stekbriefe keinesweges an wirkliche Flucht, oder aber Ungewisheit des Auffenthaltsorts des Verdächtigen gebunden, sondern nur an die auf die Tauglichkeit des zur Erreichung des hier obwaltenden Zweks führenden Mittels zu nehmende Rüksicht. Die entgegenstehende Behauptung könnte nur von der Ansicht ausgehen, daß der gegen das Subjekt herrschende Verdacht so wenig wie möglich zur Publicität gebracht werden dürfe, welche Ansicht aber schon auf einer Annahme des Gemüths beruhet, indem der Gegensaz zwischen Publicität und Nicht-Publicität dem identischen Denken, als solchem, unbekannt ist.

§. 416.

Eine solche Annahme des Gemüths findet sich indessen wohl, und eben so machen sich auch hinsichtlich der Beschränkung der Freiheit selbst Annahmen geltend, und zwar sind diese Annahmen von verschiedener Art, bald strenger, bald gelinder, wie das Resultat des identischen Denkens. 18) Gelinder sind sie, wo das Gemüth eine Proportion zwischen der möglichen Strafe, und dem durch die Entweichung für das Subjekt eintretenden anderweitigen Verluste, und dem gemäs entweder mittelst des blosen Vermögens des Verdächtigen, oder mittelst einer besondern Cautionsleistung die hier erforderliche Sicherheit annimmt, härter dagegen, wenn die Abführung des Verdächtigen in das öffentliche Verwahrungsgefängnis unbedingt, ohne Rüksicht auf technische Nothwendigkeit, geboten ist. Und so wie das Gemüth bald mehr, bald weniger

18) Das Nämliche gilt auch, um dies hier noch zu bemerken, in Betreff des Kostenpunkts. Auch hier giebt es bald mehr, bald weniger Modificationen des Begriffs. Nach identischem Denken leidet es wohl keinen Zweifel, daß, so wie die vom Verurtheilten zu tragenden Kosten den durch die Vollstrekkung der Sentenz entstehenden Aufwand in sich begreifen, auch der Freigesprochene die bis dahin aufgegangenen Kosten zu erstatten hat, im Falle er sich den hier erforderlichen Verdacht durch einen im Civilrecht als Grund der Verbindlichkeit zum Schadensersaz geltenden Grad von culpa selbst zugezogen, die vom Freigesprochenen aufgewendeten Kosten ihm dagegen nur dann zu erstatten sind, wenn die gegen ihn geführte Untersuchung ohne hinreichenden Verdacht eröffnet worden. Man sehe aber über die Verschiedenheit der hier sich findenden Annahmen *Kress* ad art 204 C. C. C. und *Boehmer* ad d. art. und die Preuß. Criminalordnung §. 615 u. 621, die sogar zwischen erster und zweiter Instanz unterscheidet.

übereinstimmend in seinen Annahmen ist, so sehen wir auch hier wohl die Natur der Uebertretung, als solche, berücksichtigt. 19)

19) Preuß. Criminalordnung §. 208: „Diebe, Betrüger und ähnliche Verbrecher werden in der Regel jederzeit verhaftet; andere Verbrecher in der Regel nur dann, wenn die Strafe, welche sie zu erwarten haben, wahrscheinlich einjährige Einsperrung übersteigt.“

Zweites Kapitel.

Von der äußern Form des gerichtlichen Verfahrens.

§. 417.

Ueber die äußere Form des gerichtlichen Verfahrens hat die Judicialie wenig zu sagen. Das identische Denken kennt überall keine im Voraus bestimmte Form des Prozesses; es kennt nur Prozeß schlechthin, indem ja die bestimmte Form, als lediglich durch die Erfahrung gegeben, nur die mittelbare Folge der Construktion des Begriffs ist. Jede im Voraus bestimmte Prozeßform sezt, als solche, eine bestimmte Gesezgebung voraus.

§. 418.

Dieserhalb gehet denn auch der Gegensaz zwischen ordentlichem und summarischem Prozeß nur aus synthetischem Denken hervor. Der Verstand, als solcher, kennt nur ein Verfahren, nämlich das, was auf dem kürzesten Wege die richtige Entscheidung der Sache möglich macht. Was darüber hinausgehet, erscheint ihm als unnüz, was dahinter bleibt, als unzureichend. So wie es aber keine Gesezgebung giebt, in der sich nicht die bestimmte äußere Form des gerichtlichen Verfahrens angegeben fände, so ist auch jeder derselben der Unterschied zwischen ordentlichem und summarischem Prozesse bekannt. Wo es sich um die höchsten Güther des Lebens, um Ehre und Freiheit handelt, da genügt dem Gemüth keineswegs der nakte Begriff von förmlicher Wahrheit, es fühlt sich nur durch die Ueberzeugung beruhigt, kein menschliches Mittel unversucht gelassen zu haben. Aber nicht immer stehet diese Forderung des Gemüths mit den Verhältnissen des Lebens im Einklang; so wie sich überall Punkte finden, wo jene dunkle Macht, die der Mensch mit dem Ausdruk Schiksal bezeichnet, durch den Staat hindurchblikt, so sehen wir auch wohl selbst bei den schwersten Verbrechen die Verhandlung von den Formen entkleidet, die weggedacht werden können, ohne den Begriff von förmlicher Wahrheit zu zernichten.

§. 419.

Auf diese Weise sind aber die Begriffe von ordentlichem und summarischem Prozeß selbst wieder relativ: was an und für sich summarischer Prozeß ist, weil er abgekürztere Formen enthält, wie eine andere, der nämlichen Gesezgebung bekannte Prozeßart, kann für diese bestimmte Gattung oder Art von Uebertretungen, oder auch für diese bestimmte Classe von Civitäten ordentlicher Prozeß seyn und als solcher ebenfalls wieder einer summarischen Prozeßart gegenüberstehen, indem es ja nur darauf ankommt, ob die Abkürzung der Form noch eine Steigerung leidet. Weiter kann die Wissenschaft nicht gehen. Daß der ordentliche Prozeß, insoweit er nicht in der bestimmten Gattung oder Art von Uebertretungen, oder in der bestimmten Classe von Civitäten seine Grenze findet, als Regel zu betrachten, und auch die vom ordentlichen Prozesse am weitesten abstehende summarische Prozeßart immer voraussezt, daß die richterliche Gewalt nicht durch den Regierungsbeamten, als solchen, hindurchgehe, weil dies mit gänzlichem Nichtvorhandenseyn einer, Relevanz und juristische Gewisheit betreffenden, objektiven Regel gleichbedeutend wäre — dies sind freilich noch allgemeine Säze; die Darstellung der bestimmten Form selbst bleibt aber der Theorie überlassen.

Anhang.

Von der Vollstrekkung des Urtheils.

§. 420.

Die Vollstrekkung der richterlichen Sentenz gehört zur Funktion der executiven Gewalt. Mag jedoch die Art und Weise dieser Vollstrekkung mit dem Inhalte des Urtheils zusammenfallen oder unmittelbar auf gesezlichen Vorschriften beruhen, (§. 199 not. 2) in beiden Fällen giebt die Lehre von der Natur der Strafe das hier Erforderliche an die Hand. Es ist also hierüber nichts zu sagen. Das hier in Betracht kommende Technische liegt aber außer der Rechtswissenschaft (§. 19) und in Betreff der Frage nach der Oeffentlichkeit oder Nicht-Oeffentlichkeit der Execution siehet sich das identische Denken in der nämlichen Lage, wie in der Lehre von der äußern Form des gerichtlichen Verfahrens: es gehet nicht über den allgemeinen Begriff von Beurkundung hinaus. Und eben so können wir uns hinsichtlich der hier etwa eintretenden Begnadigung im engern Sinne auf frühere Erörterungen (§. 393) beziehen. 1) Es bleibt somit nur noch übrig, einiger hieher gehöriger Annahmen des Gemüths zu erwähnen. Diese Annahmen bestehen nämlich darin, daß das, eine Capitalstrafe aussprechende, Urtheil zum Behuf seiner Vollstrekkung wohl der Landesherrlichen Bestätigung bedarf, die Execution selbst aber oft mit Feierlichkeiten verknüpft ist und bei Todesstrafe nicht nur dem Verurtheilten eine Frist gelassen wird, um sich zu seinem Eingange in die andere Welt vorzubereiten, sondern auch wohl durch ein hier ein-

1) Die noch neuerdings aufgeworfene Frage, ob der Begnadigte gegen die Begnadigung zu protestiren befugt sey, hat, insofern sie den Fall in sich begreift, wo der gänzlich oder theilweise erlassenen Strafe keine Strafe einer andern Art oder Gattung substituirt ist, überall keinen Sinn. Dagegen stehet aber jede Substitution einer andern Strafe, mag sie auch äußerlich als Begnadigung erscheinen, in absolutem Widerspruche mit dem Wesen der Gewalten.

tretendes öffentliches Handeln die ideale Seite des Staats besonders hervortritt. 2)

---

2) Auf eine vorzüglich bedeutungsvolle Weise geschah' dies in dem faire amende honorable des ehemaligen Französischen Criminalrechts.

Köln, gedrukt bei J. G. Schmitz.

Druckfehler.

S. 43 in der Note l. proxeresin st. proceresin.
und Z. 2 v. u. raro st. vero.
S. 57 Z. 1 v. u. im Text l. hinauf st. hierauf.
S. 69 Z. 11 l. Transcendentalphilosophen st. Transcendalphilosophen.
S. 119 in der Note 27 Z. 3 u. 10 l. Denken st. Denker.
S. 177 Z. 2 v. u. l. conjunctio st. conjunctis.
S. 194 Z. 9 v. o. l. planetarisches st. planetorisches.
S. 203 Z. 17 v. o. l. wären st. wäre.
S. 213 Z. 2 v. o. in der Note 10 l. ergänzt st. erzeugt.
S. 216 u. 217 l. absorbet st. obsorbet.
S. 248 Z. 4 v. o. in der Note 2 l. Hagemanns st. Hogemanns.
S. 256 in der letzten Zeile im Text l. unbebau'ten st. neubebau'ten.
S. 278 Z. 5 v. o. in der Note 12 l. Philippina st. Phillippina.
S. 315 in der Note 13 l. praesumtio st. praesumtis.
S. 316 Z. 6 v. o. l. ein st. im.
S. 329 Z. 4 v. o. l. dann st. denn.

In Ansehung der übrigen wegen der Entfernung des Drukorts eingeschlichenen Fehler wird es keiner besondern Angabe bedürfen.

Kolibri 360 GmbH
Ferdinand-Jühlke-Straße 7
99095 Erfurt, Deutschland
produktsicherheit@kolibri360.de